OS VIVOS E OS MORTOS
na sociedade medieval

JEAN-CLAUDE SCHMITT

OS VIVOS E OS MORTOS
na sociedade medieval

Tradução:
MARIA LUCIA MACHADO

COMPANHIA DAS LETRAS

Título original:
Les revenants
Les vivants et les morts
dans la société médiévale

Capa:
Ettore Bottini
sobre *O espectro de Samuel*,
em *Kayserchronik* (c. 1375-80)

Índice remissivo:
Maria Claudia Carvalho Mattos

Preparação:
Helio Ponciano da Silva

Revisão:
Isabel Jorge Cury
Beatriz de Freitas Moreira

Dados Internacionais de Catalogação na Publicação (CIP)
(Câmara Brasileira do Livro, SP, Brasil)

Schmitt, Jean-Claude
Os vivos e os mortos na sociedade medieval / Jean-Claude Schmitt; tradução Maria Lucia Machado. — São Paulo : Companhia das Letras, 1999.

Título original: Les revenants.
ISBN 85-7164-888-3

1. Fantasmas — Europa — História 2. Fantasmas na arte 3. História das doutrinas — Idade Média, 600-1500 4. Morte — Aspectos religiosos — Cristianismo I. Título.

99-1417 CDD-398.47094

Índice para catálogo sistemático:
1. Idade Média : Fantasmas : História : Folclore 398.47094

1999

EDITORA SCHWARCZ LTDA.
Rua Bandeira Paulista, 702, cj. 72
04532-002 — São Paulo — SP
Telefone: (011) 866-0801
Fax: (011) 866-0814
e-mail: coletras@mtecnetsp.com.br

Para Jacques Le Goff

Durante a vida, quantas pessoas conhecemos! Falamos com elas, rimos um pouco, com elas esvaziamos uma caneca de cerveja, cantamos. Mas, uma vez deitado sob uma cruz, acabado, o homem não existe mais. Está deitado e cala. Cala. E se ouvimos alguém responder, isso não vem do fundo da sepultura, é apenas um sonho. Alguém por vezes vem conversar conosco. Ou passear aqui ou ali. Ou então fica sentado. Como se não estivesse morto. Ou pega a carroça, começa mesmo um trabalho ou outro. Inteiramente como um vivo. Como um verdadeiro vivo, não como um defunto. Por quê, não se sabe, mas um morto, num sonho, nunca é visto em sua sepultura, nem mesmo no caixão onde se deitou durante o ofício dos mortos. Nos sonhos, os mortos caminham, estão sentados na parte da frente de uma carroça, fazem-nos sinais com a mão. Inteiramente como verdadeiros vivos. Talvez tenha sido por isso que o Senhor deu o sonho ao homem, para que ele veja, como se estivessem realmente vivos, os que não mais estão mas que ele tem tanta vontade de rever um pouco.

Youozas Baltouchis,
A saga de Youza (Vilnius, 1979),
traduzido do lituano para o francês
por D. Yoccoz-Neugnot
(Paris, Alinéa, 1990), pp. 303-4

AGRADECIMENTOS

Ao longo dos anos, este livro foi pouco a pouco enriquecido pelas sugestões de incontáveis colegas, estudantes e amigos, na França e fora da França. Saibam todos eles que é grande a minha gratidão. Meus pensamentos se dirigem muito particularmente a Pauline Schmitt-Pantel e Jérôme Baschet, por sua leitura sem complacência; a Jean-Claude Bonne e Michel Pastoureau, pelo que me ensinaram das imagens medievais; a Danièle Alexandre-Bidon, pelos documentos ilustrados que me ajudou a encontrar; a Daniel Fabre e aos etnólogos de Toulouse, por sua escuta generosa e por nossa velha amizade na frente de batalha da antropologia histórica. Enfim, gostaria de agradecer a Pierre Nora, mais uma vez, por sua confiança.

SUMÁRIO

Introdução 15

1. *A rejeição dos fantasmas* 27
   Heranças e contramodelos 28
   A Bíblia e os fantasmas 30
   Agostinho e Evódio 33
   Agostinho e Paulino de Nola 36
   A imaginação mediadora 38
   O fantasma: um corpo ou uma imagem? 41
   A posteridade de Santo Agostinho 43
   Entre santos e demônios 45
   A gênese dos relatos medievais 47
   O desenvolvimento da liturgia dos mortos 49

2. *Sonhar com mortos* 52
   O visível e o invisível 53
   A visão extática dos mortos 57
   Sonhar com mortos 59
   A autobiografia cristã e os fantasmas 61
   O sonho penitencial 69
   Os leigos: primeiros escritos 70
   O pesadelo de Giovanni Morelli 71

3. *A invasão dos fantasmas* 77
   O elogio do tempo presente 78
   As visões monásticas 80

O eixo Roma—Cluny 83
Marmoutier: a comunidade dos monges 86
Cluny: os monges e os nobres 90

4. *Os mortos maravilhosos* 98
Mirabilia: o maravilhoso 98
A "secularização" dos relatos.. 100
Os "clérigos de corte" 102
O fantasma de Beaucaire.. 106

5. *O bando Hellequin*.. 113
O testemunho de Orderic Vital.. 113
Antiguidade da Caça selvagem? 120
Os eleitos e os condenados.. 121
As almas coloridas... 123
A procissão dos eleitos, a cavalgada dos condenados............ 128
Os usos políticos do bando Hellequin 132
Hellequin ou Artur? A diabolização da tropa dos mortos....... 137

6. *O imaginário domesticado?*.. 143
Uma nova palavra 143
A contribuição cisterciense 147
A máquina de pregação: as ordens mendicantes..................... 154
As almas errantes de Montaillou 161
Os "espíritos" do Yorkshire... 163
Um fantasma bretão 168

7. *Os mortos e o poder* 171
O espírito de Gui de Corvo.. 171
O avô de Arndt Buschmann 174
O discernimento dos espíritos 177
O soberano e os mortos 181
O charivari de Fauvel... 186

8. *Tempo, espaço e sociedade* 192
Tempo individual e tempo coletivo... 192
O calendário dos mortos 194
A semana dos mortos 197

O dia e a noite 198
De onde vêm os fantasmas? 200
Dentro e fora 202
O cemitério 204
As margens selvagens do território 206
O relato de aparição: um nó de relações sociais 207
O parentesco: a aliança 208
O parentesco: a filiação 210
O parentesco espiritual 212

9. *Figurar os fantasmas* 217
O corpo das aparências 217
O espiritual e o corporal 218
A linguagem dos mortos 222
A vestimenta dos mortos 224
As imagens dos fantasmas 228
O nascimento do espectro 233
Os fantasmas e o macabro 236
As estátuas jacentes: fantasmas? 240

Conclusão 243
Notas 251
Créditos das ilustrações 293
Índice remissivo 295

INTRODUÇÃO

Os mortos têm apenas a existência que os vivos imaginam para eles. Diferentemente segundo sua cultura, suas crenças, sua época, os homens atribuem aos mortos uma vida no além, descrevem os lugares de sua morada e assim representam o que esperam para si próprios. A esse título, o imaginário da morte e da evolução dos mortos no além constitui universalmente uma parte essencial das crenças religiosas das sociedades. Ele adquire formas diversas mas muito amplamente atestadas, entre as quais as visões e os sonhos ocupam sempre um lugar de primeiro plano.[1] Aqui é reconhecida a capacidade de certos homens, como os xamãs siberianos, de viajar para o além em sonho ou em estado de transe. Alhures, seres de exceção, como Cristo ou, depois dele, os santos do cristianismo, teriam tido o poder de ressuscitar os mortos. Universalmente, está presente também o que se costuma chamar de "crença nos fantasmas".[2]

As aparições dos fantasmas representam entre os vivos e os mortos um deslocamento inverso às viagens ao além. Na rica literatura das visões e das viagens ao além — do livro VI da *Eneida* de Virgílio à *Divina comédia* de Dante, passando pelo *Purgatório de são Patrício* —, acontece de o visionário encontrar almas de mortos que ele próprio conheceu na terra ou cujo nome e renome chegaram até ele. Mas o objetivo de tais revelações não é, em regra geral, dar conta da sorte, no além, de um morto particular (com exceção de certos soberanos, em visões eminentemente "políticas").[3] Seu objetivo é antes revelar aos vivos, ouvintes ou leitores da *visio*, a geografia dos lugares do além, os caminhos escarpados, os rios gelados, as fornalhas e o catálogo das torturas de além-túmulo, grandes reservatórios, durante séculos, do imaginário do Ocidente. Bem diferentes são a estrutura e a função dos relatos de fantasmas. Nesses relatos, não é o vivo que supostamente se dirige ao além, mas o morto que aparece aos vivos. A manifestação do morto tampouco é totalmente assimilável às aparições de outros seres sobrenaturais, como os anjos e os demônios ou mesmo o Cristo, a Virgem e os santos. Todos estes residem normalmente no além, onde permanecem invisíveis, salvo mostrar-se ocasionalmente aos homens. Os fantasmas, ao contrário, têm ainda, por assim dizer, um pé na terra: apenas acabam de deixar os vivos aos quais aparecem e dos quais parecem não poder afastar-se. Com os relatos de aparições do Cristo, da Virgem ou do diabo, o historiador é de imediato mergulhado em toda a riqueza do imaginário da sociedade cristã. Mas, com os relatos de fantasmas, ele é além disso confrontado imediatamente com o dédalo das relações sociais travadas entre os vivos e aquele que acaba de os abandonar e que os visita novamente. Assim, ao contrário das grandes visões do além, os relatos de fantasmas concentram toda a sua atenção na situação do defunto, que é um homem ordinário. Por certo, os santos aparecem também e eles estão igualmente mortos, de maneira que suas aparições nos sonhos e nas visões dos vivos são um tema favorito da hagiografia. Mas os santos, segundo a feliz expressão de Peter Brown,[4] são "mortos muito especiais", que levantam problemas específicos. Falarei deles apenas de maneira secundária, a fim de insistir nas aparições dos mortos ordinários, no comum dos fantasmas.

Desde a época romântica, continuada pela literatura e pelo cinema fantásticos até a história em quadrinhos contemporânea, os fantasmas fazem parte do cenário obrigatório da Idade Média tal como gostamos de imaginá-la. Uma Idade Média de castelos mal-assombrados, de dragões, de fantasmas ou mesmo de vampiros. Nem tudo é falso nessa imagem não obstante fácil demais: em uma cultura eminentemente religiosa (no sentido em que cada um admitia a existência e o poder de seres sobrenaturais, geralmente invisíveis, mas muito próximos) e familiar à morte e aos mortos, a "crença nos fantasmas" era admitida por todos. No entanto, evitemos pensar que os mortos eram onipresentes nas preocupações e nos sonhos dos vivos e que estes últimos esperavam ver surgir a cada passo seus ancestrais! Nem todos os mortos voltam nem aparecem a qualquer um, não importa quando nem onde.

Na sociedade medieval, assim como em muitas outras sociedades tradicionais, a forma particular de existência que se atribui aos defuntos depende do transcurso do "rito de passagem" da morte: os mortos voltam, de preferência, quando os ritos dos funerais e do luto não puderam efetuar-se normalmente, por exemplo, se o corpo de um afogado desapareceu e não pôde ser sepultado segundo o costume, ou ainda se um assassinato, um suicídio, a morte de uma mulher no parto, o nascimento de uma criança natimorta apresentam para a comunidade dos vivos o perigo de uma mácula. Esses mortos são geralmente considerados maléficos. Essa dimensão antropológica e universal do retorno dos mortos está presente, entre outras, na tradição ocidental, desde a Antiguidade, na Idade Média e até no folclore contemporâneo.[5] Contudo, parece-me que o historiador da Idade Média deve enriquecer a definição antropológica universal dos fantasmas por considerações históricas mais particulares. Alguns desses fatores específicos devem-se à formação complexa da cultura medieval, ao peso das heranças que lhe deram origem: as heranças do paganismo greco-romano (em que o culto dos mortos da cidade ou da *gens* desempenhava um papel muito importante) ou ainda as heranças "bárbaras" revivificadas pelas migrações dos povos germânicos e integradas à cristandade durante o primeiro milênio. Assim, Claude Lecouteux teve o mérito de insistir na dívida da literatura eclesiástica e latina da Idade Média com relação às tradições germânicas. Ele mostrou como o par cristão da alma (imaterial e eterna) e do corpo (material e perecível) por vezes não fez mais do que recobrir superficialmente a concepção pagã germânica de um duplo quase físico (*hamr*) sobrevivendo depois da morte.[6] Muitos relatos latinos que apresentam os fantasmas como seres dotados de "corporeidade" derivam, portanto, segundo esse autor, de tais concepções, que se encontram na *Edda* e em certas sagas escandinavas que foram postas por escrito a partir dos séculos XII e XIII. Na linha dos inúmeros trabalhos sobre a cultura folclórica na Idade Média, esse passo pode efetivamente conduzir a uma compreensão mais rica dos diversos níveis de sentido que contém em certos casos o documento medieval.

Vou propor, porém, uma outra interpretação dos fantasmas medievais. Se as heranças e, por conseguinte, uma tal "arqueologia" dos textos medievais não devem ser negligenciadas, pretendo antes mostrar como as crenças e o imaginário dependem antes de tudo das estruturas e do funcionamento da sociedade e da cultura em uma época dada.

As "mentalidades" não consistem apenas nos estratos antigos e persistentes dos pensamentos e dos comportamentos, mas nas crenças e nas imagens, nas palavras e nos gestos que encontram plenamente seu sentido na atualidade presente e bem viva das relações sociais e da ideologia de uma época. É levando em conta essa atualidade que compreenderemos como a cultura cristã da Idade Média ampliou a noção de fantasma e concebeu para os mortos outras ocasiões de aparecer.

O período considerado (do século V ao século XV, com uma insistência particular na Idade Média central) viu sucederem-se e combinarem-se as crenças tradicionais e os rituais lentamente cristianizados da "morte domesticada" (segundo a terminologia de Philippe Ariès),[7] as angústias da "morte de si" (o medo individual do instante do trespasse e do julgamento particular que conduz a alma para um dos três principais lugares do além cristão: inferno, purgatório ou paraíso) e mesmo as dores da "morte de ti", a preocupação inspirada pela sorte no além dos parentes e amigos falecidos (bem antes que o luto seja exaltado sob uma forma mais laicizada na estatuária chorosa dos cemitérios da Europa burguesa, no século XIX). Nesse dédalo complexo de atitudes umas muito antigas, outras novas, a sociedade medieval considerava a possibilidade de retorno de certos defuntos para visitar os vivos ou aqueles vivos com quem eles haviam estabelecido laços julgados inalteráveis mesmo além da morte. Simultaneamente, importantes transformações das estruturas sociais levaram a redefinir o lugar dos indivíduos em grupos e em comunidades que permaneciam solidárias depois do desaparecimento de cada um de seus membros: os grupos de parentesco, carnal ou espiritual, do mosteiro, da linhagem nobre, da paróquia, da confraria eram o quadro dessas novas relações entre os vivos, mas também entre os vivos e os mortos. Essas relações inscreviam-se nas realidades do espaço social, pela articulação da morada dos vivos — a aldeia, o bairro — e da morada dos mortos: o cemitério. A proximidade das sepulturas e das casas sustentava e justificava a preocupação mais intensa que os vivos tinham com seus defuntos. Igualmente, a influência religiosa e material da Igreja e dos clérigos sobre a sociedade leiga aumentou sensivelmente depois do ano 1000. Ela permitiu inculcar nos fiéis uma moral religiosa centrada nas noções de pecado, de penitência, de salvação, que culminou, no fim do século XII, no "nascimento do purgatório".[8] Doravante todo cristão podia esperar ser salvo, mas com a condição de sofrer depois da morte castigos reparadores cuja duração e intensidade dependiam, de um lado, de seus méritos pessoais (suas boas e más ações e seu arrependimento no momento da morte) e, de outro lado, dos sufrágios (missas, preces e esmolas) de que seus parentes e amigos lançavam mão para sua salvação. Na falta deles, o morto podia aparecer a um parente ou amigo para reclamar-lhe os sufrágios de que tinha a maior necessidade e pedir-lhe que cumprisse em seu lugar as obras pias necessárias à sua salvação. Preocupada em afiançar e organizar a solidariedade dos vivos e dos mortos, a Igreja deu então ampla repercussão aos relatos de fantasmas. Estes, longe de ser apenas esses mortos maléficos que se encontram em todas as culturas em razão das perturbações ou da ausência fortuita do rito de passagem dos funerais, longe de ser apenas produto de velhas crenças pagãs, exprimiram mais amplamente, por seu retorno nos fantasmas, nos medos e nos relatos dos vivos, as múltiplas disfunções possíveis da boa morte cristã.

Mais precisamente, as atitudes cristãs com relação aos mortos, tais como a Igreja medieval entendia defini-las e impô-las, estavam contidas por inteiro na noção de *memoria*, de "memória dos mortos".[9] Tratava-se de uma memória litúrgica, apoiada na inscrição dos nomes dos defuntos dignos de ser comemorados nos *libri memoriales*, nos necrológios e nos obituários dos mosteiros e dos conventos. Essa memória exprimia-se particularmente por ocasião das missas ditas pela salvação do morto, em especial no aniversário de seu falecimento. Mas essa palavra *memoria* corre o risco de criar ilusão, pois o objetivo da *memoria* era, na realidade, ajudar na separação dos vivos e do morto, abreviar a estada deste último nas penas purgatórias (ou no purgatório) e, finalmente, permitir aos vivos esquecer o defunto. O ritmo das missas e das preces era então cada vez mais frouxo e seu tempo era limitado: três dias, sete dias, um mês, um ano, raramente mais. A inscrição do nome no *liber memorialis* não prometia ao defunto uma glorificação duradoura pelos homens — esta era reservada aos santos e aos reis —, mas uma fusão rápida no anonimato das gerações passadas. As fundações funerárias, embora ditas "perpétuas" (como se diz hoje das "concessões perpétuas" em um cemitério...), não escapavam aos efeitos da negligência dos homens e da erosão monetária. Praticamente, elas não duravam mais que um tempo. A idéia de uma fundação de missas "perpétua" entrava em contradição, aliás, com a função atribuída aos sufrágios pelos mortos, que era de tirar as almas dos defuntos, tão rapidamente quanto possível, das provações do purgatório, para dar-lhes no paraíso uma morada definitiva. Além disso, nos cemitérios a maior parte das sepulturas era anônima e periodicamente o solo era arado, as covas eram esvaziadas para dar lugar a novos corpos. A partir do século XI, a memória de linhagem e genealógica conheceu um real impulso nos meios aristocráticos, gozando por vezes do apoio da escrita. Mas ela permanecia socialmente limitada e frágil. Portanto, é preciso sublinhar a que ponto os sinais eram ambíguos, a que ponto a *memoria* era, como uma forma de memória coletiva, uma técnica social de esquecimento. Tinha por função "esfriar" a memória sob o pretexto de mantê-la, apaziguar a lembrança dolorosa do defunto até que se esfumasse. Técnica classificatória, ela punha os mortos em seu lugar de mortos, para que os vivos, se porventura se lembrassem de seu nome, pudessem fazê-lo sem temor nem paixão.

Assim, pode-se compreender quem eram os fantasmas medievais. Eram os raros mortos que, obstinadamente e durante um período bastante breve depois do trespasse, frustravam o funcionamento regulado da *memoria* cristã, criavam obstáculo ao transcurso necessário do "trabalho do luto". Embora uma imagem aviltada da Idade Média ou mesmo certos estudos de história ou de folclore pretendam persuadir-nos de que os homens do passado viviam em uma coabitação obsedante com todos os seus mortos, devemos usar de mais discernimento. As aparições dos mortos não eram a norma das relações entre os vivos e os mortos. Os vivos as imaginavam apenas quando não podia cumprir-se plenamente o ritual de separação em relação a eles, quando o esquecimento revelava-se impossível em conseqüência de uma perturbação do transcurso normal do rito de passagem da morte e dos funerais. Seja porque os próximos sobreviventes (a viúva, o filho, os irmãos) tenham, por cupidez ou negligência, infringido as regras rituais e privado a alma do defunto do apoio salutar dos sufrágios dos clérigos; seja porque, no dizer dos vivos, o próprio defunto, não tendo cumprido antes de morrer uma penitência completa, reclamasse o apoio dos seus para superar suas provas no além. Em todos os casos, o morto referido lembrava-se à "memória" dos vivos, para o maior benefício de sua alma, sem dúvida, e também para o da Igreja, grande ordenadora dos sufrágios remunerados para os mortos. Paradoxalmente, a Igreja medieval, que nos primeiros séculos manifestara uma grande reticência com relação à crença nos fantasmas, tomando-a como característica do "paganismo" e das "superstições", esteve, assim, na origem de um enquadramento e de uma exploração da crença nos fantasmas de que os relatos de milagres e os sermões dos pregadores dão amplo testemunho.

Assim se torna mais preciso o objeto deste livro. Ele trata do funcionamento social da memória dos mortos na época medieval. Mais exatamente, se ele volta a esse grande tema de história que constitui a memória das sociedades, é para interessar-se principalmente por seu aparente avesso, a uma só vez a necessidade do esquecimento e o que se opõe ao esquecimento. Perguntar-nos-emos, com efeito, como os homens do passado procuraram lembrar-se de seus defuntos, mas, sobretudo, esquecê-los, e como alguns desses mortos — mortos "muito especiais" também, porém mais na imperfeição que na santidade — aparentemente se rebelavam contra a vontade de esquecimento dos vivos, revivificavam suas lembranças, invadiam seus sonhos, assombravam sua casa.

Historiadores e etnólogos têm o costume de falar da "crença nos fantasmas". Mas o que devemos entender por isso e como o historiador pode alcançar as crenças dos séculos passados? Uma das aquisições recentes da "antropologia do crer" é pôr em causa os usos inconsiderados da noção de "crença".[10] É preciso evitar reificar a crença, fazer dela uma coisa dada de uma vez por todas e que bastaria os indivíduos e as sociedades exprimirem e transmitirem. Convém substituir essa noção pela noção, ativa, do "crer". Nesse sentido, a crença é uma atividade jamais acabada, precária, sempre recolocada em causa, inseparável das recorrências da dúvida. Nada menos fixo e menos certo do que essa atividade do crer: o etnólogo que interroga seus informadores várias vezes seguidas e em ocasiões diferentes logo toma consciência disso. Confrontado com um documento único e fixado para sempre, o historiador está numa situação diferente. Ao menos, também ele pode levar em maior conta as condições de enunciação do crer, a forma e o gênero dos relatos que analisa, pois os conteúdos da crença dependem amplamente deles.

Muito freqüentemente, é grande para o historiador a tentação de separar a crença, da qual postula a priori a existência e o conteúdo, e a natureza dos documentos — tipos diferentes de textos e de imagens — dos quais tira suas informações. O que diz ou mostra o documento, seria, ao que se diz, uma "crença" e, para conhecê-la, bastaria então ao historiador ler os textos antigos e descrever as imagens. Mas as coisas não são tão simples. Uma crítica elementar permite já pôr em evidência o peso das condições de produção de documento, tudo o que implica, por exemplo, para um relato de aparição do século XII ou do século XIII, ter sido transcrito em latim por um clérigo, enquanto talvez tivesse sido contado originalmente (mas sob que forma?) na língua vernácula. Tais mediações — lingüísticas, sociais, ideológicas — fazem parte plenamente da enunciação da crença tal como o historiador é levado a conhecê-la.

A questão das formas de enunciação não diz respeito apenas ao gênero documental, mas à maneira mesma pela qual os homens do passado dizem crer. Para o historiador, como também para o etnólogo, a questão é crucial; como entender todos esses relatos, propagados pelos letrados da Idade Média (homens religiosos, por certo, mas não particularmente crédulos), que afirmam como evidente o que temos tanta dificuldade em admitir: que mortos apareceram, em pleno dia, a pessoas despertas e perfeitamente sãs de espírito? Deve-se incriminar, como outrora Lucien Lévy-Bruhl, a "mentalidade primitiva" de uma época estranha à nossa própria lógica e que não teria sabido distinguir claramente o sonho da realidade? Tudo desmente tal interpretação: alguns dos clérigos que propagaram esses relatos de aparições eram "intelectuais" cujos raciocínios teológicos e filosóficos e cuja obstinação em distinguir o "verdadeiro" do "falso" não são, em sua progressão lógica, radicalmente diferentes dos nossos.

Se se entra mais a fundo nas formas de enunciação dos relatos de fantasmas, acaba-se por descobrir que são de dois tipos. A grande maioria é de relatos de aparições transmitidos oralmente e transcritos por um clérigo, no mais das vezes em latim. Esses relatos são produto de uma cadeia, mais ou menos longa, de testemunhos que fazem referência à experiência visionária anterior de uma terceira pessoa. Aquele que escreve nunca reivindica para si mesmo a experiência direta da aparição. Em certos casos, esta é descrita como um sonho, porém no mais das vezes é mencionada uma visão no estado de vigília. Pois os preconceitos desfavoráveis que a cultura oficial, a dos clérigos, fazia pesar sobre os sonhos na Idade Média incitavam a falar de visões despertas quando se queria reforçar a credibilidade de um relato. Além disso, o morto (ou qualquer outro ser sobrenatural) cuja aparição é contada é descrito nesses relatos de maneira concreta, quase física: a testemunha não apenas diz que o ouviu falar claramente, mas também o descreve como uma pessoa viva e afirma por vezes que o tocou e sentiu seu contato. Se em certos casos reconhecemos aí o peso duradouro das tradições pagãs, não se deve pensar também nos *efeitos de real* próprios aos relatos feitos ao pé do ouvido, depois postos por escrito e, sob essa forma, autenticados? Assim, a objetivação do conteúdo do relato contado ia de par com sua socialização. De resto, não nos acontece, hoje ainda, de ouvir dizer e de contar por nossa vez "histórias de fantasmas"? Ora, tão-somente pelo fato de contar e de nomear, damos uma espécie de existência, de presença, uma forma, ou mesmo um corpo e uma voz, ao que não passa, contudo, de um ser imaginário. Em uma cultura em que este mundo e o além supostamente se comunicavam, "crer nos fantasmas" era falar deles em profusão e deles fazer imagens (por exemplo, nas miniaturas dos manuscritos iluminados). Era também procurar "fazer crer" neles, utilizando esses textos e essas imagens para fins bem reais, eficazes, que interessavam aos vivos e, sobretudo, aos poderosos:[11] pois os relatos de fantasmas favoreciam a promoção da liturgia dos mortos, o desenvolvimento da piedade, a atração das doações piedosas, o reforço da influência da Igreja sobre a sociedade cristã.

Mas não podemos ficar nisso. Na Idade Média, para cada homem em particular, o que significava "crer nos fantasmas"? De imediato, descobrimos aqui um outro tipo de enunciação, em relatos em número mais limitado: os relatos autobiográficos. Desta vez, o que escreve não se contenta em contar o que ouviu ou leu, ele diz testemunhar pessoalmente sobre sua própria experiência dos mortos. Não é preciso dizer que aqui também o historiador deve ser prudente: modelos literários da autobiografia pesam desde a Antiguidade sobre as tradições ocidentais. Mas em certos casos, e sobretudo a partir do século XII, não há motivo para duvidar da autenticidade dos sentimentos e das impressões expressos nesses textos. Ora, os relatos autobiográficos mencionam apenas em casos bem particulares uma visão desperta, antes característica dos relatos contados. Em compensação, os relatos autobiográficos falam por vezes da impressão estranha de uma presença invisível e, no mais das vezes, de um sonho, de uma imagem onírica mais ou menos inconsistente e fantasmática, produzida pelo pesar, pelo luto e pela má consciência depois do desaparecimento de um ente querido. Tais relatos nos surpreendem muito menos que os relatos de visões despertas: não podemos, também nós, sonhar com um parente morto, experimentar até no sono a dor da "morte de ti"? Quando o núcleo íntimo da crença subjetiva deixa-se alcançar nos relatos autobiográficos, descobrimos que, para o indivíduo como para a coletividade, para os homens da Idade Média como para os de hoje, quando se opera na dor o "trabalho do luto",[12] o essencial é o conflito entre o desejo e a impossibilidade de esquecer, entre a fragilidade da memória e a vontade de lembrar.

Nesse sentido, a Idade Média de que se trata aqui não é, portanto, tão diferente de nossa própria cultura quanto se poderia esperar. Por certo, para os homens dessa época distante de nós, os fantasmas "existem", e é verdade que há aí uma grande diferença entre essa época e a nossa. Quando Santo Agostinho afirma que os mortos não podem voltar à terra, ele não põe em causa a realidade da existência das almas no além, mas apenas o desejo de Deus de as deixar aparecer. Se os clérigos interrogam-se sobre a "verdade" ou a "falsidade" das aparições, não é para sugerir a impossibilidade destas últimas, mas para certificar-se de que aquelas que eles têm de julgar são de origem divina e não diabólica. É todo esse sistema de crença que — desde as Luzes e o século XIX — tornou-se estranho à maior parte dos ocidentais. Esse é, necessariamente, o ponto de partida do historiador. Ele não tem de fingir partilhar os modos de pensamento dos autores antigos cujos escritos descobre. Confrontado com uma massa considerável de relatos e de imagens, ele deve, ao contrário — sem nada abdicar de sua própria razão —, compreender-lhes as lógicas e as funções. Assim, este livro pretende ser uma contribuição a uma história social do imaginário. Por meio do caso dos fantasmas medievais — que existiam apenas pela imaginação e nos relatos dos homens daquele tempo —, trata-se de saber como e por que os vivos (e quem entre eles), em seus sonhos e relatos de visões, devolveram a certos mortos um simulacro de existência, uma aparência de corpo e um rosto: talvez para compreender melhor a si próprios em suas relações com a imagem onírica e obsedante de seus parentes defuntos, ou ainda, sob o pretexto de um diálogo imaginário com os mortos complacentemente propagado pelos clérigos, para dominar melhor a sociedade dos vivos, a transmissão das heranças e a imposição das normas morais e sociais.

Tentar compreender historicamente um imaginário social: esse é o sentido deste livro, em que a paixão do historiador pelo documento

— relatos saborosos e imagens não menos surpreendentes — rivaliza com a vontade de redescobrir, na materialidade mesma dos textos e das imagens, na linguagem, no traço e na cor, o sentido do passado. Daí a forma particular dada muito conscientemente à sua escrita pelo historiador. Com efeito, procurando analisar e explicar, era preciso adotar o estilo narrativo que caracteriza o essencial da documentação e seguir-lhe as transformações no tempo. Pois o que importa em um relato não é apenas a trama geral, uma estrutura formal que por vezes perdura inalterada através dos séculos e desafia mesmo a singularidade das culturas. Importam também as variantes e uma multidão de detalhes concretos em constante renovação, que trazem a marca de cada momento histórico como intenções datadas e localizadas daqueles que produziram, divulgaram e receberam essas histórias e essas imagens. Assim, ao mesclar o relato à análise, eu quis restituir, fazer ouvir e fazer ver as palavras e os sonhos do passado.

1

A REJEIÇÃO DOS FANTASMAS

Uma recusa persistente, mas não desprovida de ambigüidade e de contradição, de admitir a possibilidade do retorno dos mortos nos sonhos, ou mesmo nas visões despertas, caracteriza a cultura eclesiástica da alta Idade Média. Uma das razões principais dessa recusa reside na assimilação das crenças e das práticas relativas ao retorno dos mortos à "sobrevivência" do paganismo antigo, cujos cultos funerários eram em toda parte reprovados, domesticados ou ocultados. Assim, a palavra *larva*, que em Roma designava as almas funestas dos mortos, tomou no latim dos cristãos o sentido de espíritos demoníacos e de máscaras diabólicas. À necromancia (adivinhação pelos mortos) foi dado o sentido de "nigromancia", magia negra e invocação do diabo. É preciso também invocar razões positivas: a preocupação exclusiva do cristianismo com a salvação da alma levou a reduzir as práticas funerárias e a preocupação com a sepultura, ponto de fixação das "larvas" maléficas. A única exceção valia para o corpo dos santos e seu túmulo, reserva de poderes taumatúrgicos. Apenas nesse lugar era legítimo esperar as revelações de um morto tão excepcional, um santo da Igreja. O santo podia mesmo aparecer nos sonhos graças a uma prática vinda diretamente dos santuários pagãos e que os clérigos tiveram de decidir-se a tolerar: a da incubação, isto é, do sono em contato com o túmulo do santo, na expectativa de sua aparição onírica. Em um pensamento religioso por muito tempo dividido por um dualismo fundamental — o antagonismo do diabo e dos santos, as fantasmagorias do primeiro e as aparições dos segundos —, não havia muito lugar para os fantasmas, para as revelações oníricas e ambivalentes dos mortos ordinários.

HERANÇAS E CONTRAMODELOS

A rejeição duradoura dos fantasmas pela cultura cristã oficial da alta Idade Média contrasta, em parte pelo menos, com as atitudes mais conciliadoras das culturas diferentes das quais o cristianismo medieval herdou alguns de seus traços: o paganismo greco-romano, as culturas "bárbaras", mais tardiamente assimiladas, os modelos bíblicos, que são o fundamento de sua ideologia. Na Grécia e em Roma, os relatos de fantasmas estão por toda parte. Na literatura grega, desde Homero, são abundantes os testemunhos em que a "imagem" (*eidolon*) do morto recente, brutalmente desaparecido, por vezes infame, porém mais freqüentemente glorioso — como Pátroclo, cuja perda Aquiles chora e que se ergue diante dele em seu sono[1] —, volta a obsedar os sonhos dos vivos que o amaram. Jean-Pierre Vernant analisou admiravelmente os motivos e as funções dessas representações da morte e dos mortos na Grécia antiga: "É essa impossibilidade de pensar a morte do ponto de vista dos mortos que, a uma só vez, constitui seu horror, sua estranheza radical, sua completa alteridade e permite aos vivos superá-la, instituindo, em sua existência social, uma constante rememoração de certos tipos de mortos".[2] O mundo romano deve reter mais ainda nossa atenção. Em Roma, para Lucrécio, por exemplo, o *simulacrum* é um duplo imaterial que se tem a ilusão de "ver e ouvir face a face" como se o morto ainda estivesse vivo. O poeta descreve a relação entre o morto e seu duplo segundo o modelo da muda das cigarras ou das serpentes.[3] Mas são abundantes, sobretudo, os mortos funestos: vítimas de uma morte violenta que tentam vingar-se, almas maculadas que vagam na proximidade de seu túmulo, mortos sem sepultura (*insepulti*), suicidas (*biothanati*), mulheres mortas no parto. Essenciais são os rituais ligados à memória dos mortos. Alguns são em princípio proibidos, e a necromancia é mesmo punida com a morte. Mas outros são legítimos: os *manes* têm altar e efígies domésticas. Em fevereiro transcorrem as *parentalia*, segundo o modelo dos funerais, com um banquete, oferecido aos ancestrais. Ao contrário, as *lemuria* não comportam banquete e é por um gesto propiciatório — o lançamento por cima do ombro esquerdo de favas negras, que são consideradas como o alimento dos mortos — que o *pater familias* apazigua os mortos funestos.[4]

As culturas germânicas antigas nos são conhecidas, no essencial, apenas por textos tardios, mas que puderam transmitir representações tradicionais e talvez muito antigas. São, especialmente, a *Edda* anônima, composta entre o século X e o século XII, mas cuja matéria remontaria ao século VII, e as *sagas* escandinavas e islandesas, postas por escrito entre o século XII e o século XIV, em uma época em que o cristianismo estava já bem implantado no norte da Europa: assim a *Eyrbyggia Saga* ou *Saga de Snorri o Godo*, escrita por volta de 1230, a *Saga de Laxdoela*, escrita provavelmente por volta de 1250, ou a *Saga dos habitantes do vale de Svörfud*, modificada por volta de 1300. Aí são inúmeros os mortos ou *draugr* a voltar, mutilando e matando os que encontram, devastando regiões inteiras, forçando os homens e os animais a abandonar suas moradas.[5] Diferentemente dos fantasmas da Antiguidade clássica, estes mortos não são descritos como "imagens". Eles parecem dotados de um verdadeiro corpo, como se o próprio cadáver, retornado à vida, houvesse saído do túmulo. Relatos heróicos contam também o combate, até na sepultura, entre um morto e um vivo que tenta apoderar-se de suas armas. Na *Thordar Saga*, Skeggi entra no túmulo do rei Hrolf da Dinamarca e rouba sua espada Sköfnung. Na *Reykdoela Saga*, o herói Thorket toma a espada de Skefil no fundo de seu túmulo, mas o morto lhe aparece em sonho e exige que sua arma lhe seja devolvida. A história de Aswid e Asmund, narrada em latim por Saxo Grammaticus (1149-1216) em sua *Gesta dos dinamarqueses*, é muito semelhante: tendo Aswid falecido prematuramente, seu amigo Asmund, que lhe prometeu não o abandonar, faz-se descer à sepultura, munido de provisões. Algum tempo mais tarde, ele é encontrado desfigurado e coberto de sangue, mas vivo. Ele conta: todas as noites, Aswid voltava à vida. Depois de ter devorado o cavalo e o cão que haviam sido sepultados ao mesmo tempo que ele, lançou-se sobre seu amigo e arrancou-lhe uma orelha. Asmund teve de decidir-se a cortar-lhe a cabeça e a cravar-lhe uma estaca no corpo para o imobilizar.[6] Na *Saga de Grettir*, o herói viola a sepultura de Karr, que ele encontra sentado em seu trono. Toma seu tesouro e sua espada, mas Karr agarra seu pulso e eles lutam furiosamente, até que Grettir corta-lhe a cabeça e foge. Mais tarde, tornando-se o guardião dos carneiros de Thordall e Gudrun, ele decapita e queima o corpo do terrível Glam, que devastava a região e dizimava os rebanhos.[7] Retenhamos a violência terrificante e a "corporeidade" desses fantasmas que apenas a eliminação do cadáver permite afastar definitivamente. Sobre tudo isso, como veremos, o cristianismo não triunfou sem dificuldade.

A ausência quase completa de fantasmas na Bíblia deve ter favorecido também a vontade de rejeição dos fantasmas pela cultura cristã. Várias passagens dos Evangelhos manifestam mesmo uma grande reticência com relação a um culto dos mortos: "Deixa os mortos sepultar os mortos", diz Jesus (Mt, 8,21), ou ainda: "Deus não é Deus dos mortos, mas dos vivos" (Mt, 22,32). Por certo, numerosos mortos são ressuscitados por Jesus (e, mais tarde, por alguns de seus discípulos), mas tal milagre — o mais notório possível segundo as classificações posteriores dos hagiógrafos medievais — não é assimilável ao retorno de um fantasma.[8] Ele prefigura a própria ressurreição do Cristo três dias depois de sua Paixão. Antecipa também a ressurreição universal dos mortos no fim dos tempos.

Quando da Transfiguração, Jesus aparece em glória, cercado de Moisés e Elias.[9] Além do fato de que estes dois últimos não são personagens ordinários, mas — pelo menos — espécies de "santos", a tradição pretenderá que não estejam mortos e, como era também o caso de Enoque, que tenham sido levados, vivos, do paraíso terrestre... Várias passagens dos Evangelhos podem ser interpretadas como recusas explícitas da crença nos fantasmas. Quando Jesus caminha sobre as águas, seus discípulos ficam com medo e crêem na aparição de um "fantasma", e Jesus tem de tranqüilizá-los (Mt, 14,25; Mc, 6,49). Sem dúvida, é pela mesma razão que Jesus diz às santas mulheres que não tenham medo quando ele lhes aparece depois de sua ressurreição (Mt, 28,10). Não é menos significativo que os apóstolos, prevenidos por elas, não creiam nelas e suspeitem que tenham sonhado (Lc, 24,11). Quando Jesus aparece enfim aos discípulos, eles são "tomados de estupor e de pavor e crêem ver um espírito". Jesus então lhes recomenda "apalpá-lo", pois um "espírito não tem carne nem ossos", e come com eles para lhes dar uma prova suplementar de que está bem vivo (Lc, 34,37). A esse episódio faz eco a cena da libertação miraculosa de Pedro nos Atos dos Apóstolos (12,15): os discípulos, não querendo acreditar na criada Rode, que lhes diz que Pedro está diante da porta, tratam-na de "louca" e afirmam que se trata de "seu anjo". No entanto, nessa matéria, o texto dos Evangelhos que terá mais sucesso e parecerá negar toda possibilidade, para os mortos, de aparecer aos vivos, é a parábola de Lázaro e do mau rico (Lc, 16,27-31). Abraão não apenas diz ao mau rico que não há, no além, passagem possível entre a morada dos bem-aventurados (o Seio de Abraão) e a dos condenados, como também se recusa a autorizar Lázaro a voltar à terra para prevenir os irmãos do mau rico contra os tormentos que os esperam no além. É bem assim que Santo Agostinho interpretará a parábola: está excluído que os mortos voltem à terra.

O único verdadeiro relato bíblico de fantasma pertence ao Antigo Testamento. Ora, esse relato está fortemente marcado de maneira negativa, já que se trata de um relato de necromancia: é o episódio da pitonisa de En Dor, longamente exposto no Livro dos Reis (1Rs, 28) e retomado com nuances nas Crônicas (10,13-4) e no Eclesiástico (46,23). Esse episódio deu motivo a inúmeros comentários desde os primeiros séculos da Igreja e mesmo, a partir do século XII, a uma iconografia relativamente rica.

O texto bíblico descreve um ato de necromancia realizado clandestinamente pela feiticeira em proveito do rei Saul, que, não obstante, proibira tais práticas. O rei dirige-se a essa mulher porque se sabe abandonado por Deus em razão de seus crimes e quer conhecer o desfecho da batalha que travará no dia seguinte com os filisteus. O procedimento de invocação do morto não é descrito, mas o texto bíblico esclarece que apenas a pitonisa vê Samuel e o descreve a Saul como "um velho que sobe, envolto em um manto". Depois Saul e Samuel têm um longo diálogo, ao fim do qual o primeiro recebe o anúncio de sua morte no dia seguinte.

Desde os Pais gregos e latinos (notadamente Santo Agostinho) até os teólogos escolásticos, a exegese esforçou-se por compreender a natureza dessa aparição. A diversidade das interpretações é extrema: o morto ressuscitou? Foi o "espírito" de Samuel que se mostrou? A feiticeira enganou o rei por algum embuste? Ou então o diabo suscitou um "fantasma" sob os traços de Samuel? Ou, ainda, o próprio Satã tomou a aparência deste último? No século XII, o teólogo parisiense Pierre le Mangeur (morto em 1169) resume bem todas essas hipóteses: "A respeito dessa evocação, alguns dizem que o espírito maligno apareceu sob a aparência de Samuel ou então que foi sua imagem fantástica (isto é, suscitada pelo diabo) que apareceu ali, a qual foi nomeada 'Samuel'. Outros dizem que, com a permissão de Deus, foi realmente a alma de Samuel, recoberta de um corpo, que apareceu; mas, para outros, foi um corpo ressuscitado e que recebeu a vida de um espírito, enquanto a alma de Samuel permanecia no lugar de seu repouso".[10] Nessa época, por conseguinte, todas as soluções parecem possíveis. Dois séculos mais tarde prevalece, ao contrário, a interpretação diabólica, mas ela se afasta então da figura de Samuel para interessar-se cada vez mais exclusivamente pela feiticeira e por Satã.

Considerada em uma longuíssima duração (do século XII ao século XVII), a iconografia correspondente traduz bem essa evolução: é em uma miniatura da *Bíblia historial* de Guyart des Moulins, no primeiro quarto do século XV, que se vê pela primeira vez o diabo entrar em cena, como para presidir o diálogo da pitonisa e do mau rei Saul, enquanto Samuel se mantém afastado (fig. 1).[11] Essa iconografia tende a confundir-se desde a primeira metade do século XVI (em um quadro de Jacob Cornelisz em Amsterdam, 1526) com a do sabá das feiticeiras.[12]

Antes dessa época, os modos de figuração de Samuel apresentam maior diversidade.

Ora o fantasma é representado à maneira de um ressuscitado (fig. 2): Samuel mantém os olhos abertos, mas seu rosto moreno escuro contrasta com a pele branca da pitonisa e do rei; seu corpo está inteiramente atado com faixas que lhe dão a aparência de uma múmia, e ele se ergue em seu sepulcro.[13] Com toda a evidência, essa representação tira seus traços da iconografia convencional da ressurreição de Lázaro pelo Cristo. Mesmo o rei que esconde o rosto em seu manto para não ser reconhecido pela pitonisa lembra o gesto dos companheiros do Cristo que tapam o nariz para não sentir o mau cheiro do cadáver de Lázaro.

Ora o fantasma é representado sob os traços e com as vestes de um homem vivo (fig. 3). Apenas a leitura do texto pode fazer compreender que se trata de um morto. Essa iconografia é tão antiga quanto a precedente, pois encontra-se em um manuscrito do fim do século XII do *Comentário dos Salmos*, de Pierre Lombard.[14] Ela prossegue a partir do fim do século XIII nas ilustrações da *Bíblia historial*.[15]

Ora Samuel aparece como um morto-vivo em movimento, completamente nu, apenas recoberto por uma mortalha que flutua sobre sua cabeça e seus ombros (figs. 5, 6).[16]

Ora, enfim, a mortalha revela por transparência o corpo a que adere (fig. 4).[17] Neste último caso, a imagem medieval anuncia a imagem moderna do espectro. Mas essa aparência de espectro provém unicamente da natureza da vestimenta, pois, se o rosto do morto parece de uma grande palidez, o mesmo acontece com os rostos brancos das outras personagens.

A iconografia desse episódio bíblico hesita então entre várias fórmulas, mas todas dão ao morto um corpo pleno, a integridade da carne e o mostram vestido pelo menos de sua mortalha, se não com o traje que supostamente usara em vida. Seria preciso comparar essas imagens com as que ilustram, nas mesmas épocas, relatos de aparição de mortos ordinários. Por enquanto, retenhamos apenas a possibilidade, pelo menos em um tipo de imagens, de uma conotação negativa e mesmo diabólica da evocação de Samuel pela pitonisa de En Dor. Esse tipo de imagens está de acordo com os julgamentos desfavoráveis que, na tradição agostiniana, ligavam-se de maneira mais geral à questão dos fantasmas.

AGOSTINHO E EVÓDIO

O bispo de Hipona, Agostinho (354-430), é o verdadeiro fundador da teoria cristã dos fantasmas. Esta apresenta três aspectos principais, que vão todos os três no sentido de uma forte restrição imposta às aparições dos mortos. Essas aparições são consideradas, se não impossíveis, pelo menos excepcionais; eventualmente, não é nem o corpo nem a alma do morto que aparece, mas apenas uma "imagem espiritual" do morto; essas "imagens espirituais" são com muita freqüência introduzidas pelos demônios no espírito dos homens, especialmente nos sonhos, durante o sono: é preciso, portanto, desconfiar dos sonhos.

Já Tertuliano (c. 160 - c. 230) combatera a idéia segundo a qual a visão de um morto permitiria ver sua alma mesma.[18] Tratar-se-ia antes de demônios fazendo-se passar por parentes dos vivos aos quais aparecem e que um exorcismo pode obrigar a confessar sua verdadeira natureza. Pode tratar-se de um "demônio pessoal" que obsedou o homem durante sua vida e o levou a agir mal.[19] Lactâncio (c. 250 - c. 325), por seu lado, confundia em uma mesma reprovação a opinião do povo (*vulgus*), segundo a qual "as almas dos mortos vagam em torno dos túmulos e dos despojos de seus corpos", e os ídolos, que são eles próprios "simulacros de mortos". O verdadeiro Deus não tem necessidade de tais "imagens".[20] No entanto, fantasmas aparecem: mesmo Ambrósio de Milão — o próprio mestre de Agostinho — descreve com emoção o sonho no qual seu falecido irmão Sátiro lhe apareceu.

Agostinho levanta de maneira bem mais sistemática e ampla a questão dos fantasmas. Trata deles nos meandros de uma reflexão mais completa sobre a morte e os mortos, as visões e os sonhos, os anjos, os demônios e os santos. Notemos que uma parte do dossiê agostiniano sobre esse assunto é de natureza epistolar: seu interesse é, portanto, confrontar as opiniões de Agostinho com as de seus correspondentes, Evódio (quanto à carta 158), depois Paulino de Nola (quanto ao tratado sobre os "cuidados a dar aos mortos").

Seu correspondente Evódio retoma em uma carta um diálogo que é familiar a Agostinho e a ele há muito tempo. Mais jovem que Agostinho, também ele se converteu em Milão, depois seguiu seu amigo em Roma e em Tagasta, da qual se tornou um dos primeiros monges, antes de tornar-se bispo de Uzális, perto de Utica. Foi já respondendo às suas perguntas que Agostinho compôs seus tratados sobre a alma (*De quantitate animae*) e sobre o livre-arbítrio (*De libero arbitrio*). O método do diálogo é sempre o mesmo: Evódio finge a dúvida (*simulata dubitatio*), para dar toda a liberdade a Agostinho de desenvolver seus argumentos. Para Evódio, as aparições dos mortos não causariam nenhuma dúvida, elas parecem mesmo muito numerosas e teriam por função anunciar acontecimentos futuros, que se realizam efetivamente.[21] "Mais de uma vez" ele ouviu dizer que muitos mortos voltaram, tanto de dia como de noite, às casas que lhes eram familiares. Pessoas despertas os encontraram no caminho. Ao que se diz, muitos vêm em certo momento da noite aos lugares onde seu corpo está enterrado, isto é, principalmente às basílicas onde preces são ditas sobre as sepulturas. Evódio cita sobretudo o testemunho, digno de fé, de um padre muito santo que viu uma multidão de mortos saindo do batistério com corpos luminosos. Evódio diz ter feito uma verdadeira investigação, uma *inquisitio* em que todos os indícios concordam. Ele não consegue decidir-se a pensar, portanto, que tudo isso não passa de uma trama de fábulas: para ele, os mortos visitam os vivos em seus sonhos e mesmo quando estão acordados. Essas *visitationes* não são fantasmas (*fantasia*: a palavra tem uma conotação diabólica muito forte), são tão verídicas quanto o são, nas Escrituras, os sonhos de José. O próprio Evódio beneficiou-se dos anúncios, que se revelaram exatos, de três monges falecidos (Profuturus, Privatus e Servilius). Ele apela então à sabedoria de Agostinho para lhe dar um conselho, notadamente sobre o caso muito complexo de seu jovem secretário que acaba de morrer prematuramente aos 22 anos.

É preciso desemaranhar o fio um tanto embaralhado desse relato para reconstituir a cronologia, rigorosamente estabelecida por Evódio, dos gestos rituais que acompanharam a morte do jovem e dos sinais que, sob a forma de visões e de aparições, a anunciaram e a ela se seguiram. Esses gestos e esses sinais revelam a coesão de uma microssociedade unida por essa morte e suas conseqüências: ela reúne pessoas bem vivas, outras que estão mortas, outras enfim que não tardarão a morrer. Esse meio é aquele em que vive Evódio, e ele compõe sua narração com base nas palavras dos que o cercam. É notável, contudo, que não fale em nenhum momento de uma aparição da qual se teria beneficiado pessoalmente, mas sempre das visões ou dos sonhos dos outros. Para maior clareza, distingamos as etapas sucessivas do relato.

1. Enquanto o jovem agoniza, um de seus condiscípulos, falecido oito meses antes, aparece em sonho para anunciar que "vem buscar seu amigo".

2. No dia mesmo de sua morte, o jovem chama seu pai, que é padre, e, por três vezes, troca com ele um beijo de paz, exortando-o a juntar-se a ele em breve, na morte. Esse voto vai realizar-se muito depressa.

3. Mal o jovem secretário de Evódio morreu, um outro "homem" — provavelmente um morto, mas sua identidade não é esclarecida —, tendo na mão um ramo de loureiro e um escrito (tampouco se sabe de que escrito se trata), aparece na mesma casa a um velho semidesperto. Embora misteriosa, essa aparição deve significar que o morto vai ser salvo.

4. Com efeito, enquanto preces são organizadas durante três dias para a salvação do defunto, desde o segundo dia uma viúva de vida santa, Urbica, vê em sonho um diácono, ele próprio falecido quatro anos antes. Ele está preparando um palácio cintilante como prata, a fim de ali acolher o jovem secretário falecido "na antevéspera". Entrega-se ao trabalho em companhia de servidoras de Deus, virgens e viúvas, enquanto um velho brilhante de brancura (*senex candidus*: é o próprio Deus?) ordena a dois seres igualmente brancos (anjos) que tirem o jovem de seu sepulcro e o conduzam ao céu. Essa visão celeste confirma então o destino bem-aventurado do morto.

5. Enfim, no terceiro dia, o próprio morto aparece em sonho a um de seus irmãos, que lhe faz uma série de perguntas: ele sabe que está morto? (Ele responde afirmativamente.) Foi recebido por Deus? (Sim.) Que quer ele? "Fui enviado", diz, "para buscar meu pai." Este é um

padre que, em companhia do velho bispo Theasius, tenta consolar-se no mosteiro da perda do filho. O que sonha desperta e conta sua visão ao bispo, que hesita em perturbar o padre com tal notícia. Mas, como foi anunciado, o pai morre quatro dias depois da *visitatio* de seu filho, ou seja, sete dias depois da morte deste.

Essa série de visões oníricas compreende pelo menos três aparições de fantasmas diferentes (o diácono morto há quatro anos, o condiscípulo falecido oito meses antes e, enfim, o próprio jovem), que têm todas a mesma função: seja anunciar a alguém a morte próxima de uma outra pessoa (o jovem, depois seu pai), seja revelar o futuro do morto no além (é o caso do jovem, que está salvo). Esses mortos informam os vivos sobre a morte e os mortos, mas não lhes pedem sufrágios, ainda que o jovem exprima sua gratidão pelas preces que seus amigos disseram por sua salvação. Essa é uma diferença notável em relação aos fantasmas da Idade Média central.

A carta de Evódio inscreve também as revelações do morto em um espaço particular, o das sepulturas cada vez mais concentradas nas igrejas, perto dos túmulos dos santos (*ad sanctos*). Qual é, nas palavras de Evódio, a parte de *simulata dubitatio*? É difícil adivinhar precisamente sua convicção íntima. Agostinho, em todo caso, dificilmente podia aceitar tudo o que Evódio lhe apresentava como certo. Avalie-se isso por sua resposta a uma outra carta, a de Paulino de Nola.

AGOSTINHO E PAULINO DE NOLA

Em 421, Paulino, bispo de Nola, na Campânia, escreve a seu amigo, o bispo de Hipona, que ele aquiesceu ao desejo de uma nobre dama, Flora, de mandar sepultar seu filho morto na basílica de São Félix de Nola; ele supõe que a sepultura *ad sanctos* beneficie os mortos e pede a opinião de Agostinho. A resposta que este acaba por lhe enviar é um verdadeiro tratado sobre o "cuidado que é preciso ter com os mortos" (*De cura pro mortuis gerenda*, V, 421/24).[22]

Agostinho não partilha a opinião de Paulino. Os cristãos, segundo ele, não devem preocupar-se com o corpo dos mortos, como fazem os pagãos. Somente a alma deve importar-lhes e, para a sua salvação, devem orar a Deus. A pompa dos funerais, a condição da sepultura têm importância apenas para os vivos, que ajudam a consolar ("magis sunt vivorum solacia quam subsidia mortuorum", cap. II).[23]

Por todos os meios, Agostinho esforça-se em negar a possibilidade de uma comunicação entre os vivos e os mortos. Assim como os vivos ignoram o destino do morto no além, este não sabe mais nada dos vivos. Ele deve admitir, porém, baseado em certos relatos de visões que lhe foram narrados, que mortos podem aparecer, seja em sonho, seja "de outra maneira", para dar aos parentes uma informação e mesmo indicar o que se deve fazer quanto à sua sepultura. Ele conta no capítulo X a história que ouviu em Milão: quando credores desonestos reclamavam de um jovem a dívida que seu pai teria negligenciado pagar antes de morrer, o morto apareceu em sonho ao filho para lhe revelar onde se encontrava o recibo do pagamento.

Mas tal aparição se produz à revelia do morto, da mesma maneira que podemos sonhar com um homem vivo sem que este tenha conhecimento algum disso. Assim, no momento mesmo em que, em Milão, Agostinho ouvia esse relato, ele próprio aparecia em sonho, à sua revelia, ao retórico Eulógio de Cartago. Este, não conseguindo compreender uma passagem difícil de Cícero, sonhara que Agostinho ditava-lhe a solução. Naturalmente, Agostinho ignorava tudo desse sonho: "Do outro lado do mar, eu fazia no mesmo momento coisa muito diferente, talvez estivesse dormindo, em todo caso, não me preocupava de modo algum com seus assuntos" (cap. XI).

"Como isso é possível?", pergunta Agostinho. Como com freqüência quando levanta uma questão difícil que não quer eludir, ele contenta-se em reconhecer: "Não sei".[24] De fato, a redução das aparições dos mortos ao caso dos sonhos que os vivos têm uns com os outros permite-lhe negar que os próprios mortos possam, em espírito, deslocar-se e intervir realmente no espírito dos vivos. Em todos os casos, aquele que aparece não é o homem, vivo ou morto, nem sua alma nem, evidentemente, seu corpo. É uma "semelhança do homem" (*similitudo hominis*), uma "imagem" (*imago*), totalmente estranha à consciência daquele que ela representa vivo.

Os mortos, assim como os vivos, ignoram, portanto, que os que sonham os vêem "imaginariamente" (*imaginaliter*) (cap. XII). Os espíritos dos mortos (*spiritus defunctorum*) não têm nenhuma razão para imiscuir-se com os vivos (cap. XIII): é, de resto, o que mostra bem a parábola de Lázaro, que Abraão não autorizou a aparecer aos irmãos do mau rico. Por certo, o rico preocupava-se com seus irmãos, mas não conhecia suas ocupações na terra. Da mesma maneira, preocupamo-nos com nossos mortos, mas sem saber o que acontece com eles (cap. XIV).

Se os mortos ficam sabendo alguma coisa a respeito dos vivos, só pode ser por intermédio dos anjos, que se aproximam de uns e dos outros e asseguram uma mediação entre o reino divino, que está fora do tempo, e o mundo dos homens, que está no tempo. E, se é preciso admitir, por exceção, a possibilidade de algumas aparições, elas não têm relação com mortos ordinários, mas com personagens excepcionais, como os santos. Suas aparições são simétricas ao *raptus* de são Paulo, arrebatado da terra ao paraíso (2Cor, 12,2). É, de alguma maneira, o caminho inverso ao tomado, segundo o Antigo Testamento, por Samuel, quando foi evocado pela pitonisa de En Dor e previu a Saul sua morte próxima, e por Moisés e Elias (quando da transfiguração do Cristo) (cap. XV). É o caso também de santos cristãos, que apareceram excepcionalmente: "Nós soubemos", reconhece Agostinho não sem prudência, "por rumores não incertos e por testemunhos certos, que são Félix apareceu durante o cerco de Nola pelos bárbaros". A prudência da expressão é bem reveladora: tudo deve separar os mortos ordinários, cujas aparições lembrariam em demasia o paganismo antigo, dos santos, os mortos de elite do cristianismo e da Igreja: "É preciso compreender que, por efeito do poder divino, os mártires podem imiscuir-se nas coisas dos vivos, ao passo que os defuntos, por sua própria natureza, não o podem" (cap. XVI). Em definitivo, a explicação de todos esses fenômenos baseia-se nos poderes de mediação dos anjos: são eles que, pela graça de Deus, fazem o espírito dos homens ver, inclusive no sono, as imagens "*in effigie corporis*", sob a aparência do corpo, daqueles, vivos ou mortos, com quem têm ou tiveram uma dada relação (cap. XVII).

A IMAGINAÇÃO MEDIADORA

Se Agostinho nega que os vivos e os mortos possam ter a menor comunicação direta, é que ele quer banir toda forma de culto material dos mortos. Todo o fim do tratado refere-se, ao contrário, às preces que os vivos devem dirigir a Deus pela salvação da alma dos mortos. O fenômeno da aparição não é totalmente negado, mas é recolocado em seu justo lugar: pertence ao domínio da "visão espiritual", que consiste em imagens imateriais produzidas de diversas maneiras possíveis na imaginação do homem, particularmente quando este sonha. É o que Agostinho expõe de maneira sistemática em seu comentário em doze livros do Gênese, onde estabelece a teoria cristã dos três gêneros de visões:[25] as visões ditas "corporais", "espirituais" e "intelectuais". Essa distinção tem uma importância considerável ao longo de toda a Idade Média. Portanto, é preciso deter-se nela.

A teoria agostiniana da visão é herdeira, em parte, das concepções da Antiguidade. Ela exerce a maior influência até o século XII, para combinar-se no século seguinte com as concepções naturalistas de Aristóteles, transmitidas pela ciência árabe. Três tipos de visões constituem uma hierarquia, homóloga à hierarquia das faculdades da alma: a visão corporal depende dos sentidos do corpo; a visão espiritual, da imaginação; a visão intelectual, da razão pura.

— No plano mais baixo, com efeito, a *visio corporalis* não é mais que o sentido da visão. Ela permite ao homem, por seus sentidos corporais, perceber objetos materiais exteriores a ele. Segundo nossa concepção da visão hoje, desde as descobertas de Kepler no século XVII, a luz solar refletida sobre um objeto provoca na retina um influxo nervoso transmitido ao cérebro. As teorias antigas e medievais eram diferentes.[26] Umas acreditavam na "intromissão", mas sem a idéia de reflexão da luz solar: o próprio objeto emite no "meio", separando-o do olho, *species*, gêneros de partículas (segundo Demócrito e os atomistas) ou puras aparências (segundo o árabe Al Hazen e, depois dele, Roger Bacon, no século XIII). Para falar da forma ou imagem do objeto que vem imprimir-se no olho, Roger Bacon utiliza os termos *species*, *lumen*, *idolum*, *phantasma*, *simulacrum*, *forma*, *similitudo*, *umbra* etc. Se a teoria da intromissão não cessou de progredir a partir do século XIII, os cientistas antigos e medievais, desde Platão e seu comentador Chalcidius até Guillaume de Conches no século XII e mesmo além, professaram bem mais amplamente a teoria da extramissão: a "virtude natural" e depois "espiritual", produzida no corpo do homem e conduzida pelo nervo ótico do cérebro até o olho, é uma espécie de raio emitido por este último e enviado através da luz exterior até o objeto; ele toma-lhe a forma e a cor, que reconduz ao olho e, de lá, até a alma.[27] Dessa interpretação do poder visual do homem, restarão, quando ela se houver tornado definitivamente caduca pelas leis da ótica e da visão retiniana, as concepções populares da "fascinação" e do "mau-olhado".[28] Todas essas noções têm em comum a idéia de uma interação concreta, física, através do meio exterior, do olho e do objeto: *species* circulam, penetram no olho que, longe de ser passivo, exerce sua *virtus* sobre o mundo exterior.

— No plano mais alto, a *visio intelectualis* domina todas as outras visões, já que provém da razão do homem (*mens*, *ratio*) e visa à contemplação direta de Deus. Em matéria de visão, esta abisma-se no indizível e no invisível, está além de toda imagem. Os clérigos da Idade Média concordavam em dizer que essa experiência estava reservada a muito poucos: como são Paulo perguntando-se se fora arrebatado até o "terceiro céu, em seu corpo ou fora de seu corpo" (2Cor, 12,2).

— Enfim e sobretudo, entre visão corporal e visão intelectual, Santo Agostinho e seus continuadores dão um lugar muito importante à *visio spiritualis* pela qual o "espírito" do homem (não os sentidos de seu corpo e tampouco a *mens*, a parte superior da alma) percebe "imagens" ou "semelhanças" de corpos (e não os próprios corpos). A função da alma que entra em jogo aqui é a *imaginatio*, poder intermediário e mediador entre *sensus* e *mens*, que recebe e elabora imagens. Seu papel é central: cabe-lhe acolher as imagens percebidas pelos sentidos para submetê-las ao julgamento da razão antes de as conservar na memória. Ela pode também representar para si mesma coisas ou seres ausentes, mas que foram precedentemente percebidos pelos sentidos, ou mesmo "imaginar ao sabor de nossa fantasia coisas que não existem absolutamente em parte alguma". As afecções do corpo e do espírito influem também na imaginação, pois é reconhecido que os doentes sujeitos à febre e os melancólicos têm tais "fantasmas", alucinações. A discussão sobre as visões e os sonhos comporta, como se vê, várias facetas: a tradição das classificações dos sonhos (de Macróbio a Gregório, o Grande) cruza com o discurso médico oriundo de Galiano e particularmente atento ao papel do corpo na gênese de tais fenômenos.

Se a "visão intelectual" está além das imagens, a visão corporal e a visão espiritual apresentam mais de uma analogia. Uma e outra tratam de *imagines*, seja em relação com objetos materiais (visão corporal), seja independentemente dessa percepção de objetos (visão espiritual). Esta última não percebe corpos, mas "semelhanças de corpos", igualmente chamadas *species*, *similitudines*, *figurae*, *formae*, *umbrae*; elas são "como corpos" (*quasi corpora*) sem o ser verdadeiramente. Essas aparências são, durante o sono, as imagens oníricas e toda espécie de visões e de aparições que os *miracula* e os *exempla* relatam em profusão. Enfim, nos loucos e nos doentes, são as alucinações provocadas pela febre.

O FANTASMA: UM CORPO OU UMA IMAGEM?

O que é o objeto da visão espiritual, isto é, no caso, o morto que aparece? A questão remete aos fundamentos da antropologia cristã.

O homem é feito de um corpo criado e mortal e de uma alma criada, mas imortal. Quando um homem morre, quando se extingue o princípio vital que o "animava" (para ser breve, chamemo-lo de *anima*), seu corpo (*corpus*, *caro*), invólucro carnal e transitório da alma, é enterrado e está destinado a um rápido desaparecimento. Segundo Santo Agostinho, como dissemos, o corpo morto não merece nenhum "cuidado" (*cura*), a não ser por razões de conveniências sociais.[29] Em compensação, a alma, o princípio divino que está no homem (*animus*, *spiritus*) não morre: apenas "separada" do corpo, a alma, a menos que seja imediatamente salva ou condenada, sofre provas "purgatórias" (ou mesmo, a partir do século XII, ganha *o* purgatório depois de um julgamento particular) na espera da salvação definitiva. Esse tempo mais ou menos longo, concebido e mesmo medido em proporção com o tempo terrestre, é aquele durante o qual se produzem as aparições dos mortos.

Mas o que é que aparece? A gama das possibilidades narrativas parece sem limite. Certos relatos dizem que tal defunto apareceu, bem reconhecível pelo rosto, voz, nome e muitas vezes mesmo pelos trajes, os que usava em vida e particularmente no momento do trespasse. Outros falam da aparição de uma alma (*anima*) ou de um espírito (*spiritus*), remetendo esta última expressão mais diretamente à natureza da "visão espiritual": é o "espírito" do homem vivo, os poderes cognitivos de sua alma, que lhe permitem perceber o "espírito" do morto, o substituto imaterial, mas visível, da alma invisível, apresentando a aparência do homem tal como era em vida. Outros relatos insistem mais ainda no valor de aparência, de imagem incorporal da aparição. Os textos por vezes a chamam *umbra* e usam o adjetivo correspondente na expressão *species umbratica*: uma "aparência de sombra", um fantasma.[30] O que vêem os vivos tem apenas a aparência (*similitudo*, *forma*, *species*, *effigies*, *imago*) dos homens vivos que esses mortos foram. A esses mortos que aparecem aplica-se no mais das vezes o advérbio *quase*: estando mortos, eles são "como se" estivessem vivos. Esse advérbio *quase* é característico de toda a literatura visionária e considero-o muito importante. Ele exprime bem a dúvida, a hesitação diante de todos esses fenômenos que se sabem imateriais e que, no entanto, têm todas as aparências do sensível: é essa a particularidade do que é dito espiritual (*spiritualis*). A mesma observação vale para a fórmula tão freqüente *visum est sibi* ou *videtur sibi videre*, que é empregada de preferência ao ativo *vidit*. Ela deve ser traduzida por "pareceu-lhe" ou "pareceu-lhe ver", que marca a dúvida quanto à natureza do objeto da "visão espiritual". Aí adivinho também o indício de uma atitude passiva e de submissão, como se antes de ver um morto (ou um anjo, ou o diabo) se fosse visto por ele.

Um outro termo interessante é *persona*, geralmente utilizado para designar um ser sobrenatural (anjo, santo, morto ou mesmo o Cristo) que o beneficiário da aparição ainda não identificou.[31] É o caso, notadamente, quando um morto destaca-se de um bando anônimo de defuntos e não é ainda reconhecido e nomeado. Nesse caso, não se está longe do sentido teatral das palavras *personagem* e *máscara* (sendo *persona*, entre outras, o equivalente do grego *prósôpon*). No *De cura pro mortuis gerenda*,[32] Santo Agostinho opõe a *persona* dos mortos, isto é, sua imagem ou semelhança imaterial, à *praesentia* dos vivos, que estão bem ali, "em pessoa". No começo do século X, o *Canon episcopi* denuncia os disfarces do diabo, que toma a aparência, nos sonhos dos homens, "de *pessoas* ora conhecidas, ora desconhecidas".[33] Dessa palavra é preciso aproximar um outro substantivo não menos ambíguo, *larva* (com seu adjetivo *larvaticus*): ele remete simultaneamente aos mortos funestos da Roma antiga e às máscaras, segundo o sentido da palavra que se impõe na Idade Média.[34]

Essas designações da aparência são as mais conformes com a teoria agostiniana da aparição como "visão espiritual". Repitamo-lo: para Agostinho, o que aparece não é nem o corpo do morto nem sua alma, que é uma essência imaterial e não tem nenhuma razão para entrar em relação com os homens. É uma *imago*, uma "imagem espiritual" e não "corporal", que tem apenas a aparência de um corpo. Lembremos que, para Agostinho, não há nenhuma diferença de natureza entre a aparição da imagem de um morto e a da imagem onírica de um amigo que vive longe e com o qual se sonha à sua revelia. Todas essas imagens são percebidas não pelos olhos do corpo, mas pelos "olhos da alma", para a frente dos quais elas são levadas pelos anjos, quer sejam bons quer maus.[35]

Pois as "imagens espirituais" nem sempre se formam por si sós no espírito do homem: algumas são aí introduzidas por "espíritos estranhos", bons ou maus.[36] Agostinho é herdeiro da grande tradição pneumática legada pela Antiguidade.[37] Na forma cristianizada que lhe dá, os anjos, sujeitos à vontade divina, fazem os homens conhecer o que eles sabem, por meio de imagens espirituais. E é assim também com os anjos decaídos, os "maus espíritos", que imprimem suas imagens enganadoras na imaginação dos homens, especialmente durante o sono. Nos dois casos, o processo é da mesma natureza; é difícil, portanto, distinguir os anjos bons dos maus (que, segundo são Paulo — 2Cor, 11,14 — disfarçam-se de "anjos de luz"). O discernimento dos espíritos (*discretio spiritum*) supõe o carisma de que fala o apóstolo (1Cor, 12,10).

Confirma-se então que, para Agostinho, os únicos "espíritos" que garantem uma mediação entre o além e este mundo são os anjos (e, entre eles, os anjos maus, os demônios). Eventualmente, são os anjos que apresentam ao espírito de um homem a "imagem espiritual" de um morto, sob a aparência do corpo vivo deste. Mas essa aparição não tem relação nem com o corpo real do morto, cujo lugar de sepultura não tem nenhuma importância, nem com a alma do morto, que tampouco tem a preocupação de aparecer. Ora, sobre esses dois pontos essenciais, a teoria agostiniana não deixará de ser profundamente contestada ao longo de toda a Idade Média: as "imagens espirituais", longe de ser perfeitamente imateriais, vão parecer estranhamente dotadas de corporeidade, tanto nos relatos de aparições quanto nas imagens de fantasmas. Por outro lado, os anjos e os demônios não são os únicos "espíritos" suscetíveis de mover-se por si próprios; os fantasmas também são espíritos que, para aparecer, dispensam muito bem a mediação angélica.

A POSTERIDADE DE SANTO AGOSTINHO

O *De cura pro mortuis gerenda* e o comentário do Gênese a respeito das visões foram abundantemente citados e utilizados pelos autores cristãos ao longo de toda a Idade Média. Por exemplo, Juliano de Toledo (morto em 690) inspira-se neles explicitamente quando se pergunta "se os mortos podem aparecer visivelmente aos olhos dos vivos".[38] Bem mais tarde, no século XII, Graciano relembra, com Agostinho, que os mortos não sabem o que acontece sobre sua sepultura[39] e, na mesma época, Honorius Augustodunensis retoma a idéia de que as almas que sofrem penas no além aparecem aos vivos "apenas com a permissão dos anjos".[40] Quanto aos liturgistas, vão repetindo que, durante a missa dos funerais, o corpo do morto deve esperar no vestíbulo da igreja, "pois não nos comunicamos com os mortos, já que não nos respondem".[41] Entretanto, a reflexão de Agostinho apenas reencontrou toda a sua atualidade e sua força em um tratado do século XII que por muito tempo lhe foi erroneamente atribuído: o *Liber de spiritu et anima*, sobre o qual hoje se está de acordo em pensar que foi composto pelo monge cisterciense Alcher de Clairvaux (morto depois de 1165).[42]

Em termos inteiramente agostinianos, o autor examina os múltiplos sentidos e as relações de inclusão das palavras referentes à definição da alma e às experiências visionárias (*animus*, *anima*, *spiritus*). Estende-se sobre os três tipos de visões e, entre as visões espirituais, introduz, inspirando-se em Macróbio, a distinção clássica dos cinco gêneros de sonhos.[43] Tendo em seguida falado sucessivamente dos anjos e dos demônios, ele chega às aparições dos mortos (cap. XXIX).

Aparentemente, o ensinamento de Agostinho é seguido de maneira fiel: as aparições não são mais que "semelhanças das coisas" (*similitudines rerum*), não as coisas mesmas; as aparições seriam produzidas "pelas operações angélicas", por ordem de Deus; os mortos ignoram o que se passa entre os vivos, da mesma maneira que estes não conhecem o destino dos defuntos. No entanto, vários desvios de detalhe são significativos. O próprio fato de que as aparições dos mortos sejam objeto de um capítulo à parte, ao mesmo título que as dos anjos e dos demônios, confere-lhes de imediato uma importância e uma autonomia que Agostinho não lhes reconhecera. Além disso, aos mortos é atribuída uma preocupação com os vivos (*cura de vivis*) simétrica à preocupação que os vivos sentem por eles (*cura de mortuis*). Enfim, se os mortos não sabem por si mesmos o que fazem os vivos, são informados parcialmente a seu respeito pelos mortos que se juntam a eles e que eles escutam; ficam sabendo sobre eles "o que uns têm a permissão de indicar e os outros têm necessidade de ouvir".

Uma leitura rápida do *De spiritu et anima* poderia fazer pensar em um tratado totalmente agostiniano. No essencial, isso é inegável. Contudo, ligeiras diferenças mostram que a teoria dos fantasmas, a despeito da autoridade do Pai da Igreja latina, cedeu parcialmente sob a pressão da inflação narrativa e de representações mais acolhedoras que, pouco a pouco, deram aos fantasmas uma importância, uma presença e funções maiores do que Agostinho podia ou queria admitir. A evolução dos relatos de aparições dos mortos entre o século V e o século XII permitirá seguir passo a passo essas mudanças, de início muito lentas, depois muito mais rápidas a partir do ano 1000.

ENTRE SANTOS E DEMÔNIOS

Durante toda a alta Idade Média, os relatos de fantasmas são raros. Uma concepção ainda profundamente dualista do mundo lhes dá pouco espaço entre as aparições de Deus e, sobretudo, dos santos e dos anjos, e as do diabo e dos demônios. Por muito tempo, os relatos de fantasmas dificilmente se destacam da hagiografia: um dos papéis reconhecidos ao santo merovíngio ou carolíngio é o de exorcizar os espíritos funestos dos mortos, mais ou menos assimilados aos "maus espíritos" (*maligni spiritus*), que são os demônios. Heróis da nova fé, os santos põem em debandada, exorcizam, denunciam os maus mortos do paganismo e da "superstição", e, uma vez que estão mortos, seus hagiógrafos esforçam-se por distinguir suas aparições das dos outros defuntos. São Germano de Auxerre (segundo seu hagiógrafo Constâncio de Lyon, que escreve por volta de 478, uns trinta anos depois da morte de seu herói) teria libertado uma casa das "sombras funestas" que a assombravam em razão da presença naquele lugar de cadáveres que não haviam recebido sepultura digna.[44] Modelo por excelência do cristianismo das Gálias, são Martinho, segundo seu hagiógrafo Sulpício Severo (c. 397), obriga a "sombra sórdida" de um bandido, a quem os habitantes consagravam um culto como se se tratasse de um mártir, a revelar seu nome e confessar seus crimes.[45] Temos aí um modelo muito pregnante, reutilizado pelos hagiógrafos a propósito de outros santos, como são Patrício, o evangelizador da Irlanda no século V, que refará mais ou menos os mesmos gestos.[46]

Os Pais da Igreja tendiam já a confundir os mortos funestos e os demônios para explicar os infortúnios das comunidades cristãs.[47] Na coleção dos *Milagres do protomártir Estêvão*, um moribundo, Dativus, sonha que é agredido por uma multidão de mortos, dos quais alguns lhe são conhecidos e desempenham de maneira evidente o papel que será o dos demônios nas visões medievais dos agonizantes.[48] As fórmulas de exorcismo utilizadas pelos clérigos da alta Idade Média mostram também como se confundem o temor dos mortos maléficos e o dos demônios: o lançamento de água benta e de sal, unido a uma fórmula de conjuração, deve afastar "toda sombra, todo satã, todas as maquinações dos espíritos imundos dos suicidas ou daqueles que vagam...".[49]

Na outra extremidade da escala de valores dessa sociedade, as aparições dos santos são, ao contrário, esperadas e procuradas. Vemo-lo em Grégoire de Tours (c. 538-594), que descreve em seu *Livro à glória dos confessores* a necrópole ou *polyandrum* de Autun, o "lugar da grande maioria".[50] Aparições freqüentes e misteriosas salmodias assinalam as sepulturas da minoria bem-aventurada dos cristãos que mereceram o repouso eterno. Na basílica dedicada a santo Estêvão e contígua ao cemitério, dois habitantes que vieram orar ficam surpresos de ouvir essas vozes misteriosas. O espírito de um bem-aventurado expulsa-os desse lugar abençoado, do qual são indignos. Foi assim que o cristianismo transformou as velhas crenças: procurando reservar a seus santos o privilégio da aparição e utilizando o medo dos fantasmas para proteger seus lugares santos. Grégoire de Tours o mostra bem quando conta sua visita de Lyon sob a condução do bispo Nizier. Sobre o túmulo do bispo mártir Hélio, um aviso lembra que o morto agarrou uma noite um saqueador de sepultura e só o soltou em troca de seu arrependimento.[51] A cultura eclesiástica terá então "domesticado", transformando-as um pouco, as tradições germânicas relativas aos mortos que defendem sua sepultura contra os intrusos.[52]

O santo aparece então no mais das vezes para fortalecer seu culto, defender seu santuário ou prevenir contra os pecados e prescrever aos vivos que se preparem para a morte. Essas aparições são legião em toda a literatura hagiográfica da alta Idade Média, e este não é o lugar de as estudar por si mesmas.[53] Em compensação, não é indiferente constatar que elas propõem um modelo narrativo que será em seguida aplicado, em suas linhas gerais, a todos os mortos. Vemo-lo bem na *Vida de santo Amato*, abade de Remiremont (morto depois de 628), talvez escrita antes de 700. Bem antes de sua morte, o santo mandou preparar sua sepultura à entrada da basílica de Santa Maria. O epitáfio deve incitar os fiéis a orar por ele. Três dias depois de sua morte, ele aparece a um irmão para lhe dizer que não deplore sua morte, pois mereceu a salvação. Mas roga-lhe dizer a seu sucessor, Romaric, que conserve bem sua *memoria*. Na missa de primeiro aniversário de morte, depois do serviço noturno celebrado em sua memória, ele aparece novamente para ordenar que seus despojos sejam depositados na cripta da basílica.[54] De duas maneiras pelo menos, esse santo, cuja memória é piedosamente conservada pela comunidade que ele dirigira, anuncia os fantasmas mais ordinários do período ulterior: para apagar os pequenos pecados que cometeu, embora santo, ele se beneficia da prece litúrgica dos monges. Em conseqüência, suas aparições regulam-se pelos ritmos do tempo litúrgico, que privilegia os dias que se seguem imediatamente ao falecimento e, sobretudo, a data do aniversário. Esse momento, que sela definitivamente o destino no além, será importante para todos os mortos. Aqui, contudo, ele é marcado por um ato litúrgico que é essencial à constituição da memória hagiográfica e que, a esse título, distingue decididamente os santos dos mortos ordinários: somente os santos beneficiam-se de um traslado solene de seus restos corporais, equivalente, na sociedade cristã, aos "segundos funerais", que distinguem, nas sociedades "primitivas", os que têm acesso à condição de "ancestrais".[55]

A GÊNESE DOS RELATOS MEDIEVAIS

Entre as aparições dos mortos funestos ligados ao paganismo e as dos santos, durante muito tempo não houve muito espaço para as aparições dos mortos ordinários. A época pensava a si mesma segundo a psicomaquia, o antagonismo do Bem e do Mal: ainda não chegara a hora de levar em consideração o destino dos homens ordinários, tanto na morte como na vida. No entanto, um punhado de relatos subsiste.

Os do papa Gregório, o Grande (c. 540-604), gozaram de imensa celebridade ao longo de toda a Idade Média. Tornado papa em 590, Gregório empreende, por volta de 593-594, colocar por escrito, sob a forma de *Diálogos* com o diácono Pedro, todo um conjunto de tradições hagiográficas relativas à Itália. Por intermédio de seu amigo, Gregório visa a um público letrado de monges e de clérigos que ele pretende convencer de que a santidade pode ainda florescer em sua época e de que ela oferece exemplos morais que os contemporâneos devem seguir. O primeiro livro exalta doze figuras de taumaturgos. O livro II concentra-se apenas na figura de são Bento. No livro III, ao contrário, mais de trinta santos, muitas vezes bem recentes, são dados como exemplo. O livro IV contrasta com os precedentes, na medida em que escapa ao gênero da hagiografia para consagrar-se apenas ao tema dos fins últimos e do destino da alma depois da morte. Neste último livro, a morte dos cristãos ordinários é, portanto, levada em conta. Mais que os anteriores, este livro dá a impressão de um tratado em que os relatos vêm ilustrar afirmações mais teóricas sobre a sobrevivência da alma depois da morte, sobre os sinais celestes que acompanham o trespasse, sobre as visões dos lugares do além. No fim do livro, Gregório interroga-se, enfim, sobre o benefício da sepultura *ad sanctos*, tão procurada por seus contemporâneos: fiel à opinião de Agostinho, considera-a pouco eficaz e mostra-lhe mesmo os riscos para os defuntos que não são dignos dela. Antes recomenda orar e oferecer missas pela salvação da alma.

É aí que o autor insere um relato que diz dever ao bispo Félix de Porto: seu herói é um padre que tinha o costume de ir aos banhos de Tauriana.[56] Regularmente, esse padre era ali servido por um desconhecido, a quem acabou por oferecer, em sinal de gratidão, duas "coroas de oferenda", pães normalmente destinados ao sacrifício eucarístico. O homem revelou então que era um morto, ex-dono daqueles banhos, que expiava suas faltas no lugar terrestre em que as cometera. Ele recusou as coroas de pão, mas pediu ao padre que as oferecesse a Deus por ele. Depois desapareceu, confirmando assim que era um "espírito" (*spiritus*).

O livro IV dos *Diálogos* contém um outro relato análogo: o do bispo de Capua, Germano, que encontra o espírito do diácono Pascásio nas termas de Angulus, onde este purgava uma falta menor. As preces do bispo libertam o morto ao fim de alguns dias.[57]

Esses relatos inscrevem-se na série das representações dos lugares de expiação anteriormente ao advento do purgatório propriamente dito.[58] Dão testemunho também da permanência, pelo menos no centro da Itália do século VI, das termas, lugares memoráveis, doravante em ruínas, da sociabilidade e do *otium* antigos, mas que se oferecem no presente, graças à água e aos vapores quentes, ao investimento do imaginário cristão da morte e do além.

Não menos célebre é o relato da aparição do monge-médico Justus, morto três anos antes que Gregório conte sua história. Na agonia, ele confessa a seu irmão Copiosus que escondeu três moedas de ouro e faltou assim ao seu voto de pobreza. Posto a par, Gregório condena o moribundo ao isolamento (ninguém virá consolá-lo em seus últimos momentos), depois, quando está morto, ele recusa o sepultamento do corpo no cemitério dos monges. Mas ao fim de trinta dias, estimando que o castigo é suficiente, Gregório ordena que o sacrifício eucarístico seja oferecido todos os dias pelo defunto durante os trinta dias seguintes. Logo Justus aparece a seu irmão Copiosus para anunciar que, nesse mesmo dia, ele "recebeu a comunhão". Um rápido cálculo permite certificar-se de que a missa foi celebrada por ele durante trinta dias exatos antes de produzir seus frutos.[59] A prática das missas ditas por um morto durante os trinta dias que se seguem ao falecimento está então bem estabelecida no fim do século V. Utilizando a metáfora dos alimentos a ser partilhados com os mortos, ela é tanto mais encorajada quanto desvia os cristãos de práticas funerárias — libações, banquetes, oferendas sobre a sepultura — que lembram em demasia o paganismo. Assim, o *Poema sobre a missa dos defuntos*, de Jacques de Serugh (morto em 521), recomenda convidar os mortos para o "banquete" eucarístico, mas "não chamar o morto sobre sua sepultura, pois ele não ouve".[60]

Existem outras menções de aparições de mortos ordinários na alta Idade Média, porém no mais das vezes em conflito, de maneira significativa, com os dois lados opostos da hagiografia e da demonologia. Na *História dos francos* de Grégoire de Tours, um marido ciumento, que matara a mulher e aquele que tomava por seu rival, é atormentado em sonho por suas vítimas, que lhe anunciam sua morte iminente.[61] Ao contrário, em sua volumosa *História eclesiástica*, Beda, o Venerável (c. 672-735), não menciona, ao lado de uma infinidade de relatos de visões de toda espécie, muito mais que três aparições de mortos mais ordinários. E ainda se trata de monges e de monjas que anunciam a outros religiosos que eles vão morrer ou lhes dão piedosos conselhos: o modelo hagiográfico aí permanece, portanto, muito próximo.[62]

O DESENVOLVIMENTO DA LITURGIA DOS MORTOS

O principal fator do aumento, a partir do século XI, do *corpus* dos relatos de fantasmas é o desenvolvimento da liturgia dos mortos. Desde a época carolíngia, o sistema das missas ditas especialmente por um morto no terceiro, no sétimo e no trigésimo dia depois do falecimento está estabelecido em toda a sua coerência.[63] Ele é completado pela prática das oferendas feitas aos pobres em memória do defunto graças às doações concedidas à Igreja. Toda essa liturgia baseia-se, com efeito, em uma estrutura de troca, em que os valores simbólicos são inseparáveis de resultados materiais e sociais da mais alta importância. É preciso imaginar uma rede de relações complexas entre quatro pólos distintos.

— O que lega divide seus bens entre a Igreja e seus herdeiros e adjura estes últimos a cuidar de sua alma depois de sua morte e, para isso, a não anular suas piedosas doações.

— Os herdeiros, de fato, são com freqüência tentados a açambarcar o conjunto dos bens e a negligenciar a *memoria* de seu parente defunto.

— A Igreja e principalmente os mosteiros recebem essas doações, com a condição, de um lado, de orar pelo morto e, de outro lado, de redistribuir aos pobres uma parte dos bens legados.

— Os pobres, enfim, beneficiam-se de uma parte das esmolas. Por vezes, eles são apenas um pequeno número simbólico, mas freqüentemente são uma multidão de verdadeiros miseráveis. São considerados como os substitutos terrestres do morto, pois as esmolas que lhes são dadas fazem parte dos "sufrágios" que ajudam na salvação dos defuntos. Alimentar materialmente os pobres equivale a "alimentar" simbolicamente, com preces, a alma penada do doador que está morto. A abadia de Fulda é nessa época um dos lugares importantes desse tipo de trocas entre vivos e mortos. Não é surpreendente que ali se encontrem, entre outros, dois relatos locais de fantasmas que se referem diretamente à liturgia dos mortos e demonstram a necessidade dos sufrágios pelos defuntos.

A *Vida de Raban Maur*, abade de Fulda e arcebispo de Mainz, relata o castigo brutal que as "sombras" dos monges falecidos do mosteiro infligiram uma noite do ano de 837 ao ecônomo Adelhardus: porque ele desviou em seu proveito as provisões destinadas aos pobres, os doadores falecidos não podem mais beneficiar-se de um alívio de suas penas no além. Assim, eles voltam para vingar-se.[64] Um pouco mais tarde, o continuador dos *Anais de Fulda* lembra como o rei Luís, o Germânico, consagrou-se devotamente à prece durante a Quaresma de 878. Uma noite, seu pai, o falecido imperador Luís, o Piedoso, apareceu-lhe para adjurá-lo em nome do Cristo e da Trindade a tirá-lo dos tormentos do além. Terrificado por essa visão, o rei mandou pôr seu relato por escrito e o enviou a todos os mosteiros do reino para que todos os monges rogassem a Deus pela salvação do imperador defunto.[65]

Assim, no século IX, todo o dispositivo — institucional, litúrgico, narrativo — está instalado para que as reticências expressas cinco séculos antes por Santo Agostinho a respeito das aparições dos mortos sejam definitivamente afastadas. Daí em diante, é admitido que os mortos podem aparecer aos vivos, e para o duplo benefício de uns e outros. Mas são os vivos que imaginam e contam as aparições. A multiplicação desses relatos, a partir do ano 1000, permite analisar suas modalidades e suas finalidades.

2
SONHAR COM MORTOS

Desde os primeiros séculos, a cultura cristã encontrou e tentou resolver o problema dos mortos e, mais particularmente, o do suposto retorno de alguns deles. Santo Agostinho, como se acaba de ver, definiu de maneira duradoura a atitude da Igreja a esse respeito. Ao mesmo tempo, os documentos de origem eclesiástica permanecem relativamente discretos sobre os fantasmas durante toda a alta Idade Média. Mas as coisas mudam a partir do século XI, em particular em razão do surgimento, nessa época, de relatos autobiográficos de fantasmas. Eles vão permitir-nos de imediato chegar o mais perto possível da atitude íntima dos homens da Idade Média (ou de alguns deles) com relação aos seus mortos. Tais relatos são encontrados na literatura cristã desde os primeiros séculos. Mas se multiplicam apenas depois do ano 1000, sob o efeito de vários fatores: uma renovação geral (como mostrou Georg Misch há tempos) da escrita autobiográfica, o impulso do que Michel Zink chamou de "subjetividade literária" (ou seja, o reconhecimento da condição de autor e da legitimidade do "eu" em literatura), a valorização do sonho pessoal na consciência de si, o desenvolvimento da *memoria* dos parentes carnais e espirituais. Escritos por monges e clérigos, mas também, a partir do século XIII, por leigos letrados, os relatos autobiográficos nos fazem entrar no cerne do "trabalho do luto" e da ambivalência dos sentimentos dos homens oprimidos, a uma só vez, pela lembrança obsedante de seus próximos falecidos e pela vontade de os esquecer.

Entre o século XI e o século XV, os relatos autobiográficos de fantasmas são de três tipos. Em certos casos, pode tratar-se não de uma verdadeira aparição, mas antes do sentimento de uma presença invisível e muito próxima. Em outros casos, igualmente raros e limitados à literatura mística (a partir do século XIII), pode tratar-se de uma visão acordada dos mortos, mas percebida em um momento de êxtase. No mais das vezes e ao longo de todo o período, o relato autobiográfico de fantasmas é um relato de sonho.

O VISÍVEL E O INVISÍVEL

Bem no começo do século XI, o testemunho do bispo saxão Thietmar de Merseburg é sem dúvida o primeiro a dar tantos detalhes sobre as aparições dos mortos e também a permitir uma comparação precisa entre os relatos autobiográficos e os relatos que o autor narra por ouvir dizer. Ele escreveu sua crônica entre 1009 e 1018. É uma obra considerável, à qual os historiadores devem boa parte de seus conhecimentos do Império otoniano. Thietmar pertence à grande aristocracia do Império germânico. Há várias gerações, a história de sua família confunde-se com o destino da Saxônia. Ele próprio torna-se bispo de Merseburg em 1009. Bispo de império (*Reichsbischof*), mas também grande letrado, ele é a uma só vez protagonista e intérprete da história política do Império. No entanto, entre os acontecimentos marcantes de que estabelece a crônica minuciosa — os reinados dos imperadores, as campanhas militares, as sucessões episcopais etc. — ele insere outros relatos, muito diferentes, mas cuja utilidade não lhe parece menor e cuja veracidade é atestada por ele próprio. Assim, no livro I, narra a campanha militar de Henrique I em Mecklemburgo e na Pomerânia, em 926; seus dois bisavôs participaram, antes de tombar juntos na batalha de Lenzen, na reconquista da cidade de Walsleben, que os eslavos haviam tomado e incendiado. A evocação dessa cidade, que tem lugar na memória familiar, e de sua destruição sob o ataque dos pagãos faz Thietmar desviar-se para um outro assunto, no qual se engata, por associação de idéias, toda uma série de histórias de fantasmas.[1]

Para que nenhum cristão possa, a exemplo dos pagãos, duvidar da ressurreição dos mortos no fim dos tempos, Thietmar, segundo testemunhos que ele próprio recolheu, conta o que se passou em Walsleben depois que a cidade foi reconstruída. Uma multidão de mortos apareceu, no cemitério, ao cura do lugar. Uma morta, que o cura reconheceu, previu a este a iminência de seu trespasse. A esse relato, que se refere a fatos já antigos, Thietmar acrescenta imediatamente uma história mais recente, que ele próprio ouviu em Magdeburgo no tempo em que residia ali (entre 987 e 1002). Ela lhe parece "em perfeito acordo, no que diz respeito à visão e aos sons", com a história precedente. Uma noite, os guardiães ligados à igreja dos comerciantes vêem de longe, no cemitério, pequenas luzes acima dos círios e ouvem dois homens cantar matinas e laudes. Quando se aproximam, não percebem mais nada. Impressionado com a estranheza do relato, no dia seguinte Thietmar o repete à sua sobrinha Brigitte, abadessa do mosteiro de São Lourenço, que está acamada. Longe de surpreender-se, esta, por sua vez, conta-lhe como o bispo Baudri de Utrecht (918-975) reconstruíra e reconsagrara uma antiga igreja destruída de Deventer e a confiara a um padre. Ao alvorecer, esse padre encontra, na igreja e no cemitério, mortos que celebram a missa e cantam. Por ordem do bispo, o padre passa uma segunda noite na igreja, mas os mortos o expulsam dali. Na terceira noite, o padre mune-se de relíquias e de água benta e esforça-se por permanecer acordado: mas, à hora habitual, os mortos apoderam-se dele e o levam para cima do altar, onde o queimam inteiramente. O bispo ordena um jejum de três dias pela salvação da alma do padre. E Brigitte acrescenta que poderia contar muitos outros relatos semelhantes, pois "se o dia pertence aos vivos, a noite é deixada aos mortos".

Thietmar tira de todas essas histórias uma lição religiosa dirigida "aos iletrados e aos eslavos" que, segundo ele, crêem que a alma não sobrevive à morte do corpo. Para ele, ao contrário, esses testemunhos, em concordância com as Escrituras e com o livro IV dos *Diálogos* de Gregório, o Grande, demonstram que a alma sobrevive depois do trespasse e aguarda a ressurreição. Os homens, explica ele, situam-se entre os anjos e os animais. Pois, se os primeiros são todos espirituais e imortais, e os segundos, todos corporais e mortais, os homens têm um corpo mortal, mas uma alma imortal que a morte do corpo não afeta. Sem que Thietmar preste atenção nisso, seus relatos mostram outra coisa ainda: que os mortos passam por anunciar a iminência de um trespasse, que o tempo pertence pela metade aos mortos e que estes estão a todo momento prestes a conquistar os lugares que os vivos deixaram por um tempo — uma cidade destruída durante uma incursão militar ou uma igreja abandonada. Os mortos sentem-se em casa nas ruínas e defendem com energia feroz o espaço que conquistaram. Portanto, é indispensável que os clérigos delimitem pela aspersão de água benta os espaços respectivos dos vivos e dos mortos. O ano 1000 marca a invasão dos fantasmas, mas também os esforços redobrados para sua rejeição.

Nos relatos de Thietmar, os mortos manifestam-se por sons ou aparições geralmente anônimas (uma única vez uma paroquiana falecida pôde ser reconhecida). Em outros casos, a relação entre morto e vivo individualiza-se e os nomes são dados. Esses outros relatos cumprem funções mais políticas e revelam o lugar importante que o próprio Thietmar ocupa na aristocracia imperial, seus laços familiares e a "estrutura memorial" que sustenta toda a sua crônica.[2]

Em 981, o arcebispo Adalberto de Magdeburgo, que acaba de morrer, aparece a seu fiel Walter para lhe dar a conhecer que está descontente com a escolha de seu sucessor, Ochtricus, culpado de malversações. O próprio Walter conta a aparição a Thietmar.[3] Ochtricus morre pouco depois, mas antes o irmão de Thietmar, Husward, tem uma visão do falecido preboste Athelken, que veio dirigir censuras ao arcebispo.[4] Isso não é tudo: em 1002, a falecida mãe de Walter aparece à sua filha para lhe anunciar a morte próxima do arcebispo de Magdeburgo, Thaginus, e sua substituição por Walter. Antes de tornar-se arcebispo, este lembra à sua irmã a promessa que ela lhe fez, no caso de ele falecer antes dela, de respeitar seu legado piedoso do domínio de Olvenstedt, a fim de garantir sua salvação.[5]

Ascensão ao poder, devolução dos bens, memória dos mortos: os defuntos são parte recebedora em toda sucessão. Aqueles que, por suas funções passadas, velam pelo futuro da sé episcopal de Magdeburgo aparecem a cada novo vencimento de prazo. Por pouco que a eleição constitua problema — risco de um sucessor indigno ou desvio de um bem prometido à Igreja —, eles irrompem nos sonhos dos vivos, contrariam suas ambições, despertam sua má consciência e alimentam seus relatos.

Entretanto, a todos esses relatos narrados pelo bispo Thietmar de Merseburg com base nos testemunhos orais que ele próprio recolheu, opõe-se a exposição única de sua experiência pessoal.[6] Essa narrativa é de uma precisão ainda mais notável: ele se encontrava em seu domínio de Rottmersleben quando, em 18 de dezembro de 1012, uma sexta-feira, ao primeiro canto do galo, uma luz encheu a igreja e um grunhido se fez ouvir. Interrogando velhos, ele soube que um fenômeno semelhante já se produzira outras vezes e anunciava um falecimento. Com efeito, a morte de sua sobrinha Liutgarde ia pouco depois confirmar o prognóstico e, desde então, aconteceu várias vezes a Thietmar e a seu companheiro de ouvir à noite, quando todos os outros dormiam, um som comparável ao de achas de lenha caindo; ele escutou mesmo "os mortos que dialogam entre si", e isso sempre foi o sinal de um falecimento iminente no domínio. É notável que, nesse único relato autobiográfico, o morto permaneça invisível, que se manifeste não por uma imagem, nem mesmo onírica, mas por uma luz, um som estranho que não tem nada de humano ou pelo murmúrio de vozes inaudíveis. Ruídos e cochichos que o bispo, com todos os habitantes de seu domínio, observa atentamente e interpreta, antes de exprimir por escrito o sentimento de estranheza que experimentou à aproximação do que crê ser a presença de um morto (todas as vezes, talvez, que o grunhido de um animal ou a queda de um monte de lenha o fizeram sobressaltar-se). Para ele, em um mundo em que tudo é sinal e exige ser decifrado, a vinda invisível dos mortos é uma realidade que anuncia o trespasse iminente de um próximo.

Esse tipo de relato autobiográfico de fantasma parece muito raro. No entanto, pode-se relacionar com ele o relato bem mais tardio que o próprio imperador Carlos IV (1348-78) fez, em latim, de uma agitada noite passada em seu castelo de Praga.[7] Seu quarto encontra-se na parte antiga do castelo. Seu companheiro Buschko ocupa um outro leito no mesmo quarto que, apesar da noite, está muito claro pelo fogo que arde na lareira e pelas numerosas velas acesas. Todas as portas e janelas estão fechadas. Mas, mal os dois homens adormecem, um rumor de passos no quarto os desperta. O imperador ordena que seu companheiro se levante, mas este não vê nada de anormal; antes de deitar-se novamente, ele atiça o fogo, reacende o círios e bebe de uma taça de vinho que recoloca perto de uma grande vela. Contudo, mais uma vez o imperador ouve alguém que vai e vem, embora ninguém esteja visível. Depois, de súbito, a taça recolocada por Buschko é projetada como por uma mão invisível por cima do leito deste contra a parede, antes de voltar a cair no meio do aposento. Os dois homens são tomados de pânico e persignam-se. No dia seguinte, reencontram a taça no chão e a mostram a seus servidores.

Carlos IV toma então infinitas precauções para atestar a veracidade de sua aventura e persuadir seus ouvintes ou leitores de que não sonhou. Desse relato autobiográfico, retenho sobretudo que o imperador diz não ter visto nenhum fantasma, mas apenas o arremesso misterioso da taça.

Ora, dois manuscritos da *Vita Caroli*, escritos em alemão por volta de 1470-80, comportam, ao lado desse relato inalterado, uma miniatura representando o imperador em seu leito, no quarto do castelo de Praga, durante aquela noite agitada (figs. 7 e 8).[8] Nos dois casos, a imagem inverte duplamente a significação do relato: enquanto Carlos IV insiste no fato de que ele e seu companheiro haviam despertado, a imagem os mostra adormecidos. Ela representa então um sonho do imperador, a uma só vez para tornar mais manifesto o confronto com um espírito e para conformar-se a uma tradição literária, a do sonho dos soberanos. Simultaneamente, a imagem figura visivelmente o espírito que assombra o quarto, sob a forma de um homenzinho. Em uma das duas miniaturas, essa forma humana está completamente nua, em conformidade com a representação freqüente das almas dos mortos, e cruza as mãos segundo um gesto que será reencontrado alhures e que me parece ser o sinal de um pedido. O artista interpretou o relato do imperador como aquele, clássico, da visita de uma alma penada que veio pedir sufrágios. Na segunda miniatura, a pequena alma não está nua, mas vestida com um gibão. Faz, entretanto, o mesmo gesto com as mãos.

Enquanto o relato autobiográfico não dá nenhuma forma visível ao espírito, a imagem que lhe é acrescentada, embora represente um sonho, caracteriza-se por sua função de objetivação, comparável à dos relatos contados: o sentimento confuso de uma presença transforma-se na afirmação da aparição bem visível de um morto tendo todos os traços corporais de um vivo.

A VISÃO EXTÁTICA DOS MORTOS

A partir do século XIII, a literatura visionária e mística produz relatos autobiográficos de fantasmas muito diferentes. Os autores são bem identificados. Por vezes, trata-se de homens como o dominicano Robert de Uzès que, no fim do século, confia à escrita as "visões" e as "palavras" de que teve a revelação. Ele descreve os estados extáticos nos quais se viu mergulhado quando, no claustro ou na igreja de Avignon, abismava-se na prece e na contemplação. Nessas ocasiões, diz ele, aconteceu que as almas de seus parentes se manifestassem a ele, seja, se eram bem-aventuradas, sob a forma aérea "de um lençol branco contendo lenha seca", seja, se padeciam no purgatório, "negras sobre hastes de cana como carne para assar"; a cada vez, o "espírito do Senhor" fala com ele, explicita a visão e o informa sobre a respectiva condição dessas almas.[9] De maneira significativa, Robert insiste no fato de que esses mortos não lhe apareceram em sonho, mas em um estado de excitação espiritual excepcional, fora do alcance dos homens ordinários.

Tais estados são encontrados sobretudo nos mosteiros femininos, particularmente na Alemanha. O caso mais notório é incontestavelmente o de Gertrude, que entrou no mosteiro — de obediência mais ou menos cisterciense — de Helfta, em 1261, com a idade de cinco anos. Ali passou sua vida, afligida por doenças e grandes sofrimentos, e ali morreu, sem jamais se ter tornado abadessa, em 1301 ou 1302. Ali encontrou e sofreu a influência de várias mulheres místicas reputadas por suas visões: a abadessa Gertrude de Hackerborn (morta em 1291), a freira Mechtilde de Hackerborn (morta em 1298), a beguina Mechtilde de Magdeburgo. Embora Gertrude não tenha escrito ela própria as revelações de que se beneficiou em grandes sofrimentos físicos, ditou-as, de sorte que podemos falar ainda aqui de escritos autobiográficos. À coletânea de suas revelações, Gertrude deu o título de *Arauto*, pois considera seu livro como o arauto do Senhor, que fala de alguma maneira por sua boca. O livro V e último (foi terminado depois de sua morte) apresenta uma série contínua de relatos de aparições de almas de defuntos.[10] O caráter sistemático dessa coleção de relatos deve reter a atenção, pois denota uma organização consciente. Os defuntos são aí classificados segundo seu estado social: as doze primeiras exposições referem-se a irmãs recém-falecidas do mosteiro; os cinco relatos seguintes narram as aparições de irmãos conversos; apenas em seguida trata-se, na ordem, de um próximo, de parentes de membros da comunidade, de um cavaleiro defunto, de uma pobre mulher, de uma outra defunta ainda. Ora, Gertrude nunca diz que sonhou com essas almas: viu-as e dirigiu-se a elas em um estado extático, no meio de uma violenta luz, quando elas com freqüência lhe pareciam associadas muito estreitamente e como corporalmente (no coração, no seio, diz ela várias vezes) ao Cristo ou à Virgem. A razão dessas aparições é, em geral, que a defunta ou o defunto não expiou todas as suas faltas; por preces e pelo sacrifício da hóstia, pedido a um padre, Gertrude trabalha em seguida na sua libertação.

Tais relatos de aparições de mortos, em estado de vigília, são característicos dessa literatura visionária e mística. Mesmo quando se trata de relatos autobiográficos, essa literatura evita no mais das vezes falar de sonhos, que dependem de uma experiência mais comum e não são, como a visão extática, sinais de eleição. O mesmo ocorre, com mais forte razão, nos relatos contados que florescem igualmente nessa mesma literatura. Vemo-lo, por exemplo, na coletânea das visões das irmãs dominicanas de Unterlinden, em Colmar, na virada dos séculos XIII-XIV. As visões das irmãs são aí relatadas uma após outra. Muito freqüentemente, trata-se da aparição de uma irmã defunta e, por vezes, de um irmão dominicano a uma irmã que os conheceu. Toda vez, as condições da aparição são precisadas, e toda vez é dito que a visionária estava acordada.[11] De maneira significativa, apenas dois relatos de sonhos são mencionados, mas em um é o diabo que aparece "sob a aparência de uma matrona recém-falecida"[12] e, no outro, a irmã acorda para beneficiar-se uma segunda vez da mesma visão, mas desta vez "manifesta".[13] Não se poderia dizer melhor a que ponto a visão desperta goza, nesse tipo de relato monástico e místico, de um preconceito muito mais favorável do que o sonho.[14]

SONHAR COM MORTOS

Diferentemente dos relatos de que se acaba de falar, a maior parte dos relatos autobiográficos de fantasmas é de relatos de sonho. Existe mesmo um elo estreito entre a experiência onírica e o recurso à autobiografia. A autobiografia e o relato de sonho não puderam desenvolver-se na literatura cristã da segunda Idade Média senão se desprendendo da desconfiança que pesava tradicionalmente tanto sobre uma quanto sobre o outro. O que estava em causa a propósito do sonho era o reconhecimento do sujeito, de sua autonomia, do inconsciente que o sono libera, a admissão das pulsões e dos desejos inconfessos do corpo adormecido.[15] Durante todo o primeiro milênio, o "eu" pensava-se e exprimia-se por meio dos modelos de comportamento e de uma concepção da identidade cuja referência era exterior ao sujeito individual. Quando os primeiros cristãos eram intimados por seus carrascos a declinar sua identidade, obstinavam-se em responder a cada uma de suas perguntas: "Sou cristão!".[16] "Cristão" era seu verdadeiro nome ao mesmo tempo que seu título de vinculação à nova fé. O mesmo ocorreu com os monges dos séculos posteriores: seus gestos, suas preces, seus cantos apenas tinham existência e significação no conjunto das práticas litúrgicas de toda a comunidade monástica que, ela própria, não se pensava senão em comunhão com os coros angélicos. Segundo Cassiano e são Bento, o noviço que pronuncia seus votos definitivos faz dom total a Deus de sua pessoa, de seu espírito e de seu corpo: "a partir desse dia, ele sabe já não ter poder nem sequer sobre seu próprio corpo".[17] Tais condições não eram favoráveis ao relato autobiográfico das próprias experiências e, particularmente, dos sonhos. Por muito tempo, o clérigo ou o monge letrado confiaram de mais bom grado na tradição escrita ou mesmo oral, nas autoridades (as da Bíblia ou dos Pais da Igreja), nos modelos narrativos que instituem uma cadeia obrigatória de testemunhos "dignos de fé". O mesmo aconteceu com os relatos de fantasmas: de preferência a anotar seus próprios sonhos, reproduziam-se por escrito os relatos transmitidos por uma *auctoritas* — um texto ou uma pessoa "autorizados" — cuja mediação necessária interpunha-se entre o indivíduo e os mistérios do além.

Ao longo de toda a Idade Média, grandes suspeitas pesavam sobre os sonhos. Da mesma maneira que a promoção do sonho vai de par no século XII com a do sujeito, durante a alta Idade Média um foi refreado ao mesmo tempo que o outro. Uma das razões é que o sonho dá acesso diretamente à revelação das verdades ocultas do além, sem a mediação nem o controle de nenhuma autoridade eclesiástica. Daí a arma que a cultura clerical opôs às tentações de uma valorização excessiva do sonho: sua diabolização. Assim, a reinterpretação das classificações antigas permite dar a primeira importância antes à suposta origem dos sonhos que à sua forma e às suas significações. Ora, se se admitia que os santos ou os reis podiam beneficiar-se de sonhos de origem divina, o comum dos mortais antes passava, sobretudo durante o sono, pela presa fácil das "ilusões diabólicas". Esse é o sentido da oposição fundamental, ao longo de toda a Idade Média, entre sonhos "verdadeiros" e sonhos "falsos": os primeiros são justificados pela verdade de seus objetos (o santo que aparece em sonho é realmente um santo; a profecia revelada em sonho tem realmente uma origem divina e se verificará), enquanto os segundos são invalidados pela falsidade de seu suposto autor: se o diabo existe na verdade, não faz ver em sonho mais que puras ilusões que enganam o cristão e o conduzem à perdição. Assim se explica o preconceito favorável com relação a visões despertas relatadas por testemunhas insuspeitas: à apropriação individual do sobrenatural por meio do sonho, opõem-se ao mesmo tempo a garantia de uma visão "clara", a salvo das intrigas noturnas do diabo e das complacências condenáveis do sono e do corpo, e o testemunho de mediadores autorizados que formam trincheira contra as tentações diabólicas.

A AUTOBIOGRAFIA CRISTÃ E OS FANTASMAS

Durante o primeiro milênio, existem, portanto, poucos sonhos autobiográficos de fantasmas. O primeiro, e um dos mais célebres, é o sonho que teve santa Perpétua quando estava na prisão pouco antes de sofrer o martírio, em 203, perto de Cartago. Seu jovem irmão Dinócrates, que morrera aos sete anos, apareceu-lhe em andrajos e trazendo no rosto o cancro que provocara seu falecimento. Ele parecia querer beber de um poço cujo bocal era muito alto para ele. Perpétua compreendeu que seu irmão sofria as provações do além e que devia ajudá-lo. Alguns dias mais tarde, tendo orado por ele, ela se beneficiou em sonho de uma nova aparição de seu irmão e dessa vez compreendeu, por sua aparência feliz, que estava salvo.[18] Ambrósio de Milão (c. 339-397) também descreve com emoção o sonho no qual seu falecido irmão Sátiro lhe apareceu. A expressão do defunto é tão concreta que Ambrósio crê ver a própria alma do irmão, mas isso não é mais que uma ilusão: a imagem onírica é apenas fruto do espírito de Ambrósio exposto à dor.[19] Bem mais tarde, o mesmo acontece no caso da aparição da abadessa Hathumoda de Gandersheim (falecida em 874) a seu irmão, o monge Agius de Corvey, que escreve sua *Vita* dois anos depois. O testemunho de Agius toma a forma de um poema, na tradição do gênero antigo da *consolatio*, que Boécio reintroduzira nas letras cristãs.[20] Em sonho, Agius conversa com sua irmã sobre a regra monástica e a gestão do mosteiro, agora administrado por sua irmã comum, a abadessa Gerberga. Agius implora a Hathumoda que lhe apareça com freqüência, a fim de consolá-lo de seu desaparecimento. Suplica-lhe que lhe mostre sua *imago* em sonho e também, diz ele, quando está desperto. Mas, de maneira significativa, não descreve uma tal visão.

É preciso esperar a renovação monástica da autobiografia, nos séculos XI e XII, para começar a encontrar um número substancial de relatos de sonhos pessoais e, eventualmente, de sonhos de fantasmas.

Não sem boas razões, o monge Otloh de Saint-Emmeran (c. 1010 - c. 1070) é considerado como uma das principais testemunhas do desenvolvimento do cuidado monástico com a introspecção na metade do século X. Essa preocupação exprime-se antes de tudo, nele, nas formas da literatura visionária. A atenção que presta, além das aparências sensíveis, ao sentido oculto de seu destino é igualmente posta a serviço da reforma do monacato, da qual é um importante protagonista.[21] Nascido na diocese de Freising, em uma família sem dúvida nobre, entra aos sete anos na escola do mosteiro de Tegernsee, onde decide tornar-se monge, contra a vontade dos pais. Aos catorze anos, seus dons de escriba lhe valem ser enviado aos mosteiros de Hersfeld e de Amorbach e à corte do bispo de Wurztburg, antes de retornar a Tegernsee. Obrigado a fugir para a abadia de Saint-Emmeran, em Regensburg, ali pronuncia votos monásticos definitivos com a idade de vinte anos. É nesse mosteiro que conhece uma das grandes figuras reformadoras do monacato contemporâneo, Guilherme de Hirsau (morto em 1091), a cuja causa adere completamente.[22] Sua ação acarreta-lhe fortes inimizades, que o obrigam a exilar-se de 1062 a 1067-68 na abadia de Fulda (que participa, também, do movimento reformador, mas na obediência clunisiana). Depois ele retorna a Saint-Emmeran, que não deixa mais até sua morte.

Otloh volta várias vezes em seus diferentes livros às peripécias de seus combates interiores e de sua conversão. Ainda que se exprima segundo os grandes modelos da literatura cristã — essencialmente, o relato da conversão de são Jerônimo, os relatos das tentações diabólicas inspirados em Cassiano e nas *Vidas* dos Pais do deserto —, não há motivo para duvidar do caráter pessoal de sua experiência e de sua sinceridade, especialmente no *De temptationis suis et scriptis*, em que se exprime o dilema do monge que quer ler ao mesmo tempo os autores pagãos e a Bíblia. Vários episódios dessa autobiografia retornam no *De doctrina spirituali* e nos quatro primeiros relatos do *Liber visionum*, escrito cerca de cinco anos antes de sua morte.[23]

É essa última coleção de relatos de visões que devemos considerar mais em detalhe. Ela se inicia por um prólogo, no qual Otloh insiste na utilidade das visões para a edificação dos cristãos. Foi por meio de visões que ele próprio foi admoestado por Deus quando ainda não se emendara suficientemente. De resto, ele não faz, ao que diz, mais do que seguir o exemplo das Escrituras e do livro IV dos *Diálogos* de

Gregório, o Grande. Essas visões são ora sonhos tranqüilos ou agitados (*per somnia quieta vel inquieta*), mas ora, também, visões percebidas em estado de vigília: não é raro que Otloh, de acordo com um esquema narrativo bastante comum, mostre como uma visão desperta vem por vezes confirmar um sonho, que está mais sujeito à dúvida.

Apenas os quatro primeiros relatos (em 24) são verdadeiramente autobiográficos. Mas, por sua extensão, representam quase um terço da obra. Ora, os quatro são relatos de sonho. Referem-se a diferentes etapas da vida de Otloh: os dois primeiros sonhos acontecem durante sua infância e quando ainda se encontrava em Tegernsee (portanto, antes de 1032); o terceiro liga-se a seu conflito com o arcipreste Werinher e à sua partida para Saint-Emmeran; o quarto é um pesadelo que teve em 1055 quando estava doente e em oposição aberta a seu abade. Nesses sonhos alternam-se as manifestações divinas, angélicas ou diabólicas, mas jamais se trata de fantasmas. Pelo menos, pode-se sublinhar, mais uma vez, o elo muito forte entre sonho e autobiografia.

Esse elo é confirmado se se consideram os quinze outros relatos, que são todos contados e são majoritariamente relatos de visões percebidas em estado de vigília.[24] Otloh diz que ele próprio recolheu esses relatos da boca de testemunhas dignas de fé, que se esforça sempre por nomear.[25] No mais das vezes, trata-se de um monge que fica sabendo, por meio de uma revelação sobrenatural, que vai morrer em breve ou que defuntos que conheceu sofrem castigos no além em razão de sua oposição à reforma monástica. Sete relatos referem-se também, direta ou indiretamente, a fantasmas.

Nenhum desses relatos de fantasmas é autobiográfico e apenas duas vezes trata-se de sonhos: majoritariamente, o relato contado impõe a objetivação da visão desperta. Em todos os casos, a função ideológica desses relatos é clara: os fantasmas são mobilizados a serviço da reforma da Igreja. Dos dois primeiros relatos (Visões 6 e 7), Otloh diz que são "semelhantes", embora o primeiro antes descreva a ressurreição de uma morta, e o segundo a aparição de defuntos.[26] Ambos visam à aristocracia leiga, culpada de usurpações de bens eclesiásticos. Em um caso, uma criada defunta (e subitamente ressuscitada) insta o "tribuno" Adalric, em nome de seus pais também falecidos, a restituir à Igreja uma *curia* usurpada por sei pai, Ruotpold, que sofre no além toda espécie de torturas. No relato seguinte, dois irmãos a cavalo encontram "uma grande tropa voando nos ares". Um altivo cavaleiro separa-se dessa tropa e lhes pede, da parte do falecido pai deles, que restituam um domínio ao mosteiro que ele espoliou. Sem isso, seu pai, eles próprios e sua descendência sofrerão a danação. A lança ardente que o cavaleiro estende-lhes é o *signum*, a prova da verdade da visão. Os dois irmãos aquiescem e logo se fazem monges. Uma das palavras de ordem da reforma — a restituição aos mosteiros dos bens de que foram espoliados — é tanto mais bem ilustrada por esses dois relatos quanto Otloh diz dever o segundo a um irmão que o ouvira, ele próprio, da boca do principal protagonista da reforma na metade do século, o papa Leão IX (1049-54).[27]

Os dois relatos seguintes (Visões 8 e 9) estão também ligados entre si e visam claramente a um segundo objetivo da reforma: a vida interna dos mosteiros. Otloh deve-os a um mesmo informador, um parente, monge de Tegernsee. Ambos referem-se ao abade desse mosteiro, Ellingerus, culpado de má administração.[28] O informador de Otloh ouvira na igreja lamentos e prantos (provavelmente, os dos antigos monges defuntos), que anunciavam o incêndio do mosteiro. O abade não o escutara e negligenciara pôr a salvo o tesouro e os livros que iam desaparecer no incêndio. Em seguida, tendo esse abade culpado adoecido, tampouco levara em conta as admoestações de Duriagus, um clérigo que, tendo terminado sua vida no mosteiro, aparecera-lhe em sonho, atara-o a uma coluna e o açoitara.

Enfim, três relatos (Visões 12, 16 e 17) ilustram a urgência da reforma moral dos cristãos em geral e a demonstração da eficácia das preces pelos mortos.[29] O próprio Otloh encontrou à porta do mosteiro, durante a oitava da Epifania, um penitente que, quando criança, induzira o pai, por sua mentira, ao perjúrio.[30] Durante todo o ano seguinte ao seu falecimento e depois no dia de Natal, “nessa noite em que muitas almas merecem chegar ao repouso”, seu pai lhe apareceu em sonho (*in somnis*) e no estado de vigília (*aperte*) — esta segunda visão confirmando a primeira — para o adjurar a ajudá-lo a escapar às suas torturas. O filho faz penitência, e Otloh adverte contra as conseqüências do perjúrio. Um outro relato lhe foi narrado por um monge de Fulda: um irmão afogara-se acidentalmente, mas o ecônomo, que julgara de maneira presunçosa que ele se suicidara, mandara sepultar o corpo a distância do cemitério da comunidade. O morto lhe aparece para lembrá-lo de que só Deus tem o poder de julgar.

Enfim, Otloh conta um relato que deve a um informador cujo nome esqueceu, mas ele não trai o sentido (*sensum*) nem o teor (*sermonem*) desse relato, que transmite para a edificação daqueles que o lerem: a imperatriz Teófano (morta em 991), esposa de Oto II, teria merecido a danação eterna por ter introduzido na Alemanha o luxo da corte bizantina. Ela teria aparecido a uma freira para lhe pedir que a ajudasse por suas preces. Otloh diz ignorar o que fez em seguida a freira, o que não deixa de preocupar quanto à sorte da imperatriz no além...

Este último caso mostra particularmente bem a que ponto o relato de visão acordada é um objeto social: ele o é pela transmissão oral e depois escrita que lhe dá origem; mas o é também por sua difusão, pelo espaço social no qual está destinado a circular e mesmo a tornar-se, eventualmente, um meio de propaganda política. Essa é uma outra diferença em relação ao relato autobiográfico de sonho, cuja significação e uso permanecem com freqüência confinados no círculo íntimo dos próximos e dos parentes que cercam o sonhador-escritor. Uma outra autobiografia monástica célebre, no começo do século XII, ilustra perfeitamente este ponto.

O monge Guibert de Nogent (c. 1055 - c. 1125) tomara por modelo as *Confissões* de Santo Agostinho. Mas esse modelo não lhe impunha falar de seus sonhos de criança nem, sobretudo, falar deles como escolheu fazer. Já envelhecendo quando escreve seu *De vita sua*, aí ele narra dois sonhos pessoais que teve quando criança. Nesses dois sonhos, vê imagens terrificantes de defuntos, cuja origem atribui ao diabo.[31] Em um caso, ele esclarece que vira antes aqueles homens, que não nomeia, morrer pela espada ou de outra maneira, ou que ouvira o relato de seu trespasse. Ele conta certamente um autêntico pesadelo, que se seguiu ao traumatismo de um espetáculo ou de um relato de violência e produziu na criança que ele era uma impressão tão forte que jamais a esqueceu. Em seu segundo sonho de criança, percebeu vozes, depois um morto, falecido sem dúvida nos banhos (o lugar por excelência das obscuras seduções sexuais) e acompanhado de um demônio, apareceu-lhe.[32] Aí tampouco o morto é nomeado, e o sonho talvez se tenha seguido a um afogamento de que a criança ouvira falar.[33] Como poderíamos negar (hoje em que, bem mais que na época de Guibert, a psicologia e o desenvolvimento da personalidade das crianças são noções amplamente aceitas) a pregnância das imagens de violência no espírito, nos pesadelos e na lembrança duradoura do Guibert criança?

Além de seus próprios sonhos de criança, Guibert conta igualmente um sonho de sua mãe.[34] Se esse relato não é exatamente autobiográfico, aproxima-se muito disso, como vamos ver. De resto, não é tampouco um verdadeiro relato de aparição, mas antes o relato de uma viagem onírica no além. Pertence por isso a uma outra tradição narrativa, freqüentemente mais prolixa que os relatos de aparição propriamente ditos. Esse não é o único sonho de sua mãe relatado por Guibert (ela teria sonhado também com a Virgem protegendo seu filho). Guibert tem por esses sonhos um interesse muito particular em razão da profunda afeição que o liga à mãe: embora nunca diga seu nome, é evidente que ela é para ele o que santa Mônica foi para seu filho Santo Agostinho. A mãe de Guibert é uma verdadeira especialista em sonhos e sua interpretação. Ao redor dela, seu filho, o preceptor deste, outras mulheres piedosas da vizinhança, todos lhe reconhecem uma verdadeira "ciência dos sonhos", independente de qualquer controle ou de qualquer mediação dos clérigos; comparando o conteúdo dos sonhos (tanto os seus como os de outrem) e os dados da realidade exterior, ela descobre os presságios (*portenta*) oníricos e diz como agir da melhor maneira. É exatamente o que faz para si mesma quando extrai o sentido e as lições de seu mais longo sonho.

Esse sonho ocorre na noite de um domingo, à hora das matinas (dois detalhes que lhe garantem a origem celeste e a verdade), no verão. A mãe deitou-se em um banco estreito, uma postura penosa, mortificante, que prepara seu corpo para a experiência sobrenatural que se vai seguir. Estando adormecida, ela sente em primeiro lugar sua alma escapar do corpo, depois ser conduzida a uma galeria que a leva às cercanias de um poço. "Homens com a aparência de larvas" saem do poço e tentam atraí-la para lá: são condenados e o poço é o orifício do inferno. Mas sua alma ouve atrás de si uma voz que ordena aos fantasmas que não a toquem.[35] Tendo vencido essa prova que a qualifica para mais altas revelações, ela vê aparecer-lhe, ao lado do poço em que se apoiou, seu falecido marido. Tem o aspecto do homem jovem (*juvenis*) que era quando morreu.

Ela lhe faz uma série de perguntas. Chama-se realmente Évrard? Ele o nega, talvez para evitar que o sonho da mãe seja assimilado a um ritual de evocação de morto, a um ato de necromancia. Mas, sobretudo, comenta Guibert, porque "apenas as coisas espirituais convêm aos espíritos"; seria ridículo pensar que os espíritos interpelam-se no além dando-se seus nomes terrestres; além disso, se conservassem esses nomes, reconheceriam no além apenas as pessoas que conheceram neste mundo. Guibert, como bom discípulo de Agostinho, faz questão de manter a distância entre a sociedade dos vivos e o mundo "espiritual" dos mortos. Tanto mais que a idéia de uma sociabilidade do além, sem limite e sem relação com o círculo restrito de seus conhecimentos neste mundo, é contestada por muitos outros relatos contemporâneos: os mortos se reconhecem apenas na medida em que se conheceram em vida. Pela mesma razão, aparecem na terra, prioritariamente, a seus parentes e amigos. Pode-se pensar, portanto, que Guibert de Nogent insiste tanto mais nesse ponto quanto sabe que a posição que defende é minoritária.

Onde permanece o falecido pai de Guibert? Évrard responde à sua viúva que permanece em um "local" não longe daquele "lugar". Parece então que o lugar do encontro seja uma espécie de antecâmara do inferno (no fundo do poço) e que o "local" onde Évrard, que não é condenado, padece grandes sofrimentos seja uma espécie de "purgatório" que não tem deste nem a configuração nem o nome.[36]

Qual é seu estado? Évrard exibe terríveis feridas no braço e no flanco, e além disso sua mulher vê ao lado dele uma criança que lança gritos insuportáveis. Guibert explica a presença da criança: durante os sete primeiros anos de sua união, seus pais não tinham podido consumar seu casamento em razão de um malefício. O marido, cedendo às pressões de sua linhagem e de "conselheiros depravados" e querendo certificar-se de sua virilidade, teve comércio com uma mulher leviana (*muliercula*), que engravidou. O filho do pecado morreu no mesmo dia do nascimento, sem ter sido batizado, e por isso é castigado, talvez mesmo condenado. Pelo menos, a "experiência" (é o termo utilizado por Guibert) foi concludente para Évrard: ele pôde reencontrar sua esposa, que lhe deu vários filhos legítimos, entre os quais Guibert. Mas a ferida que o fantasma tem na costela significa que maculou o laço conjugal (seria uma alusão à geração de Eva pela costela de Adão?), e os gritos da criança aumentam ainda mais seus sofrimentos.

As preces, as missas e as esmolas que sua viúva oferece por sua salvação o aliviam? Ele responde que sim e recomenda-se notadamente às preces de uma mulher de vida santa, Liutgarde, que vive ao lado da mãe de Guibert. É provável que a prece pelos mortos seja uma função social, uma especialidade que a vizinhança reconhece nessa mulher piedosa, da mesma maneira que o papel de intérprete dos sonhos cabe à mãe de Guibert.

Quando a mãe de Guibert encerra sua conversa com o marido, um novo espetáculo se oferece a ela: reconhece, ajoelhado sobre uma tábua colocada sobre o bocal do poço, o cavaleiro Renaud de Beauvais e depois um irmão de Guibert, que atiçam com seu sopro o fogo que vai devorá-los no inferno. Nenhum dos dois morreu ainda, mas a visão matinal da mãe de Guibert é um presságio de seu trespasse iminente e de sua danação: ao meio-dia do mesmo dia, Renaud será assassinado, e depois o irmão de Guibert, culpado de blasfêmia, morrerá sem tardar. Em seguida ela vê "a aparência de sombra" (*speciem umbraticam*) de uma velha mulher falecida levada por dois demônios muito negros. Essa mulher era uma amiga muito próxima; elas tinham vivido juntas e se haviam prometido mutuamente que a primeira a morrer apareceria à segunda para a informar de sua sorte no além. Suas permanentes mortificações e duas visões premonitórias que tivera antes de morrer podiam fazer pensar que teria melhor sorte. Uma vez morta, ela aparecera a uma outra pessoa para agradecer-lhe por ter aliviado suas dores. No entanto, a crer no sonho da mãe de Guibert, ela agora parece estar a caminho do inferno.

Nada assinala o fim do sonho da mãe de Guibert, o retorno de sua alma ao corpo. Mas ela não perde um instante para interpretar seu sonho e tomar as decisões que se impõem. A morte ao meio-dia, no mesmo dia, do cavaleiro Renaud vem confirmar a verdade do sonho. Da mesma maneira, sonhou sem surpresa com a criança que gritava: ela não ignorava, com efeito, que seu marido tivera com outra mulher um filho ilegítimo, morto imediatamente depois, sem batismo. Toda a sua atenção volta-se para seu marido, porque ela permaneceu sua esposa fiel além da morte e porque, de todas as personagens falecidas ou com prazo de morte que apareceram, apenas ele é suscetível de ser libertado de seus tormentos. À maneira dos médicos da época, ela decide cuidar dos sofrimentos da alma do marido, simbolizados pela ferida na costela e pelos gritos da criança, "opondo o semelhante ao semelhante": encarregando-se, ela também, de uma criança cujos gritos incessantes, provocados pelo diabo, a privarão do sono todas as noites. Essa mortificação devida ao choro de uma criança lhe permitirá libertar Évrard dos gritos insuportáveis do pequeno fantasma. Philippe Ariès pôde perguntar-se se a criança "existia" na Idade Média e aqui se vê bem a que ponto a criança não é mais que um instrumento a serviço dos adultos: Guibert deve o fato de ter nascido ao nascimento "experimental" do bastardo; este é atormentado por uma falta que não cometeu e porque foi privado, involuntariamente, da graça do batismo. Sua sorte parece muito dura. É apenas no fim do século que se falará do limbo das crianças, morada de espera indolor mas eterna, reservada às crianças mortas sem batismo e por isso privadas para sempre de acesso ao paraíso. Enfim, o "duplo" bem vivo desse fantasma (substituto de Guibert junto de sua mãe) não é mais que o instrumento, por seus gritos, da mortificação da piedosa mulher (como o seria um cilício ou a disciplina). Como no caso dos *changelings* do folclore, as crianças são substituíveis umas pelas outras para satisfazer as expectativas dos homens, a cura do corpo[37] ou a salvação da alma.

Embora Guibert não conte aqui um sonho que ele próprio teria tido, mas um sonho de sua mãe, que o contou a ele, sua preocupação autobiográfica é onipresente. Poder-se-ia dizer que é ainda Guibert quem sonha por intermédio de sua mãe. Sonho com outros mortos — o pai, o irmão, os próximos — mas, sobretudo, sonho consigo, sob os traços de uma criança de substituição. Os fantasmas, a lembrança dos parentes mortos estão aqui a serviço de uma outra função característica da época e, particularmente, desse autor: a descoberta de si, a busca de sua identidade.

O SONHO PENITENCIAL

No século XIII, a escrita autobiográfica amplia-se e diversifica-se, alimentada pelas novas práticas de introspecção e de penitência propostas aos cristãos pelo IV Concílio de Latrão (1215) e pelo apostolado das ordens mendicantes. O dominicano Thomas de Cantimpré lembra como seu pai, visitando eremitas na Terra Santa, fizera o juramento de consagrar seu filho ao sacerdócio, a fim de que pudesse celebrar a missa por sua salvação quando ele próprio tivesse falecido.[38] Agora que seu pai está morto, quando acontece de Thomas negligenciar seus deveres, ele vê em sonho o Cristo — mas não seu pai — aparecer-lhe e censurá-lo, mostrando-lhe as chagas da Paixão. Nesse único relato autobiográfico, Cristo substitui o pai cuja aparição se esperaria: Cristo é para esse religioso a figura de autoridade por excelência, mais forte que a do pai carnal.

Reencontra-se, mais exacerbada ainda, a obsessão da falta e da pureza na autobiografia do eremita Pierre de Morone (que ia tornar-se em 1294, por alguns meses apenas, o papa Celestino V), conhecida sob o título de *Coelestiana*. Ela ocupa todo esse texto e, particularmente, os relatos de sonho do eremita, quando este aspira a uma lei moral que lhe dite a conduta. Essa lei toma nos sonhos o rosto dos defuntos mais próximos, como o pai abade que, antes de morrer, pediu a Pierre que orasse por ele. Ele lhe aparece em sonho, segura-o pelo capuz de seu hábito e lhe ordena dizer a missa ainda que se creia indigno dela.[39]

OS LEIGOS: PRIMEIROS ESCRITOS

Enfim, desde o século XIII, leigos letrados também tomam a pena, falam de si mesmos, contam seus sonhos. A primeira testemunha, na França, dessa "subjetividade literária" leiga é o sire de Joinville, o amigo muito querido de são Luís. Depois da morte (1270) e da canonização (1298) do rei, Joinville dedicou à sua memória o *Livro das santas palavras e dos bons feitos de nosso santo rei Luís.* Escrita a partir de uma primeira narração da vida do rei em 1272, essa obra lhe foi encomendada por Jeanne de Navarre (a esposa de Filipe, o Belo, neto de são Luís, sob cujo reinado o rei foi canonizado) e oferecida, em 1309, ao bisneto de são Luís, Luís X, o Turbulento. Quando a obra está terminada, Joinville acrescenta ainda um relato, o de um sonho pessoal no qual o santo rei, de quem fora amigo íntimo, lhe apareceu:

> Quero ainda dizer de nosso santo rei coisas que serão em sua honra, que vi dele dormindo: é que me parecia, em meu sonho, que o via diante de minha capela em Joinville; e ele estava, ao que me parecia, notavelmente alegre e tranqüilo; e eu mesmo estava muito feliz, porque o via em meu castelo, e lhe dizia: "Sire, quando partirdes daqui, eu vos hospedarei em uma casa minha que fica em uma aldeia minha chamada Chevillon". E ele me respondeu, rindo: "Sire de Joinville, pela fé que vos devo, não tenho vontade de partir daqui tão cedo".[40]

Michel Zink analisou brilhantemente esse sonho na lógica da escrita subjetiva e da relação pessoal de Joinville com a memória de seu real amigo desaparecido. Joinville teve dois sonhos com o rei: o primeiro durante a Quaresma de 1267, quando o rei ainda vivia. Ele lhe apareceu revestido de um traje rubro, sinal premonitório da cruzada de Túnis, que foi de fato decidida na manhã do dia seguinte e na qual Luís IX iria encontrar uma morte próxima do martírio. O segundo sonho teve lugar quando o rei já estava morto. Nele se faz alusão à capela na qual Joinville mandou erigir um altar em honra do novo santo, depois da canonização de 1298. Joinville sonhou, portanto, não antes de uns trinta anos depois da morte do rei. Entrementes, fora afastado do círculo dos sucessores de Luís IX, notadamente de Filipe, o Belo, e o haviam esquecido quando da distribuição das relíquias que se seguiu à canonização:[41] por tudo isso ele sentia grande amargura, que explica diretamente seu sonho. Por contraste, ele fica impressionado com a felicidade e o riso de seu falecido amigo, que o consola assegurando-lhe que pretende permanecer perto dele. Segundo Michel Zink, os nomes próprios *Chevillon* e *Joinville* são para o velho senescal a expressão simbólica de seu desejo de ligar-se — *se cheviller, se joindre* — ao que resta do rei: sua imagem viva e alegre, que vê em sonho, e seu corpo, que desejaria tocar novamente como no passado, mas cuja posse (sob a forma de relíquia) lhe é recusada.

Tais relatos mostram bem o que era um fantasma para um letrado da Idade Média, inclusive para um leigo capaz de escrever e preocupado em interrogar o sentido de seus próprios sonhos. O fantasma nasce da lembrança ainda ardente e mal enterrada de um ser próximo e amado — um filho, um pai, uma irmã, um irmão, o "pai" espiritual da família monástica, um amigo muito querido e venerado como são Luís para Joinville, desaparecido muito cedo e muito subitamente. Usando do estratagema de uma presença ilusória, o sonho preenche por um instante o vazio que a morte cavou. Tão perto quanto o historiador pode chegar da experiência afetiva mais íntima dos homens do passado, ele descobre uma relação com o morto que é familiar a ele também ou, pelo menos, compreensível. Em matéria de "crença nos fantasmas", reencontra a prova do luto e da *memoria*, o trabalho doloroso, amplamente inconsciente, da separação. Analisemos, para terminar, um relato tardio, o de um leigo florentino do século XV, que resume todos os traços que relatos díspares nos permitiram reunir.

O PESADELO DE GIOVANNI MORELLI

Giovanni di Pagolo Morelli era um rico negociante florentino. Começou a manter seu "diário" em 1393, com a idade de 22 anos, e continuou-lhe a redação, intermitentemente, até 1421, antes de morrer em 1444, com a idade de 72 anos.[42] Segundo os hábitos do gênero dos *ricordi*, esse "razão" escrito em italiano começa por glorificar os antepassados da linhagem do autor. Depois Giovanni Morelli fala de seus pais e do duplo drama de que se sente vítima e que explica amplamente seu recurso à escrita: jamais conheceu o pai, que morreu quando ele próprio tinha apenas dois anos, e sua mãe, rapidamente casada de novo, o abandonou. Aos seus olhos, ela encarnava o tipo da "mãe cruel", verdadeiro flagelo para os jovens florentinos do Quatrocentos, tão freqüentemente vítimas do segundo casamento precipitado de sua mãe.[43] Novos golpes da sorte atingiram também Giovanni: a morte sucessiva de seu avô e de sua irmã mais velha, depois um amor contrariado. Em 1396, ele anota seu casamento e em seguida os nascimentos de quatro filhos. O primogênito, Alberto, é uma criança frágil mas que, muito cedo, aprende com facilidade o latim e os salmos, assim como as técnicas comerciais necessárias ao comerciante que está destinado a tornar-se. É por ele que Giovanni retoma a pena em 1403, aos 31 anos. Vai ser para Alberto o pai atento que ele próprio não teve. Pretende dar-lhe por escrito os conselhos que poderá ler mais tarde se ele mesmo, a exemplo de seu próprio pai, viesse a desaparecer muito cedo: como comportar-se em sociedade, tratar com os representantes da cidade, fazer "amigos e parentes" — questão essencial para todos os nobres e os ricos comerciantes florentinos — usando, se necessário, do poder conferido pelo dinheiro; como contratar os serviços de um sábio conselheiro e "conservá-lo sempre presente no espírito": "homem do mais alto valor, sábio, idoso e sem vício", esse conselheiro deverá ser um verdadeiro tutor e mesmo um substituto do pai carnal se este devesse morrer muito cedo.

No entanto, mais uma vez a desgraça o persegue: em 5 de junho de 1406, Alberto morre com a idade de nove anos, depois de dezenove dias de terríveis sofrimentos. Seu pai anota todos os detalhes de sua agonia e seus últimos gestos:[44] o filho consagra-se várias vezes a Deus, à Virgem, cuja imagem (a *tavola*) beija, e faz suas preces com muita devoção. Contudo, ele não recebeu os últimos sacramentos, e seu pai, mesmo esperando que Deus perdoasse as faltas dessa criança tão nova, põe-se a duvidar e arrepende-se de sua negligência. Teme também por sua própria vida, como se o falecimento de seu filho fosse o sinal premonitório de sua morte. Toda a família enluta-se: a casa é abandonada durante um mês (o tempo do "trintário" das missas ditas para o morto), durante todo o verão ninguém penetra na câmara fúnebre que o pai continuará a evitar seis meses inteiros, a fim de não ser atingido por uma dor muito forte. Ele tenta, mas sem o conseguir realmente, expulsar a "imagem" mental do filho de seus pensamentos, salvo quando ora por ele. "Não posso esquecer", escreve ele, "e sua mãe tampouco. Temos continuamente sua *imagem* diante dos olhos, lembrando-nos seu andar, sua maneira de ser, suas palavras e seus atos, dia e noite, no almoço e no jantar, dentro como fora, em nossa *villa* e em Florença." Sua dor transforma-se em uma espécie de acusação contra o filho morto, como se ele tivesse uma alegria sádica em torturar os pais sobreviventes: "Achamos que ele se apodera de uma faca para nos atingir o coração".[45]

No aniversário da morte, o pai entrega-se por si mesmo a uma evocação quase ritual do morto, uma espécie de sessão privada de necromancia.[46] Muito explicitamente, Giovanni quer "fazer a alma abençoada de seu filho sentir algum alívio [*refrigero*: aparece mais uma vez aqui a velha noção do *refrigerium* prometido às almas penadas] ou, pelo menos, a lembrança de seu pai aflito e torturado". *Ricordanza*: é preciso que os mortos, assim como os vivos, lembrem-se. A dor do pai é ainda aumentada pelo fato de que, por sua culpa, seu filho morreu sem ter recebido os últimos sacramentos. Giovanni não conseguia admitir que Alberto ia morrer, pensava também que Deus perdoaria uma criança tão nova.[47] Um ano depois, ele se dá conta de que a piedade de seu filho no momento da agonia era insuficiente, de que a "boa morte" cristã, mesmo para uma criança, supõe que sejam cumpridos os ritos exigidos pela Igreja. O "rito de passagem" permaneceu incompleto e por isso Giovanni é obsedado pela imagem do filho. Um ano depois da morte deste, gradualmente, à hora exata do trespasse, ele então procura exorcizar o fantasma por um ritual de sua própria invenção.

Chegado o momento, veste um traje de penitência: um camisolão que lhe deixa os joelhos nus e, em volta do pescoço, um cordão (*coreggia*). No instante preciso (*in quest'ora et in questo punto*) da morte do filho um ano antes, ele toma por sua vez a *tavola* que a criança beijara e que representa uma crucificação com são João Batista e a Virgem. Por sua vez, cobre-a de beijos e, enquanto ora, fixa com os olhos, uma depois da outra, cada uma das santas personagens. A imagem material de devoção é o suporte de uma imaginação — *immaginare e ragguardare* — que permite conceder, diz Giovanni, "meu corpo e minha alma e todos os meus sentimentos com mais fervor e amor".[48] Entre inesgotáveis soluços, o infeliz pai ora ao Cristo, à Virgem, a são João Evangelista, a santa Catarina de Alexandria e também a santa Maria Madalena, "que por seus méritos obteve a graça da ressurreição de seu irmão Lázaro": eu também, diz ele, "se fosse possível, desejaria ter novamente seu corpo vivo na terra". Pelo menos, desejaria estar certo de que Deus vai recebê-lo a seu lado no paraíso: obsedado como está pela imagem do filho, ele duvida, então, de que esse já seja o caso.

Tendo terminado sua dolorosa prece, Giovanni põe-se na cama. Mas é incapaz de conciliar o sono, vira-se e revira-se no leito. Compreende que "o diabo cheio de inveja" (*lo invidioso Nimico*) o atormenta para mostrar-lhe a inutilidade de sua prece e convencê-lo de que a alma de seu filho não é mais que uma quimera — *che l'anima fusse niente o un poco di fiato*. Todos os remorsos do pai em relação ao filho desaparecido tomam agora a voz do diabo que lhe recorda, ano após ano, todo o curso de sua miserável vida desde a morte prematura de seu pai, o abandono pela mãe cruel, as pancadas que lhe dava seu preceptor, a espera do filho quando sua mulher estava grávida, o nascimento, a infância e, para terminar, a morte prematura de Alberto. Nos tormentos da insônia, o Inimigo lhe revela a explicação terrível da morte do filho: ele, seu pai, é o responsável por ela, pois o amou muito pouco, tratando-o como um estranho, recusando-lhe mesmo os beijos que o teriam feito compreender sua afeição[49] e negligenciando, enfim, fazê-lo confessar-se no momento de morrer.

Giovanni acaba por adormecer. Dorme uma hora, depois tem um sonho. Esse sonho é "verídico", garantido pela inspiração de Deus e de vários santos (seu santo padroeiro João Batista, santo Antônio, padroeiro de Florença, são Bento, são Francisco, santa Catarina, a quem Giovanni orara antes). E é por esse sonho que ele obtém a certeza de que Alberto está definitivamente salvo. O sonho compreende duas partes. Na primeira, o sonhador vê-se em sua casa de Settimello, no campo. Perseguido pela imagem de Alberto, decide escalar o monte Morello (que tem o nome de sua linhagem). Quanto mais sobe, mais sua dor cede lugar às lembranças do tempo feliz em que Alberto estava vivo. No entanto, ele vê alçar vôo um pássaro (grande como um papagaio, com penas brancas, olhos de fogo, bico dourado e patas verdes) que pousa em diferentes árvores enquanto seu canto se torna cada vez mais doloroso; ele bica as patas até sangrar, depois cai de um galho, quando uma porca, que um porco acabava de cobrir, passa sobre ele e o cobre de excrementos. Mas Giovanni vê aproximar-se uma moça muito branca (*una donzella bianchissima*), tendo uma roda na mão esquerda e uma palma na direita: é santa Catarina que, com sua roda, faz a porca em pedaços. Depois um bando de pássaros voa ao redor dela e um deles, semelhante ao que ele vira antes, pousa na mão da santa. Imediatamente, o pássaro toma a forma de um "espírito" (*e divenuto ispirito*) sobre cuja cabeça a santa pousa a mão. O espírito é como um "anjo branco" que se volta cheio de alegria para Giovanni: e eis que o pai, no rosto do anjo, reconhece os traços de seu doce filho (*il mio dolce figliuolo*). "Figliuolo mio! Alberto mio!", exclama ele, e quer beijá-lo, mas seus esforços são vãos, pois os espíritos — ele se dá conta imediatamente — são imateriais. "Tende paciência e não procureis o impossível" (*Abbiate pazienzia e non cercate lo impossibile*), diz-lhe o filho. Entabula-se um diálogo entre pai e filho. Alberto tranqüiliza Giovanni e lhe agradece: graças às preces que dirigiu a Deus, seu filho "entrou no céu". Mas Giovanni quer saber mais: é verdade que seu filho morreu por causa dos pecados do pai? Giovanni se consolará com seus outros filhos da morte do filho primogênito e terá outros filhos? Será perdoado por Deus de ter negligenciado os sacramentos? Conhecerá a prosperidade? Terá vida longa? O espírito de Alberto o inocenta da responsabilidade por sua morte e sobre todos os outros pontos lhe dá as melhores razões de esperar; em particular, assegura-o de que viverá muito (o que ia efetivamente ocorrer). Depois a visão se desvanece, e Giovanni desperta, cheio de felicidade.

Esse relato extraordinário mostra perfeitamente como um leigo cultivado do fim da Idade Média podia confiar à intimidade de seu razão a experiência dolorosa e angustiada de seu luto e a análise precisa de seus próprios sonhos. Todo o além cristão está presente nesse longo relato: Deus, Cristo, a Virgem e os santos aos quais Giovanni dedica uma devoção particular. De outro lado, encarnando sua má consciência, a figura e a voz de Satã. Entre os dois, o filho morto cuja lembrança obseda dia e noite o pai, que se acusa de não o ter amado bastante e de talvez ter comprometido sua salvação. Esse homem não é fundamentalmente diferente de nós e podemos compreender bem a infelicidade que o atinge, as imagens que o obsedam. Graças a ele, apreendemos o que são, na verdade, os fantasmas: existem apenas pela força da imaginação dos vivos, dos pais que não conseguem aceitar a morte brutal e prematura de um filho ou de um próximo, tanto mais que se sentem culpados por seu destino desafortunado ou pelos cuidados que não lhe concederam quando ainda era tempo. O pai vê o filho como se estivesse vivo, desejaria tomá-lo nos braços, mas compreende que entre eles a distância é intransponível, pois o fantasma é apenas uma imagem de sonho. Ao fim de um ano, pouco a pouco, o filho é salvo, o "trabalho do luto" é enfim consumado graças à interiorização de um ritmo temporal que é, há longuíssimo tempo, o da liturgia dos mortos: o aniversário marca o fim do retorno obsessivo do defunto, sua separação de seus próximos, a libertação dos vivos.

Tal documento dá a mais forte impressão de verdade. O leitor moderno sente-se, no sentido primeiro do termo, em simpatia com Giovanni, esse pai aflito cuja provação nos parece tão crível, tão verossímil. A autenticidade dos sentimentos expressos é inegável, ainda que o historiador, sempre preocupado em reconhecer os lugares-comuns da cultura ambiente, observe que a experiência mais pessoal submete-se, para exprimir-se, aos traços convencionais da ortodoxia cristã e ao ritmo temporal da liturgia. Mas insistamos sobretudo no fato de que Giovanni Morelli diz ter sonhado com seu filho morto. Em nenhum momento ele fala de uma visão que teria tido acordado. Esse detalhe adquire todo o seu sentido quando se compara esse relato à maior parte dos relatos autobiográficos e oníricos de fantasmas, por oposição à massa dos relatos contados em que, ao contrário, a visão desperta prevalece de muito longe sobre os sonhos.

3

A INVASÃO DOS FANTASMAS

Dos relatos autobiográficos de fantasmas distingue-se a massa bastante considerável dos relatos de fantasmas contados com base em um testemunho escrito ou, no mais das vezes, oral, de uma testemunha nomeada ou anônima. Mas todos esses relatos estão muito longe de poder ser confundidos no mesmo gênero narrativo. Mais uma vez aí, é essencial prestar atenção às formas da narração, das quais não podem ser isolados nem o conteúdo nem as funções específicas do relato posto por escrito. Por certo, toda classificação de "gêneros narrativos" comporta sua parcela de arbitrariedade, a tal ponto as sobreposições de um ao outro são, mais do que as fronteiras rígidas, a norma. Se cada gênero tem também sua cronologia própria, vários gêneros coexistem geralmente na mesma época. De maneira esquemática, distingamos, contudo, três grandes tipos de relatos.

1. Os *miracula* são relatos muitas vezes anônimos, reunidos em coleções que são apanágio de estabelecimentos eclesiásticos (santuário, mosteiro); têm por função aumentar a reputação destes últimos pelo relato dos acontecimentos miraculosos que ali se produziram ou que estão ligados ao santo local. Trata-se, portanto, de um gênero essencialmente hagiográfico, bem representado desde os primeiros séculos da cristandade e que culmina, quanto ao que nos concerne, no século XII.

2. Os *mirabilia* são relatos de prodígios que, ao contrário dos milagres, não são imediatamente relacionados ao poder divino ou à glória de um santo, mas têm sua origem na observação admirada das curiosidades da natureza ou do gênero humano. Nas compilações medievais de relatos maravilhosos, a marca do autor é muito mais sensível. Esse

autor não é geralmente um monge, mas um clérigo imerso no mundo e na cultura dos leigos. O grande momento dessa literatura, escrita em latim, mas que tem mais de um traço comum com a literatura vernácula, é a virada dos séculos XII-XIII.

3. A partir da primeira metade do século XIII e até o fim da Idade Média, os pregadores seculares e mais ainda religiosos das ordens mendicantes difundem aos milhares os *exempla*, relatos que também apelam ao sobrenatural, mas sem a preocupação de uma localização precisa (como nos *miracula*), tirando, ao contrário, do acontecimento relatado uma lição moral que se pretende universal. As coletâneas de *exempla*, especialmente as que usam a ordem alfabética, fazem parte de uma técnica da pregação cuja eficácia baseia-se amplamente no caráter estereotipado dos relatos, ao contrário da singularidade reivindicada pelos *mirabilia*.

Não se cogita de confinar-se em tal tipologia. Seria desconhecer a existência de numerosos relatos que se podem dizer intermediários entre este e aquele gênero. Outros documentos escritos escapam mais claramente ainda a essas classificações: por exemplo, no fim da Idade Média, os longos relatórios de interrogatórios de fantasmas, verdadeiros autos de exorcismo...

Enfim, deter-nos-emos mais do que o fizemos até o momento nas imagens de fantasmas. Nenhuma tem valor autobiográfico (nenhum iluminador ou pintor medieval representou, ao que parece, um fantasma que lhe teria aparecido). Com os meios que lhes são próprios, elas participam então realmente da mesma progressão que os relatos contados de visão. Mas, em nenhum caso, tratar-se-á de reduzi-las à condição de simples ilustrações dos relatos de aparições com os quais, no mais das vezes, essas imagens estão relacionadas.

O ELOGIO DO TEMPO PRESENTE

Todos esses documentos não são apenas mais numerosos a partir da virada do ano 1000. São também novos. Em todo caso, desde essa época até o século XII, vários dos autores que lhes deram forma fizeram questão de insistir nesse traço: a novidade de tais relatos. Por certo, aí existe um topos: há muitíssimo tempo os autores cristãos surpreendiam-se eventualmente com a "novidade" deste ou daquele fenômeno, pois o que é inaudito é percebido como indício de uma perturbação da ordem social e cósmica, ou mesmo como sinal de que o fim dos tempos está próximo. Já em sua época, Gregório, o Grande, notara a multiplicação das revelações a respeito das almas dos mortos e vira aí um sinal escatológico.[1] No entanto, tais anotações se multiplicam a partir do século XI. Elas podem revestir-se da mesma significação, ligada às expectativas escatológicas do autor e de seu meio. Em outros casos, antes traduzem a observação fina de uma verdadeira renovação dos relatos que estão em voga, os que se escutam e se divulgam de mais bom grado, os que parecem dignos de ser transcritos quando esse não era o caso antes. Assim, delineia-se uma tomada de consciência do valor do que é contemporâneo, aos olhos de monges e de clérigos que conseguem, talvez pela primeira vez, afastar-se do peso das tradições (tão fundamentais na cultura cristã) e de uma leitura da história exclusivamente orientada para a espera dos fins últimos.

Desde a virada do ano 1000, Thietmar de Merseburg — o primeiro de nossos autores a apresentar um número importante de relatos de fantasmas — insiste no caráter contemporâneo das aparições que relata, "esses acontecimentos ocorridos nos tempos mais recentes que são os nossos".[2] Mas é sobretudo no século XII que encontramos os julgamentos mais explícitos. Vários autores sublinham a novidade e a multiplicação das aparições dos mortos, que relacionam com razão ao desenvolvimento do culto dos mortos. Esses "exemplos modernos", diz o monge Guibert de Nogent, revelam a "condição das almas" no além.[3] O abade de Cluny, Pierre, o Venerável, escandaliza-se por se conhecer tão bem, graças aos escritos dos Antigos, tantas coisas acontecidas "há quinhentos ou mil anos", mas se ignorar o que "ocorre hoje": nenhum livro fala disso! Ele quer remediar essa lacuna relatando os "milagres" contemporâneos e, notadamente, as revelações dos defuntos. Estes, com a permissão de Deus, aparecem aos vivos para os incitar a fazer penitência e para solicitar seus sufrágios.[4]

No fim do século XII, também o cronista inglês Guillaume de Newburg considera os prodígios que abundam em sua época. Sente-se no dever de relatá-los por escrito como um letrado que compara sua época com a dos antigos. Ora, esse esforço de comparação não lhe deixa nenhuma dúvida: em seu tempo os fantasmas não parecem mais numerosos porque se falaria mais deles, mas sim porque sua vagueação é um fenômeno novo!

> Que cadáveres de mortos, levados por não sei que espírito, saiam de suas sepulturas para vagar em torno dos vivos, aterrorizá-los e prejudicá-los, e depois retornar às suas sepulturas que se abrem por si mesmas diante deles é um fato que seria difícil de admitir se em nosso tempo numerosos exemplos não o certificassem e se os testemunhos não fossem abundantes. Se tais fatos ocorreram outrora, é surpreendente que não se lhes encontre vestígio nos livros dos antigos que, no entanto, aplicaram-se imensamente em confiar à escrita as coisas memoráveis. Já que eles jamais negligenciaram anotar mesmo pequenos detalhes, como eu poderia silenciar uma coisa que, quando por acaso se produz neste século, suscita tanto estupor e horror? Por outro lado, se quisesse escrever todas as coisas dessa espécie que soube terem ocorrido em nosso tempo, minha tarefa seria por demais volumosa e pesada.[5]

Existem poucos testemunhos tão fascinantes sobre a atenção muito nova prestada ao valor do tempo presente pelos letrados do século XII (aqui um cônego secular e não um monge, que teria sido sem dúvida mais sensível à tradição). À curiosidade de tais autores não podiam escapar os relatos de aparições dos mortos, que eles transcreviam logo depois de os ter escutado, anotando, como garantias de autenticidade e como para convidar seus leitores e ouvintes a verificar os fatos, a data muito recente destes últimos e os nomes familiares das pessoas e dos lugares.

AS VISÕES MONÁSTICAS

É a literatura monástica — sermões, vidas de santos, cartas, crônicas e, evidentemente, coletâneas de milagres — que desempenha o papel principal na multiplicação das histórias de fantasmas nos séculos XI-XII. Os *miracula* relatam toda espécie de perturbações da ordem da Criação pela vontade do Criador. Pode tratar-se da cura de um doente ou da ressurreição de um morto, mas também de um sinal surgido no céu, de uma visão ou de uma aparição, a de um santo, do diabo ou de um defunto. As pessoas (santos e monges), os objetos (relíquias), os lugares (abadias) são respectivamente os agentes, as testemunhas ou o quadro mais freqüente dos milagres, em razão da relação privilegiada que mantêm com Deus.[6] O número crescente dos relatos que, nesse conjunto de textos monásticos, refere-se apenas às aparições dos mortos está ligado antes de tudo ao papel cada vez mais determinante que os monges desempenham na comemoração dos mortos: os mortos voltam, com efeito, para reclamar aos monges os "sufrágios" que os libertarão dos tormentos que padecem no além. Esses relatos participam também do movimento contemporâneo de reforma monástica, muito particularmente em Cluny.

A diversidade geográfica e a variedade das tradições narrativas convidam igualmente a multiplicar os pontos de observação, na Alemanha, na Itália, na França. A investigação é vasta e não poderia pretender à exaustão. Mas é possível indicar alguns pontos fortes, insistir nos lugares que, como Cluny, foram verdadeiros "laboratórios" das tradições narrativas relativas aos fantasmas, e também interrogar-se sobre a ausência, em outros lugares, de tais relatos.

Alguns relatos isolados permitem ilustrar a diversidade das origens geográficas e das funções de tais relatos. Eis, por exemplo, na Suíça alemânica, um relato de fantasma feminino — o caso é raríssimo — encravado em uma *Vita* hagiográfica: segundo a *Vida de santa Wiborade* (escrita por volta de 976 por Ekkehard de Saint-Gall uns cinqüenta anos depois da morte da santa), esta viu e ouviu sua falecida criada pedir-lhe que vigiasse melhor sua substituta, encarregada de limpar os cálices antes da missa! A santa teria aproveitado para interrogar a defunta sobre a data previsível de sua própria morte.[7] Com freqüência, a lição tem um alcance social mais geral, como no surpreendente relato do sonho que teve o abade Robert de Mozat quando da construção da basílica de Clermont e da fabricação de uma estátua-relicário de ouro (uma *majestas*) da Virgem com o Menino. Esse relato foi redigido por volta de 946 pelo diácono Arnaud.[8] O abade Robert vê em sonho o ateliê onde o ourives Aleaume e seu irmão terminam a preciosa estátua; entra no ateliê o bispo Étienne II de Clermont, conduzido pelo falecido abade Drucbert de Mozat, o predecessor de Robert. Drucbert é qualificado de *patronus*: é um "bom" fantasma, quase um santo. Ele se surpreende com a *novitas* da estátua e interroga o bispo sobre o lugar onde conta colocá-la. Drucbert pertence, com efeito, à geração anterior, que não conheceu tais estátuas de ouro em três dimensões, bem próximas, na verdade, dos ídolos pagãos. A pergunta falsamente ingênua do morto é, portanto, a oportunidade para o bispo explicar e justificar uma nova forma de culto e um novo objeto de devoção. Assim, o abade defunto dá a essa inovação cultual a caução de sua *auctoritas*, a de um ser do além, quase um santo e um ancestral. O fantasma cumpre aqui uma função de legitimação.

Citemos um último exemplo que, desta vez, refere-se à Espanha. O "grande milagre" transmitido no último terço do século XI pela *Crônica de Iria*, na Galícia, relata a aparição do rei Sanche (morto envenenado por um de seus vassalos revoltados) à sua viúva, a rainha Godo.[9] O documento é de origem episcopal, e não monástica, mas concerne também ao mosteiro de San Esteban de Ribas de Sil, que se beneficiava das larguezas reais. Não é enquanto rei e rainha que os protagonistas se reencontram além da morte, mas enquanto marido (*vir*) e esposa (*uxor sua*). Godo derrama lágrimas pela sorte de seu esposo além-túmulo, jejua durante quarenta dias e distribui esmolas, como toda viúva digna desse nome deve fazê-lo. Único fruto da qualidade insigne da doadora, a pele que ela deu a um pobre padre pela salvação de seu marido (e com a qual este aparecera revestido quando de uma segunda aparição) está depositada como uma relíquia em San Esteban de Ribas de Sil.

Todos esses relatos são isolados. Não constituem séries, como as encontramos em outros mosteiros. Mas alhures é antes a ausência de relatos de fantasmas que impressiona, e também ela deve ser explicada.

Dois dos mais poderosos mosteiros da cristandade reivindicavam a posse do corpo de são Bento; trata-se, de um lado, de Fleury-sur-Loire (onde, do fim do século IX ao começo do século XII, não menos de cinco monges sucessivos, Adrevald, Aimoin, André, Raoul Tortaire, Hugues de Sainte-Marie, prosseguiram sem solução de continuidade a redação de um excepcional *Livro dos milagres*) e, de outro lado, do Monte Cassino (do qual três monges sucessivos, Léon, Guy e sobretudo Pierre Diacre, redigiram a crônica entre a segunda metade do século XI e a primeira metade do século XII). Nos milagres de Fleury, as únicas aparições sobrenaturais são as de são Bento; nenhum morto ordinário, nenhum monge nem abade defunto tem o privilégio de aparecer aos monges vivos.[10] A situação não é muito mais favorável na crônica de Monte Cassino: são Bento tende, ali também, a arrogar-se o monopólio das aparições (mesmo que tenha de mostrar-se cercado pela "multidão dos monges defuntos").[11] Portanto, pode-se pensar que, nas abadias inteiramente consagradas ao culto de tão grande santo, os monges não tinham muito interesse por relatos de visões e de aparições mais comuns. Ali onde, ao contrário, a memória, notadamente monástica, pôde apegar-se à comunidade dos monges defuntos sem privilegiar um tão grande padroeiro ou santo fundador, ali onde também os imperativos da reforma eclesiástica investiram os fantasmas — enquanto mensageiros do além — de uma função ideológica certa, os relatos de fantasmas puderam multiplicar-se e ser compilados muito mais eficazmente.

O EIXO ROMA—CLUNY

Os opúsculos e as cartas de Pierre Damien (1007-72) apresentam na mesma época, mas desta vez quanto à Itália, outros relatos contados de fantasmas. Não é o austero eremita de Fonte Avellana que se exprime nesses escritos, mas antes, depois de 1057, o cardeal-bispo de Ostia, o paladino da reforma da Igreja, o admirador e defensor ardente de Cluny.[12] Ele se consome para levar a bom termo a reforma universal pretendida em Roma: a todos — papa, imperador, bispos, abades, simples monges — ele escreve para julgar, condenar ou aconselhar, usando freqüentemente para ilustrar sua argumentação exemplos concretos, relatos dos quais garante a autenticidade. Assim, fala dos fantasmas em uma carta dirigida a certo monge B. para o convencer da necessidade de uma penitência completa antes da morte,[13] e em dois opúsculos enviados ao abade Didier do Monte Cassino que tratam justamente de sufrágios para os mortos.[14] Oito relatos interessam-nos diretamente. Eles se inserem na gama completa das visões premonitórias do Julgamento que se segue à morte, das visões de almas no inferno, das aparições da Virgem (cujo culto Pierre Damien ajudou a difundir) e das aparições do demônio, sem contar outros milagres edificantes. Pierre Damien sempre insiste na proximidade desses relatos no tempo, pois são contemporâneos (*nostris temporibus*), e no espaço, pois são na maior parte italianos (*nostris regionibus*). Sobretudo, ele próprio os recolheu da boca de testemunhas dignas de fé, das quais dá o nome e o título: tal eremita, tal monge (como seu discípulo e amigo, o monge Jean), tal bispo amigo (por exemplo, o relato que ele diz dever a Renaud, bispo de Cumes, que por sua vez o devia ao bispo Humbert de São Rufino). Enfim, em 1063, sua viagem à França permitiu-lhe recolher vários relatos da própria boca do abade Hugues de Cluny, que ele admira sem reservas.[15]

Três ensinamentos podem ser tirados desses oito relatos, que são histórias de fantasmas ou se aparentam a elas. Antes de tudo, ilustram de maneira sistemática o valor dos três tipos de sufrágios de que se podem beneficiar os mortos: as missas, as preces e as esmolas.[16] As missas: a mulher de um mineiro soterrado por um desmoronamento manda dizer todos os dias uma missa pela salvação da alma do marido, que acredita morto; ao fim de um ano, ele é reencontrado vivo, pois um passarinho, abrindo uma passagem entre as rochas, levou-lhe alimento diariamente, com exceção do dia em que a mulher foi impedida por uma tempestade de mandar celebrar a eucaristia (este relato teve grande sucesso: reencontramo-lo em Guibert de Nogent, Pierre, o Venerável, Jacques de Voragine). As preces: uma viúva encarrega um padre, mediante doações cotidianas, de dizer preces pela salvação de seu marido. Mas esse mau padre não faz nada disso. Um dia, ela lhe manda levar uma galinha, pão e vinho, por intermédio de sua desonesta criada que, tendo consumido tudo no caminho, "roga a Deus que alimente o morto no paraíso". No dia seguinte, o marido aparece em sonho à sua viúva para agradecer-lhe por tê-lo, na véspera, mas pela primeira vez, cumulado de "alimentos". A moral da história está de acordo com as exigências reformadoras de Pierre Damien: é melhor orar pelos mortos que dar aos padres simoníacos. As esmolas: o mesmo relato mostra que é melhor dar aos pobres que aos padres indignos. Daí a inovação recente dos mosteiros da região: além da caridade costumeira, doravante o abade acolhe três pobres à sua mesa. Por outro lado, a celebração da memória dos "queridos defuntos" é estendida do dia aniversário do falecimento a toda a oitava que se segue. A intensificação da *memoria* dos defuntos acompanha a da caridade em benefício dos pobres. Os monges são os grandes provedores de "alimentos": uns, materiais, em benefício dos pobres, outros, espirituais, em benefício dos mortos. Tais são na sociedade o papel dos monges e a base de sua economia.

Esses relatos devem convencer também de que a Virgem é, no além, a principal auxiliar das almas. Vários fantasmas deram testemunho disso, como aquela mulher romana, chamada Marozia, morta há cerca de um ano, e que vem anunciar à sua comadre que a Virgem a livrou naquele mesmo dia, que é o da Assunção. O bispo Renaud de Cumes também contou a Pierre Damien que um homem morto aparecera a seu compadre e o conduzira em sonho a uma assembléia de santos onde ele vira a Virgem julgar e absolver o patrício Jean. O mesmo bispo lhe disse igualmente que a Virgem arrancou um padre das garras do diabo no momento do julgamento individual. Com efeito, embora o padre tenha negligenciado o ofício cotidiano e os ofícios dos santos, sempre cumprira o ofício dos mortos. O ofício fúnebre se teria tornado, então, a parte mais importante do serviço dos padres, aquela que, quando toda esperança parece vã, permite-lhes, *in extremis*, ser salvos. O bispo, no entanto, diz ignorar se esse defunto voltou para contar, ele próprio, sua aventura.[17]

Último ensinamento: os vivos e os mortos são solidários. De um lado, os laços contratuais particulares que os homens estabeleceram antes da morte permanecem eficazes depois desta e servem de base às aparições dos defuntos. De outro lado, a prece dos monges pelos mortos representa uma forma superior de solidariedade, que engloba todas as outras e as supera por sua eficácia. É digno de nota que Pierre Damien evoque as solidariedades contratuais da sociedade leiga: aqui não é o pai que aparece ao filho ou o irmão ao irmão, segundo os laços do sangue, mas o marido que aparece à sua mulher, ou ainda a comadre à sua comadre, o compadre a seu compadre. Reencontramos assim, implicitamente, um grande tema da reforma gregoriana, ao qual Pierre Damien, mais do que outros, ligou seu nome: o enquadramento da sociedade leiga em redes simbólicas controladas pela Igreja, quer se trate do batismo das crianças e do papel dos padrinhos e madrinhas, quer de uma definição mais estrita do casamento cristão, exógamo, exclusivo e estável. Dessa maneira, a família cristã é pensada como uma primeira célula de prece da qual cada membro colherá os benefícios depois da morte. Essa é uma estrutura fundamental dos relatos de aparições, que reencontraremos na maior parte dos relatos posteriores.

No entanto, a solidariedade universal instituída pela prece monástica pelos mortos prevalece sobre todo laço contratual particular. A carta endereçada ao monge B. o demonstra de maneira eloqüente ao relatar o que um eremita de Camáldoli, Martin, contou a Pierre Damien: um monge que pecou muito obtém de um outro monge, do qual se tornou "amigo familiar", dividir com ele a penitência muito pesada a que está condenado. A *amicitia* vai sobreviver à morte desse monge prestativo e cheio de virtudes. Poucos dias depois, ele aparece em sonho a seu amigo: "As coisas vão mal", lhe diz ele, "por tua causa!". Com efeito, ele morreu antes de ter cumprido a integralidade da penitência que, em conseqüência do contrato, tornou-se sua como se ele próprio tivesse cometido os pecados. Vêem-se bem, nessa sociedade, os limites do que hoje chamaríamos de responsabilidade individual: a culpabilidade é mais uma noção objetiva do que subjetiva, um fardo que se pode, entre "amigos", dividir e transmitir. Essa é, por outro lado, a condição da eficácia dos sufrágios pelos mortos, baseados em um sistema de equivalência, de compensação e de troca com os vivos: tantas preces a mais são, para aquele que se beneficia delas, tantas penas a menos no além.

O modelo dos sufrágios pelos mortos, que sustenta todas essas observações de Pierre Damien, é clunisiano. Pierre Damien não apenas defendeu com sucesso a causa de Cluny no Concílio de Chalon em 1063, não apenas ligou-se por amizade ao abade Hugues (1049-1109), como também estava muito particularmente convencido dos méritos da liturgia clunisiana dos mortos e da instituição da Festa dos Mortos, em 2 de novembro, no dia seguinte à Festa de Todos os Santos: essa inovação clunisiana, que data de cerca de 1030, logo se estende a toda a cristandade.[18] Pierre Damien chegou a escrever uma *Vida de santo Odilon* na qual segue palavra por palavra, ou quase, o primeiro hagiógrafo do abade Odilon, Jotsuald, em seu famoso relato da origem da festa: um eremita siciliano escutou os demônios, que se atarefavam nas chamas do Etna, deplorar que as preces, as esmolas e as missas dos monges clunisianos arrancavam muito depressa às suas torturas as almas condenadas. Informado dessa visão, o abade Odilon instituiu a Festa dos Mortos. Logo uma aparição do falecido papa Bento, libertado das penas do além pelos sufrágios dos clunisianos, confirmou a legitimidade dessa iniciativa.[19] O próprio Pierre Damien pediu por escrito ao abade Hugues que pudesse beneficiar-se, depois de sua morte, dos sufrágios de Cluny: quis não apenas ser admitido na comunidade de prece dos monges clunisianos, como insistiu para beneficiar-se também das preces dos mosteiros afiliados à grande abadia.[20]

MARMOUTIER: A COMUNIDADE DOS MONGES

Uma coleção anônima de milagres composta na abadia beneditina de Marmoutier, perto de Tours, entre 1137 e o fim do século, permite úteis comparações com as outras séries narrativas.[21] Essa coleção estava evidentemente destinada a um uso interno ao mosteiro: apenas monges, entre os quais três abades sucessivos, aí são mencionados, ou ainda personagens estreitamente ligados à comunidade, mortos há pouco ou ainda vivos no momento da redação da coletânea. O escriba insiste duas vezes no caráter contemporâneo desses relatos.[22] Entre os muros do mosteiro, estes deviam ser conhecidos e aceitos por todos, a ponto de tornar supérflua qualquer menção de informadores "dignos de fé". No entanto, o escriba esclarece seus propósitos por intenção da posteridade:[23] quer prevenir os monges contra qualquer negligência nos serviços espirituais que devem a seus irmãos defuntos,[24] sob pena de expor-se à vingança destes últimos.[25]

A coleção comporta ao todo dezesseis relatos,[26] dos quais não menos de seis referem-se a aparições de mortos. Os outros relatos formam dois grupos distintos, que é importante identificar para compreender em que conjunto se classificam os relatos que nos interessam essencialmente: sete relatos expõem, não a volta de um defunto, mas o momento da agonia e do trespasse de um monge, que a confissão *in extremis* livra do inferno ou a quem o padroeiro do mosteiro, são Martinho, aparece para anunciar-lhe que vai morrer ou mesmo para arrancar sua alma ao diabo. Pode tratar-se também de um monge cuja alma os irmãos vêem abandonar o corpo no instante da morte, sob a forma de uma criancinha ou de uma pomba.[27] Três outros relatos referem-se a acontecimentos miraculosos de que todo o mosteiro se beneficiou.[28]

Por meio de semelhante conjunto de visões e de milagres, o mosteiro se representa, como coleção de indivíduos (que antes e depois da morte devem prestar contas de um destino singular) e comunidade de vivos e de mortos. O mosteiro é uma "família" espiritual, unida nas preocupações cotidianas (aquisição das terras, enriquecimento do tesouro, colheitas, abastecimento das cozinhas), agrupada em torno de seus santos tutelares (antes de tudo são Martinho, mas também são Bento, são Fulgêncio e são Corentino) e inteiramente voltada para a preocupação com a morte. Os seis relatos de fantasmas estabelecem entre si essas duas relações complementares do indivíduo e da comunidade monástica, dos bens materiais e dos benefícios espirituais.

Nem todos esses relatos têm a mesma estrutura nem a mesma função. Alguns falam de sonho, mas a regra é antes a visão desperta. Com efeito, sempre se trata de relatos contados. Quanto a três deles, as coisas são bastante simples: um morto aparece a um vivo para lhe pedir seus sufrágios ou para o encarregar de reclamá-los ao conjunto dos monges. O objetivo da aparição é sempre o mesmo: relembrar o direito (*jus*) dos mortos a beneficiar-se dos sufrágios espirituais (missas e preces) dos vivos.[29]

Tomemos, por exemplo, a história do padre Hervé, que, depois de uma vida tumultuosa no século, fortuna feita, foi buscar a salvação entre os monges de Marmoutier.[30] Ele lhes dá todos os seus bens, inclusive os créditos que lhe continuam devidos. Antes de morrer, fixa para cada um deles o prazo do pagamento destinado aos monges. Põe-se de acordo sobretudo com seu "compadre e amigo", que lhe deve sessenta libras. Ainda que ninguém mais conheça essa dívida, o agonizante não exige dele nenhum juramento, mas apenas "um beijo de fé e de paz" pelo qual se compromete a pagar sua dívida aos monges em um ano. Depois ele morre, e os monges, antecipando-se ao pagamento, desobrigam-se por suas preces de seu *debitum fraternitatis*. Mas, ao fim de um ano, o devedor deixa voluntariamente de pagar sua dívida, e os monges param de orar pelo morto. Este inquieta-se e aparece em trajes monásticos, no caminho de Tours, ao capelão da igreja: faz dele seu mensageiro perante o devedor, para instá-lo a pagar. O outro recusa-se mas, no mesmo dia, tomado de uma grande dor que interpreta como um castigo, chama de volta o capelão e o manda dizer aos monges que lhes paga sua dívida e faz doação de sua pessoa e de todos os seus bens ao mosteiro. A dupla função de mensageiro (*internuntius*) do capelão (em nome do morto perante o devedor e depois em nome deste perante os monges) sublinha a importância da relação que une os três tipos de protagonistas do relato. Essa relação sustenta a *conversão* das pessoas (os dois amigos sucessivamente) e dos bens (a dívida, depois o conjunto do legado piedoso), que se realiza em benefício da salvação das almas e da economia monástica.

Dois outros relatos precisam as condições do funcionamento da solidariedade entre os vivos e os mortos. O primeiro refere-se a dois monges que, antes de ser irmãos na religião, são irmãos pelo sangue (*germani*).[31] Seu parentesco espiritual acrescenta-se a seu parentesco carnal: por isso são ainda mais solidários quando as eventualidades da vida (um deles, por ordem do abade, parte para um mosteiro da Inglaterra) e depois a morte (ele morre, longe de seu irmão que permaneceu em Marmoutier) os separam. No mesmo dia de seu trespasse, em sonho e por três vezes, o morto aparece a seu irmão para que vá pedir ao abade que mande dizer preces por ele. Mas, consultado, o *custos* da abadia diz que não faz parte do costume dos monges orar por um irmão do qual se ignora a *kalenda*, isto é, o dia do falecimento, escolhido como data aniversária de sua comemoração litúrgica. Ora, no mesmo dia, espalha-se no mosteiro o rumor de que um monge mensageiro (*nuntius*) acaba de chegar, portador de um breve que anunciava o trespasse daquele irmão na data daquele mesmo dia: levando em conta a distância percorrida pelo mensageiro, os monges estimam que o monge deve ter morrido exatamente um ano antes. Para saber mais sobre isso, põem-se à procura do mensageiro, mas este não pode ser encontrado. De fato, é o próprio morto, que voltou para confirmar a veracidade dos três sonhos de seu irmão e dar a conhecer que morreu naquele mesmo dia e não há um ano. A lição é clara: a força do parentesco espiritual dos monges (eventualmente reforçada pelo parentesco carnal dos irmãos) abole toda distância e toda duração. A família espiritual dos monges escapa às sujeições da geografia, da mesma maneira que o tempo cíclico dos monges — tempo "calendário" todo consagrado à celebração do "aniversário" (da morte) dos irmãos — volta-se incessantemente sobre si mesmo.

O último relato ilustra os limites sociológicos da "família" monástica.[32] Todos os anos o arcediago e preboste de Clermont tinha o costume de visitar Marmoutier e, nessa ocasião, doar aos monges "tesouros, vestimentas de seda e mercadorias". Dessa vez, ele pede ao abade Guillaume que o conserve no mosteiro, do qual logo se torna sacristão. Mas esse ex-clérigo secular ainda não se apropriou da memória coletiva dos monges: no dia de Todos os Santos, ele tem na igreja uma visão de três *personae* (uma no centro, maior que as duas outras) seguidas de uma inumerável procissão de ex-abades e monges, entre os quais não pode identificar nenhum defunto conhecido. Pede-lhes que lhe digam quem são e fica sabendo que os três primeiros personagens são são Martinho e, emoldurando-o, são Fulgêncio e são Corentino. É informado também de que o abade Oddon ia, naquele mesmo ano de 1137, juntar-se ao grupo dos abades defuntos. Esse relato mostra a necessidade de um longo aprendizado da memória funerária dos monges. A recitação coletiva dos nomes do necrológio devia ajudar nisso, assim como, mais modestamente, os próprios relatos de fantasmas. Mas estes por certo ilustram apenas uma parte da memória monástica:[33] estão ausentes todas as famílias aristocráticas que, em Marmoutier como em outras partes, trocavam legados piedosos pela inscrição no obituário e a certeza de preces e missas depois da morte.[34] Ao contrário, os relatos clunisianos do abade Pierre, o Venerável, abrem-se amplamente às aparições dos mortos da aristocracia leiga.

Oitavo abade de Cluny (de 1122 à sua morte, em 1156), Pierre, o Venerável, é o autor de uma coletânea de relatos de milagres, o *De miraculis*, que fornece sobre as aparições dos mortos, entre outras, as mais preciosas informações.[35] Nascido por volta de 1092-94 em uma família nobre de Auvergne, está destinado desde muito jovem à vida monástica: oblato em Sauxillanges, depois monge (o abade de Cluny, Hugues, o Grande, recebe seus votos definitivos em 1109), torna-se prior de Vézelay e, em seguida, de Domène. Sua eleição como abade de Cluny permite resolver a gravíssima crise que a ordem acaba de atravessar sob o abadado de Pons de Melgueil que, demitido de suas funções em 1122, morre em 1126 depois de ter tentado recuperar pela força a direção do mosteiro. Daí em diante, Pierre pode consagrar-se à restauração da observância regular e da estabilidade material de Cluny: o capítulo geral de 1132 e os *Statuta* de 1146-47 são estapas importantes dessa ação reformadora. Seus escritos também dão testemunho de sua vontade de reforma: um grande número de cartas e três tratados polêmicos e doutrinais, contra os heréticos (*Contra Petrobrusianos*), os judeus (*Aversus Judaeos*) e os muçulmanos (*Contra Sarracenos*).

O *De miraculis*, por seu lado, é uma coleção de sessenta relatos de milagres reunidos em dois livros de 28 e 32 capítulos, respectivamente. Pierre lhe teria concebido o projeto desde 1127, depois da resolução das últimas seqüelas do abadado de Pons. Tratava-se, para ele, ao sair dessa crise que abalara a autoridade do abade, o poder e o prestígio da ordem, de convencer os monges e o mundo da excelência de Cluny, memorável teatro dos milagres de Deus, e de iluminar, por meio de comentários doutrinais, a fé dos monges e dos fiéis. Esse ponto de vista doutrinal convida a não traduzir *miracula* por "maravilhas", como o propõem D. Bouthillier e J.-P. Torrell, e sim por "milagres", mesmo que se deva sublinhar quanto esse termo tinha, no século XII, uma significação mais ampla do que a que lhe reconhecemos comumente hoje.[36] Por certo, os *miracula* são, como as "maravilhas", acontecimentos extraordinários, mas sua significação para os monges e clérigos da época não era compreensível senão por referência à vontade divina. Não havia para eles nenhuma dúvida possível quanto à natureza unívoca do milagre. Ao contrário, veremos que, se os contemporâneos tinham realmente uma certa concepção do maravilhoso, não lhe atribuíam tão facilmente uma origem e uma razão.

Os *miracula* relatados por Pierre, o Venerável, são essencialmente visões. Em consideração pela dignidade do Cristo, a obra inicia-se pelos milagres eucarísticos. Segue-se um número importante de visões celestes, do Cristo, da Virgem, dos anjos. Mais numerosas ainda são as visões diabólicas: as agressões do diabo contra Cluny são, de fato, uma prova da santidade do mosteiro. A meio caminho entre as visões celestes e as visões diabólicas, Pierre, o Venerável, apresenta igualmente dez relatos de aparições de mortos. Inscreve-se, assim, na tradição clunisiana da memória dos mortos, fundada por Odilon e continuada por santo Hugo.[37]

Em todos os casos, Pierre pretende falar de milagres recentes, cujo relato (nove vezes em dez) recolheu da boca de testemunhas dignas de fé, em Cluny mesmo ou por ocasião de seus deslocamentos. Se a ordem da coleção é intencionalmente cronológica, Pierre não retém a ordem na qual os acontecimentos se produziram, mas — ele próprio o diz — aquela na qual recolheu os testemunhos. Desde 1135, ele redige uma primeira versão que se tornará uma parte do primeiro livro da obra. Na volta da viagem que fez à Espanha em 1142, ele a refaz e acrescenta novos relatos. O essencial do segundo livro é redigido mais tarde, entre 1145 e 1156. Ao longo dessa redação que durou mais de vinte anos, os relatos de aparições dos mortos dividem-se em três grupos e seu caráter de atualidade é cada vez mais afirmado.

Os cinco primeiros relatos (livro I, caps. X, XI, XXIII, XXIV, XXVI) foram escritos por volta de 1135. Referem-se a aparições relativamente antigas (teriam ocorrido de 55 a doze anos antes).[38] Pierre apela a informadores, monges ou padres, dos quais garante a probidade, mas que nomeia expressamente apenas em dois casos (caps. XXIII e XXVI).

Os dois relatos seguintes (livro I, caps. XXVII e XXVIII) foram redigidos durante e logo após a viagem de Pierre à Espanha, em 1141-42. A primeira aparição acaba de ocorrer quando Pierre toma conhecimento dela na diocese de Lyon; ele a confia à escrita alguns meses mais tardes, na Espanha; é ali que se informa também de uma outra aparição, mais antiga, mais célebre localmente, e cujo relato ele tem a felicidade de recolher da própria boca do visionário. Confia-o imediatamente à escrita.[39]

Os três últimos relatos referem-se a aparições acontecidas em 1145 e 1149: Pierre escreveu-as sem demora.[40]

As aparições relatadas por Pierre, o Venerável, são ora sonhos, ora visões percebidas no estado de vigília. Pierre relembra constantemente sua desconfiança em relação aos sonhos, propícios às ilusões do diabo. Portanto, apenas consente em relatar as aparições oníricas para as quais pode fornecer todas as garantias de autenticidade: seja porque a nobreza e santidade do informador não permitem nenhuma suspeita,[41] seja porque seu próprio informador se tenha beneficiado do sonho,[42] seja, enfim, porque narre seu próprio sonho. As sete visões despertas não exigem tantas garantias: nenhuma é autobiográfica e apenas uma vez o informador é o beneficiário da visão.[43]

É instrutivo, mais uma vez, distinguir bem o único relato autobiográfico, que é um sonho, dos relatos contados, que são majoritariamente relatos de visões despertas. O sonho pessoal relatado por Pierre ocorreu por ocasião de uma viagem a Roma no início do Advento de 1145. Pierre diz que consente em contá-lo porque ele próprio pode dar a respeito desse sonho todas as garantias de veracidade requeridas na matéria.[44] No momento de deixar Cluny, Pierre, o Venerável, soube da morte do prior de Charlieu, Guillaume de Roanne, um homem de grande mérito. Tem muitas suspeitas de que ele foi envenenado por seus próprios monges, rebeldes à disciplina que queria impor-lhes. Desde a primeira noite passada em Roma, Pierre vê em sonho o falecido prior apresentar-se a ele. Tendo consciência de dormir, ele se vê a abraçá-lo e ouve-se a interrogá-lo sobre sua sorte. O morto confirma as suspeitas do abade quanto à causa do trespasse e à identidade do assassino. Pierre desperta, faz um esforço para gravar na memória o que viu. Depois, readormece, e o sonho se reproduz de maneira idêntica, o que, comenta Pierre, o Venerável, prova que mostra a verdade. Dessa vez, o relato do morto perturba o sonhador a ponto de ele despertar com os olhos e as faces molhados de lágrimas. De volta a Cluny, Pierre, o Venerável, faz o criminoso comparecer diante do capítulo dos monges e condena-o ao banimento perpétuo. No esboço de análise que Pierre propõe de seu sonho, vemo-lo relacionar sua experiência onírica às angústias diurnas que tivera com a sorte de seu amigo. O sonho vem confirmar seus temores e suas suspeitas. Mas a repetição do sonho não é supérflua para convencer Pierre da verdade das imagens oníricas, antes de ter delas uma prova mais material. Habitualmente, é uma visão desperta que se segue ao sonho para o confirmar. Neste relato autobiográfico, o segundo sonho desempenha a mesma função de autenticação.

Diferentemente desse relato autobiográfico de sonho, os relatos de aparições transmitidos por Pierre, o Venerável, caracterizam-se por uma estrutura mais complexa que em outros conjuntos de *miracula*. Com efeito, a aparição põe em relação três, se não quatro, tipos de protagonistas: não apenas o morto e o beneficiário da aparição, mas também, entre os vivos, o destinatário desta e, entre os mortos, outros defuntos dos quais o morto dá notícias ou que se mostram a seu lado. Essa estrutura ternária ou quaternária do relato explica-se pela função de Cluny como recurso privilegiado para os mortos em busca de sufrágios: o morto faz do beneficiário da aparição seu mensageiro (*nuntius*) perante o abade e a comunidade de Cluny. Ela se explica também pelo lugar que esses relatos dão à aristocracia leiga:[45] por intermédio do beneficiário, o morto pede a seus parentes e herdeiros que façam o necessário para assegurar sua salvação. A vantagem dessa estrutura complexa é uma enorme maleabilidade quando a solicitação do morto choca-se com a resistência dos vivos: se o beneficiário hesita em encarregar-se da mensagem do morto, este, em um segundo tempo, pode aparecer diretamente ao destinatário. Inversamente, se o destinatário recusa-se a ouvir a mensagem do intermediário, o morto pode encarregar este último de organizar, ele próprio, os sufrágios.[46]

Mortos ou vivos, a quase totalidade das personagens nomeadas por Pierre, o Venerável, é, de resto, conhecida: viveram realmente em datas e em condições que os ricos arquivos conservados por Cluny e sua região fazem conhecer muito bem. É por isso que esses relatos se prestam muito particularmente a uma tentativa de história social do imaginário. De fato, a morte de um personagem não põe um termo às relações de parentesco carnal ou espiritual que os vivos mantêm, mas, ao contrário, reativa-as, na lembrança. Os relatos de Pierre, o Venerável, fornecem quanto a isso um modelo que será posto em confronto, chegado o momento, com outros conjuntos narrativos.

A salvação do morto ou dos mortos, por meio dos sufrágios — preces, missas, esmolas — que eles vêm reclamar, é a função principal de todas essas aparições. Aos olhos de Pierre, o Venerável, estas confirmam a vocação de Cluny para tirar as almas penadas de seus tormentos no além. Desde que Cluny organizou a liturgia da comemoração dos defuntos — instituindo por volta de 1030 a Festa dos Mortos, fixada em 2 de novembro —, os costumes clunisianos obrigam o monge a quem um defunto apareceu em sonho, particularmente se se trata de um parente ou de alguém que ele conheceu, a avisar disso a comunidade, para que missas salutares sejam celebradas para ele.[47] As aparições permitem também refutar os argumentos dos que "negam ou duvidam que os benefícios eclesiásticos sejam úteis aos fiéis defuntos" e ameaçam, assim, toda a base da economia clunisiana. A oposição mais decidida vem dos heréticos discípulos de Pierre de Bruys (os Petrobrusianos), aos quais alude Pierre, o Venerável, no *De miraculis*,[48] e cuja crítica do culto dos mortos refuta sistematicamente no *Contra Petrobrusianos*: não apenas as boas obras dos vivos são proveitosas aos defuntos, como também as dos defuntos beneficiam os vivos; as dos vivos, os vivos, e as dos defuntos, os defuntos.[49] Como os defuntos podem ser úteis aos vivos? Os relatos do *De miraculis* nunca os apresentam como os intercessores dos vivos diante de Deus. Em compensação, um morto pode dar a um vivo conselhos úteis e anunciar-lhe sua morte iminente: na sociedade cristã, um morto não pode prestar maior serviço a um vivo do que o convidando a preparar-se para morrer. Os mesmos relatos mostram também como um morto que aparece pode ser útil a um outro morto que não aparece (como o sire de Beaujeu, Guichard), pedindo sufrágios para ele também. Indiretamente, os relatos de fantasmas de Pierre, o Venerável, cumprem ainda outras funções:[50] ao enunciar todas as razões pelas quais são atormentados no além, os mortos tendem a reforçar a ordem social tal como o abade de Cluny a sonha, sem homicídio nem roubo, com cavaleiros que respeitam os clérigos, não violam o recinto consagrado dos cemitérios, protegem os pobres, reparam os danos que fizeram os fracos sofrer. Ou seja, o sonho de uma sociedade sem "guerra injusta",[51] em que os cavaleiros apenas pensariam em partir na cruzada ou em peregrinação a Roma, a menos — melhor ainda — que se tornem monges. O relato de aparição que Pierre recolheu na Espanha ilustra ainda uma outra função de seus relatos de fantasmas. Ele constitui uma peça não desprezível na estratégia político-financeira do abade de Cluny. O informador de Pierre, o Venerável, Pierre Engelbert, beneficiara-se 28 anos antes, em 1114, da aparição de seu servidor Sanche, morto há quatro meses. Pierre lhe pediu, assim como a um segundo defunto aparecido subitamente à janela, notícias de vários mortos, entre os quais o rei Alfonso VI de Castilla y León, morto em 1109. Soube assim que o rei passara por graves tormentos no além, mas que as preces dos monges clunisianos o haviam livrado deles. Pierre, o Venerável, recolhe esse relato em Nàjera na primavera de 1142 e o põe imediatamente por escrito, pois dispõe, assim, de um argumento de peso nas negociações que vai conduzir alguns meses mais tarde, em Salamanca, com o rei Alfonso VII, neto do rei defunto. Pierre quer convencer o rei a honrar o compromisso assumido por seus predecessores, Ferdinando I e depois o próprio Alfonso VI, de pagar um direito anual sobre as searas a Cluny. Em 29 de julho de 1142, o abade de Cluny é atendido. Pode-se supor que se alegrou de informar ao rei que seu falecido avô devia sua salvação às preces de Cluny! A generosidade do rei era apenas o justo pagamento dos sufrágios dos monges.[52]

A promoção da liturgia dos defuntos e, por conseguinte, o desenvolvimento material e espiritual da grande abadia, desde a Borgonha até a Espanha, são a razão de ser de escrever, reunir e divulgar esses *miracula*. Com esse fim, o ponto de vista subjetivo do autor, salvo quando é invocado como uma garantia da autenticidade do relato, cede o lugar, então, diante da suposta objetividade do acontecimento relatado. De fato, nenhuma dúvida pode pesar sobre a verdade da aparição. Em nenhum caso os relatos devem dar ensejo à suspeita de ilusão diabólica, ligada aos sonhos. Em sua forma socializada — com os fins da "propaganda" monástica ou do apostolado —, a maior parte desses relatos de fantasmas põe em cena, portanto, uma aparição percebida no estado de vigília.

Em certos casos, pode-se não excluir que um verdadeiro sonho tenha sido transformado em uma aparição desperta, na versão "socializada" do relato. Mas, além do fato de que essa hipótese é impossível de provar (seria preciso poder dispor de várias versões sucessivas de um mesmo relato), ela me parece inútil. Uma vez fixado e admitido por todos, o esquema narrativo da aparição de um defunto a um vivo desperto não podia gerar por si mesmo novos relatos, independentemente de qualquer experiência onírica prévia? Pierre, o Venerável, tampouco pode ser suspeito de ter cientemente forjado "falsos" relatos de aparição. Bem ao contrário, estava preocupado em relatar apenas o que considerava como estabelecido da maneira mais certa. O esquema narrativo era um horizonte de crença que permitia acolher e formalizar todos os relatos que estavam de acordo com o fim visado: a promoção da liturgia clunisiana dos defuntos. Assim, ao longo de uma relação social complexa — ao pé do ouvido, entre informadores, autor e destinatários —, esses relatos tomaram a forma de *miracula*, a que, na época, melhor convinha à sua credibilidade e à sua eficácia. Eles não eram simples apotegmas cujo sentido figurado tivesse sido independente de qualquer situação objetiva. O autor tampouco se contentou em sugerir que essas manifestações sobrenaturais eram apenas verossímeis e não verídicas. Ele pretende contar histórias *verdadeiras*.

Por certo, elas não o são segundo nossos critérios: não "cremos" em tais fantasmas. Mas elas o eram para ele, para seus leitores, para seus ouvintes monges e leigos, a uma só vez porque toda a cultura religiosa da época levava a admiti-lo, porque os que o diziam não podiam mentir e, sobretudo, porque a transmissão altamente controlada do relato era o melhor trunfo de sua credibilidade. Essas histórias de visões despertas eram "verdadeiras" porque eram dadas como verdadeiras. A esse título, os relatos de Pierre, o Venerável, representam um modelo narrativo e ideológico acabado, resultado de uma longa tradição monástica (nós a seguimos desde Gregório, o Grande) que não cessou, ao longo dos séculos e adaptando-se às evoluções sociais, de afirmar suas formas e suas funções.

Diferentemente dos relatos autobiográficos que se manifestam no século XII, os *miracula* deitam raízes em uma tradição hagiográfica muito mais antiga. Mas o gênero transforma-se na mesma época, encarna-se em coletâneas sistemáticas, liberta-se da função de glorificação do santo local para exaltar mais amplamente o mosteiro ou a ordem monástica. No entanto, a "preocupação consigo" introduz-se em várias coletâneas de milagres, por exemplo, em Pierre, o Venerável, que não apenas conta relatos ouvidos, mas comunica, pelo menos uma vez, sua experiência onírica pessoal. Ao contrário, uma coletânea anônima como a de Marmoutier não traz a marca de nenhuma personalidade singular. Em todos esses relatos, por mais variados que sejam, o fantasma é um próximo do personagem vivo a quem aparece. Está ligado a ele pelo parentesco carnal, o parentesco espiritual, a vizinhança ou os benefícios materiais e espirituais trocados entre os monges e a aristocracia leiga. Nesse quadro, o fantasma implora sufrágios e apresenta o espetáculo das conseqüências funestas do pecado. Por mais que a aparição miraculosa seja portadora de uma lição moral, torna-se instrumento da reforma eclesiástica ou mesmo reforça um verdadeiro projeto político.

Compreende-se, nessas condições, o extraordinário desenvolvimento desses relatos. Esquecidas as velhas reticências dos Pais da Igreja com relação aos fantasmas! Os maiores mosteiros garantem a promoção dos relatos e os colecionam. O sonho autobiográfico, tradução de uma experiência singular e íntima, permanece então minoritário. O que convém a esses relatos é antes a visão desperta, dada como objetiva e garantida por uma cadeia de testemunhas indubitáveis (de preferência, monges). Esses relatos, como outros objetos (o tesouro, as relíquias, as terras), fazem parte do patrimônio do mosteiro, o que lhes dá um valor de verdade quase jurídica.

Por qual paradoxo relatos de visão desperta podiam parecer mais verdadeiros que relatos pessoais de sonho? O relato autobiográfico de sonho e o relato contado de uma aparição percebida no estado de vigília pertencem a duas ordens de verdade diferentes. O primeiro remete à verdade íntima do sujeito face a face com o divino, com o que ele é o único a poder exprimir de sua experiência pessoal. Por muito tempo, foi preciso que o sonho fosse o de um santo, de um monge ou de um rei para ser levado em consideração. O segundo deve sua condição de relato considerado autêntico à sua circulação mesma, aos usos sociais de que é objeto, à autoridade das pessoas que o transmitem e o colocam por escrito. Em uma sociedade inteiramente fundada na autoridade da tradição "autorizada" da Igreja e das pessoas consagradas — clérigos e monges detentores da tradição, da escrita e da mediação com o divino —, a suspeita não podia atingir tais relatos.

4
OS MORTOS MARAVILHOSOS

"*MIRABILIA*": *O MARAVILHOSO*

Se os relatos de aparições dos mortos encontraram nos *miracula* monásticos uma forma de expressão sistemática e uma finalidade ideológica explícita, os fantasmas também estão presentes em um tipo diferente de relatos: os *mirabilia* ou relatos maravilhosos. É necessário distinguir *miracula* e *mirabilia*, ainda que as duas noções, que têm a mesma raiz, freqüentemente se encavalem e ambas remetam à mesma idéia de prodígio. A distinção é clara em um autor do começo do século XIII, mestre no assunto: Gervais de Tilbury.[1] Para ele, *miracula* e *mirabilia* têm em comum suscitar a *admiratio*, o maravilhamento por alguma coisa de novo, de raro ou de inaudito. Mas os primeiros consistem na suspensão da ordem da natureza (*praeter naturam*) pela vontade do Criador (é o caso da maternidade da Virgem, da ressurreição de Lázaro ou de uma cura miraculosa), ao passo que os segundos, mesmo que não contradigam a ordem da natureza, espantam-nos pois não lhes conhecemos a causa: não compreendemos por que a salamandra não sofre os ataques do fogo, por que um vulcão como o Etna arde incessantemente sem se consumir, por que a carne do pavão é incorruptível. Ou seja, dois tipos de fenômenos aparentemente análogos, mas que diferem na relação com a ordem da Criação e suscitam atitudes muito diversas: o milagre convida a confiar-se à fé, a admitir a onipotência de Deus que transtorna a ordem que ele próprio estabeleceu. Aqui a razão humana pode apenas inclinar-se. Ao contrário, o maravilhoso suscita a *curiositas* do espírito humano, a busca de causas naturais ocultas, mas que um dia serão desveladas e compreendidas. É preciso ver nessa tentativa, na virada dos séculos XII-XIII, uma primeira forma de espírito científico que se preocupa com a investigação (*inquisitio*), com o testemunho verdadeiro e mesmo com a experiência (*experimentum*).[2] Essa tentativa aplica-se a um campo muito vasto, às pedras e às plantas, à história e à geografia, assim como às manifestações dos espíritos, das fadas e dos defuntos.

Como Gervais de Tilbury, Guillaume de Newburg define os *mira et prodigiosa*, as coisas maravilhosas e prodigiosas,[3] mas menos por sua raridade que pelo fato de haver uma "razão oculta" (*occultam rationem*). Referindo-se a Santo Agostinho, ele estima que, se Deus é o único Criador, "distribuiu" forças e poderes que, com sua permissão, os anjos (bons e maus) e os homens podem usar, produzindo coisas surpreendentes. Algumas são apenas "fantasmas" diabólicos, mas outras são "verdadeiras", como aquelas pedras fósseis nas quais se distinguem as formas de dois cães e de um sapo tendo no pescoço uma corrente de ouro... A menção tranqüilizadora, na origem desses fenômenos, da "permissão de Deus" é um lugar-comum da literatura eclesiástica, toda vez que se trata de sobrenatural. Mas convém sublinhar a atualidade nova da fórmula na virada dos séculos XII-XIII. Uma vez admitida como evidente a onipotência do Criador, este é relegado ao papel antes passivo de espectador das maravilhas do mundo. Por isso, mesmo se acontece que os *mirabilia* sejam postos a serviço de uma lição religiosa ou moral, eles seduzem antes de tudo por seu caráter assombroso e sua capacidade de desvelar realidades insuspeitas da geografia, da zoologia ou da história. Quanto ao letrado, ao cientista, tem de agora em diante a faculdade de julgar e de utilizar a Natureza sem se arriscar a tornar-se culpado diante de Deus.

A literatura dos *mirabilia* é particularmente bem representada no reino anglo-normando. É verdade que a corte dos Plantagenetas cultivou, bem mais que a dos Capetos, o gosto pelas tradições orais e pelo folclore, e protegeu os clérigos que os recolhiam. Pois nesse reino, nessa época, encontram-se também as línguas e as tradições mais diversas — angevinas, normandas, inglesas, galesas e mesmo irlandesas —, objetos de curiosidade e de comparação. Não é a diversidade das culturas que aguça o espírito dos homens? Dessa literatura em língua latina aproxima-se também a jovem literatura vernácula, com os romances corteses e a "matéria da Bretanha". Ela é oriunda dos mesmos meios de corte e produzida por clérigos que também estão a serviço dos príncipes e partilham os interesses da aristocracia pelas tradições orais do folclore, as legendas maravilhosas, os relatos fantásticos. Várias obras em francês antigo (por exemplo, *Amadas et Idoine* e *Perlesvaus*) retomam o motivo do cemitério assombrado — o "cemitério perigoso" — ou da capela na qual repousa um cavaleiro morto que se ergue em seu caixão à aproximação do herói. É seu tratamento romanesco e a forma versificada que distinguem essas obras, mas os temas são reencontrados nos *mirabilia* latinos e mesmo, quanto a alguns, nos *exempla* dos pregadores.[4]

Todos esses relatos introduzem em nosso corpus duas novidades: de um lado, acolhem relatos de aparição individual de defuntos vindos de meios leigos, que a literatura clerical pouco levara em conta até o momento; eles se ligam também a tradições narrativas escolhidas em razão mesmo de suas características inéditas e que escapam às categorias clericais habituais. De outro lado, é na literatura dos *mirabilia* que as aparições coletivas dos mortos, já mencionadas em certos relatos de milagres, fazem uma entrada forte, sob o nome até então desconhecido de "bando Hellequin".

A "SECULARIZAÇÃO" DOS RELATOS

Distingamos, entre a primeira metade do século XII e o começo do século XIII, três gerações de testemunhas. A primeira é a dos "historiadores" que são ainda monges, como Guillaume de Malmesbury (1096-1142) e Geoffroy de Monmouth (c. 1100-55), que se torna bispo de Saint-Asaph. Eles se pretendem herdeiros de Beda, o Venerável, e entendem prosseguir a grande tradição da historiografia da Inglaterra, alimentada de referências antigas (a legenda troiana e o herói epônimo Brutus), assim como de legendas célticas.[5] Guillaume de Malmesbury é o autor, por volta de 1125, dos *Gesta regum Anglorum*, que muitas vezes desconcertaram os historiadores modernos pela justaposição de duas atitudes que hoje parecem contraditórias: ora, à maneira de Beda no século VII, uma crítica rigorosa do testemunho histórico, ora uma "credulidade" extrema diante dos relatos maravilhosos.[6] A seus olhos, com efeito, os prodígios são sinais de uma ordem oculta da natureza e do tempo, mas não são menos "verdadeiros" que os acontecimentos que dependem do que chamamos história. Não têm por função, como os *miracula* relatados por Beda, demonstrar a superioridade do cristianismo ou a santidade deste ou daquele personagem.[7] O espanto que provocam basta para justificar seu lugar na crônica. O historiador conta, por exemplo, segundo uma testemunha que ele próprio interrogou, como os demônios recentemente arrancaram o corpo da feiticeira de Berkeley da igreja onde fora injustamente sepultada. Aí não se trata, diz ele, de um "milagre celeste, mas de um prodígio infernal", que apenas quem não leu o livro IV dos *Diálogos* de Gregório, o Grande, considerará "inacreditável".[8] Em compensação, ele próprio fustiga as "tolices" e a "credulidade" dos ingleses, que sustentam que os "manes" do rei Alfredo, abandonando o cadáver deste, vagam à noite perto das casas e, de maneira mais geral, que os demônios reanimam os mortos e os fazem correr.[9] Isso não passa, pensa ele, de ilusões suscitadas pelos demônios. Em compensação, os defuntos podem realmente deixar como prova de sua passagem uma marca física no corpo daquele a quem aparecem.[10]

Já conhecemos o interesse que o cônego Guillaume de Newburg (1136-98), no último livro de sua história da Inglaterra (*Historia rerum anglicarum*), tem pelas "coisas memoráveis que aconteceram em abundância no nosso tempo": prodígios meteorológicos, a fome e a epidemia, um acidente fatal quando da escavação de um poço, uma revolta popular em Londres em 1196, uma chuva de sangue em 1198 e, sobretudo, "a coisa prodigiosa ocorrida na mesma época no condado de Buckingham": uma história de fantasma que ele faz seguir de três outras histórias semelhantes, relativas a Yorkshire, bem no norte da Inglaterra. Esses quatro relatos formam um pequeno dossiê, cuja coerência Guillaume sublinha antes de retomar o fio de sua crônica.[11]

Nos quatro casos, Guillaume sublinha o caráter recente dos acontecimentos, de que foi informado por testemunhas, geralmente homens de Igreja. Se o primeiro refere-se a Buckinghamshire, os três outros ocorreram no norte da Inglaterra: no castelo de Anant no Yorkshire e, ainda mais ao norte, na abadia de Melrose e em Berwick sobre o Tweed, na fronteira com a Escócia. Os fantasmas de que se trata são muito diferentes daqueles de que fala, por exemplo, Pierre, o Venerável; não são almas penadas que voltam para mendigar humildemente os sufrágios dos vivos, mas mortos maléficos, próximos daqueles descritos pelas sagas escandinavas: "monstros pestilenciais", diz o cronista; aterrorizam seus parentes e toda a vizinhança, fazem os cães uivar à noite, são acusados de corromper o ar, de provocar epidemias e mesmo de beber o sangue dos homens. Dois deles são explicitamente qualificados de vampiro (*sanguisuga*) e, quando sua sepultura é aberta, é encontrada maculada de sangue e o cadáver todo inchado, o rosto rubicundo, a mortalha rasgada. O cronista aplica-se também em descrever os comportamentos do povo local (*popularis opinio*) e em opô-los aos preconizados pela hierarquia eclesiástica. Localmente, esta parece desnorteada e hesitante: no primeiro relato, o arcediago Étienne (o informador de Guillaume de Newburg) é interrogado pela população sobre os meios a empregar para se desvencilhar do monstro; na dúvida, ele escreve ao bispo Hugues de Lincoln, reputado por sua santidade, para lhe pedir conselho. No último relato, o clero local se reúne e delibera demoradamente. Em todos os casos, a solução finalmente proposta pelos clérigos consiste em abrir a sepultura e em depositar uma fórmula escrita de absolvição sobre o peito do morto. Inversamente, os clérigos consideram "indecente e indigno" o método que os habitantes, e sobretudo os "jovens" que vencem seu terror, empregam: alguns deles (até dez) dirigem-se ao cemitério, desenterram o cadáver, fazem-no em pedaços e queimam tudo em uma fogueira fora da aldeia. Antes, um deles retirou o coração, pois sua presença impediria o cadáver de queimar. No último relato, vêem-se mesmo os jovens adiantar-se ao clero, a tal ponto duvidam da eficácia dos métodos mais brandos que este propõe. Embora ele próprio seja cônego, Guillaume de Newburg não pronuncia nenhum julgamento negativo sobre os métodos expeditos dos habitantes: como autor ávido por *mirabilia*, contenta-se em descrevê-los com espanto e admite que devolveram à aldeia noites tranqüilas e ar puro.

OS "CLÉRIGOS DE CORTE"

Os relatos maravilhosos são apreciados sobretudo pelos "clérigos de corte". Os mais importantes — Gautier Map, Giraud de Cambrie, Gervais de Tilbury — fizeram parte, em certo momento pelo menos, do círculo do rei Henrique II Plantageneta e de seus filhos.[12] Eles não são monges, mas clérigos seculares dotados de graus escolares ou universitários e de algumas prebendas. Nenhum chega às mais altas funções da hierarquia eclesiástica. Devem sua posição social à benevolência do príncipe a quem servem, não à autoridade da Igreja. Gautier Map é de origem galesa, nascido em 1130-35 do lado inglês do Wye, ao sul de

Hereford. Depois de ter estudado em Paris, entra para o serviço do bispo dessa diocese, Gérard Foliot, e depois para o do rei Henrique II, desde por volta de 1170. Arcediago de Oxford, cônego de Saint Paul de Londres, ele serve mais particularmente ao príncipe herdeiro Henrique. Mas este morre em 1183, e o rei se extingue por sua vez em 1189, reduzindo a nada suas ambições. Assim como seu compatriota Giraud de Cambrie, não chegará a ocupar a sé episcopal galesa de Saint David. Morre em 1209-10, tendo atingido uma longevidade excepcional para a época. Seu *De nugis curialium*, "Das facécias dos cortesãos", sem dúvida escrito por volta de 1181-82,[13] não nos chegou em seu plano original, supondo que houvesse um. A obra não se classifica em um gênero literário bem definido: assemelha-se à coletânea de *mirabilia*, enquanto parece parodiar o gênero dos Espelhos do príncipe. É uma sátira da corte, das ordens religiosas (em particular, dos cistercienses), da sociedade da época, que usa uma multidão de fábulas e de relatos maravilhosos tirados ora da cultura clássica (o autor pretende imitar Valério Máximo e cita abundantemente Horácio e Ovídio), ora das tradições orais locais.[14] Ele consagra, assim, vários capítulos às aparições de seres "fantásticos", às quais dá uma interpretação em termos diabólicos: "*fantasma* vem de *fantasia*, isto é, uma dessas aparições passageiras que os demônios produzem com a autorização de Deus, inocentemente ou para prejudicar".[15] Por exemplo, em um torneio surge um cavaleiro misterioso que durante um dia inteiro abate todos os adversários que enfrenta. Mas, quando é enfim morto e despojado de suas armas, ninguém o reconhece. No mais das vezes, essas aparições referem-se a fadas que, semelhantes a Melusina, são desposadas por mortais a quem dão uma abundante progenitura antes de desaparecer. Nesse conjunto classifica-se a história dos "filhos da morta". Seu marido acabava de enterrá-la quando a avistou dançando com outras mulheres. Afasta-a da ronda, une-se a ela e dela tem numerosos filhos, cujos descendentes vivem ainda à época de Gautier Map: a coisa seria inacreditável, escreve ele, se hoje ainda os "filhos da morta" não fornecessem a prova viva da verdade desse fato. Na língua desse autor e de seus contemporâneos, o adjetivo *fantástico* corresponde apenas parcialmente ao que essa palavra evoca para nós quando falamos, por exemplo, de literatura ou de cinema "fantásticos". A força destes últimos consiste na irrupção do sobrenatural no curso cotidiano das coisas. Na Idade Média também, a palavra exprime a intensificação máxima do maravilhoso. Mas, diferentemente de *mirabilia*, *fantasticus* permanece marcado por um julgamento de valor, já que sobre ele pesa a velha suspeita da ilusão diabólica de que os sonhos são o principal instrumento.[16]

Quanto a Giraud de Cambrie (ou de Barri) (1146-1223), nasceu de pai normando e mãe galesa.[17] Portanto, também ele é originário das margens do reino da Inglaterra e do País de Gales. Seu tio materno David Fitz Gerald, que se tornou bispo de Saint David, manda-o estudar em Paris. De volta ao País de Gales, ele se torna arcediago de Brecon e desde então espera ardentemente suceder a seu tio na posição de arcebispo. Sua ambição sempre frustrada (em 1176, em 1198, em 1215) obseda seus sonhos e compõe a trama de seus escritos autobiográficos (*De rebus a se gestis* em 1208, *De invectionibus* em 1216). Ele escreve mais de dez outras obras, sempre estreitamente ligadas a sua experiência vivida. Estando a serviço dos príncipes Henri e depois Jean, em 1185 visita a Irlanda, que descreve na *Topographia Hibernica*, dedicada a Henrique II, e cuja conquista de 1169 ele narra na *Expugnacio Hibernica*, dedicada a Ricardo Coração de Leão. Quando da pregação da cruzada, ele acompanha em 1188 o arcebispo de Canterbury ao País de Gales: dessa viagem são oriundos o *Itinerarium Kambriae* (1191) e a *Descriptio Kambriae* (1194). Em nenhuma dessas obras ele trata sistematicamente das aparições dos mortos. Mas as regiões que conhece não ignoram nada dos fantasmas. Em sua narrativa da conquista da Irlanda, Giraud fica tão impressionado com a propensão dos habitantes para falar de suas visões e de seus sonhos que decide inserir em seu relato um pequeno dossiê sobre a questão. Vêm em primeiro lugar algumas referências antigas obrigatórias: Valério Máximo conta que um grego viu em sonho seu amigo, que fora morto por um estalajadeiro e vinha pedir-lhe que vingasse sua morte; tendo o poeta Simônides sepultado um afogado, o morto apareceu-lhe em sonho para adverti-lo do perigo que haveria para ele em fazer-se ao mar no dia seguinte. Mas Giraud pretende dar sobretudo exemplos recentes: na véspera de um choque militar por ocasião da conquista da Irlanda, seu meio-irmão Gautier de Barri vê em sonho sua falecida madrasta (a própria mãe de Giraud), que o dissuade de pôr-se a caminho. Ele conta seu sonho ao pai, que o aconselha a seguir o aviso de sua falecida esposa; mas Gautier não leva em conta esse sonho "verdadeiro" e, no mesmo dia, é morto em combate. Em outros casos, porém, os sonhos são enganadores e é preferível não crer neles.[18] No *De invectionibus*, Giraud reúne nada menos que 31 visões oníricas, todas referentes a ele, seja porque ele próprio tenha sonhado, seja porque outros tenham sonhado com ele: em todos os casos, encontra nessas visões a confirmação de sua excelência moral, o que o fortalece em seu desejo de fazer carreira. Assim, a propósito de um fantasma que aparece em sonho a um cônego de Saint David: é um monge defunto cuja condição no além é lamentável, mas que diz consolar-se com a idéia de que a situação de Giraud logo vai melhorar. Desde que esse sonho lhe é relatado, Giraud o interpreta sem sombra de hesitação: é sua carreira que vai melhorar, ele se tornará arcebispo![19]

Gervais de Tilbury pertenceu também ao círculo dos clérigos curiosos de tudo de que se cercara Henri, o Jovem. Ele dedicou mesmo ao príncipe um *Liber facetiarum*, muito próximo, sem dúvida, do *De nugis curialium* de Gautier Map.[20] Mas sua formação é antes jurídica e, portanto, italiana: é em Bolonha que ele estuda os direitos civil e canônico. Depois da morte de seu primeiro protetor em 1183, entra para o serviço do sobrinho do rei da Inglaterra, o imperador Oto IV de Brunswick, que ele representa enquanto marechal do reino de Arles. Foi também juiz na Sicília e juiz superior do conde da Provença. Em 1211, dedica ao imperador os *Otia imperialia*, os "ócios imperiais", uma suma de *mirabilia* (relatos de aparições, legendas, curiosidades da natureza) coletados durante suas viagens no reino anglo-normando e depois na Provença, nos Pireneus, nos Alpes e na Itália. O maravilhoso topográfico desempenha em toda a obra um papel essencial e refere-se especialmente aos mortos: perto de Arles, os corpos sepultados nos Aliscamps têm o privilégio de não dar ensejo às "ilusões diabólicas";[21] em Pozzuoli, na Campânia, o bispo ora durante um ano para livrar uma alma do purgatório, que está situado provavelmente no Vesúvio bem próximo.[22] Algumas aparições singulares de defuntos prendem também a atenção de Gervais de Tilbury, como a história "do morto que matou sua viúva".[23] No condado de Arles, o cavaleiro Guillaume de Mostiers fizera sua mulher jurar, sob pena de morte, não desposar nenhum outro homem se ele viesse a desaparecer. Enviuvando, ela respeita sua promessa durante vários anos, depois cede à pressão dos amigos que lhe asseguram que "um morto não tem o poder de causar dano". Na volta da igreja onde o segundo casamento foi abençoado, as mulheres, sentadas, formam círculo em torno dela. Mas, de súbito, ela grita: "Como sou miserável! Violei o juramento de meu casamento e eis meu marido que vai me matar com o almofariz". O morto aparece apenas a ela, mas todos vêem o almofariz que uma mão invisível ergue, depois abate sobre a cabeça da mulher, fazendo-lhe saltar os miolos. Para Gervais, o traço maravilhoso desse relato reside essencialmente na imagem do almofariz que parece mover-se por si só no ar, enquanto o grito da mulher atesta que o morto está bem ali. Mas o caráter normativo do relato e o instrumento do castigo não são menos importantes: o morto (mais rigorista que a Igreja da época) toma posição contra o segundo casamento das viúvas e, para fazer respeitar essa proibição, utiliza um instrumento de cozinha, um almofariz, como uma arma de morte.[24] O charivari também, a partir do começo do século XIV, denunciará ruidosamente os segundos casamentos pelo alarido de panelas e frigideiras, instrumentos de cozinha desviados de sua função.

O FANTASMA DE BEAUCAIRE

O mais longo dos relatos "maravilhosos" compilados por Gervais de Tilbury relata as aparições repetidas de um rapaz defunto à sua jovem prima, em Beaucaire, entre o mês de julho e 29 de setembro de 1211.[25] O fato é muito recente e provocou grande rumor: o marechal da corte imperial do reino de Arles tomou conhecimento dele imediatamente e implica-se mesmo pessoalmente nas conversas com o morto. Ele pretende, com seu longo relato, reduzir ao silêncio os que duvidam que os mortos possam voltar para fazer revelações aos vivos. Não havia portanto, nesse domínio, crença unânime. O autor deseja também fazer confirmar pela voz do morto a fé em geral e, mais particularmente, as representações cristãs do além. O relato tende, assim, para a lição de teologia e também para a profecia política. De fato, Gervais de Tilbury previne seu imperial leitor, Oto IV, de que lhe dirige, ao mesmo tempo que essa exposição pública das aparições do morto, um relatório secreto sobre as revelações que lhe dizem respeito mais diretamente. Embora esse segundo texto não tenha sido encontrado (se algum dia existiu), essa menção de revelações secretas destinadas apenas ao soberano dá testemunho, desde o começo do século XIII, da parte importante ocupada, na ideologia do Estado nascente, pelo oculto, a astrologia e a profecia política.[26]

O morto chamava-se Guillaume. Era um rapaz de boa família de Apt, exilado em Beaucaire, na casa do tio, em razão de violências cometidas em sua cidade de origem. Em Beaucaire, ele sucumbe depois de uma rixa. Essa morte violenta e prematura o predispunha a tornar-se um fantasma. Mas ele morreu como perfeito cristão, munido dos sacramentos da Igreja (penitência e extrema-unção) e depois de ter perdoado seu assassino. Suas aparições começam de três a cinco dias depois de sua morte, e a pessoa beneficiada é sua jovem prima, uma virgem de onze anos. Esse privilégio da menina explica-se pelo amor intenso e casto dos jovens. Segundo um topos de muitos relatos de aparições, ela pedira ao agonizante que lhe aparecesse se pudesse, depois da morte, a fim de informá-la de seu estado no além. Portanto, sua aparição é esperada, e a menina vela à noite em seu quarto, com a lâmpada acesa, quando seu primo defunto se manifesta a ela visivelmente, seminu e coberto de andrajos. Ela sente medo, mas ele a tranqüiliza e entabula o diálogo. No quarto vizinho, os pais da menina ouvem apenas as palavras desta e, chegando inquietos à soleira, fazendo o sinal-da-cruz, não podem ver o morto, que se despede imediatamente da prima.

Sete dias mais tarde, ele lhe aparece novamente enquanto os parentes foram orar por ele no mosteiro de Saint-Michel-de-Frigolet. Ele começa a sentir os primeiros efeitos benéficos desse ato piedoso, embora ainda esteja acompanhado de um diabo chifrudo que a jovem afugenta com água benta.

Em alguns dias, o rumor das aparições espalha-se, e os vizinhos acorrem. Daí em diante, a jovem vai ser utilizada como médium por outras pessoas desejosas de interrogar o morto por seu intermédio. É em primeiro lugar um leigo, amigo do próprio Gervais, um cavaleiro de Saint-Gilles: ele põe o espírito à prova, verificando se tem conhecimento do gesto de caridade que ele acaba de fazer secretamente em benefício de um pobre.

A segunda pessoa é um clérigo. Tais aparições, que põem em comoção todo um bairro e depois uma cidade, não permanecem muito tempo apanágio dos leigos. O clero não tarda em apoderar-se delas. Por intermédio da jovem, o prior de Tarascon enche o morto de perguntas, mas sem o ver (na verdade, por pouco não lhe pisa o pé!). O morto, segundo sua prima, está agora acompanhado de são Miguel e vestido com seus antigos trajes, depois que sua tia os deu aos pobres. Queixa-se ainda do sofrimento que lhe causa um cinturão de fogo, mas o sofrimento tem fim quando o cinto que ele tomara emprestado de um cidadão de Apt é restituído a seu proprietário. Mais uma vez são afirmadas, portanto, a equivalência simbólica e numérica entre as boas ações realizadas na terra pelo morto e as penas reduzidas no além, e também a estreita correspondência entre os objetos materiais (trajes, cinto) e seus duplos imaginários (os trajes e o cinturão do morto).

Nos dias seguintes, a jovem continua a dialogar com o morto por conta do prior e, depois, de letrados que não são nomeados. Um limiar é transposto quando um padre "letrado, bom religioso e temente a Deus" obtém do morto poder falar-lhe sem intermediário: o debate eleva-se então até os "arcanos do desígnio divino", em uma seqüência contínua de breves perguntas e respostas que formam uma espécie de *inquisitio* da qual Gervais de Tilbury, que escreve o ditado do padre, é o escrivão. Mais tarde, o bispo Guillaume de Orange em pessoa, não podendo locomover-se, envia por um mensageiro todo um questionário cujo teor o morto adivinha antecipadamente.

O essencial das revelações do fantasma refere-se ao futuro das almas depois da morte. A título de comparação ou de confirmação, mais de uma vez é feita referência aos *Diálogos* de Gregório, o Grande, mas sem nenhum servilismo. Sobre a delicada questão da morada dos condenados e dos eleitos entre a morte e o Juízo Final, Gervais de Tilbury, sem encontrar informações explícitas em Gregório, é antes da opinião de seguir as revelações do morto que, sobre essa questão, "sabe mais por experiência".

O defunto confirma em primeiro lugar o horror da morte. A própria palavra lhe é insuportável e o espírito conjura a jovem a falar dela apenas por eufemismo, empregando a palavra "trespasse". Desde antes da eflorescência do macabro e do horror da morte, está claro que a "morte domesticada" de que falou Philippe Ariès conhece limites. O morto recorda as angústias de seu trespasse: viu os anjos bons e os anjos maus disputar sua alma até que os primeiros vencessem. Esse combate faz as vezes, então, de julgamento particular da alma, sem que seja mencionada uma intervenção do Cristo nem mesmo da Virgem. Depois do trespasse, a alma vagueia durante quatro ou cinco dias: é mais ou menos o tempo que o fantasma precisou antes de aparecer à prima. Portanto, reencontramos aqui a vagueação das almas que será atestada também pelos mensageiros das almas de Montaillou e que se opõe à idéia de uma entrada imediata no purgatório. Mas, em Beaucaire, essa vagueação dura apenas alguns dias e não até o Todos os Santos seguinte. O além descrito pelo morto de Beaucaire apresenta ainda outros traços singulares.

Ao fim de alguns dias, as almas dos que não são nem santos nem condenados vão para o purgatório, designado, assim, desde o começo do século XIII, por um substantivo. Esse purgatório é aéreo, o que pode corresponder a uma das localizações por vezes alegada do purgatório, mas que o designa sobretudo, na lógica desse relato particular, como um lugar provisório. O morto menciona, com efeito, dois outros lugares provisórios aéreos: para os condenados, um inferno "aéreo", prelúdio ao inferno subterrâneo que se seguirá ao Juízo Final. Para os justos, o Seio de Abraão, concebido como um pré-paraíso aéreo que anuncia o "paraíso judicial", depois do Juízo Final, quando os santos terão reencontrado seu corpo glorioso e adquirido uma completa visão de Deus.

Por vários traços, essa cosmologia do além-túmulo distingue-se daquela que a Igreja então tenta impor. Não há três lugares principais do além, mas cinco. A idéia de uma espécie de purgatório dos santos e de um acesso progressivo, mesmo para eles, à Visão Beatífica, será reencontrada nos grandes debates que agitarão, um século mais tarde, na mesma região, a corte pontifícia de Avignon. Mas é verdade que as palavras do morto de Beaucaire não tomam a forma de uma doutrina que se pretenderia definitiva. O fantasma não é avaro de aproximações, já que afirma ora que o purgatório é distante do paraíso, ora que é próximo tanto do paraíso como do inferno.

Falando de sua própria experiência, ele descreve sobretudo a condição das almas no purgatório aéreo. Esse "lugar" está sujeito a um tempo análogo ao tempo terrestre, com uma alternância de dias e de noites (mas ali as noites são menos escuras que na terra), e, para as almas penadas, um repouso sabático, entre a noite do sábado e a noite do domingo. Uma vez por ano, o dia de São Miguel (30 de setembro) é igualmente dia de repouso. O nome de são Miguel não designa um anjo particular, mas uma função de proteção das almas penadas: a cada uma, seu "são Miguel". O do defunto Guillaume sopra-lhe as respostas que ele deve dar à prima ou ao padre. De acordo com os *Diálogos* de Gregório, o Grande, o fogo purgatório é um fogo corporal, embora o corpo que o padece seja incorporal. O fantasma não tem um verdadeiro corpo, mas apenas — e reconhece-se aqui a influência agostiniana — uma "imagem de corpo" (*effigiem corporis*), ainda que não seja desprovido de toda sensibilidade à ação dos corpos: ele não pode suportar o peso da estola que o padre tenta colocar-lhe nos ombros.

No purgatório, as almas experimentam um alívio progressivo, apressado pelas preces, esmolas, missas dos vivos e também pela aspersão de água benta. Como se viu, as transformações da aparência do fantasma ao longo de suas aparições são os indícios da melhora de sua condição sob o efeito dos sufrágios.

O fantasma insiste muito em suas faculdades sobre-humanas de visão, ou mesmo de previsão. As almas vêem tudo o que se faz na terra (o fantasma viu o prior entrar na cidade de Beaucaire e beber com o mestre-escola). Elas sondam mesmo o coração dos vivos (mas Guillaume recusa-se a revelar ao prior os segredos de sua prima). Prevêem os acontecimentos futuros (assim, o morto pode, por intermédio da prima, prevenir seu tio e seu primo do atentado que seus inimigos tramam contra eles em Avignon). Observam a chegada das almas dos trespassados (mas não os reconhecem, a menos que tenham conhecido essas pessoas na terra). Vêem-se umas às outras no purgatório aéreo, mas se reconhecem apenas com a condição de se ter conhecido já na terra. Assistem às provações das almas condenadas e à felicidade dos bem-aventurados, cujos cantos à glória de Deus acompanham. Não são privadas da visão de Deus e da Virgem, mas apenas os verão com toda a clareza uma vez saídas do purgatório ou depois do Juízo Final.

O fantasma mantém-se muito perto dos vivos, no mais das vezes à revelia deles. Mas, com a força da autorização divina, ele pode aparecer simultaneamente em dois lugares e de modos diferentes. Um dia, visita em sonho e acorda o padre que faz a sesta de um lado do Rhône, no momento mesmo em que, em Beaucaire, aparece à sua prima desperta para adverti-la de que o padre, que ele diz ter mandado avisar por um outro espírito, chegará atrasado. De fato, foi ele próprio quem apareceu simultaneamente em dois lugares distintos, mas esconde isso de sua prima para não denunciar o padre que adormecera...

Ele não se contenta em revelar os mistérios do além. Ainda que diga falar das coisas espirituais de preferência às coisas corporais, faz julgamentos sobre a sociedade dos vivos. Sob suas palavras manifesta-se a ordem moral quando previne a prima, de quem reivindica um amor exclusivo, de que deixará de lhe aparecer se ela perder a virgindade. O rasgo exprime o valor carismático que o folclore atribui à virgindade das moças. Talvez tenha também uma ressonância afetiva mais profunda, exprimindo, pela voz do morto, o voto secreto da jovem de permanecer fiel àquele que fez nascer nela as primeiras comoções do amor.

Como julgar o conjunto do documento à luz das crenças e das doutrinas da Igreja da época? Henri Bresc vê despontar a heresia quando o fantasma diz que a estola do padre é "o laço do diabo" (*vinculum diaboli*).[27] Mas a expressão não assimila o padre ao diabo (o que seria sacrilégio); ela significa, ao contrário, que o padre tem o poder de atar o diabo com sua estola. O fantasma é, de resto, de uma ortodoxia irrepreensível: quando o padre lhe pergunta o que pensa da perseguição (exatamente contemporânea e bastante próxima no espaço) dos albigenses, ele responde que nada poderia agradar mais a Deus e que as chamas das fogueiras não são nada ao lado das que esperam os heréticos no inferno.[28] Ele próprio expõe uma concepção generosa do culto dos santos, dos ex-votos, dos anjos da guarda, do uso apotropaico das cruzes de madeira e da água benta guardada nas casas: descreve com grande luxo de detalhes práticas e objetos que os historiadores da "religião popular" não encontram freqüentemente atestados senão em épocas posteriores. Mais original é o que ele diz dos santos padroeiros que assistem cada cristão individualmente: como parece não haver laço privilegiado entre o santo padroeiro e o nome de cada indivíduo (que parece antes escolhido entre os santos locais), o fantasma recomenda que cada um descubra a identidade de seu celeste padroeiro, a fim de poder granjear seus favores; a seu tio e a seu primo, manda dizer que se dirijam respectivamente a são Guilherme e a são Bénézet (o construtor da ponte de Avignon).

O relato de Gervais de Tilbury apresenta, sob a forma de um interrogatório cerrado, uma pequena ocorrência familiar que se transformou, ao sabor de um rumor que cresce, em um acontecimento social. Ele unifica em um mesmo discurso a apresentação de práticas e de crenças heterogêneas, mas não contraditórias: algumas têm uma origem evidentemente letrada, como a referência explícita a Gregório, o Grande, ou à idéia de uma Visão Beatífica gradual, outras parecem "populares", como o valor conferido à virgindade das moças e a noção da vagueação das almas. Noções que a Igreja, entre o século XIII e o século XIV, vai aplicar-se em rejeitar. Uma grande parte do interesse desse relato reside nas hesitações das palavras do fantasma, especialmente quando se trata para ele de situar o purgatório: talvez elas traiam discordâncias entre níveis de cultura, porém mais ainda, sem dúvida, a maleabilidade persistente de representações diversas, inclusive entre os letrados (a começar por Gervais de Tilbury), no começo do século XIII. No entanto, o essencial reside no papel da menina de onze anos. Não há motivo para duvidar da veracidade de sua experiência, ainda que ela nos seja relatada por um letrado e em latim. Mas o relato de Gervais diz bastante sobre o traumatismo da menina perturbada pela perda súbita do jovem primo que ela amava e a quem, provavelmente, fizera juramento. Em sua desorientação, ela prossegue com ele o diálogo que a morte brutal e sangrenta interrompeu. Mas, nessa sociedade, a morte não poderia permanecer um assunto "privado": imediatamente o rumor público apodera-se dela e os papéis preestabelecidos são espontaneamente distribuídos. Eis a criança investida da função de médium, e seus vaticínios, de início reservados ao círculo dos vizinhos, logo são recolhidos e explorados pelos clérigos. Um destes últimos chega mesmo a substituí-la para traduzir sob uma forma adequada as verdades de além-túmulo. Durante todo esse tempo, Gervais de Tilbury fica à escuta, seduzido pelo prodígio e ávido de previsões do futuro, que se empenha em comunicar a seu patrão, o imperador.

Assim, o maravilhoso folclórico pode transmutar-se em um maravilhoso político, e o relato vai ao encontro de uma outra tradição, a das revelações destinadas aos soberanos deste mundo, os reis, o imperador, o papa. Visões do além, profecias, aparições do Cristo ou dos anjos desempenhavam, nesse domínio, os primeiros papéis. No fim da Idade Média, os fantasmas também foram cada vez mais escutados.

5

O BANDO HELLEQUIN

Os relatos de *mirabilia* não se referem apenas às aparições de fantasmas individuais. Seu interesse reside mais ainda no lugar que concedem às tradições folclóricas relativas à tropa dos mortos. Com efeito, é no século XII que aparece nesses textos, pela primeira vez, o nome do bando Hellequin, atestado sob formas diversas até nossos dias. Sua mais antiga menção é devida ao monge anglo-normando Orderic Vital (1075-1142).

O TESTEMUNHO DE ORDERIC VITAL

Orderic era filho de um clérigo originário de Orléans, mas que entrara a serviço de um nobre normando estabelecido, depois da conquista da Inglaterra na Murcia, nos limites do País de Gales. É lá que ele nasce e passa sua primeira infância. Quando tem dez anos, seu pai, que conservou laços com a Normandia, envia-o como oblato à abadia de Saint-Évroult, na diocese de Lisieux, onde passará o resto de sua existência. Na época de Orderic, a abadia é um elo importante da reforma monástica na Normandia, sob a influência da abadia de Fécamp (reformada por Guillaume de Volpiano) e de Cluny: em 1132, o próprio Orderic é enviado a Cluny, sob o abadado de Pierre, o Venerável.[1] Saint-Évroult luta então por sua independência contra os dois poderes que a ameaçam: o bispo de Lisieux e os senhores da vizinhança, em particular o temível sire Robert de Bellême.

É em Saint-Évroult que Orderic empreende escrever os treze livros de sua *História eclesiástica*, que é uma monumental história dos normandos. No espírito de seu autor, ela devia ser para os normandos o que a *História eclesiástica* de Beda era para os ingleses.[2] Orderic compilou documentos escritos, mas, desde o terceiro livro, recolhe sobretudo testemunhos orais contemporâneos. Seus informadores são monges de Saint-Évroult, mas também nobres e cavaleiros da região, que ele considera como os mais aptos a lhe falar das conquistas, dos cercos, das batalhas, das alianças e das sucessões que compõem a trama de seu relato.[3] Na história dos normandos, o primeiro papel não cabe ao duque e aos nobres? Ele recorre também às suas lembranças pessoais.[4] Escreve a maior parte de sua obra entre 1123 e 1137, e o essencial do livro VIII, que nos interessa mais imediatamente, entre 1133 e 1135.[5]

No capítulo XVI desse livro e ainda no começo do capítulo XVIII, Orderic estende-se sobre as más ações de Robert de Bellême, cerca de 45 anos antes. Era um triste sire — "nequissimus", "pessimus", diz Orderic — cuja crueldade só era comparável à de sua mãe Mabel (ela mandou assassinar seus prisioneiros). Robert de Bellême era inimigo figadal do protetor de Saint-Évroult, Hugues de Grandmesnil, que ele sitiou em Courcy, em 1091. É nesse contexto que se menciona, no mesmo ano e na mesma região, a aparição do bando Hellequin.[6]

Orderic ouve o relato da própria boca da testemunha, um jovem padre, chamado Walchelin, pároco da igreja de Bonneval, que pertencia a Saint-Aubin de Angers. Na noite de 1º de janeiro de 1091, ele voltava de uma visita feita a um doente de sua paróquia quando, sozinho e longe de qualquer habitação, ouviu o fragor de um "exército imenso", que tomou pelo de Robert de Bellême a caminho do cerco de Courcy. A noite estava clara, o padre era jovem, corajoso e robusto: abrigou-se entre quatro nespereiras, disposto a defender-se, se necessário. Nesse instante, apareceu-lhe um gigante armado de um porrete, que lhe ordenou permanecer onde estava para assistir ao desfile do "exército" (*exercitus*), por vagas sucessivas.

O primeiro grupo é o mais díspar. Forma uma "imensa tropa de infantes", com bestas de carga carregadas de vestimentas e de utensílios diversos, como se se tratasse de salteadores vergados sob o peso de seu butim. Eles apressam o passo, gemendo, e entre eles o padre reconhece vizinhos recém-falecidos. Segue-se um bando de coveiros (*turma vespillionum*), ao qual se junta o gigante; eles carregam dois a dois umas cinqüenta padiolas transportando anões cuja cabeça é desmedidamente grande ou reveste-se da forma de um pote (*dolium*). Dois etíopes —

demônios negros — carregam um tronco de árvore no qual está atado e é torturado um infeliz que urra de dor; um demônio terrificante, sentado sobre o tronco, fere-o nas costas, golpeando-o com suas esporas incandescentes. Walchelin reconhece o infeliz: foi ele que, dois anos antes, matou o padre Étienne e depois morreu sem ter expiado seu crime. Segue-se uma multidão de mulheres a cavalo, sentadas de lado em selas providas de pregos ardentes; sem cessar o vento as ergue à altura de um côvado, depois as deixa cair de novo dolorosamente sobre suas selas; seus seios estão varados de pregos incandescentes que as fazem gritar, confessando suas faltas. Essas mulheres, entre as quais Walchelin reconhece várias nobres, viveram na libertinagem e no fausto.

O padre, terrificado, vê em seguida um "exército de clérigos e de monges", conduzidos por bispos e abades empunhando seu bastão episcopal. Os seculares estão vestidos com uma capa negra, os regulares com uma cogula negra. Lamentam-se e suplicam a Walchelin, que chamam pelo nome, que ore por eles. O padre espanta-se de encontrar ali homens que tivera em grande estima antes de sua morte: especialmente o bispo Hugues de Lisieux (morto em 1077), os abades Mainer de Saint-Évroult (morto em 1089) e Gerbert de Saint-Wandrille. Mas só Deus pode sondar os corações e decidir submeter os pecadores "às diversas purificações do fogo purgatório".

Mais terrível ainda é o grupo seguinte, que justifica a descrição mais longa e mais precisa: é o "exército de cavaleiros" (*exercitus militum*), todo negro e cuspindo fogo. Em cavalos imensos, eles se apressam, munidos de toda espécie de armas e de estandartes negros, como para ir à guerra. O padre reconhece, entre outros, Richard de Bienfaite e Baudoin de Meules, os filhos do conde Gilbert de Brionne, ambos mortos "recentemente", e sobretudo Landry, "visconde e advogado" de Orbec, morto naquele ano, que apostrofa Walchelin para o encarregar de uma missão perante a sua mulher. Mas os outros lhe dizem para não escutar esse mentiroso, um *parvenu* corrompido e sem piedade.

Quando vários milhares de cavaleiros passaram, Walchelin se dá conta de que se trata, sem nenhuma dúvida, do bando Hellequin (*familia Herlechini*): ele já ouvira dizer que muitas pessoas o haviam visto, mas não acreditara em seus informadores e até mesmo zombara deles. Receia, por sua vez, que não creiam nele, se não levar uma prova certa (*certum specimen*) de sua visão. Por isso, decide capturar um dos cavalos negros que passam sem cavaleiro. O primeiro lhe escapa. Ele barra o caminho do segundo, que pára como para o deixar montar e exala pelas ventas uma nuvem de fogo do tamanho de um carvalho. O padre introduz o pé no estribo e segura as rédeas, mas sente imediatamente uma intensa queimadura no pé e um frio indizível na mão. Tem de soltar o animal quando quatro cavaleiros surgem, acusam-no de tentar roubar seu bem e lhe ordenam que os acompanhe. Mas o quarto cavaleiro interpõe-se: quer confiar-lhe uma mensagem para sua mulher e seus filhos. Walchelin responde que não o conhece. O cavaleiro apresenta-se: é Guillaume de Glos, filho do falecido Barnon de Glos, ex-escudeiro de Guillaume de Breteuil e de seu pai, o conde Guillaume de Hereford. Seu principal crime é a usura; adquiriu fraudulentamente e legou a seus herdeiros um moinho retido como penhor de um empréstimo que sabia que não poderia ser pago. Como castigo, traz na boca o ferro desse moinho, ardente e "mais pesado que a torre de Rouen". Walchelin deve ir dizer à sua mulher Béatrice e a seu filho Roger que o socorram e restituam o moinho aos herdeiros legítimos. Mas o padre recusa-se a reconhecer o morto. Guillaume de Glos está morto, diz ele; se contar a seus filhos e à sua viúva que viu seu pai e esposo, não o tomarão por louco? O morto enumera então os "sinais" que acabam por convencer o padre, que escuta a mensagem que deve transmitir. Mas Walchelin se recompõe. Não quer fazer-se o mensageiro de um criminoso. Tomado de fúria, o outro o agarra pela garganta com uma mão ardente que deixará ali uma marca indelével, o *signum* da autenticidade da aparição. Solta-o quando o padre invoca a mãe de Deus e porque um novo cavaleiro interpõe-se de espada erguida e acusa os quatro outros de querer matar seu irmão.

O recém-chegado declina sua identidade: é o próprio irmão de Walchelin, Robert, filho de Rodolphe, o Loiro. Em apoio de suas palavras, recorda a Walchelin, à guisa de *signa*, lembranças da infância deles. O padre se lembra muito bem, mas não o confessa. Seu irmão o acusa de ingratidão: depois da morte de seus pais, não foi ele quem lhe permitiu ir estudar na França? Walchelin irrompe em soluços e aceita, enfim, reconhecer seu irmão. Este lhe confirma que, por ter tentado subtrair os bens dos mortos (*res nostras*) — o que ninguém ainda ousara tentar —, ele devia partilhar suas penas. Mas porque cantou a missa naquele dia mesmo, será salvo. O castigo do morto consiste em carregar armas ardentes e muito pesadas. Ele diz a Walchelin que, no dia em que foi ordenado padre e disse sua primeira missa, na Inglaterra, seu falecido pai Raoul foi libertado de seus suplícios. Ele próprio foi igualmente desembaraçado do escudo que o torturava. Traz ainda sua espada incandescente, mas espera ser livrado dela naquele ano. A seu irmão, que lhe pergunta por que suas esporas estão rodeadas por uma massa de sangue coagulado, o cavaleiro responde que não é sangue, mas fogo, que lhe parece "mais pesado que o monte Saint-Michel" e o pune pela pressa com que derramava sangue em vida. Enfim, obrigado a encerrar sua conversa para juntar-se ao exército dos mortos, ele adjura seu irmão a guardar memória dele e socorrê-lo com preces e esmolas, a fim de assegurar sua libertação no ano que se seguirá ao próximo Domingo de Ramos.[7] O próprio Walchelin deve emendar-se, pois morrerá antes que se passe muito tempo. Durante três dias, não deverá contar a ninguém o que viu e ouviu. A estas últimas palavras, o cavaleiro desaparece.

Durante uma semana, o padre esteve gravemente doente. Quando ia melhor, fez seu relato ao bispo Gilbert de Lisieux, que cuidou dele com suas próprias mãos. Ele viveu ainda uns quinze anos, o que permite a Orderic Vital interrogá-lo e ver a horrível queimadura deixada pela mão do cavaleiro morto. Orderic diz ter transcrito fielmente suas palavras para a edificação de seus leitores. Em seguida, retoma, onde o deixara, o relato do cerco de Courcy.

Esse primeiro testemunho escrito sobre o bando Hellequin pode prestar-se a inúmeros comentários.[8] Sua inserção na crônica de Orderic convida a ver aí um desses *mirabilia* de que eram ávidos os clérigos anglo-normandos. O próprio nome de "bando Hellequin", o detalhe das quatro nespereiras,[9] o papel do jovem padre como "mensageiro das almas" desenham o conteúdo folclórico do documento. Mas esse texto é antes de tudo um produto da cultura erudita: por seu autor e sua língua, pela enumeração clássica das torturas infernais que são reencontradas no tímpano de Conques e também por sua estrutura narrativa, cuja coerência não me parece ter sido salientada, embora reforce seu alcance ideológico. É notável, com efeito, que o conjunto do desfile dos mortos componha-se de três grandes conjuntos que se podem facilmente relacionar ao esquema trifuncional da sociedade, definido pelos clérigos do norte da França desde o fim do século X.[10] Mas não é menos notável que as "três ordens" aí constituam objeto de um tratamento desigual tanto pela amplitude da descrição quanto pela atitude de Walchelin com relação aos diferentes tipos de mortos.

O primeiro grupo é o mais heteróclito. São os mortos que fazem parte da terceira função: a tropa (*turba*, *turma*, *cohors*, *agmen*) das gentes ordinárias que vão a pé, simples vizinhos anônimos e mulheres (ainda que nobres), todos apegados aos bens materiais (a ponto de os roubar), aos prazeres da carne, aos objetos utilitários da vida cotidiana (bagagens, utensílios, potes). Nenhuma forma de comunicação é esboçada entre esses mortos e Walchelin, que se contenta em reconhecer alguns deles.

Vem em seguida o grupo muito mais coerente, mas tratado de maneira mais breve, que corresponde à primeira ordem da sociedade: a dos monges e dos clérigos. Sua tropa (*agmen*), anônima com três exceções, oferece a imagem invertida e em negro da *turba* dos monges bem-aventurados e luminosos que aparece comumente no recinto dos mosteiros. Ainda que alguns desses mortos reconheçam e nomeiem Walchelin, este tampouco se comunica com eles.

É muito diferente com o "exército dos cavaleiros" (*exercitus militum*, *cohors*, *agmen*, *phalangis*). Ele é homogêneo socialmente (mesmo que um *parvenu* se tenha introduzido em suas fileiras) e pelos sinais (cavalos, armas, estandartes) emblemáticos de sua função na sociedade. É o único grupo qualificado de *exercitus*, palavra que, aliás, aparece apenas para designar o conjunto do cortejo dos mortos. Pode-se mesmo perguntar se a expressão *familia Herlechini* não se aplica de preferência a esse grupo, por analogia com a tropa guerreira de Robert de Bellême, ela também chamada *familia*, a "mesnie"* dos cavaleiros reunidos em torno de seu senhor. Em todo caso, é realmente esse grupo que prende a atenção privilegiada de Orderic Vital, que ao mesmo tempo insiste nos crimes e nos castigos dos cavaleiros e sublinha as condições de seu resgate. Walchelin comunica-se apenas com os cavaleiros mortos que se separam da tropa anônima. Mas o diálogo não se entabula sem dificuldade e o relato observa nesse ponto uma sutil gradação.

O visconde Landry desejaria encarregar Walchelin de uma missão. Mas este último, que não é de baixa extração e parece partilhar os preconceitos dos cavaleiros mortos com relação a esse *parvenu*, não responde a seus rogos.

(*) Palavra em francês antigo que significa "a grande família (os habitantes de uma casa e seus servidores)" ;" o séquito de um rei ou de um grande senhor"; "exército"; "bando" ou "tropa". É o termo usado para se referir ao bando Hellequin. (N. T.)

Guillaume de Glos não tem mais sorte, pois Walchelin multiplica as esquivas em relação a ele e, depois de ter aceito escutar seu pedido, rompe qualquer laço com ele.

O único cavaleiro com quem Walchelin acaba por comunicar-se é seu próprio irmão Robert. Os laços do sangue, o dever de uma compensação espiritual em troca dos serviços prestados por seu irmão em vida, a prova dada de que as missas livram os defuntos de seus tormentos autorizam uma relação de troca entre o morto e o vivo.

Vê-se, assim, a que ponto é dura a lição que Orderic Vital atribui a seu relato para "edificar" seus leitores: o inumerável cortejo dos mortos, no qual se adivinha que a maioria corre para um castigo definitivo (mas isso não é dito explicitamente), oferece, de acordo com o esquema das três ordens, uma tipologia social completa dos crimes e das penas, dos dois lados da morte. Mas, se são numerosos os mortos a implorar os sufrágios dos vivos, as condições nas quais os vivos podem responder-lhes eficazmente são bastante limitadas. A solidariedade do parentesco carnal parece dar a um único morto a esperança de ser socorrido: Walchelin é solicitado por seu irmão defunto enquanto padre, mas também e em primeiro lugar enquanto irmão, já que têm o mesmo pai.

Se a parte militar da tropa prende antes de tudo a atenção, é em razão da origem social dos dois principais protagonistas. De maneira mais geral, os outros testemunhos que se vão examinar mostram que a tropa dos mortos é, no mais das vezes, um *exército* dos mortos (*exercitus mortuorum*), uma espécie de duplo infernal do exército feudal. Aqui mesmo, o bando Hellequin faz eco ao triste destacamento do sire de Bellême. Descrito em detalhe pelo monge reformador Orderic Vital, o espetáculo fantástico dos castigos padecidos pelos cavaleiros rapinantes, salteadores e assassinos faz parte de todo o dispositivo instalado pela Igreja da época para impor a trégua de Deus e mesmo a paz de Deus.[11] Os cavaleiros malditos simbolizam uma selvageria que a Igreja aplica-se em conter, em canalizar, pelas instituições de paz, pela cruzada, pelas maldições e milagres,[12] pela explicitação da noção restritiva de "guerra justa" e, com a caução de são Bernardo, pelo alistamento na boa "milícia" das ordens militares. O fato de levar em conta a tradição do bando Hellequin não lança uma luz nova sobre o célebre *Elogio da nova cavalaria* (composto entre 1129 e 1136), em que Bernard de Clairvaux joga com a homofonia das palavras *militia* e *malitia*? Os cavaleiros do século descritos por ele, com seu *furor*, suas armas mortais, sua roupagem, suas insígnias, seu gosto pelas mulheres (das quais se aproximam por seus cabelos longos), assemelham-se, a ponto de confundir, aos fantasmas do bando Hellequin... Quer cometam um pecado mortal ao matar seu próximo quer sucumbam eles próprios no combate, estão na mira do diabo: não vão participar da cavalgada dos condenados? O único meio de se desvencilhar desses "criminosos e ímpios, raptores e sacrílegos, homicidas, perjuros, adúlteros" e de lhes permitir, ao mesmo tempo, obter a salvação, é alistá-los entre os cavaleiros do Templo, sujeitos à disciplina monástica, de cabelos curtos, sem mulher e sem os prazeres falaciosos da caça.[13] Como duvidar de que haja uma relação entre a multiplicação, no século XII, das menções ao exército furioso dos mortos e todas as medidas contemporâneas tomadas para frear a feudalidade e limitar suas guerras e suas rapinas?

ANTIGUIDADE DA CAÇA SELVAGEM?

A maior parte dos historiadores e dos folcloristas que acompanhou até o folclore contemporâneo a tradição do bando Hellequin e da Caça selvagem insistiu em sua longuíssima antiguidade. No caráter militar dessa aparição coletiva e no personagem mítico de seu chefe Hellequin, pretendeu-se encontrar uma sobrevivência da segunda função indo-européia ou mesmo o eco de associações juvenis e guerreiras (*Männerbünde*), que os antigos germanos teriam conhecido.[14] Não há nenhuma dúvida de que o nome de Hellequin (ou Herlequin ou Helething), que aparece primeiro na Normandia e depois na Inglaterra, seja de origem germânica e faça referência ao exército (*Heer*) e à assembléia dos homens livres (*thing*), dos únicos que usam armas.[15] Não há motivo para duvidar de que o escrito, no começo do século XII, registre apenas tardiamente tradições orais talvez muito mais antigas. Mas o que importa ao historiador não é tanto a antiguidade de uma tradição quanto a atualidade de seus usos. Tentar-se-á localizar os testemunhos mais antigos sobre o exército dos mortos, mas para mostrar seu pequeno número e seu caráter alusivo em comparação com a massa dos testemunhos muito mais precisos que se acumulam a partir do século XII. O que deve ser interpretado é antes de tudo a transformação da documentação, sinal de uma mutação ideológica e social mais geral.

A cabeça de série é uma alusão bastante obscura de Tácito, na *Germania*, a respeito dos *Harii* que lutavam à noite tomando a aparência de um exército de espectros. Durante a alta Idade Média, a colheita permanece pobre. No século VII, um autor grego, Damaskios de Damasco, afirma que, por ocasião do cerco de Roma por Átila, dois séculos antes, os espíritos dos guerreiros mortos (ou antes as "imagens de suas almas": *eídola ton psuchon*) continuaram a lutar durante três dias e três noites com mais impetuosidade ainda que os vivos.[16] No Ocidente, Santo Agostinho descreve na *Cidade de Deus* o confronto de dois exércitos de demônios que deixa em um campo de batalha um amontoado de corpos e de cavalos, presságio do combate que os homens iam travar em breve.[17] Alguns séculos mais tarde, em sua *História dos lombardos*, Paul Diacre (c. 720 - depois de 787) relata que, quando da peste de Justiniano, no século V, ouviu-se o "rumor de um exército" acompanhar o flagelo.[18]

Mais uma vez, o ano 1000 marca uma virada. Os testemunhos continuam a estabelecer um laço entre essas aparições e as guerras reais dos homens ou a assimilar a tropa dos mortos à dos "maus espíritos". Mas eles são muito mais numerosos e ricos do que anteriormente. Combinam-se vários tipos de aparições: ora se trata de uma espécie de procissão dos mortos penitentes, exército de sombras lastimáveis que ergue sua queixa e mendiga preces, ora, mais temível, o exército furioso atravessa os ares no fragor das armas, dos cavalos e dos cães. Um mesmo autor (Raoul Glaber) os menciona sucessivamente; um outro (em um milagre de Sainte-Foy de Sélestat) chega a associá-los. Freqüentemente ainda, o exército dos mortos não é descrito explicitamente, mas apenas evocado no segundo plano de uma aparição individual.[19] Não é raro que um defunto particular se separe da tropa dos mortos (como se viu em Orderic Vital) para entabular sozinho o diálogo com a testemunha da aparição. Examinemos esses testemunhos.

OS ELEITOS E OS CONDENADOS

Raoul Glaber começou a redação de suas *Histórias* na abadia de Saint-Bénigne de Dijon, em 1028, para prossegui-la até a véspera de sua morte em Cluny, em 1049.[20] O conjunto da obra é abundante em relatos de prodígios, de aparições demoníacas ou celestes e em descrições de desgraças coletivas — a fome, as incursões dos sarracenos —

nos quais os historiadores românticos ouviram o eco dos "terrores do ano 1000", compensados pela imagem cheia de esperança de uma cristandade cobrindo-se de um "branco manto de igrejas".[21] Naqueles tempos conturbados, ao alvorecer do domingo da oitava de Pentecostes (o domingo da Trindade), depois de laudes, um monge da diocese de Langres, Vulcher, médico de seu mosteiro, vê de súbito a igreja onde ora na solidão encher-se de um cortejo de homens austeros vestidos inteiramente de branco e usando estolas de púrpura. Aquele que os precede com uma cruz na mão afirma ser o bispo de numerosas "paróquias" (*multarum plebium*).[22] Esses homens dizem ter assistido de noite, à revelia dos monges, às matinas e aos laudes. O bispo começa imediatamente a celebrar a missa da Trindade no altar do santo mártir Maurício. Respondendo às perguntas do monge, os defuntos revelam que são cristãos mortos pelos sarracenos em defesa de sua fé. Mereceram por sua morte a morada dos bem-aventurados, para a qual se dirigem atravessando aquela região, onde outros homens devem juntar-se a eles. Terminada a missa, o bispo dá o beijo de paz nos assistentes e faz sinal para que o monge o acompanhe. E como todos desaparecem imediatamente, Vulcher compreende que não viverá mais muito tempo, o que vai revelar-se exato. Cinco meses mais tarde, em dezembro, Vulcher dirige-se a Auxerre para cuidar dos monges doentes. Ele quer ver os pacientes desde a noite de sua chegada, mas os outros monges insistem para que espere o dia seguinte. Logo sua agonia começa, pontuada por duas visões da Virgem, que lhe confirma que ele teve a graça de ver o que poucos homens viram e que, em conseqüência, deve morrer. Mas ela lhe concede sua proteção nessa prova. De fato, na terceira noite, os sinos saúdam a morte de Vulcher, enquanto os diabos tentam em vão apoderar-se de sua alma.

No livro V, Raoul Glaber descreve mais uma vez aparições repetidas de demônios e de outros prodígios que não deixam muita esperança de sobrevivência aos que lhes foram os espectadores. Ele toma um exemplo local, que situa cerca de 25 anos antes do momento em que escreve. Perto de Tonnerre, o padre Frotterius, um domingo depois do jantar, vê pela janela um exército de cavaleiros dirigindo-se ao combate (*acies equitum veluti in prelium pergentes*), vindo do norte rumo ao Ocidente. Chama-os em vão para pedir explicações: sua voz parece mesmo precipitar seu desaparecimento, e ele é tomado de tal pavor que não pode conter as lágrimas. Ele morre naquele ano, e os que tiveram conhecimento da história consideraram que aquela aparição era um presságio. No ano seguinte, a invasão do rei Henrique I (em 1015) fez efetivamente muitas vítimas na região.

Esses dois relatos de aparições coletivas opõem-se quase termo a termo: no primeiro, os mortos são bem-aventurados, ex-religiosos que combateram contra a vontade os infiéis e sofreram o martírio. É também por isso que são associados a são Maurício, soldado e mártir. No segundo relato, os mortos são cavaleiros que vão para o combate, vêm do norte (o que não é de bom augúrio), deslocam-se a toda a pressa no exterior e não no lugar consagrado da igreja. Longe de explicar sua condição, eles recusam qualquer comunicação com o vivo que os chama: formam o exército maldito. Entre essas duas aparições coletivas, existe, contudo, um traço comum. A primeira segue-se à hecatombe provocada pelas incursões sarracenas, e a segunda anuncia os massacres de que a invasão do Capeto será a causa: juntas, elas representam dois pólos extremos da guerra. De um lado, a guerra pela fé que conduz ao martírio e se realizará concretamente na cruzada e, do outro, a guerra sangrenta que os cristãos travam entre si, com o risco de sofrer a danação. A guerra é um sinal no qual se atam o passado e o futuro, a vida terrestre e a salvação, a história e a escatologia.[23] Abertura para o além, a aparição revela as significações simbólicas do acontecimento, obstáculo ao projeto político do cronista: o estabelecimento da *pax christiana*. É por meio da visão que se fala da guerra — a justa e a injusta —, pois os valores da guerra e da paz dependem do sentido transcendente da "história" tal como Raoul Glaber a entende.

AS ALMAS COLORIDAS

Entre 1108 e não antes de 1138, se não 1155, o relato da aparição, na Alsácia, de duas tropas diferentes de mortos foi acrescentado a um manuscrito do *Livro dos milagres de Sainte-Foy de Conques*, começado no início do século XI. Essa aparição diz respeito ao mosteiro de Sainte-Foy de Sélestat, que tinha laços, por sua origem, com a distante abadia de Rouergue.[24] Esse relato poderia ser considerado como o "mito de origem" de um documento de doação que, em 1095, assentou a riqueza fundiária do mosteiro alsaciano. Compreende-se facilmente que os monges tenham posto por escrito e divulgado esse "mito" que atribuía à sua comunidade uma origem ilustre e lhe garantia para o futuro as mais altas proteções. Mas não se limita a isso a função do relato, que se refere também à ascensão da família dos Hohenstaufen à dignidade imperial. Como muitas vezes (vimo-lo, por exemplo, em Pierre, o Venerável), o relato de fantasma é o cruzamento de interesses diversos, leigos e eclesiásticos.

Os poderosos protetores do mosteiro que intervêm no relato são quatro irmãos de alta nobreza: Frédéric de Büren (1079-1105), duque da Suábia e genro do imperador Henrique IV; o bispo de Estrasburgo, Otton (morto em 1100); um outro irmão, Walter; e, enfim, o conde Conrad, falecido em 1094. Quando Frédéric, Otton e Conrad dirigiram-se em peregrinação a Santiago de Compostela, pararam em Conques, onde foram admitidos "na fraternidade e na participação de todos os bens" (espirituais) dos monges. Estes comprometiam-se a orar por seus nobres visitantes que, por seu lado, gratificariam o mosteiro com sua generosidade. De volta para casa, os três irmãos decidem ceder a Conques a igreja que eles próprios e sua mãe, a condessa Hildegarde, acabavam de edificar em honra do Santo Sepulcro, em 1087. A pedido dos fundadores, o abade de Conques, Bégon (1087-1108), enviou à Alsácia um monge de nome Bertramnus para estabelecer a nova comunidade. Um segundo monge, Étienne, logo vai ao seu encontro. No entanto, durante mais de dois anos, em um mosteiro despovoado, os monges conheceram apenas a fome, a sede e o frio, a ponto de querer abandonar tudo e retornar a Conques. Foi então que o milagre se produziu pela vontade de santa Foy, a quem as reviravoltas de situação eram familiares.[25] Ele consistiu em uma aparição que a lógica do relato leva a situar em 1094-95, depois da morte da condessa Hildegarde e de seu filho, o conde Conrad, mas antes de 1095, data do documento de doação dos irmãos sobreviventes em favor de Sainte-Foy de Sélestat.

Um cavaleiro chamado Walter de Diebolsheim, ex-vassalo desse conde, tinha o costume de fazer penitência à noite, no exterior do mosteiro, vestido com um cilício e descalço, enquanto os monges cantavam as matinas no interior da igreja. Uma noite, ele é tirado de sua prece pela visão de dois grupos diferentes de personagens: de um lado, em um pátio contendo um claustro e oficinas do mosteiro, vê chegar uma tropa numerosa de peregrinos vestidos de branco e tendo um cajado e um saco; do outro lado, na "estrada pública" que passa abaixo do mosteiro, avista uma multidão de cavaleiros cujos cavalos e vestes são inteiramente vermelhos. Tomando os primeiros, os Brancos, por verdadeiros peregrinos, indica-lhes a entrada do mosteiro, quando um deles o interpela, nomeando-o. O diálogo instaura-se no estilo direto: Walter pergunta ao Branco quem é ele para ousar dar-lhe uma ordem. O outro responde que é seu defunto senhor, o conde Conrad; lembra-lhe como, em vida, o fez aproveitar-se de seus benefícios, mais que todos os seus outros vassalos. De estupor, Walter cai por terra.[26] Depois o morto o tranqüiliza e lhe dá a prova (*signum*) de que não é um "fantasma" (*fantasma*) e de que lhe fala com a permissão de Deus: a prova disso é a lembrança comum de uma caçada no inverno. Esse *signum* permitirá também que os três irmãos de Conrad creiam nele. Em virtude de seu juramento de vassalagem (*per fidei sacramentum*) e em troca dos benefícios passados de seu senhor, ele deve, com efeito, aceitar a missão que lhe confia o morto perante seus irmãos. A morte não põe um termo às obrigações de vassalagem; o vassalo vivo deve continuar a obedecer às ordens de seu senhor defunto e prestar-lhe assistência, ainda que por preces.

Ao bispo Otton de Estrasburgo, cujas preces e esmolas ajudarão Conrad no além, o cavaleiro Walter deve pedir que dê a Sainte-Foy a parte da herança de Conrad. A recordação, à guisa de *signa*, de duas lembranças convencerá o bispo de que Walter não mente.[27] A essas provas acrescenta-se uma previsão: antes de morrer, o bispo cumprirá uma peregrinação a Jerusalém e voltará ao fim de dois anos. Se até lá tiver dado ao mosteiro os bens que Conrad reclama, morrerá em estado de graça; se não, bem poderia deixar este mundo antes do previsto. Sabe-se, efetivamente, que o bispo Otton participou da primeira cruzada a chamado do papa Urbano II e morreu pouco depois, em 1100.[28]

Walter deve igualmente prevenir um outro irmão, também chamado Walter, contra seu gosto pelas vestimentas, cavalos e armas caras. De todos os irmãos, ele bem poderia ser o primeiro a seguir Conrad na morte e deve preparar-se para isso. Sabe-se que esse irmão morreu antes de 1105.

Walter deve, sobretudo, ir procurar o terceiro irmão, o duque Frédéric, pois, de todos os irmãos, ele será o sobrevivente e herdeiro (*superstitem et heredem*) da linhagem (*familia*). A título de *signum*, lembrar-lhe-á que, no momento de penetrar com seu irmão Conrad na corte do imperador, os dois irmãos se haviam comunicado um segredo conhecido apenas por eles. E lhe transmitirá a seguinte previsão: sua linhagem (*progenies*) é a mais rica e está prometida à glória; seus descendentes se tornarão reis dos romanos e imperadores. Sabe-se, com efeito, que um filho de Frédéric de Büren, Conrad III, tornou-se em 1138 o primeiro rei da dinastia dos Staufen, e que o sobrinho deste, Frédéric III da Suábia, tornando-se rei por sua vez em 1152, chegou ao império em 1155 sob o nome de Frederico I Barba Ruiva. Mas Conrad esclarecera em que condições esse destino dinástico ia poder realizar-se: Frédéric deveria proteger a igreja de santa Foy que fundara com seus irmãos, e garantir sua liberdade. Dando à igreja seu bem comum (*commune predium*), Frédéric garantiria o futuro de sua linhagem e permitiria simultaneamente que seu irmão defunto escapasse ao inferno.

Antes de seguir as ordens de seu senhor, Walter quis saber mais sobre os Brancos e os Vermelhos. Conrad retoma a palavra: os primeiros são as almas dos que viveram castamente e fizeram no mundo penitência por seus crimes; dirigiram-se em peregrinação à casa de santa Foy e ganharam sua ajuda pelos dons que lhe fizeram. Escaparam às torturas do inferno,[29] mas ainda não gozam do repouso: tendem para a felicidade perfeita, sob a condução de santa Foy, da qual Conrad mostra a Walter a silhueta luminosa, apoiada à entrada do mosteiro, que os Brancos preparam-se para transpor. Os Vermelhos, destinados, ao contrário, às chamas infernais, são os que desprezaram as leis divinas e humanas e morreram em combate ou sem ter feito penitência. Se Conrad não se houvesse beneficiado da ajuda que santa Foy lhe prodigalizou em troca da doação dessa igreja, ele não seguiria os Brancos, mas seria torturado com os Vermelhos. Estes vão "até Nivelles, para a montanha do inferno".[30]

Imediatamente depois, o morto desaparece. Ficando a sós, Walter marca com duas pedras o local onde Conrad lhe apareceu. Mas como não disse a ninguém onde se encontravam essas pedras, não se sabe onde a aparição ocorreu. O narrador (um monge) temeria algum ato de necromancia nesse lugar? Pouco depois, os irmãos sobreviventes reúnem-se para dividir entre si sua herança. Os monges, que ainda ignoram tudo da aparição, estão dispostos a satisfazer-se com um moinho, um jardim, um prado e um bosquezinho. Cada um dos irmãos recebe já os juramentos de fidelidade dos cavaleiros e dos camponeses que pertencem a seu quinhão, quando o cavaleiro Walter vem encontrar cada um deles separadamente e comunicar-lhe a aparição de seu irmão, assim como as provas e previsões que lhe dizem respeito. Imediatamente, reconhecendo os "sinais" e chorando seu irmão defunto, os irmãos recolocam tudo em comum e dão o conjunto da terra e dos homens (*predium et homines*) a Sainte-Foy, pela salvação da alma de seu irmão e de seus ancestrais e pelo resgate de seus próprios pecados. Assim, os monges não receberam a parte mínima que lhes estava destinada de início, mas, graças à intervenção miraculosa de santa Foy, "tornaram-se ricos e possuíram o todo". O cartulário de Conques contém, com efeito, o documento de doação, datado de 23 de julho de 1095, que enumera o conjunto dos bens deixados aos monges e menciona entre os considerandos do ato a morte de Conrad e de sua mãe.[31]

Garantir a salvação individual de um morto, justificar retrospectivamente a ascensão de uma dinastia uma vez que ela está assegurada, legitimar a proteção material devida a uma igreja são as três funções, estreitamente imbricadas uma na outra, desse relato que glosa à maneira do mito um documento de algumas décadas antes. O que importa também é a utilização que esse relato singular faz de imagens de resto amplamente difundidas: ou seja, a oposição estrutural (pelo tipo social, o traje, a cor, o lugar e a destinação) de duas tropas diferentes de mortos, os que serão seguramente condenados e os que, a exemplo de Conrad, são eleitos em potencial. Como em Raoul Glaber um século antes, impõe-se a imagem de uma divisão coletiva das almas desde depois da morte, mas a divisão é aqui menos radical. Ela não antecipa inteiramente a do Juízo Final, já que a salvação dos Brancos, se está assegurada, não está completamente adquirida. Divisão coletiva, ela tampouco equivale exatamente ao julgamento particular que decide a sorte de cada alma no instante do trespasse. Dos Brancos, como Conrad, poder-se-ia dizer que percorrem uma espécie de "purgatório" estranho, pois é a uma só vez itinerante e sem provação, bem diferente do lugar de torturas fixo e fechado que se imporá a partir do fim do século. Uma distinção análoga entre duas tropas de mortos, vermelhos e brancos, é encontrada no começo do século XIII em Gervais de Tilbury. No bispado de Turim encontra-se uma abadia que abriga as relíquias de são Constantino e dos mártires da Legião tebana (sem dúvida ele quer falar de Saint-Maurice d'Agaune); ela é dominada por uma montanha onde, todos os anos, no dia da festa do santo, os peregrinos vêem aparecer uma dupla procissão de personagens, uns todos brancos, outros todos vermelhos. Se alguém escala a montanha, a visão desaparece.[32] Nas classificações mais antigas das cores, o vermelho e o branco desempenham, com o preto, um papel fundamental. Mas o simbolismo das cores, sujeito a interpretações que variam na história, não obedece a um código imutável: aqui, essas duas cores designam provavelmente dois tipos de santos e não condenados; os mártires estão de vermelho.

Outros relatos contemporâneos falam apenas de uma única tropa de mortos, por vezes positiva, no mais das vezes negativa. Os critérios da divisão são abertamente ideológicos: à coorte dos santos monges opõe-se o exército furioso dos cavaleiros saqueadores.

A PROCISSÃO DOS ELEITOS, A CAVALGADA DOS CONDENADOS

A aparição da tropa dos eleitos é no mais das vezes contada em um relato monástico: os bem-aventurados que aparecem são monges e se manifestam a monges para os assegurar da felicidade de seu estado, enquanto os previnem contra as infrações à regra. "Espelhos" dos monges, esses textos têm uma função de autojustificação. Daí seu lugar na hagiografia e nos *miracula* monásticos, por exemplo, no começo do século XII, na *Vida de Bernard de Tiron*, prior de Saint-Savin, no Poitou. Na igreja desse mosteiro, onde ora sozinho à noite, ele vê uma "multidão de monges brancos como neve" que se reúnem em um capítulo ao qual se junta. Um dos mortos, que comanda os outros, informa-o de que dezenove monges da comunidade deverão morrer e devem preparar-se para isso. Bernard vai avisá-los e a um deles, que suspeita que ele teve apenas um sonho mau, prevê que morreria em primeiro lugar, o que não deixa de ocorrer e, assim, provar a verdade da aparição.[33] O último dos *miracula* de Marmoutier, datado de 1137, é comparável: tendo se tornado monge há pouco, o ex-arcediago de Clermont vê aparecer-lhe na igreja, na noite da Festa de Todos os Santos, os três santos protetores do mosteiro (Martinho, Fulgêncio e Corentino), assim como uma procissão dos monges defuntos, dispostos segundo a ordem cronológica de seu trespasse. O monge reconhece alguns deles. Os mortos cantam com ele os hinos para os defuntos, depois lhe anunciam a morte próxima do abade Oddon. O monge apressa-se em despertar os monges, especialmente Garnier, que sucederá a Oddon, e alguns deles podem ouvir e ver a procissão antes que desapareça.[34]

No oposto, a maior parte dos relatos põe em cena a cavalgada de uma tropa de futuros condenados. No começo do século XII, o testemunho de Orderic Vital sobre o bando Hellequin está longe de ser isolado.

1. O espectro de Samuel: a interpretação diabólica.
Bible historiale de Guyart des Moulins (Paris, primeiro quarto do século XV). Nova York: Pierpont Morgan Library, ms. 394, fº 127 vº.

2. O espectro de Samuel: o tipo do ressuscitado. *Gumbertsbibel* (Alemanha, antes de 1195). Erlangen: Universitätsbibliothek, ms. 1, fº 82 vº.

3. O espectro de Samuel: o morto à imagem de um vivo
Bible historiale de Guyart des Moulins (França, por volta de 1291-4).
Londres: British Library, ms. Harley 4381, fº 127.

4. O espectro de Samuel: o tipo do espectro.
Kayserchronik (Baviera, por volta de 1375-80).
Nova York: Pierpont Morgan Library, ms. M 769, fº 172.

5, 6. O espectro de Samuel: o morto-vivo.
Tickill Psalter (Inglaterra, começo do século XIV).
Nova York: Public Library, Spencer Coll., ms. 26, fº 43 vº.

7. O sonho do imperador Carlos IV: o espírito à imagem de um vivo (Alemanha, por volta de 1470-80).
Viena: Österreichische Nationalbibliothek, ms. 581, fº 21 vº.

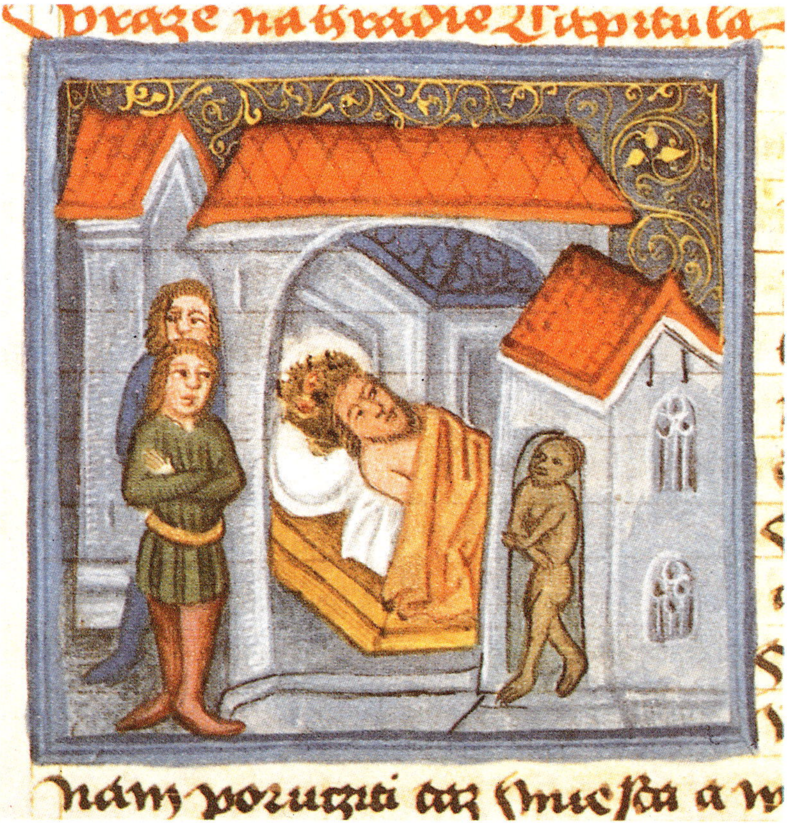

8. O sonho do imperador Carlos IV: o tipo da alma
(Alemanha, por volta de 1470-80).
Viena: Österreichische Nationalbibliothek, ms. Ser. N. 2618, fº 18 vº.

9. O espírito invisível de Gui de Corvo (Simon Marmion?, Flandres, 1474). Malibu, J. Paul Getty Museum, ms. 31, fº 7.

10. O rei Artur diabolizado. Otranto, mosaico, por volta de 1175.

11. O charivari du *Roman de Fauvel* (Paris, 1316).
Paris: BN, ms. Fr. 146, fº 34.

12. Hellequin a cavalo e os caixões.
Ibidem, fº 34 v º.

13. Hellequin e o carro dos mortos.
Ibidem, fº 34 vº.

14. O charivari do *Roman de Fauvel*.
Ibidem, fº 36 vº.

15. Um milagre de são Bento: o jovem monge defunto (1071).
Vaticano: Biblioteca apostólica, Ms. Vat. Lat. 1202, fº 57 rº.

16. Segundo milagre de são Bento: as duas religiosas defuntas (1071). Vaticano: Biblioteca apostólica, Ms. Vat. Lat. 1202, f° 57 r°.

17. Segundo milagre de são Bento: as duas religiosas defuntas (século XI).
Abadia de Saint-Benoît-sur-Loire, capitel.

18. A aparição do prior defunto ao sacristão Hubert. Gautier de Coincy, *Miracles de Notre Dame* (Paris, 1330-4). Paris, BN, ms. Nouv. acq. fr. 24541, fº 60 vº.

19. A aparição do prior defunto ao sacristão Hubert. Gautier de Coincy, *Miracles de Notre Dame* (França, começo do século XIV). Paris, BN, ms. Fr. 22920, fº 105.

20. O peregrino e os mortos: o tipo da alma nua
Guillaume de Diguilleville, *Pèlerinage de vie humaine* (século XV).
Paris: Biblioteca do Arsenal, ms. 5071, fº 89 vº.

21. O peregrino e os mortos: o tipo do espectro.
Ibidem, (século XIV). Oxford: Bodleian Library,
ms. Douce 300, fº 83.

22. O peregrino e os mortos: o tipo do espectro.
Ibidem, Paris: BN, ms. Fr. 823, fº 89.

23. O peregrino e os mortos: o tipo macabro.
Ibidem, Paris: BN, ms. Fr. 376, fº 83.

24. A aparição do irmão menor defunto a seus irmãos.
Alfonso X, o Sábio, *Cantigas de Santa Maria* (por volta de 1272), *Cantiga* CXXIII, Escorial, ms. T I 1, fº 136.

25. Um espectro anuncia a um pai a morte de seu filho.
Ibidem, *Cantiga* LXXII. Escorial, ms. T I 1, fº 80.

26. O espectro de um condenado? *Livre d'heures à l'usage de Rouen* (século XV). Paris, BN, ms. Lat, 1178, fº 107 vº.

27. Tingoccio aparece a seu amigo Meuccio: o tipo macabro. Boccaccio, *Décameron*, VII 10 (século XV). Paris: Biblioteca do Arsenal, ms. 5070, fº 273.

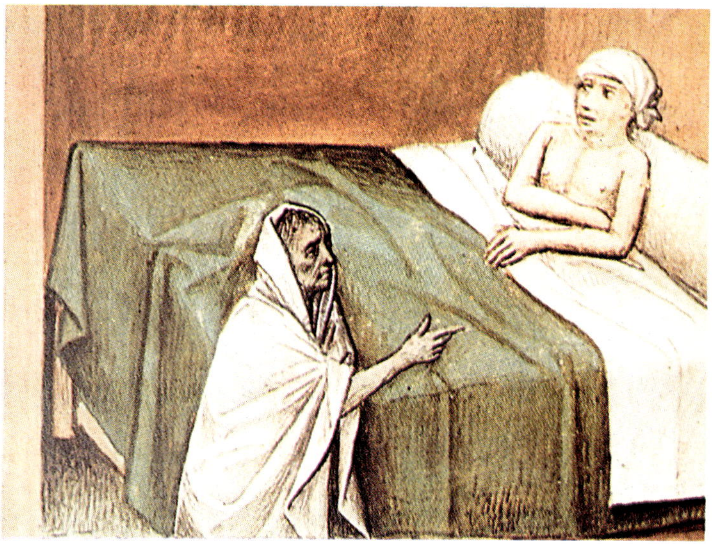

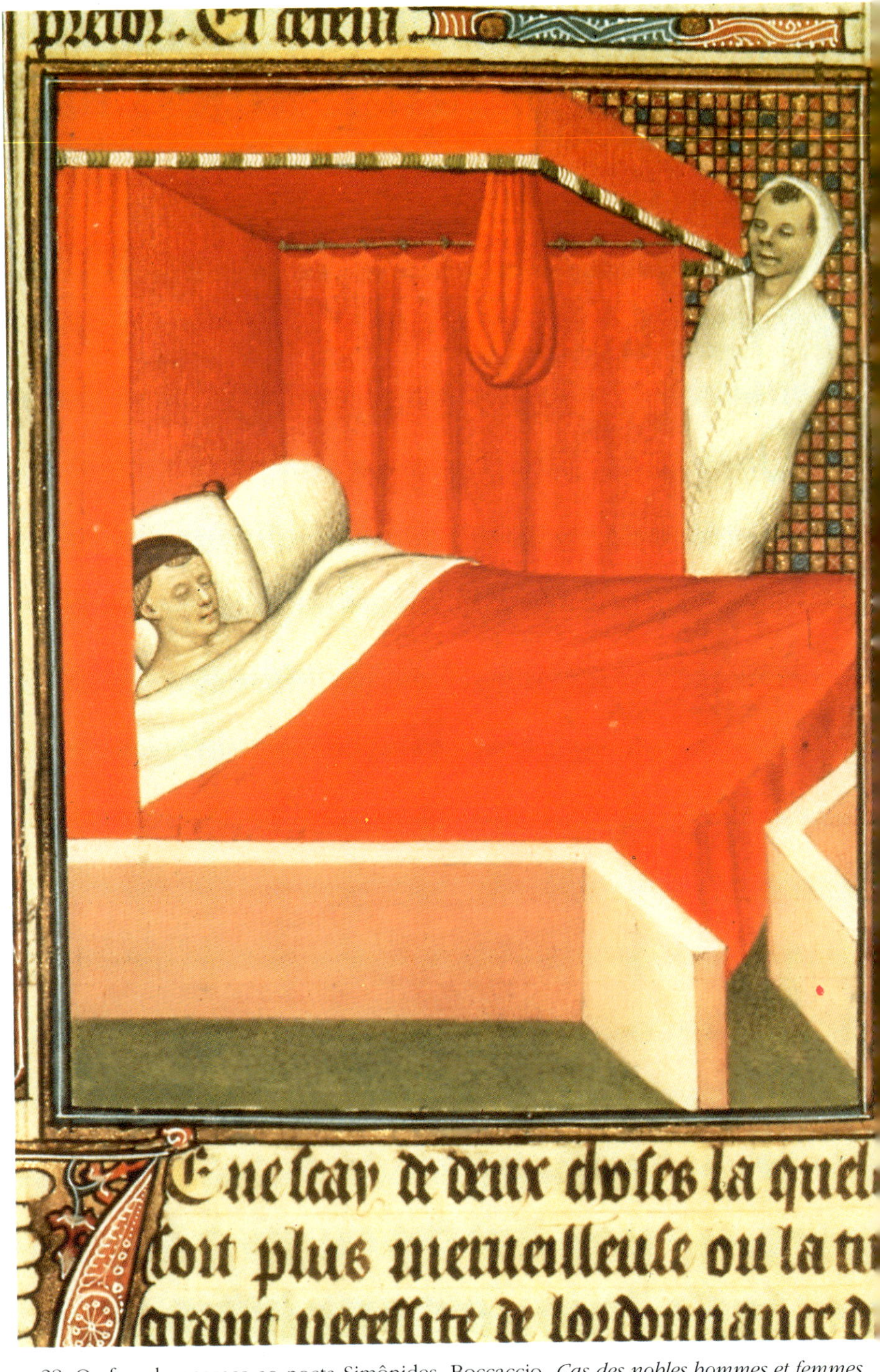

28. O afogado aparece ao poeta Simônides. Boccaccio, *Cas des nobles hommes et femmes* (século XV). Paris, Biblioteca do Arsenal, Ms. 5193, fº 76 vº.

29. Os mortos no cemitério e a aparição do amigo defunto.
Jacques de Voragine, *Légende dorée* (século XV).
Mâcon, Biblioteca Municipal, Ms. 3, fº 25 vº.

30. A estátua jacente: um fantasma de pedra?
Wurtzbourg, Marienkapelle.
Pedra tumular do cavaleiro Konrad von Schaumberg, 1499.
Bildarchiv Foto, Marburg.

Se, de início, o exército dos mortos geralmente não tem nome específico, no fim do século já não é mais assim. Com freqüência, ele é evocado apenas brevemente, por referência às desgraças do século ou às ciladas do diabo, ou por comparação com outros prodígios. Quando é mencionado por si mesmo, constitui objeto de descrições mais circunstanciadas. Muito cedo, torna-se também um tema literário.

Paradoxalmente, o relato mais antigo (anterior mesmo em alguns anos ao testemunho de Orderic Vital) é o que, por sua forma literária, mais se afasta, sem dúvida, do colocar por escrito uma tradição recolhida oralmente. Ele pertence de fato ao gênero dos *mirabilia*, mas daqueles que tiram sua matéria da mitologia dos antigos tanto quanto das tradições do folclore. A estas últimas, Guillaume de Malmesbury dá, por volta de 1125, os ornamentos de uma fábula antiga. Ele insere em seus *Gesta regum Anglorum* a mais antiga versão conhecida do conto da Vênus do Ille (celebrizada depois pela novela de Mérimée), que liga estranhamente a uma aparição da tropa dos mortos.[35] A história supostamente se passa na Roma antiga: pelo tempo de um jogo de bola, um recém-casado confia seu anel ao dedo da estátua de Vênus. Mas a deusa retém o anel e impede o rapaz de consumar seu casamento. A conselho de um padre necromante, Palumbus, o jovem dirige-se à noite a uma encruzilhada, onde assiste ao desfile heteróclito de uma tropa de cavaleiros e de infantes conduzida por Vênus, que monta uma mula com todos os adereços de uma prostituta. Os demônios que a cercam e que sofrem, eles próprios, as coações da conjuração do padre Palumbus, obrigam Vênus a devolver o anel. Quanto ao necromante Palumbus, será morto pelo povo romano. Desse relato, pode-se pensar que a diabolização explícita do cortejo noturno vai de par com a reelaboração literária do tema.

Outros textos permitem um melhor acesso às tradições orais da época. Por ocasião da conquista da Irlanda de 1169, durante o cerco de Osraige, o exército inglês em repouso, à noite, sofre o ataque de milhares de guerreiros que enchem o céu com o fragor de suas armas. Esses *phantasma*, explica Giraud de Cambrie, acompanham freqüentemente as expedições militares na Irlanda.[36] Na Inglaterra mesmo, a crônica anglo-saxônica da abadia de Peterborough, perto de Northampton, relata a história da região desde a invasão dos saxões sob a condução de Cedric (em 496).[37] Os feitos e gestos do rei constituem em cada época o eixo principal do relato. Assim, em 1127, o rei Henrique I dá a abadia de

Peterborough, cujo abade morreu em 1125, a seu parente Henri de Poitou, que já dirige a abadia clunisiana de Saint-Jean d'Angély. O cronista não tem palavras bastante duras para criticar a cupidez desse prelado que acumula vários cargos eclesiásticos e dá prova de duplicidade tanto em relação ao rei quanto em relação ao abade de Cluny, Pierre, o Venerável. Henri de Poitou, diz o monge cronista, é na abadia de Peterborough o que um "zangão é em uma colméia de abelhas"... Depois de sua chegada à abadia, no domingo da sexagésima (6/2/1127), muitas pessoas e monges ouviram e viram à noite, no parque dos gamos de Peterborough e nas florestas entre essa "cidade" e Stamford, caçadores, talvez vinte ou trinta, negros, grandes e medonhos, montados em cavalos ou em cabras (ou bodes), tocando trompa e acompanhados de uma matilha de cães negros, medonhos, com grandes olhos. Isso durou toda a Quaresma, até a Páscoa, e não se sabe quando terminará. A crônica responde um pouco mais adiante à pergunta feita: em 1132, o rei, compreendendo enfim a perfídia de Henri de Poitou, retira-lhe a abadia, expulsa-o do país e nomeia um novo abade, Martin, cuja conduta é exemplar. Notemos aqui, pela primeira vez, o tema da caça, e também o laço entre a fraqueza do poder real e a aparição da Caça selvagem. Quanto mais o poder real, para o melhor ou para o pior, faz sentir sua presença — e esse será cada vez mais o caso na Inglaterra no século XII —, mais a tropa dos caçadores e dos guerreiros mortos tenderá a identificar-se à monarquia feudal no modo invertido de uma realeza infernal.

Exatamente nos mesmos anos, mas no continente, a crônica dos bispos do Mans leva em conta as calamidades, guerras e fomes que oprimem os habitantes dessa região. Em 1135, ocorre um "inacreditável prodígio" que dá testemunho, segundo o cronista, das inumeráveis ciladas do Inimigo. A casa do preboste Nicolas é assombrada por um espírito — um "fauno", diz o clérigo em seu latim — que prega peças nos habitantes, faz barulho, desloca a louça, emaranha os fios que a mulher de Nicolas preparou para tecer. Conjurado por um padre, o espírito nomeia-se, mas sem se mostrar: é Garnier, o irmão defunto de Nicolas, e pede aos seus que o libertem por missas e esmolas aos pobres. Esses sufrágios o separarão das "tropas más" que o acompanharam até então e que tentam introduzir o mal na casa.[38] Nesse texto, a própria tropa dos mortos (ou dos demônios?) não é descrita; como acontece com freqüência, ela é apenas evocada na sombra, atrás da figura ou da voz do único morto que se manifesta.[39]

Na Alemanha, o texto mais explícito desse período provém da crônica de Ekkehard de Aura sobre o Saale, na Francônia. Em suas últimas páginas, a crônica relata o conflito do Sacerdócio e do Império até a concordata de Worms de 1122 e a morte do imperador Henrique V em 1125 (data em que se interrompe o texto). Mais uma vez, as turbulências eclesiásticas são acompanhadas de prodígios e de sinais: intempéries (tempestades na diocese de Trier e na Saxônia, estrelas cadentes), acidentes (uma torre da abadia de Fulda desaba), visões inquietantes ou terrificantes. Fenômenos estranhos, e dos mais heterogêneos aos nossos olhos, são anotados e postos lado a lado: em 1120, na Saxônia, várias noites seguidas, sentinelas viram um homem incandescente transpor um prado separando duas fortalezas.[40] Em 1123, revoltas irrompem na Saxônia e depois em toda a Alemanha, tropas de salteadores a cavalo invadem as aldeias e as igrejas, despojam os camponeses, incendeiam e furtam as reservas de alimento, provocando a penúria. Imediatamente depois, na diocese de Worms, viu-se durante vários dias uma "multidão fortemente armada de cavaleiros errantes" sair em tropas (*turmas*) de uma montanha, para voltar a ela na hora da noa. Fazendo o sinal-da-cruz, os habitantes interrogam um membro da tropa (*persona*), que assegura que não são fantasmas (*fantasmata*, ilusões do diabo), tampouco verdadeiros cavaleiros (*milites*), mas as almas de cavaleiros mortos recentemente em combate. As armas, os trajes, os cavalos, que foram instrumentos de seus pecados, são agora os instrumentos incandescentes de seus tormentos. O conde Emicho (morto no combate em 1117) apareceu na companhia deles e teria assegurado que preces e esmolas podiam resgatá-lo.[41] Esses cavaleiros fantásticos que vão e vêm são os duplos da horda bem real dos cavaleiros salteadores.

Em todos esses testemunhos, a tropa fantástica não tem nome particular. Em compensação, cerca de meio século depois do testemunho de Orderic Vital e, mais uma vez, no domínio anglo-normando, vê-se ressurgir o nome do bando Hellequin. Suas atestações bem localizadas explicam-se sem nenhuma dúvida pelo povoamento anglo-saxão e depois escandinavo dessas regiões. Mas devemo-las a clérigos que estimaram essas tradições locais dignas de figurar em seus textos latinos. Ora, aqueles que, mais do que outros, podiam ver-lhes o interesse eram os monges e, sobretudo, os clérigos franco-normandos, anglo-normandos ou anglo-galeses, homens de fronteiras e testemunhas da diversidade das etnias e das línguas, alguns deles ligados à corte mais brilhante e mais variegada da época, uma das mais contestadas também, a dos Plantagenetas.

OS USOS POLÍTICOS DO BANDO HELLEQUIN

Em 1175, em uma carta dirigida aos capelães da corte anglo-normanda, Pierre de Blois, teólogo, arcediago de Bath e conselheiro do rei, fustiga os clérigos da corte (*curiales*) que sonham apenas com ambição mundana: perseguindo-os com sua ironia, chama-os "os mártires do século, os professores mundanos, os discípulos da corte, os cavaleiros de Herlevinus" que, em suas tribulações, ao contrário dos verdadeiros mártires que alcançam o reino dos céus, dirigem-se para o inferno. Os *curiales*, segundo o arcediago, assemelham-se ao exército errante dos condenados. A metáfora parece ter sido comum: reencontramo-la desenvolvida por Gautier Map, em dois capítulos do *De nugis curialium*.[42] De saída, Gautier Map assimila os deslocamentos incessantes da corte de Henrique II à vagueação do bando Hellequin (*cetus et phalanges Herlethingi*), "no qual aqueles que sabíamos mortos apareceram vivos". Parece mesmo que a corte de Henrique II tenha substituído o exército fantástico, pois este desapareceu desde o primeiro ano do reinado desse rei (1154-55). Antes, o bando Hellequin era "famoso" na Inglaterra, fora igualmente visto nas fronteiras de Gales e de Hereford; alguns, na Bretanha, haviam mesmo arriscado a vida (como Walchelin, segundo Orderic Vital), apoderando-se dos cavalos dos mortos. Mas o interesse principal do texto é propor uma explicação do nome do bando Hellequin, dar um rosto a seu chefe epônimo e, sobretudo, enunciar um verdadeiro mito de origem do bando, que remete às origens celtas do povoamento da Grã-Bretanha.[43] O nome do bando viria do rei dos antiqüíssimos bretões, o rei Herla, que fizera um pacto com o rei dos anões (dos "pigmeus", diz nosso autor), isto é, dos mortos.[44] Este convidou-se para as bodas de Herla com a filha do rei dos francos e, nessa ocasião, dá a seu anfitrião imensos presentes. Um ano mais tarde, Herla dirige-se por sua vez a uma caverna, onde descobre o suntuoso palácio do anão. Este último celebra suas bodas, e deixa Herla partir novamente carregado de presentes: "cavalos, cães, falcões e todas as coisas necessárias à caça com cães corredores e à falcoaria"; o rei dos anãos o presenteia também com um pequeno buldogue (o inglês *blood-*

hound traduz bem a denominação latina *canis sanguinarius*, que exprime a crueldade do animal). Ele devará carregá-lo sobre seu cavalo, tomando cuidado, ele e os seus, de não descer ao solo antes do cão, sob pena de ser reduzido a pó. Quando Herla sai da caverna, compreende, interrogando um pastor, que dois séculos se passaram desde sua partida, enquanto acreditava ter se ausentado apenas três dias. Uma população nova, os saxões, ocupa agora o país dos bretões. Ele está condenado a vagar perpetuamente com seu exército, visto que o cão jamais saltará ao solo. Sua vagueação, que o pune por ter feito um pacto com o rei dos mortos, prefigura, segundo Gautier Map, as tribulações da corte de Henrique II.

Desse relato, em que vários motivos folclóricos deixam-se identificar facilmente (como o do escoamento diferente do tempo neste mundo e no além),[45] reteremos sobretudo o tema do pacto entre o vivo e o morto. Ele é essencial ao relato, pois Gautier Map faz da aceitação desse pacto o erro fundamental do rei Herla e a razão de seu castigo. Esse pacto evoca um pacto diabólico, mas é importante notar que Gautier Map não o nomeia assim e mantém, ao contrário, toda a ambivalência do relato. O erro do rei Herla reside sobretudo no desequilíbrio da troca: por seus dons redobrados, o anão arruína a relação de reciprocidade que ele próprio propusera. Sem esperar nenhuma retribuição, o doador dobra a parada: esmaga o outro com seus presentes. O rei Herla é literalmente paralisado pelas larguezas de seu parceiro, a ponto de não poder mais descer do cavalo. É isso que o condena à vagueação dos mortos.

A falsa troca entre Herla e o anão e suas conseqüências fazem compreender melhor outras situações perigosas em que a troca entre um vivo e um morto revela-se impossível: esse é o caso no relato de Orderic Vital, quando Walchelin tenta apropriar-se de um cavalo pertencente aos mortos; por essa falta, ele deveria ter morrido e ser levado por estes últimos. No começo do século XIII, Gervais de Tilbury confirma que essa má ação custou a vida de homens muito temerários da Inglaterra e da Bretanha. Só uma relação de perfeita reciprocidade, em que uma retribuição espiritual corresponde a um dom material, pode ter efeitos benéficos: Walchelin, dizendo missas salutares por seu irmão morto, saldará a dívida que contraiu em relação a ele quando este, em vida, pagou-lhe os estudos na França. A troca é então perfeita, e salva tanto o vivo (que sobreviveu a esse encontro com os mortos) quanto o morto, cujos tormentos cessarão ao fim de um ano. Mas vê-se também qual é a condição social dela: se tão-somente o sacrifício da missa e as preces permitem metamorfosear os bens materiais em bens espirituais, a mediação da Igreja, que tem o monopólio de tal operação, vai introduzir-se necessariamente em todas as relações entre os vivos e os mortos.

No curso do século XIII, vê-se a área geográfica na qual é mencionado o bando Hellequin estender-se para o leste da França e a Itália. É possível que a circulação da informação nos meios letrados explique em parte essa difusão. Mas é igualmente certo que o nome, assim como o fenômeno, devia preexistir ao seu reconhecimento pela cultura erudita. Esse nome passa por novas transformações, que suscitam da parte dos clérigos uma curiosidade etimológica crescente. Na diocese de Beauvais, o cisterciense Hélinand de Froidmont (morto em 1230), ex-clérigo secular, discípulo indireto de Abelardo, troveiro e poeta da morte, apresentou em sua autobiografia (*De cognitione sua*) uma evocação muito precisa do bando Hellequin.[46] Ele o introduz em uma passagem sobre o conhecimento que o homem deseja ter de seu destino depois da morte. Para esse fim, as *Moralia* de Gregório, o Grande, o *De consideratione* de são Bernardo, mas também os autores pagãos, lhe são úteis. No entanto, segundo ele, Virgílio engana-se quando pretende que os heróis mortos aparecem aos vivos nos trajes que eram os deles e conservam a preocupação com os cavalos, armas e bigas que possuíam neste mundo. Virgílio estaria, assim, na origem do erro hoje partilhado pelo "povo" (*vulgus*) a respeito do bando Hellequin (*familia Hellequini*). Seguem-se dois relatos que Hélinand deve a informadores muito próximos dele.

O bispo Henri de Orléans, irmão do bispo de Beauvais, tinha o costume de contar uma coisa maravilhosa (*rem valde mirabilem*) que ouvira da própria boca da testemunha, um cônego de Orléans chamado Jean. Este ordenara a um clérigo a seu serviço, Noël, que acompanhasse a Roma o arcediago Bourchard de Pisy. Ele o protegeria e faria suas contas. Antes de separar-se, Jean e Noël fizeram um pacto: o primeiro que morresse apareceria ao outro (*socius*) em trinta dias, não para amendrontá-lo, mas para avisá-lo e informá-lo sobre seu estado. Quando os dois viajantes aproximam-se de Roma, eclode um conflito entre eles por uma questão de dinheiro, e Noël vota-se ao demônio, proferindo uma blasfêmia. No mesmo dia, ao atravessar um rio, afoga-se. Na noite seguinte, Jean repousa desperto em seu leito, com a lâmpada acesa por causa dos terrores noturnos, quando Noël apresenta-se de súbito diante dele vestido com uma belíssima capa contra a chuva, da cor do chumbo. Jean espanta-se de vê-lo tão cedo de volta da viagem, mas o outro lhe revela que está morto e sofre grandes tormentos por ter se votado ao diabo pouco antes de afogar-se acidentalmente. Sem essa falta, a única que cometeu depois de sua última confissão, teria evitado aquelas provações. A capa que usa pesa-lhe mais do que se carregasse "a torre de Parma" nos ombros, mas sua beleza simboliza a esperança do perdão (*spes veniae*) proporcionada por sua última confissão. Jean promete ajudá-lo, mas antes lhe pergunta se ele faz parte da *militia Hellequini*. Noël o nega, dizendo-lhe que esta pôs fim há pouco à sua corrida, "pois terminou sua penitência". Antes de desaparecer como chegara, o morto assinala que a denominação popular *Hellequinus* é falha, e que é preciso dizer *Karlequinus*, do nome do rei "Carlos Quinto", que expiou longamente seus pecados e foi libertado recentemente pela intercessão de são Dioniso.

Hélinand deve o segundo relato a seu tio paterno, Hellebaud, ex-camareiro do falecido arcebispo de Reims, Henri. Como seu tio e seu servidor cavalgassem em direção a Arras por ordem do arcebispo, encontram em uma floresta, ao meio-dia, num fragor de cavalos, armas e gritos de guerra, uma multidão de almas de defuntos e de demônios. Escutam-nos dizer que o preboste de Arques doravante lhes pertence e que em breve teriam também o arcebispo de Reims. Fazendo o sinal-da-cruz, Hellebaud e seu companheiro aproximam-se do bosque, mas as "sombras" desaparecem e eles não captam mais suas palavras, mas apenas ruídos confusos de armas e de cavalos. De volta a Reims, encontram o arcebispo muito mal: ele morre em quinze dias e sua alma é levada por aqueles maus espíritos. Em sua tropa, os cavalos montados pelas almas dos defuntos não são mais que demônios que tomaram essa forma, e as armas que elas carregam pesadamente têm o peso de seus pecados.

O interesse desses dois relatos vai bem além dos dois pontos que Hélinand de Froidmont pretende demonstrar: por certo, as vestimentas e os cavalos dos mortos não são os que eles possuíam em vida, mas os sinais das provações que lhes infligem os demônios. A racionalização erudita do nome do bando provém da homofonia de Hellequin e Charles Quint. A menção de são Dioniso permite ver aí uma vaga referência aos carolíngios, dos quais muitas visões descrevem há muito tempo os tormentos no além.[47] Como em Gautier Map, supõe-se que a vagueação do bando Hellequin teve fim recentemente: trata-se de uma convenção narrativa que consiste em afastar as tradições folclóricas para um passado findo (como se fala hoje das tradições que teriam desaparecido depois da guerra de 1914-18)? Ou deve-se ver aí o indício de uma evolução objetiva da crença? No caso de Hélinand, a menção desse desaparecimento está de acordo com a idéia de que o bando Hellequin, mais que um exército de condenados, é uma espécie de purgatório itinerante. De fato, a ambivalência caracteriza essa tropa que, embora infernal, por vezes oferece ainda alguma esperança de salvação às almas mortas que arrasta consigo. O "nascimento do purgatório" no fim do século XII não precipitou, ao contrário, a diabolização da tropa dos mortos ou mesmo convenceu alguns de que desaparecera, já que, em sua função penitencial, de agora em diante não tinha mais razão de ser?

Mais ou menos na mesma época e no mesmo meio cisterciense, o monge Herbert de Clairvaux, abade de Mores, no Jura (morto em 1190), dá um lugar ao bando Hellequin em seus *Livros dos milagres dos monges cistercienses*.[48] Um irmão do mosteiro de Vauluisans (no Yonne), Zacharie, tinha o costume de contar a visão que tivera na juventude e que o decidira a entrar no mosteiro. Jovem camponês vigiando as colheitas à noite, armado de um arco, ele encontra em pleno campo uma mulher que acredita reconhecer, depois uma espécie de homem (*quasi homo*), que toma por um ladrão. A mulher anuncia-lhe que ele vai ver a *familia Herlequini*: com um fragor insustentável, aparece, com efeito, deslocando-se no ar sem tocar o solo, uma multidão "fantástica" de "forjadores, artesãos do metal, marceneiros, canteiros, curtidores, tecelões e pisoeiros e homens de todos os outros ofícios mecânicos", submetidos a terríveis provações. Um deles, que traz um aríete nos ombros, vem na direção do rapaz, a quem proíbe dizer uma única palavra e pelo qual se faz reconhecer: é seu velho amigo (*sodalis tuus, familiariter in amicitia iunctus*), que lhe pede que restitua a uma pobre viúva o aríete que roubou dela. Assim, será libertado de suas provações. Antes de desaparecer com os outros mortos, indica-lhe ainda "muitas outras coisas". Essa relação de reciprocidade entre vivo e morto agora nos é familiar. Da mesma maneira, a proibição (que aqui incide sobre a palavra) e mesmo o vôo no ar lembram as desventuras do rei Herla, condenado com seus companheiros a nunca mais tocar o solo.[49] Inteiramente original, em compensação, é esse bando Hellequin da "terceira função", do qual Orderic Vital contentava-se em indicar a possibilidade. O próprio visionário é um simples vigia campestre e não vê na tropa dos mortos nem cavalo, nem cão, nem cavaleiro, mas apenas artesãos torturados pelas ferramentas que haviam usado em vida, a exemplo dos condenados esculpidos no tímpano de Conques.[50] Nenhuma falta precisa, contudo, parece reprovar esses infelizes: as "artes mecânicas" são, por princípio, condenáveis?

Para a Igreja, o verdadeiro perigo não deixa de vir da "segunda função" e é ela, com suas atividades violentas favoritas, que ocupa o imaginário do exército furioso. Trata-se sobretudo da guerra, mas encontrou-se também o tema da caça. Eis, enfim, o torneio: citando o testemunho de um monge de Villers, no Brabant, o cisterciense Césaire de Heisterbach, na distinção XII — consagrada aos mortos — de seu *Dialogus miraculorum* (por volta de 1223), evoca sucessivamente o "torneio dos demônios", que um servidor do conde de Looz teria avistado no local onde transcorreu na véspera uma batalha sangrenta, e o "torneio dos mortos" (*tornamentum mortuorum*), no qual um padre teria visto uma noite, em pleno campo, enfrentar-se cavaleiros recém-falecidos.[51]

HELLEQUIN OU ARTUR? A DIABOLIZAÇÃO DA TROPA DOS MORTOS

No começo do século XIII, Gervais de Tilbury cita, entre os *mirabilia* que coleciona, numerosos relatos de aparições coletivas de mortos. Na Catalunha existe uma rocha cujo cume é plano e onde, ao meio-dia, enfrentam-se misteriosos cavaleiros. Se alguém se aproxima, a visão desaparece.[52] Na Sicília, o Etna é considerado desde a Antiguidade como a boca do inferno. No começo do século XI, um eremita, estabelecido na encosta do vulcão, escutara demônios queixar-se de que as preces de Cluny arrancavam-lhes as almas que eles torturavam no fogo. Segundo Gervais de Tilbury, as "pessoas do povo", os "indígenas" dizem que, "em nosso tempo", "Artur, o Grande" apareceu ali. Um jovem palafreneiro do bispo de Catania, tendo tido de seguir, nos atalhos escarpados e nos precipícios da montanha, um cavalo fugitivo, descobre um platô delicioso e depois um palácio onde o espera Artur, sentado em um trono real. Artur indaga as razões de sua visita, depois restitui o cavalo e dá muitos presentes por intenção do bispo de Catania. Ele explica também ao jovem que mora naquele palácio subterrâneo para cuidar dos ferimentos que lhe infligiram seu sobrinho Mordred e o duque dos saxões, Childéric, e que se reabrem todos os anos.[53]

A legenda arturiana difundiu-se desde o século XII na Itália, particularmente no sul da península e até a Sicília, sob a influência da cavalaria normanda.[54] A figura do rei Artur dá testemunho disso desde cerca de 1165 nos mosaicos do pavimento da catedral de Otranto (fig. 10). O rei Artur, identificado por uma inscrição (*rex Artus*), coroado, armado de uma espécie de clava, levantando o braço direito, cavalga um bode; em torno dessa figura, avista-se um homem nu que parece olhar a cena, um felino erguido diante do bode, um cão (?) que derruba um homem. A cena está situada entre a da expulsão de Adão e Eva do paraíso terrestre e as do sacrifício de Caim e Abel e do assassinato deste pelo irmão. As mais diversas interpretações dessa figura de Artur foram propostas. Pretendeu-se ver aí, notadamente, um personagem positivo, de acordo com a felicidade do palácio de Artur no relato de Gervais de Tilbury; a proximidade, no mosaico, do rei Artur e do sacrifício de Abel incitaria a defender essa hipótese.[55] Mas isso é esquecer um pouco depressa a conotação muito negativa do animal cavalgado por Artur (e que é também a montaria do rei dos anões no relato de Gautier Map), assim como das cenas vizinhas no mosaico e dos outros relatos contemporêneos referentes ao rei legendário.[56] Em 1223, o cisterciense Césaire de Heisterbach transmite dois relatos, explicitamente qualificados de *mirabilia*, um dos quais ele deve a um cônego de Bolonha, o outro a dois abades da corte — amplamente italiana — do imperador Frederico II.[57] Um servidor do bispo de Palermo procura na encosta do Etna (*mons Gyber*) um cavalo que fugiu. Encontra um velho que lhe diz que seu senhor, o rei Artur, retém o cavalo na montanha em fogo. O velho encarrega o servidor de dizer ao bispo que venha à corte de Artur em catorze dias, sob pena de um severo castigo. De volta, o servidor informa seu senhor, que ri da história e não obedece. No dito dia, ele morre. De acordo com o segundo relato, homens ouviram nas encostas do Etna as vozes dos demônios preparando um fogo para ali queimar a alma do duque Bertolphe que acabava de morrer. Césaire (contradizendo implicitamente a *Vida de Odilon* de Cluny) afirma que o Etna é a "boca do inferno" e não o "purgatório", pois para lá vão apenas os condenados, como o rei dos godos, Teodorico, segundo os *Diálogos* de Gregório, o Grande (IV, 30). A comparação desses dois relatos é interessante: no primeiro,

Artur é o rei da morte, como o rei dos anões em Gautier Map. E o bispo de Palermo deveria ter se dirigido à corte do rei Artur no Etna como Herla aceitou dirigir-se ao palácio subterrâneo do pigmeu: com certeza, teria trazido de volta seu cavalo, mas com o risco de ser condenado, ele também, a uma vagueação perpétua. No segundo relato, o nome de Artur não é pronunciado, mas o vulcão é o mesmo: ressurge aqui a velha tradição do Etna infernal, desviando a interpretação do relato para um sentido negativo e preparando a assimilação de Artur e do diabo.

Artur, rei ambivalente dos mortos (em Otranto, em Gervais de Tilbury e ainda no primeiro relato de Césaire de Heisterbach), é assim progressivamente diabolizado (no segundo relato de Césaire), da mesma maneira que o bando Hellequin toma um sentido cada vez mais negativo. Graças a essa dupla evolução, vários testemunhos aproximam explicitamente ou mesmo confundem os nomes de Hellequin e de Artur. Ao inglês Gervais de Tilbury, a história do cavalo fugitivo do bispo de Catania lembra os relatos de aparição do bando Hellequin ouvidos na Bretanha e na Inglaterra: na Grande e na Pequena Bretanha, diz ele, os guardas-florestais contam que ao meio-dia e no começo da noite, quando a lua está cheia, é muito freqüente ver e ouvir uma multidão de caçadores, com seus cães e suas trompas; eles chamam a si mesmos, segundo essas testemunhas, de "societas ou familia Arturi". A substituição do nome de Hellequin pelo de Artur é evidente. Artur, como Herla em Gautier Map, passava por ter sido o "rei dos antiqüíssimos bretões".[58] A assimilação deles é ainda mais clara na metade do século XIII em um *exemplum* do pregador dominicano lionês Étienne de Bourbon (morto em 1261).[59] Os nomes dos dois personagens estão desta vez ligados um ao outro e associados ao tema do reino subterrâneo. Mas o quadro ideológico do relato é bem diferente do apresentado por Gautier Map e Gervais de Tilbury. Ao prazer do relato sucedeu a demonstração escolástica, à ambivalência dos *mirabilia*, a vontade de dar a todos os fenômenos um sentido unívoco e diabólico que o *exemplum* do sermão tem por função impor. No crédito que o povo (*vulgus*), os camponeses (*rustici*) e, particularmente, as mulheres velhas (*vetulae*) dão aos sonhos, o pregador (que é também inquisidor) entrevê a "antiga superstição" e a sobrevivência do paganismo, sob a influência das ilusões do Inimigo. Com efeito, para enganar melhor as almas simples, os demônios por vezes tomam a aparência de cavaleiros que são vistos caçando ou combatendo em torneio na *familia Allequini vel Arturi*. Étienne de Bourbon ouviu dizer que um camponês do Jura, que carregava um feixe de lenha ao luar na encosta do Mont-Chat, viu passar uma matilha de cães e uma tropa de caçadores a cavalo e a pé e seguiu-os até um palácio magnífico, o do "rei Artur". Ali, cavaleiros e damas dançam, jogam e festejam. Ele é conduzido ao quarto de uma delas, maravilhosamente bela. Adormece em seu leito, mas, de manhã, desperta deitado sobre seu feixe de lenha, "bem enganado pelos diabos". Um outro camponês encontrou a mesma tropa de cavaleiros, que se viravam uns para os outros, interrogando-se: "Este capuz me cai bem?". O capuz ou a capa é o traje específico dos mortos e o instrumento de seus tormentos.[60] No entanto, mais do que nunca, em Étienne de Bourbon os mortos confundem-se com os demônios. O fausto e as festas de seu palácio não são mais os atributos do conto maravilhoso, mas perigosos *fantasmata* diabólicos que, ao amanhecer, desvanecem-se como os sonhos.

Hellequin, Herla, Artur são os nomes de um mesmo personagem mítico, o rei dos mortos, que, ora à noite nas florestas ou na estrada principal cavalga à frente de sua tropa furiosa, ora reina em seu palácio subterrâneo na fronteira do País de Gales, no Etna ou no Mont-Chat, atraindo os vivos para uma prática do dom e da retribuição na qual a vida e a morte são os prêmios. Ora, em meio século, os pregadores formados na teologia escolástica sucedem aos clérigos de corte ávidos de *mirabilia*. Eles terminam por substituir o rei dos mortos pelo diabo. Mesmo que não excluam totalmente que a tropa furiosa possa ter um aspecto penitencial (e oferecer a alguns de seus membros uma esperança de salvação), o bando Hellequin afasta-se cada vez mais do mundo a uma só vez material e imaginário regido pela economia dos sufrágios pelas almas penadas. Um dos grandes teólogos dessa geração, o bispo de Paris Guillaume de Auvergne, dá testemunho dessa evolução assim como dessas hesitações, quando é o primeiro a propor em seu *De universo* (composto entre 1231 e 1236) uma verdadeira teoria do bando Hellequin.[61] Ele parece hesitar entre duas interpretações: trata-se de almas penadas ou de espíritos malignos[62] que tomam à noite a aparência (*similitudines*) de cavaleiros, "que em francês são chamados *hellequin* e em espanhol o *antigo exército* (*exercitus antiquus*)"?[63] Em todos os casos, não se vêem verdadeiros cavalos, verdadeiras armas, uma verdadeira cavalgada, mas apenas "sinais" destinados a terrificar os maus e a suscitar os sufrágios pelas almas dos defuntos. Essas aparições produzem-se de preferência nas encruzilhadas, pois, em razão do número de pessoas de toda espécie que passam por ali, esses lugares são mais "poluídos" que os campos (a teologia não ignora a ecologia!). Nesses lugares sórdidos, os vivos têm a revelação dos castigos que os maus padecem no além, das causas de suas penas e dos sufrágios que lhes convêm. No *lugar do purgatório* (*locus purgatorii*), sobre o qual Guillaume de Auvergne afirma que é um lugar único e uma "habitação terrestre", as penas expiatórias são adaptadas às faltas pelas quais os mortos não fizeram penitência em vida. Deus permite essas aparições para que os que abusam das armas (*abusores armorum*) e cometem assassinatos e rapinas vejam com terror os castigos dos que, em seu tempo, agiram de maneira semelhante: não se poderia definir melhor a função ideológica que a Igreja atribui ao bando Hellequin, nesse espelho moral que ela estende àqueles cujo ofício é a violência.

Com esse fim, Guillaume de Auvergne estabelece um elo explícito entre a tropa dos mortos e o purgatório, como se a primeira saísse periodicamente do segundo. Mas pode-se perguntar, sobretudo, se o desenvolvimento da doutrina do purgatório como lugar particular e fixo de expiação individual das almas no além não arruinou a possibilidade de uma itinerância "purgatória". Restaria então apenas a seguinte alternativa: seja o desaparecimento definitivo do bando Hellequin (é o que pretendem Gautier Map e Hélinand de Froidmont), seja sua diabolização completa. Ao confinamento individual das almas penadas no purgatório opõe-se o exército furioso e indomado dos "maus espíritos".

Assim triunfa no século XIII uma interpretação religiosa e moral do tema do bando Hellequin. Nos relatos anteriores, o tema participava simultaneamente de estratégias seculares do poder e da ideologia monárquica. Em Sainte-Foy de Sélestat, tratava-se, ao lado da confirmação de uma fundação monástica, da expressão retrospectiva de uma profecia política em benefício dos Hohenstaufen. Na crônica anglo-saxônica de Peterborough, a aparição da tropa furiosa acompanha a escolha infeliz, pelo rei Henrique I, de um abade indigno. Para o conselheiro do rei, Pierre de Blois, o bando Hellequin era uma metáfora da corte real, voltada contra os *curiales* corrompidos. No relato de Gautier Map, a dinastia dos Plantagenetas é situada na sucessão dos reinos bretão e depois saxão da Inglaterra. Segundo Gervais de Tilbury, são os guardas-florestais do rei que testemunham as aparições da *familia Arturi*, de maneira que o rei legendário e o rei real parecem exercer conjuntamente e disputar entre si a soberania sobre os mesmos terrenos de caça. O poder mítico do rei dos mortos não devia reforçar a legitimidade e a eficácia do poder do rei dos vivos no espaço ciosamente vigiado da floresta? Para proteger suas florestas e seu direito exclusivo de caça, o rei podia tirar partido dos terrores que o bando Hellequin inspirava em seus súditos.

Nos *exempla*, ao contrário, o único rei ao qual Hellequin-Artur está associado é o diabo, soberano do inferno. O quadro de referência não é mais a ideologia monárquica, mas a teologia moral, as atitudes penitenciais e a angústia da "morte de si" que pregadores e confessores, na linha do IV Concílio de Latrão (1215), esforçam-se por inculcar no "povo cristão". Enfim, em Paris, no começo do século XIV, sob a forma literária do *Roman de Fauvel*, nos anos conturbados do fim do reinado de Filipe, o Belo, a sátira moral, a ideologia política e o rito folclórico do charivari se encontrarão na evocação de Hellequin, o rei dos mortos e das máscaras.

6
O IMAGINÁRIO DOMESTICADO?

UMA NOVA PALAVRA

No começo do século XIII, a cristandade inteira é tomada por uma "palavra nova".[1] Ela é animada por uma multidão de "parlamentos" (do parlamento do rei ao mais modesto "parlatório do burguês") e por lugares destinados à troca verbal, ao debate judiciário, à negociação, à disputa universitária, ao anúncio público da palavra de Deus. O púlpito dos pregadores (de pedra no interior da igreja ou em sua fachada, ou de madeira, móvel, na praça pública ou em pleno campo) é um dos principais núcleos e o emblema dessa palavra pululante. O cristianismo, religião do Verbo, reata relações, assim, com sua mais profunda inspiração, mas em um mundo transformado pela renovação urbana, pelo crescimento e pela povoação das cidades. É então que toma forma e adquire um rosto, talvez pela primeira vez, um verdadeiro "povo cristão" que seja mais que uma vaga referência ao conjunto dos batizados: multidões reais de leigos estimam ter uma palavra a dizer na Igreja e vibram às palavras de ordem da reforma moral e da volta ao ideal apostólico. As seduções da palavra verdadeira levam mais de um à heresia. É justamente para responder a essas aspirações e para refutar os heréticos que são encorajadas e organizadas novas ordens religiosas, as ordens mendicantes. As principais são a dos menores (os franciscanos) e a dos pregadores (os dominicanos). Eles são uma espécie de híbrido entre o clero secular (dividem com ele a missão perante os leigos e fazem-lhe concorrência em seu próprio território) e os monges antigos (pois também levam uma vida conventual, mas sem a obrigação de uma clausura permanente). Seu meio predileto é a cidade, a sociedade urbana, a universidade. Sua arma por excelência é a palavra, o sermão.

Com os mendicantes ou sob sua influência, a pregação passa, a partir do século XIII, por profundas transformações quantitativas e qualitativas. Os vestígios manuscritos são consideráveis — contam-se às centenas de milhares os sermões conservados —, embora não representem mais que uma parte ínfima e imobilizada de todas as palavras ditas. A retórica do sermão torna-se sistemática para alcançar maior eficácia: ela impõe um plano estrito, divisões invariáveis e a trilogia obrigatória de seus argumentos: as "autoridades" (*auctoritates*) tiradas da Bíblia ou dos autores cristãos enunciam todas as facetas (ainda que contraditórias) da tradição autorizada. Mas esta, contra os incrédulos ou os heréticos, precisa ser demonstrada: esse é o papel das "razões" (*rationem*), diretamente vindas da dialética universitária na qual os irmãos foram formados. Enfim, os "exemplos" (*exempla*) ilustram, sob a forma de relatos breves e concretos, fábulas ou historietas, as vantagens, para o cristão, de uma justa conduta.[2]

Os *exempla* nem sempre se distinguem muito claramente dos *miracula* que já examinamos. De resto, o próprio vocabulário passa por algumas oscilações, como o mostra, no começo do século XIII, o título do *Dialogus miraculorum* de Césaire de Heisterbach. Este, é verdade, era um monge cisterciense que se dirigia aos noviços de seu mosteiro (estava oficialmente encarregado deles). Embora sua obra seja uma coleção de relatos (como qualquer coletânea de *exempla*), apresenta-se também, na tradição dos *Diálogos* de Gregório, o Grande, como uma troca de palavras edificantes entre mestre e discípulo. Mas foi imediatamente utilizada pelos outros pregadores, seculares ou mendicantes, como uma das principais fontes de *exempla* para rechear os sermões dirigidos aos leigos e não mais apenas aos monges.

Mas não se deve deixar de manter uma distinção entre *miracula* e *exempla*. Do ponto de vista da forma, os segundos são normalmente mais breves e abandonam as referências particulares a personagens ou lugares muito precisamente nomeados, pois pretendem destacar apenas tipos humanos e situações universais. Com os *exempla*, a matéria narrativa perde também sua variedade, para submeter-se a estruturas inalteradas, repetitivas, mas tanto mais memorizáveis e, portanto, mais eficazes para um auditório iletrado. Maciça, sistemática, repetitiva, a nova pregação parece uma enorme máquina de converter as almas.

Entre o escrito e o oral, a literatura dos *exempla* é uma de suas principais engrenagens. Esses relatos são reunidos às centenas em coletâneas temáticas ou alfabéticas providas de um sumário ou de um índice. Essas são técnicas intelectuais que estão entre as novidades decisivas da era escolástica.

O objetivo do *exemplum* é a salvação individual de cada um dos cristãos que compõem o auditório reunido aos pés do púlpito. O horizonte necessário da pregação em geral e dos *exempla* em particular é, portanto, a morte, o julgamento particular do pecador no instante de seu trespasse, as alegrias ou as tribulações do além e, no fim dos tempos, o Juízo Final e a ressurreição dos mortos. Terrificantes ou tranqüilos, a morte e os mortos estão igualmente presentes muito concretamente em um grande número de relatos para dar esperança (mostrando, com o apoio de exemplos, que até o último suspiro nunca é tarde demais para arrepender-se dos pecados) ou para despertar o medo (descrevendo com grande luxo de detalhes os castigos infernais). Os fantasmas têm, portanto, seu lugar nos *exempla*. É mesmo aí que são mais numerosos. Nesse sentido também, os *exempla*, pondo em cena fantasmas, afastam-se dos *miracula* que se serviam dos mesmos temas: estes visavam antes de tudo a reforçar a liturgia dos mortos, aqueles antes procuram preparar os cristãos para morrer bem.

Entretanto, nos *exempla*, os fantasmas apresentam-se como nos relatos miraculosos de um Pierre, o Venerável, e dirigem aos vivos solicitações semelhantes. Mas eles têm também traços inéditos. Nos *exempla*, é toda a sociedade leiga que se abisma, tanto os mortos quanto os vivos. Sempre se trata de monges e de cavaleiros, mas aí se vêem cada vez mais simples pessoas, homens das cidades e dos campos, mulheres e homens, assim como religiosos mendicantes, naturalmente. Do exército furioso fala-se relativamente menos. A atenção concentra-se, ao contrário, no morto individual, em seu pedido de missas, preces e esmolas dirigido a seus parentes próximos ou ao cura da paróquia. O lugar de onde vem o morto é bem esclarecido: é, na maior parte dos casos, o purgatório, de agora em diante bem individualizado e localizado. Uma das funções do terceiro lugar do além não é, segundo Jacques Le Goff, "o confinamento dos fantasmas"?[3] É verdade que o purgatório põe um fim em suas divagações incertas. Em uma época em que as autoridades municipais e reais inquietam-se, aliás, com a multiplicação dos vagabundos sem teto e sem fé, o purgatório dá às almas penadas um domicílio fixo. Se não é muito tranqüilizador avistá-las, pelo menos se sabe quase com certeza de onde vêm. A vagueação dos fantasmas encontra-se então canalizada, mas não negada, pois jamais os fantasmas foram tão numerosos, ou pelo menos os textos que falam deles.

Essa multiplicação dos relatos de fantasmas em busca de sufrágios é proporcional à intensificação e à difusão, na sociedade leiga, das práticas litúrgicas e mais geralmente cultuais que regem as relações entre os vivos e os mortos. O modelo litúrgico clunisiano é substituído por um modelo mendicante. No primeiro, os monges garantem por suas preces a salvação dos nobres benfeitores em troca das doações piedosas de terras aprovadas pela parentela do defunto (*laudatio parentum*). No segundo, o defunto lega individualmente, em um testamento passado diante de tabelião, somas de dinheiro destinadas a comprar, no maior número possível de igrejas, o maior número de missas capazes de apressar sua saída definitiva do purgatório. De um lado, a terra, a liturgia dos monges, a vontade coletiva da linhagem aristocrática. Do outro, a vontade do indivíduo, o papel do dinheiro e da burguesia, as ordens mendicantes e o que Jacques Chiffoleau chamou de "contabilidade do além": o registro em duplicata das missas e dos anos de purgatório que elas permitem resgatar. O quadro de todas essas práticas é a comunidade local dos vivos e dos mortos, a paróquia, o par indissociável da igreja e do cemitério no próprio centro da aldeia ou do bairro. Nesse quadro nascem, diante da morte, novas solidariedades. Quando não é possível apoiar-se em uma linhagem de ancestrais (a que forma a nobreza), faz-se associação com os vizinhos, com os semelhantes, no quadro da profissão, da paróquia, da comunidade de habitantes ou da zona de influência de um convento de mendicantes. Um dos objetivos importantes das caridades e confrarias de assistência e de prece é assegurar igualitariamente a seus membros, depois da morte, dignos funerais e, depois, os sufrágios necessários à salvação.

É todo esse mundo que, a partir do começo do século XIII, fervilha nos *exempla*, especialmente nos que relatam histórias de fantasmas. Não se cogita de estudá-los todos. Escolhamos alguns deles com a preocupação de mostrar a evolução do gênero, mas também os limites de sua difusão.

A CONTRIBUIÇÃO CISTERCIENSE

Os cistercienses pertencem simultaneamente a dois mundos, ao antigo e ao novo. Assim, seus relatos parecem, também, hesitar entre dois gêneros: os *miracula* e os *exempla.* Sua condição de monges, sua liturgia e sua espiritualidade da morte os aproximam dos clunisianos, com os quais, porém, não deixaram de confrontar-se. Mas, pertencendo a uma ordem ainda jovem e mais bem enraizada na economia monetária, informados desde suas granjas de todos os relatos que ali divulgam seus conversos e os trabalhadores assalariados, eles asseguram um traço de união entre o mundo do claustro e a sociedade aldeã, por vezes mesmo urbana.

Que a homilética cisterciense abra caminho amplamente à pregação dos mendicantes, os relatos de fantasmas o mostram em profusão. Nos próprios escritos de são Bernardo[4] e depois nas *Vidas* do fundador de Clairvaux, os mortos, como a irmã de são Malaquias ou de muitos monges defuntos, irrompem.[5] As aparições de mortos comuns, monges ou leigos, multiplicam-se sobretudo nas coletâneas cistercienses da virada dos séculos XII-XIII: o *Exordium magnum* de Conrad de Eberbach,[6] o *Liber miraculorum* de Herbert de Clairvaux,[7] o manuscrito inédito da abadia de Beaupré,[8] o *Liber miraculorum* do mosteiro de Himmerod.[9] A obra que coroa essa produção narrativa é sem nenhuma dúvida a do cisterciense renano Césaire de Heisterbach, que pôs por escrito bem uns sessenta *exempla* de fantasmas.

Originário de Colônia, Césaire nasceu por volta de 1180. Aluno da escola catedral dessa cidade, converte-se e realiza uma peregrinação ao santuário mariano de Rocamadour antes de tornar-se monge em Heisterbach, em 1199. A tomada de hábito, assim como a devoção à Virgem (muito presente em seus escritos), é uma escolha pessoal, feita aos vinte anos de idade. Sinal dos tempos: é sensível a diferença entre essa "vocação" monástica e o destino antecipadamente traçado de Otloh de Saint-Emmeran, Guibert de Nogent ou Pierre, o Venerável, oblatos educados entre os muros de um mosteiro desde seus mais tenros anos. Muito depressa, Césaire torna-se o mestre dos noviços de Heisterbach. Ele se inspirará nessa experiência para escrever entre 1219 e 1223, sob a forma de um diálogo fictício entre o *magister* (ele próprio) e um *novicius*, sua obra principal, o *Dialogus miraculorum.* Em 1227, torna-se prior, o que lhe propicia acompanhar com freqüência o abade em suas visitas a outras abadias (Marienstatt, Eberbach, Himmerod no Eifel) e em suas viagens (até os Países Baixos) e, assim, ampliar uma informação escrita e oral que transparece em seus numerosos sermões. Ele morreu por volta de 1240, deixando uma obra escrita importante e diversa, da qual se reterão aqui apenas os *exempla* que mencionam fantasmas.[10]

A maior parte desses relatos encontra-se no *Dialogus miraculorum* destinado ao ensino dos noviços, à leitura individual ou coletiva ou à pregação futura. Essa coletânea comporta, em 746 capítulos e um número quase igual de relatos, cinqüenta relatos de fantasmas. Uma dúzia de relatos semelhantes e por vezes idênticos encontra-se, por outro lado, nos sermões dominicais ou nos sermões sobre os salmos que Césaire redigiu a partir de 1225.[11]

No prólogo do *Dialogus miraculorum*, o autor explica que relata "fatos miraculosos que ocorrem em nosso tempo e cotidianamente". Eis, portanto, o "milagre no cotidiano": não se trata de sucumbir ao encanto imprevisível do maravilhoso, nem mesmo de celebrar milagres extraordinários ocorridos em um mosteiro particular, mas de expor os sinais permanentes que guiam todos os que sabem reconhecê-los no caminho da salvação. É seu valor "exemplar" que constitui o "milagre" tal como esse cisterciense o entende nessa obra antes de tudo didática e doutrinal. Esta compreende doze "distinções" que balizam o percurso ideal do cristão, desde os "méritos" adquiridos pela conversão e pela penitência (as seis primeiras distinções) até as "retribuições" depois da morte (as seis distinções seguintes). Cada relato é citado e comentado pelo "mestre" a pedido do "noviço".

Os relatos de fantasmas representam cerca de 6,6% do conjunto. Como é normal, três quintos deles encontram-se na 12ª e última distinção, pois os fantasmas são para os vivos o principal meio de conhecer "a pena e a glória dos mortos". Os mortos voltam de três lugares diferentes, de agora em diante claramente distintos na geografia do além: o paraíso, o inferno e, na grande maioria dos relatos, o purgatório. A preponderância das almas do purgatório explica-se por sua condição transitória e pelas funções de suas aparições: elas não visam apenas a informar os vivos sobre as realidades do além, a anunciar-lhes a iminência de seu trespasse ou a preveni-los contra os castigos do além. As almas penadas, e apenas elas, são suscetíveis de ver sua sorte melhorar graças às preces, às esmolas e, acima de tudo, às missas celebradas a pedido dos vivos, todas coisas supérfluas para os eleitos e inúteis para os condenados. Para Césaire de Heisterbach, os mortos que mendigam sufrágios só podem vir, portanto, do purgatório, mesmo que, desorientados pelos tormentos horríveis que ali padecem, o chamem erroneamente de "profundezas do inferno".[12] O mestre cisterciense não hesita em contradizer os próprios mortos, os que dizem voltar do inferno e também os que pretendem que as esmolas constituem o mais eficaz dos sufrágios, enquanto a missa é, segundo Césaire, mais eficaz ainda.[13]

Tratando-se dos relatos de fantasmas, uma única fonte livresca — uma coletânea cisterciense de relatos de visões — é citada.[14] Todos os outros relatos provêm de testemunhos orais, recolhidos por Césaire da boca de abades, de monges ou de religiosas pertencentes à ordem. A maior parte tem um valor local (vale do Reno, Flandres), mas outros, graças às viagens do próprio Césaire e às informações transmitidas por seu abade do capítulo geral, referem-se a casas da ordem mais afastadas, em particular Cîteaux e Clairvaux, berços dos cistercienses.[15]

Césaire erige-se em autor da obra: é seu *scriptor*, não inteiramente o que chamamos um autor (pois a escrita medieval é obra de compilação), mas certamente seu papel é mais importante que o de um simples escriba. Ele usa a primeira pessoa para dizer que foi de fato ele quem recolheu e transcreveu os relatos, depois compôs a obra. É ele também que se esconde atrás do *magister* que conduz o diálogo. Mas aí termina o valor autobiográfico do livro. Contrariamente a Pierre, o Venerável, Césaire nunca menciona aparição da qual ele próprio se teria beneficiado. Esse é um traço característico do *exemplum*, relato que se pretende totalmente objetivo. Se é essencial que o autor intervenha na primeira pessoa para dar todas as garantias quanto à transmissão "autêntica" do relato (dizendo: eu ouvi — *audivi* —, eu li — *legi*), convém também que o relato descreva uma ação que poderia ser a de qualquer cristão. A credibilidade e a eficácia do *exemplum* têm esse preço: o *exemplum* é um objeto cultural que deve poder difundir-se sem nenhuma barreira de condição, de nação ou de língua. Cada um, quem quer que seja e onde quer que viva, deve poder apropriar-se e beneficiar-se dele. A lógica é, portanto, muito diferente da que prevalece nos *miracula* de um Pierre, o Venerável: o sonho pessoal que ele conta na primeira pessoa é uma experiência singular e localizada, não reproduzível, que afirma *hinc et nunc* a legitimidade do abade e da ordem que ele encarna. Tal sonho autobiográfico não tem lugar em Césaire de Heisterbach: todos os relatos de aparições falam da visão de um terceiro. Também se trata, no mais das vezes, de uma visão em estado de vigília e não de um sonho. Fiel a toda a tradição eclesiástica, Césaire desconfia dos sonhos, dos "devaneios vãos", da *visio phantastica* em que sempre se deve temer a inspiração do diabo.[16] Fala-se de seus próprios sonhos quando convém dizer o que se experimentou. Mas fala-se das visões dos outros quando se transmite uma tradição oral sujeita à escala dos valores sociais.

Nessa coletânea, os monges são majoritários entre os mortos que aparecem e mais ainda entre os vivos que se beneficiam de suas aparições. Em sua maior parte, as aparições transcorrem no molde do parentesco espiritual da ordem cisterciense. Elas são para os monges um assunto de família. Daí a preponderância de uma estrutura narrativa simples: um monge defunto aparece diretamente a seu ex-abade, sem passar (como os cavaleiros mortos nos relatos de Pierre, o Venerável) pelo intermédio de um mensageiro (*nuntius*, *internuntius*) solicitado a ir pedir em seu nome as missas necessárias.

Em comparação com os milagres de Marmoutier ou de Cluny, a originalidade cisterciense reside, além disso, em uma forte participação das mulheres e, mais precisamente, das religiosas na troca entre vivos e mortos. Nas duas coleções monásticas anteriores que acabo de relembrar, não se inclui nenhuma mulher entre os mortos e nem mesmo entre os beneficiários das aparições. Em Césaire de Heisterbach, ao contrário, o leitor surpreende-se pela presença de cerca de uma defunta para quatro defuntos e pela de um grande número de religiosas cistercienses entre os visionários. Essa feminização dos protagonistas da aparição deve-se ao peso da "segunda ordem" — o ramo feminino — em Cîteaux. Ela anuncia a *cura feminarum* dos mendicantes. A tendência é ainda acentuada, na Renânia e em Flandres, pelo papel das monjas, das beguinas e das reclusas locais, bem conhecidas desde o século XII por suas experiências visionárias. É o que ilustra particularmente bem a irmã Aczelina, qualificada de "santa" (*beata*) e mencionada em três capítulos diferentes como beneficiária de quatro aparições de mortos:[17] um prior defunto de Clairvaux, que se acreditava estivesse no paraíso, revela-lhe que foi para o purgatório por ter aumentado por "avareza" os bens do mosteiro. Ao contrário, a santidade da abadessa Irmentrude de Ditkirchen, em Bonn, propiciou-lhe ser admitida no paraíso desde o instante de seu trespasse; contudo, ela aparece a Aczelina depois de trinta dias para lhe dar graças por sua devoção pelas Onze

Mil Virgens de Colônia. A irmã Aczelina tinha grande afeição por sua "irmã espiritual" na ordem e, quando esta estava agonizante, Aczelina a fez prometer que lhe apareceria para informá-la sobre sua sorte no além: é o que faz a defunta, revelando-lhe que está salva. Enfim, quando o monge David, de santa reputação, morre em um outro mosteiro da ordem, sua túnica cabe à irmã Aczelina. Pouco depois, o defunto lhe aparece para lhe dizer que essa túnica será mais útil ao monge Gérard Waschart. Tendo-a recebido, este último a divide por sua vez com seu irmão Frédéric, monge de Heisterbach, onde a relíquia continua a manifestar poderes taumatúrgicos.

Todos esses relatos estão muito longe de transcorrer, como os de Marmoutier, apenas entre os muros dos mosteiros. Abrem-se amplamente para a sociedade leiga (cerca de 30% dos defuntos são leigos), porque os monges ou as monjas continuam a manter com sua família carnal, inclusive depois da morte, laços que o parentesco monástico não abole, ainda que tenda a substituí-la. A um "nobre adolescente" que se tornou converso em Clairvaux e foi enviado a uma granja para guardar os carneiros, seu primo defunto aparece em um campo para o encarregar de pedir ao abade três missas em seu favor.[18] Quando o abade de Heisterbach visita, durante a Quaresma, o mosteiro das monjas cistercienses dito de Nazareth, uma jovem religiosa falecida oito anos antes entre os beneditinos de Bredehorn, na Frísia, aparece-lhe em sonho para implorar sua ajuda. Ela foi abandonada por toda a sua família carnal: seu pai, sua mãe, sua tia materna (que se tornou, ela própria, religiosa de Nazareth), sua prima (cisterciense em Sion) e duas outras irmãs, ambas casadas, de sua mãe. A jovem monja defunta tampouco se beneficiou das preces de suas irmãs na religião, isto é, do conjunto das monjas beneditinas. Os sufrágios ordenados pelo abade cisterciense vão paliar, assim, a dupla falha da família carnal e da família espiritual. E Césaire conclui pela supremacia dos monges brancos sobre os monges pretos que negligenciam seus próprios mortos...[19]

Abertura para o mundo leigo também, porque os mosteiros cistercienses mantêm (como Cluny) relações de toda natureza com a aristocracia das redondezas. Mas a maior parte dos nobres ou dos cavaleiros que aparece no *Dialogus miraculorum* não tem nada a esperar dos vivos: são condenados e retornam apenas para prevenir os vivos contra o castigo infernal a que também eles estão expostos. Não são, como para Pierre, o Venerável, doadores tradicionais ou potenciais. Inseridos na economia monetária e mercantil, os mosteiros cistercienses já não contam tanto, para crescer e multiplicar-se, com as doações piedosas da nobreza. Os nobres podem ser tomados pelo que são: vis guerreiros pecadores e saqueadores. O conde Guillaume de Julliers bem que mereceu a sorte terrível que padece depois da morte: é o diabo em pessoa que informa disso seu vassalo Walter, depois o condenado o confirma tristemente, aparecendo a uma reclusa. Mas nem todos são tão maus: o pai desse mesmo Walter foi tirado das garras do diabo ao fim de 21 anos pelas preces assíduas de sua viúva (ela perdeu um olho de tanto chorar!) e de seu filho Thierry, um monge cisterciense que o diabo, furioso, trata de "careca e piolhento".[20]

Duas razões justificam particularmente a sorte pouco invejável dos guerreiros no além: as violências exercidas contra os pobres e os fracos e a prática do torneio. A primeira deixa geralmente uma esperança ao morto, com a condição de que seus herdeiros consintam em restituir o bem mal adquirido. Como em Pierre, o Venerável, esse tipo de aparição reintroduz o papel do *nuntius*, do intermediário entre o morto e os vivos. Supérflua no interior do mosteiro, essa função de intermediário torna-se novamente necessária desde que a relação entre os vivos e os mortos inclua os leigos. O morto encarrega seu mensageiro de defender sua causa diante de seus filhos, para que eles próprios aceitem ir, em seguida, pedir os preciosos sufrágios ao abade do mosteiro. Tal como neste relato que Césaire deve ao monge Jean de Heisterbach, que, por sua vez, deve-o a seu pai Erkinbert, um burguês de Andernach. Esse homem viu o cavaleiro defunto Frédéric de Kelle montado em um cavalo de batalha negro, que cuspia chamas e fumaça. O morto lhe pediu que se dirigisse a seus filhos para rogar-lhes que devolvessem a uma pobre viúva a pele de carneiro que ele lhe roubara e com a qual aparece vestido. Mas os filhos recusam, abandonando o pai a seus tormentos eternos.[21] A sorte de um outro cavaleiro defunto que enriqueceu pela usura e legou ao filho seus bens mal adquiridos não é mais invejável. Uma noite, ele bate com força à porta de sua casa, gritando seu nome (que Césaire evita repetir) e afirmando que é o dono da casa. O servidor de seu filho olha pelo buraco da fechadura e reconhece o morto, mas responde hipocritamente que seu patrão morreu e que não abrirá. Desistindo, o cavaleiro defunto parte novamente, depois de ter pendurado na porta os peixes que trouxera para o filho. De manhã, este descobre que aquele "alimento infernal cozido no fogo sulfuroso" transformou-se em sapos e serpentes.[22] Poucos textos exprimem tão bem quanto este, até nas palavras empregadas (*fortiter pulsans*), o caráter pulsional do retorno da imagem do pai contra todos os esforços de defesa do filho.[23]

Uma danação inapelável ameaça também os cavaleiros mortos em torneio e que continuam, depois do trespasse, a enfrentar-se em coortes numerosas. A seu respeito, Césaire retoma, mas no sentido próprio, a metáfora de são Bernardo: eles são a "milícia do diabo". O tema não é estranho ao do "exército dos mortos", pela violência e pelo caráter coletivo da maior parte dessas aparições, pelos tempos e pelos lugares em que se produzem, à noite, na orla de uma floresta, na estrada principal ou nos campos. Poucos homens sobrevivem a tais aparições. É tal torneio "fantástico" (não de corpos reais, esclarece Césaire, mas de imagens suscitadas pelo diabo) que se avista às margens do Moselle em 1223: entre os contendores defuntos, as testemunhas reconheceram o conde Louis de Looz e seus irmãos Arnold e Henri, seguidos dos cavaleiros Thierry Heiger e Henri de Limbach.[24] Uma outra vez, um padre escuta em um campo, ao cair da noite, o fragor de um "enorme torneio de mortos", que chamam "Walter de Milene, Walter de Milene". Um cavaleiro com esse nome morrera pouco antes. Até o amanhecer, o padre se protege traçando círculos ao seu redor toda vez que a aparição se reproduz.[25]

Nos relatos de Césaire de Heisterbach, a sociedade leiga inteira está presente. Todo o pequeno mundo variegado e pecador da cidade ali se anima: "mulheres de padre", burgueses, usurários, ladrões e também padres seculares ou cônegos. O retrato que o autor faz deles está longe de ser sempre negativo: em simples mulheres, ele sabe reconhecer formas de devoção que cita como exemplo. Assim, a comovente piedade conjugal da mulher do usurário de Liège: recusando desesperar da salvação improvável de seu esposo, consegue que seu corpo privado de sepultura cristã seja enterrado no cemitério, onde ela própria se faz emparedar como reclusa. Durante sete anos, ora continuamente pela alma do marido, até que ele lhe aparece pobremente vestido e lhe pede que persevere. Sete anos mais e ele lhe aparece todo vestido de branco, definitivamente salvo.[26] Na proximidade imediata de Heisterbach, a atração crescente da grande cidade de Colônia é sensível. Todas as vezes que estava a sós, um burguês dessa cidade recitava a Ave-Maria. Depois de sua morte, ele aparece à sua sobrinha coberto da cabeça aos pés com as letras dessa prece.[27] É esse gênero de relatos que passou, sem que seja necessário mudar uma única palavra, para os *exempla* dos mendicantes.

A MÁQUINA DE PREGAÇÃO: AS ORDENS MENDICANTES

Depois dos cistercienses, o corpus narrativo acumulado pelos religiosos das ordens mendicantes toma tais proporções que desafia as contagens. Ele se abstrai também cada vez mais de todo enraizamento sociológico ou local determinado: se para um pregador os irmãos de sua ordem continuam a ser informadores privilegiados, os heróis de suas histórias devem pertencer a todas as categorias sociais, a todos os grupos de idade e tanto a um sexo como ao outro: cavaleiros, artesãos, usurários, camponeses crédulos, velhas mulheres supersticiosas, assim como jovens coquetes. De resto, algumas coletâneas de sermões adotam uma classificação *ad status* — segundo os grupos socioprofissionais —, em busca de uma melhor adequação da palavra da Igreja às novas realidades sociais. Da mesma maneira, não há tema que essa palavra evite abordar: toda a vida dos homens comuns — relações conjugais, tempo do trabalho, transações na feira, escapadas no bordel etc. — fornece matéria para pregar e desferir lições de moral. É na trama densa das relações sociais ordinárias que se insere, nos sermões dos mendicantes, a massa onipresente dos relatos de fantasmas. Por certo, os pregadores falam dos fantasmas sobretudo a propósito da preparação para a morte ou das incertezas do trespasse e de seu amanhã.[28] Mas os fantasmas insinuam-se ainda em outras partes, prontos a irromper no melhor da vida, para relembrar, quando menos se espera, que tudo tem um fim e que é preciso manter-se preparado para morrer.

Vejamos o *Liber exemplorum*, escrito no meio do século XIII por um franciscano inglês anônimo da província da Irlanda. A obra é dividida em duas partes de extensão muito desigual: a primeira (sessenta capítulos) reúne *exempla* referentes às "coisas superiores": Cristo, a Virgem, os anjos. Aí se encontram dois relatos de fantasmas destinados a relembrar o poder de intercessão da Virgem depois da morte.[29] A segunda parte (152 capítulos) trata das "coisas inferiores", isto é, da vida cotidiana examinada segundo a série dos vícios classificados em ordem alfabética. Ora, não há domínio em que os fantasmas não sejam úteis para recolocar os vivos no caminho reto: que apareçam uma única vez e tudo entra na ordem! Graças a eles, a preocupação com a morte não abandonará mais a jovem mulher culpada de *acedia* (negligência nos deveres religiosos) ou o beberrão afogado na *gula*, o vício dos comedores e bebedores impenitentes. Eis dois exemplos:[30] quando o autor da coletânea exercia, sete anos antes, as funções de leitor no convento de Cork, uma viúva foi assassinada à noite em seu quarto por um ladrão. Alguns dias mais tarde, ela aparece à sua irmã de trinta anos e lhe diz em inglês que está horrivelmente queimada porque, nos dias de festa, deixava a igreja antes da comunhão: "for that I hoede out er the un(der)git". O franciscano traduz: "Quia exivi ante communionem" e explica à boa mulher (*muliercula*) o sentido das palavras de sua irmã morta: quando o padre toma o corpo de Cristo na missa, ele o faz por todo o povo da paróquia, que deve então estar presente, sem exceção. Uma cena equivalente, com os mesmos protagonistas, permite ao pregador, um pouco mais adiante, falar das violências exercidas contra as pessoas inocentes e seus bens: a viúva assassinada aparece uma segunda vez à sua irmã e a dissuade de exercer represálias contra seus assassinos. Ela diz dispor da proteção de um pugilista (*pugillator*) que poderia vingá-la, se quisesse. Ela consente em dar o nome do pugilista, "Nazareus", mas sua irmã continua a não compreender... Esta, qualificada de *ydiota*, dirige-se ao franciscano, que lhe revela que o defensor de sua irmã não é outro senão o Cristo. E, no mesmo impulso, faz-lhe um pequeno sermão sobre a justiça e a misericórdia divinas.

Na mesma época, em Flandres, o dominicano Thomas de Cantimpré compila uma obra enorme, o *Bonum universale de apibus*, que a uma só vez tem algo da coletânea de *exempla* e da enciclopédia moral.[31] A metáfora das abelhas, que compõe o título da obra, é bem justificada: a obra é como uma colméia com seus favos, em que cada alvéolo acolhe um novo relato. Também ela compreende duas partes desiguais: uma refere-se aos *prelati*, os eclesiásticos (25 capítulos); a outra, aos "outros homens" (57 capítulos). Cada capítulo aborda, por sua vez, dezenas de pontos, cada um ilustrado por vários *exempla*. A questão dos "sufrágios pelos defuntos" acarreta, como é normal, uma multidão de relatos de fantasmas. A novidade reside na extensão da noção e da lista dos sufrágios: à trilogia tradicional das preces, esmolas e missas, vêm acrescentar-se, sob outras tantas rubricas novas, as lágrimas, o jejum, a vigília e a aflição, a restituição dos bens mal adquiridos, para formar, a exemplo dos setenários dos vícios, das virtudes ou dos dons do Espírito Santo, um novo setenário dos sufrágios pelos mortos.[32] O pensamento pelos mortos não pode mais ser uma atividade limitada no tempo, restrita a uma cerimônia litúrgica; deve acompanhar todas as atividades cotidianas das pessoas comuns e contribuir, assim, para moldar as atitudes de uma piedade corporal, cada vez mais marcada pelas lágrimas e pelas macerações, tanto quanto pela reflexão sobre a fragilidade da vida humana, o pecado e a penitência.

Notemos também como os relatos de fantasmas reforçam as implicações econômicas da penitência e deixam transparecer, sob a ironia, a crítica provocada pela importância crescente do dinheiro nos assuntos espirituais. Vemo-lo já no *Liber exemplorum*, que relata um caso que, em seu tempo, causou grande rumor em Ulster: o irmão Dunekan, que o testemunhou, fez-lhe o relato ao irmão Robert de Dodington, que o retomou, por sua vez, em um sermão. A um dono de casa que compra com dinheiro a salvação de seu filho recém-falecido, um irmão franciscano vende indulgências por algumas moedas e uma porção de vinho (o *biberagium*, comparável ao que era originalmente o *bed and breakfast* caridosamente oferecido a um pobre de passagem). O negócio é fechado, e, na noite seguinte, "o espírito do filho" aparece, cercado de luz, a seu pai adormecido para lhe revelar que está salvo. O pai desperta toda a casa, inclusive o franciscano, que se arrepende de ter vendido um bem tão precioso quando pensava estar vendendo apenas vento. Ele quer comprá-lo de volta, mas seu novo proprietário não quer desfazer-se dele.[33] O *exemplum* é ambíguo: fustiga a cupidez de certos religiosos, mas demonstra também a eficácia das indulgências e das esmolas para a libertação das almas do purgatório.

Por seu lado, Thomas de Cantimpré apresenta a *restitutio* dos bens mal adquiridos — garantias usurárias e cartas de crédito abusivas — como um meio de livrar os mortos de seus tormentos: o pai de um dominicano a quem Thomas deve seu relato morreu antes de ter podido pagar o ferrador que ferrara seu cavalo; o defunto aparece a seu servidor tendo na mão uma ferradura incandescente e roga-lhe que vá procurar seu filho dominicano e sua viúva, para que eles paguem sua dívida.[34]

A repetição dos mesmos motivos ou dos mesmos *exempla* de uma coletânea ou de um sermão ao outro, assim como sua inserção em sistemas de classificação e de demonstração recorrentes, tendem a suprimir cada vez mais os traços singulares e o efeito de surpresa que pode conter cada um desses relatos. A aparição de um morto, que tantos escritos apresentam como um fenômeno estupeficante e terrível, não passa de um roteiro no qual cada papel é conhecido por antecipação e cujo desenvolvimento se reduz, na maior parte do tempo, ao mesmo esquema. Pode-se resumir como se segue essa história-padrão: a um *quidam* desperto ou, mais excepcionalmente, adormecido, aparece um parente morto que não tem muito boa aparência. Ele lhe fala no estilo direto: "Não temas nada, não venho para te fazer mal. Padeço terríveis tormentos no purgatório e venho pedir-te que apresses minha libertação por missas, preces e esmolas". O vivo, convencido por algum "sinal" da verdade da aparição, aceita fazer o necessário, e em breve o morto resplandecente lhe aparece uma segunda vez para lhe dar a conhecer que está salvo e agradecer-lhe.

A banalização dos relatos de aparições dos mortos não é um fenômeno isolado. Ela responde a uma estratégia de conjunto, cujo objetivo é criar um modo cristão de familiaridade edificante com a morte e os mortos, orquestrada, além disso, pela maior ritualização dos funerais, pela valorização do espaço do cemitério como espaço sagrado no centro da comunidade dos vivos, pela participação no ofício dos mortos e, nas classes privilegiadas, pela leitura cotidiana do livro de horas. A celebração, pelas confrarias, da memória dos confrades mortos, a multiplicação, às dezenas e às centenas, das missas pelos defuntos acusam coletivamente a mesma tendência. Dois relatos, reproduzidos em dezenas de exemplares, parecem-me ter, no quadro dessa ideologia maciça da morte cristã, um valor paradigmático. Vamos dar-lhes os títulos de "A promessa dos dois amigos" e "A travessia do cemitério".

O primeiro tipo narrativo retoma o tema antigo dos dois amigos que fazem mutuamente a promessa de que o primeiro a morrer aparecerá ao outro para lhe revelar seu "estado" no além. O pacto visa expressamente a provocar a aparição. Esta é, portanto, desejada e mesmo, em princípio, esperada.[35] Césaire de Heisterbach retoma esse relato-padrão em quatro relatos pelo menos, fazendo variar as condições sociais dos protagonistas: são, segundo os casos, dois clérigos, dois monges, duas religiosas ou um cavaleiro e sua filha.[36] Em outras coletâneas, o mesmo relato pode referir-se a um mestre-escola e seu aluno, ou a dois estudantes.[37] Alhures, ele serve de estrutura para abrigar o tema dos amantes que juram reencontrar-se apesar da morte.[38] Com efeito, o tema ultrapassa em muito os *exempla* apenas. O continuador da anônima *Crônica do dominicano de Colmar* (1308-14) diz dever tal história ao amigo sobrevivente, um vagabundo chamado Sererius, que teria contado sua aventura a uma burguesa de Soultzmat, ela própria informadora do cronista dominicano. O defunto compremetera-se a aparecer ao outro no trigésimo dia depois de seu trespasse. No dia combinado, Sererius entra na taberna de uma aldeia, bebe bastante e, como nas histórias de pacto com o diabo, esquece sua promessa. O morto dirige-se a uma casa desabitada da vizinhança e chama de longe um camponês que passa por ali: "Vai à taberna e dize a Sererius que seu companheiro o espera nesta casa para lhe revelar, como prometido, o estado dos defuntos fiéis e infiéis". Terrificado pela notícia, Sererius replica que recusa "escutar as palavras dos mortos". Uma hora mais tarde, ao crepúsculo, o fantasma envia um outro camponês. Desta vez, Sererius se enraivece: "Não quero que ele fale comigo e não quero responder-lhe!". Alguns dias mais tarde, procurando uma ponte para atravessar um rio a vau, ele vê uma tropa a cavalo aproximar-se dele e reconhece cavaleiros defuntos, mortos em combate. Todos atravessam o rio em silêncio, com exceção de um único que se dirige para ele: é seu companheiro. Sererius quer fugir, mas o outro o dissuade disso e, ameaçando-o de morte, força-o a escutá-lo.[39]

Os incontáveis relatos de aparições ligados à travessia do cemitério paroquial constituem um outro tipo muito importante. Ele se liga ao papel central desempenhado pelo cemitério, sobretudo na Idade Média central, na estruturação simbólica do espaço dos vivos. Os pregadores vão repetindo que se pode atravessar sem receio um cemitério à noite, com a condição de orar pelos mortos que ali repousam, que estes são gratos aos homens piedosos e que, chegado o momento, virão em seu auxílio. Seja a história do padre que tinha o hábito de orar pelos mortos toda vez que atravessava o cemitério. Uma noite, ele os ouve terminar sua própria prece por um "amém, amém".[40] Alhures, um cavaleiro tinha o costume de vir orar no cemitério; no dia em que seus inimigos o perseguem ali, os mortos erguem-se de suas sepulturas para o socorrer.[41] No entanto, os mortos podem também castigar os vivos que negligenciam orar por eles, ou ameaçar de levar consigo os que infringem as regras da moral. Uma história bem conhecida põe em cena um bispo que pretendia proibir um simples padre de celebrar a missa pelos mortos. Estes ameaçam castigá-lo duramente.[42] Em um *exemplum* não menos famoso, um beberrão, atravessando à noite um cemitério, tropeça em um crânio. Ele se enfurece: "Que é que tens de ficar largada aí, caveira miserável? Vem à minha casa, partilharás minha mesa".[43] O crânio responde-lhe que aceita seu convite e o acompanha; terrificado, o outro fecha-se em casa e, quando o morto bate violentamente à porta ("ostium pulsans", a expressão é a mesma que em Césaire de Heisterbach a propósito do pai defunto que leva peixes ao filho), manda-lhe responder que o dono está ausente. "Eu sei bem que ele está aí", insiste o morto, "vou entrar por bem ou por mal." O beberrão (que de súbito recobrou-se completamente) manda abrir a porta e vê entrar "a figura miserável de um homem morto, apresentando o terrível espetáculo dos ossos e das carnes consumidos". Segundo o esquema narrativo do convite mútuo que se fazem um vivo e um morto (como no encontro, em Gautier Map, do rei Herla e do rei dos pigmeus), o morto convida o beberrão a dirigir-se à sua casa oito dias mais tarde. O conto fantástico desponta sob o *exemplum*, e o terror dos mortos exprime-se livremente nessa figura de esfolado já característica do macabro.

Detenhamo-nos, para terminar, na curiosa obra de Rodolphe de Sélestat, prior do convento dos pregadores dessa cidade depois de 1288. Trata-se de uma compilação de 56 anedotas que se contavam na época nessa região. A obra é difícil de caracterizar, e o título de *Historiae memorabiles* é devido ao editor moderno. De fato, é a uma só vez uma crônica regional recheada de rumores e de fatos imaginários e uma coletânea de *exempla* passível de ser utilizada no púlpito. Uns vinte relatos referem-se à perseguição dos judeus, notadamente ao *pogrom* da Francônia em 1298, enriquecido de relatos de pretensas profanações de hóstias e de legendários assassinatos rituais de crianças cristãs pelos judeus. Seis relatos referem-se a fantasmas, um mais fantástico que o outro:[44] um bispo de Lübeck sai de sua sepultura e expulsa de sua igreja, a golpes de candelabro, seu sucessor indigno; um cavaleiro salteador, Swigerus, reconhece no exército selvagem o duplo de seu cavalo de batalha descarnado. O sire Berthold de Stauffen visita na Basiléia sua irmã, viúva do burguês Peter Schaller. Este último lhe aparece em seu quarto e permite-lhe escapar por pouco do diabo, metamorfoseado em mulher. Um oficial desonesto, Henri de Rheinau, cavalga com seu genro; de repente seu cavalo dá uma guinada, ele grita para seu companheiro se afastar e cai por terra, com a mão terrivelmente queimada. Ele dirá mais tarde ter sido atacado por três mortos que seu genro não viu: Eberhard de Habsbourg, o burguês Henri de Orschwiller e o cavaleiro

Henri, que foi morto em combate. Enfim, dois relatos referentes a um cônego rico e preboste da catedral da Basiléia, Thierry de Spechbach, que acumula benefícios eclesiásticos e ama a boa mesa e as mulheres. Por ocasião de uma vistoria de suas prebendas, ele passa a noite na casa de um de seus vigários. Tendo comido bem e dormido um sono suave até onze horas, ele "desperta, vai urinar e deita-se novamente, deixando a janela aberta para poder gozar da serenidade do céu e do ar". A janela dá para o cemitério, onde ele avista de súbito uma multidão de homens que dançam com tochas e cantam em alemão uma humilde canção chorosa que é também uma advertência em sua intenção. No manuscrito, a partitura musical é transcrita com as notas ao mesmo tempo que as palavras.[45]

Mais tarde, o preboste morre, idoso, mas sem se ter emendado. Poucos dias depois de seu trespasse, um guarda da catedral vê em sonho sua alma torturada por demônios sobre uma alta coluna provida de navalhas. Então é a vez de o preboste defunto cantar, mas em latim, porque era clérigo. Mais uma vez, o manuscrito reproduz as notas da canção, que o guarda reteve tão bem que pôde cantá-la para os cônegos:

Nós que estamos em lugar descoberto,
Voz clamando no deserto,
Nós, o deserto, nós, desertados,
De nossas penas estamos certos.[46]

O "deserto" da morte é, para a tropa anônima das almas penadas, a perda dos laços de parentesco que elas não conseguem reatar entre si nem com os vivos.

Esses relatos de Rodolphe de Sélestat são conhecidos apenas por um manuscrito do século XVI, copiado pelo conde de Zimmern e parcialmente utilizado pelo sobrinho deste em sua *Crônica de Zimmern*, em alemão. Aí são retomadas, entre outras, as histórias do cavaleiro salteador Swigerus, do sire Berthold de Stauffen e do preboste Thierry de Spechbach, espectador da dança dos mortos (*Totentanz*) no cemitério.[47] Essa recepção tardia do relato confirma que o macabro do fim da Idade Média, com os corpos descarnados e pútridos em um caso, no outro a dança dos mortos, a uma só vez prolongou e ultrapassou a representação sensivelmente diferente que os pregadores mendicantes do século XIII procuraram impor. Com efeito, os *exempla* dos séculos XIII e XIV, em sua maior parte, não insistiam no terror despertado pelos fantasmas nem no horror da própria morte. Antes destilando um mínimo de pavor, eles enunciavam a aritmética dos méritos, dos sufrágios e das penas, e relembravam as lições que os mortos podem dar aos vivos para os incitar a calcular suas possibilidades de escapar ao inferno e de encurtar seu tempo de purgatório.

Os relatos, portanto, passam por distorções segundo os tipos de obras nos quais se inserem. Da mesma maneira, sofrem desvios no tempo e no espaço. A relativa uniformização, na escala de toda a Europa, da cultura cristã nos últimos séculos da Idade Média é um fenômeno de primeira importância. Mas ela não deve mascarar as diferenças socioculturais nem as diferenças regionais. Marginais com relação aos centros urbanos do poder e da cultura, certas zonas escapam mais que outras às malhas da pregação mendicante e aos esforços de apostolado oriundos do IV Concílio de Latrão de 1215. A domesticação dos fantasmas ali permanece imperfeita, como se pode constatar, a um século de distância, em três regiões muito afastadas uma da outra mas que têm em comum ter sofrido mais superficialmente ou mais tardiamente a penetração das correntes majoritárias da cultura oficial: os Pireneus ariegenses, o Yorkshire, no extremo norte do reino da Inglaterra, e a Bretanha.

AS ALMAS ERRANTES DE MONTAILLOU

É ao registro de inquisição do bispo de Pamiers, Jacques Fournier, que devemos o conhecimento dos fantasmas da Ariège no começo do século XIV.[48] Mas devemo-lo também a personagens localmente investidos do poder de ver os mortos e de comunicar-se com eles. São os "armiers" ou "mensageiros das almas". Um dos mais reputados é Arnaud Gélis, aliás Boutheiller, do Mas-Saint-Antonin. Arnaud é o doméstico de um cônego, uma espécie de sacristão que, seguro das revelações que obtém dos mortos, encaminha as famílias enlutadas — sobretudo as mulheres — aos padres que dizem as missas pelos defuntos. Com isso ele ganha bebida e comida ou pequenas somas de dinheiro. Instado pelo juiz, ele admite ter se beneficiado de umas vinte aparições, todas percebidas em estado de vigília. Os defuntos que vê isoladamente lhe eram conhecidos e, portanto, pode nomeá-los. Muitos são cônegos (Hugues de Durfort, Hugues de Rous, Athon d'Unzent, Pierre Durand etc.) que, recém-falecidos, continuam a apelar aos seus serviços e o encarregam de mandar dizer missas por eles. Ele serve também de mediador em assuntos de família deixados pendentes depois do falecimento de um parente: uma defunta de nome Barcelone o encarrega de reconciliar seu genro Guillaume de Loubens com sua filha, que fugiu para a casa de seu irmão Arnaud de Calmelles, em Pamiers; mas a filha não quer escutar nada. A Brune d'Escosse ele deve ir dizer, da parte de sua falecida filha, Barcelone, viúva de Pons Faure, que ela deve renunciar às suas camisas de seda. Por vezes, Arnaud vê muito mais de um morto ao mesmo tempo: quando a alma de Pons Bru lhe aparece na época das vindimas, parece-lhe acompanhada de uma centena de outras almas que regressam da igreja de Saint-Martin-de-Juillac.

Arnaud não é o único a fazer profissão de ver os mortos. Há também mensageiras das almas, como Arnaude Rives, de Belcaire, e Raimonde, filha de Pons Hugon de La Force. Esta última é a própria prima de Arnaud Gélis, que pôde beneficiar-se de suas revelações. Ela vê com freqüência os mortos e fala com eles. Acontece-lhe mesmo de ausentar-se três ou quatro dias para "ir com os mortos", e ela retorna muito entristecida: reconhece-se aqui o modelo "xamanista" da viagem com os mortos, igualmente presente entre os *benandanti* do Frioul e cuja forma diabolizada pela Igreja será o sabá das feiticeiras.[49] Ao longo de suas viagens, Raimonde viu os pais de Arnaud, que a encarregaram de mensagens para seu filho. Sua mãe Rousse quer que ele dê um bom véu a uma pobre velha, e seu pai, Raimond Gélis, pede-lhe que pague uma dívida que ele próprio não teve tempo de pagar.

Se todas as testemunhas interrogadas pelo inquisidor afirmam o papel privilegiado dos mensageiros das almas, todas admitem também que os mortos, dotados de um corpo, embora invisíveis, são onipresentes. A tal ponto que se corre o risco de chocar-se com eles sem saber se, ao caminhar, estendem-se muito bruscamente os braços ou as pernas... Os camponeses de Montaillou não adotaram realmente a representação eclesiástica do purgatório, nascido, contudo, um século antes. Um único morto evoca seus sofrimentos no "fogo purgatório", mas é um cônego de Pamiers, Pierre Durand. Os outros vagam "pelas colinas e terras incultas", na proximidade imediata da aldeia, nos caminhos e ao redor das casas. Visitam de preferência as igrejas de que foram paroquianos, onde foram enterrados, onde seus amigos oram e mantêm por eles lâmpadas de azeite. Apenas os condenados são conduzidos pelos demônios para os despenhadeiros. Quanto aos judeus, não se sabe se vão para o "lugar do repouso", talvez mesmo também vão para o paraíso, mas, por ora, é certo que não entram nas igrejas. No dia de Todos os Santos, as coortes de almas chegam juntas ao "lugar do repouso", uma antecâmara terrestre, tranqüila e desprovida de penas, do paraíso que se abrirá para elas no Juízo Final.

Às representações "verticais" do além da Igreja — do inferno ao céu, passando pelo purgatório —, os camponeses de Montaillou opõem então, segundo a expressão de Emmanuel Le Roy Ladurie, um "folclore horizontal" que mantém os mortos familiares bem perto dos vivos e poupa-lhes os tormentos e o desterro de um purgatório distante. Mas os aldeões enunciam suas crenças sem espírito de contradição, contentando-se em repetir o que, pensam eles, sempre se disse em seus vales. De resto, como o papel de um Arnaud Gélis o mostra bem, todas essas crenças diversas mantêm bom convívio, pelo menos até a chegada dos inquisidores.

OS "ESPÍRITOS" DO YORKSHIRE

Por volta de 1400, um monge anônimo da abadia cisterciense de Byland, situada no condado de York, no extremo norte da Inglaterra, consulta um manuscrito de mais de dois séculos da biblioteca de seu mosteiro e percebe que, em dois trechos, alguns fólios permanecem vazios... O prestígio das obras contidas no manuscrito (obras de Cícero e, mais recentes, de Honorius Augustodunensis) não o dissuade de acrescentar de próprio punho uma dúzia de histórias que ele mesmo ouviu contar nas redondezas: "histórias de fantasmas".[50] A presença, nos fólios vizinhos, de obras de retórica e de uma coleção de lugares-comuns referentes à penitência sugere que o cisterciense tinha a intenção de utilizar esses relatos como *exempla*. Mas, com toda a evidência, ele cedeu sobretudo ao fascínio de histórias extraordinárias e propriamente fantásticas.[51] Todos esses relatos referem-se a fatos locais e recentes, dos quais o monge não foi testemunha direta, mas que lhe foram transmitidos oralmente. A narração enraíza-se em uma paisagem conhecida, cujos lugares são próximos e nomeados: a vizinha abadia cisterciense de Rielvaux, a aldeia de Ampleforth várias vezes citada, a cidade de York etc. O monge de Byland declara-se preocupado em transmitir exatamente seja o rumor público (*dicitur, referunt aliqui...*), seja o testemunho dos "antigos" (*veteres*, *seniores*, *antiqui*...). Mas, diferentemente dos autores de *exempla*, não cita nominalmente nenhum informador. Não procura dar uma caução eclesiástica a seus relatos, e por isso talvez estes sejam mais livres com relação aos modelos culturais oficiais. Evita também dar a eles um comentário moral.[52]

Em doze relatos, onze referem-se a aparições de mortos.[53] Eles não apresentam uma estrutura narrativa única. Alguns lembram os *miracula* ou os *exempla* já examinados, com os papéis distintos do morto, do beneficiário e, por vezes, do destinatário da aparição. Em tal caso "prodigioso" (*mirabili dictu*) — o de uma mulher que carrega um espírito às costas...[54] — não há nenhum desenvolvimento narrativo. Em outros casos, ao contrário, o relato passa por muitas reviravoltas.[55]

Essas aparições são sempre percebidas em estado de vigília, nunca em sonho. Trata-se de aparições individuais, mas que se produzem freqüentemente, como em outras coletâneas, sobre fundo de tropa dos mortos: em um caso, quinze espíritos invisíveis, trinta em um outro caso, acompanham o único espírito que se manifesta.[56] Em um outro relato, um cortejo de mortos montados em animais lembra a tropa que apareceu a Walchelin no relato de Orderic Vital: Richard Rountre de Cleveland dirige-se em peregrinação a Santiago com um grupo de peregrinos. Estes param à noite à beira da estrada real e organizam um turno de guarda em razão dos "terrores noturnos"; quando é sua vez de velar, Richard vê passar uma multidão de mortos fazendo grande rumor e montando suas *mortuaria*, isto é, os cavalos, carneiros, bois e outros animais oferecidos à Igreja por ocasião dos funerais.[57]

Globalmente, as razões e os objetivos das aparições estão de acordo com os esquemas habituais e com a ideologia eclesiástica. Os espíritos manifestam-se por causa de pecados não expiados: assassinatos (entre os quais o de uma mulher grávida), roubos (segundo os casos, de colheres, de seis moedas ou de feno para engordar fraudulentamente um boi), perjúrio, subtração de herança, concubinato de um padre, ou ainda morte sem batismo de um recém-nascido (o que lembra o caso do meio-irmão adulterino de Guibert de Nogent). Vários foram excomungados em vida e morreram sem ter sido reconciliados com a Igreja. São almas penadas que os vivos "conjuram" ritualmente a dizer-lhes seu "nome", a "causa" (de sua aparição) e o "remédio" (de que precisam) (*nomen, causam, remedium*). Esse "remédio" é comumente a "absolvição" de um padre. Os clérigos também intervêm, portanto, mas essencialmente a título de destinatários da aparição, aptos a dizer missas pela salvação do morto.

A despeito desses traços bastante comuns, essa coleção de relatos distingue-se, por seu caráter fantástico, da maior parte dos *exempla* contemporâneos. Apenas os relatos transmitidos por Guillaume de Newburg dois séculos antes, exatamente para a mesma região, o Yorkshire, apresentam traços similares no que se refere aos modos de aparição dos fantasmas e os meios empregados pelos vivos para livrar-se deles. Nesses relatos, nunca se trata de "almas do purgatório", mas de "espíritos" muito corporais que saem de suas sepulturas, espalham-se fora do cemitério, aterrorizam os aldeões que os reconhecem sem dificuldade e os atacam com igual violência. Esses "espíritos" (*spiritus*) apresentam-se comumente sob uma forma humana, mas alguns estão sujeitos a surpreendentes metamorfoses: um deles, "ex-mercenário" de Rielvaux, aparece a um homem sob a forma de um cavalo que se empina, de um monte de feno provido de uma luz no meio e, enfim, "na figura de um homem" que propõe ao vivo carregar seu saco de favas (leguminosas tradicionalmente ligadas à morte), mas não além de uma torrente, espécie de fronteira simbólica que ele se recusa a atravessar.[58] Um outro morto, que fora excomungado, aparece ao alfaiate Snowball sob a aparência de um corvo adejando como se fosse morrer e lançando centelhas pelo lado. Chocando-se com violência contra o homem, fere-o cruelmente e o faz cair do cavalo. O mesmo espírito reaparece em seguida sob a forma de um cão com uma corrente no pescoço, mas capaz de falar como um homem para rogar a Snowball que peça por ele sufrágios a um padre. Quando lhe aparece novamente, é sob a forma de uma cabra que geme fazendo "ah! ah! ah!", cai por terra e depois reergue-se com a aparência de um homem de enorme estatura. Ao longo de todo o relato, dois outros espíritos giram em torno de Snowball. Ele não os vê, mas fica sabendo pelo primeiro espírito que um, assassino de sua mulher, é como um bezerro sem olhos nem boca nem orelhas (ele não pode comunicar-se com os vivos e, portanto, não será nem conjurado nem salvo), enquanto o outro, sob a forma de um caçador tocando trompa (o que evoca a Caça selvagem), é um religioso defunto que só uma criança impúbere (privilégio da virgindade) poderá conjurar.[59]

Mesmo quando vêm pedir expressamente sufrágios, esses espíritos são habitualmente agressivos, perigosos e temidos. O ferimento infligido pelo corvo a Snowball é um meio de chantagem: o espírito só lhe revelará o meio mágico de curar (esfregando-se com certo arenito que ele encontrará sob uma pedra chata em uma torrente) quando ele lhe trouxer a absolvição de um padre. Em Kilburn, o espírito de Robert, filho de Robert de Boltebi, escapa à noite do cemitério, aterroriza os habitantes e faz uivar os cães.[60] O espírito do ex-cura de Kirkby, Jacques Tankerlay, volta uma noite para arrancar um olho de sua concubina.[61] Em Ampleforth, um espírito anônimo segue quatro noites seguidas Guillaume de Bradforth, gritando três vezes "how! how! how!"; sua voz terrível ressoa como o eco na montanha, lançando o apavorado cão de Guillaume às pernas de seu dono.[62] Em Ampleforth ainda, o espírito da irmã de Adam de Lond é a causa dos "medos noturnos e do terror das gentes da aldeia".[63] Em Cleveland, o espírito de um morto que fora excomungado segue um homem durante 24 milhas e, não conseguindo fazer-se "conjurar" por uma outra testemunha, arremessa-a por cima de uma cerca.[64]

A maior parte desses mortos é nomeada. São todos homens (com uma exceção) e todos leigos (com exceção de um cura e de um cônego). Todos os beneficiários das aparições são igualmente leigos, habitantes das mesmas aldeias, mas raramente parentes muito próximos. Em uma palavra, o sistema de parentesco carnal ou espiritual, tão importante nos outros conjuntos narrativos, aqui cede lugar amplamente às relações de vizinhança e à comunidade de habitantes.

Dois relatos não deixam de lançar uma luz original sobre as relações de parentesco: da tropa dos mortos que ele avista durante sua peregrinação a Santiago, Richard Rountre vê destacar-se um recém-nascido que rola a seus pés dentro de uma meia. O pequeno espírito explica-lhe que é seu filho abortado e que as parteiras o amortalharam em uma meia da mãe sem o ter batizado. O pai envolve o filho em sua própria camisa e lhe dá um nome, invocando a Santa Trindade. Imediatamente, a criança levanta-se toda alegre com esse reconhecimento de filiação, uma espécie de batismo selvagem que faz as vezes de batismo post-mortem. O gesto paterno evoca a prática, que se difunde nessa época, dos "santuários de trégua" aonde as crianças mortas sem batismo eram levadas na esperança de que ressuscitassem durante um instante, apenas o tempo de dar-lhes o batismo.[65]

O último relato ilustra um outro aspecto do parentesco: o conflito, na pessoa da esposa, entre a aliança e a filiação, entre, de um lado, a linhagem do marido e dos filhos e, de outro lado, a patrilinhagem de origem da mulher. A irmã de Adam de Lond (assim identificada com referência à sua patrilinhagem) deu ao irmão títulos de propriedade pertencentes a seu esposo. Quando ela morre, Adam expulsa seu cunhado e seus sobrinhos do domínio, "a saber, um *toft* e *croft* com suas dependências em Ampleforth e uma *bovée** de terra em Heslerton com suas dependências". Mas a morta aparece a Guillaume Trower para o encarregar de pedir a Adam que devolva os títulos e a terra, senão ela não poderá "repousar em paz até o dia do julgamento". Adam recusa. Na noite seguinte, Guillaume "conduz" a morta diretamente ao quarto de Adam. Como ele permanece inflexível, sua irmã o previne de que a substituirá em seus tormentos quando morrer. O rumor pretende que o filho de Adam de Lond, provavelmente para abreviar as provações de seu pai no além, tenha acabado por dar satisfação parcialmente ao herdeiro legítimo.

Embora os relatos falem sempre de "espíritos", estes últimos têm uma extraordinária "corporeidade". A mulher que leva para casa um espírito sobre as costas "crava profundamente os dedos na carne do espírito, como se a carne desse mesmo espírito fosse um fantasma pútrido e não sólido".[66] Quando o alfaiate Snowball dá um golpe de espada no espírito que tomou a forma de um corvo, ele tem a impressão de ouvir o som de um coxim em que se bate (nas mesmas circunstâncias, um relato de Césaire de Heisterbach evocava um ruído análogo). Esses espíritos são tão concretos que os vivos podem apoderar-se deles (*comprehendere*), carregá-los às costas, lutar com eles: o jovem Robert Foxton consegue manter um espírito, à saída do cemitério, contra a porta da igreja (*kiskestile*) até que o cura, alertado pelos outros jovens da aldeia (*juvenes*), chegue para o conjurar.[67] Os espíritos falam, mas com uma voz estranha de ventríloquos: um fala "do interior das vísceras e não com a língua, como em um cântaro vazio".[68] Snowball contempla, através da boca do espírito que lhe fala, os "interiores" deste último, que "forma suas palavras nos intestinos e não fala com a língua".[69]

Todas as testemunhas procuram pôr fim aos retornos noturnos desses espíritos. O meio habitual é obter a absolvição de um padre, devida-

(*) Em francês antigo, extensão de terra que uma parelha de bois pode lavrar em um dia. (N. T.)

mente retribuído: a fim de libertar o espírito que lhe apareceu, Snowball paga cinco soldos para fazer retirar por um padre de York a excomunhão que este mesmo pronunciara. A absolvição é escrita em uma cédula, e Snowball compromete-se a não "difamar os ossos" do espírito, isto é, a não revelar seu nome e a causa de seus tormentos. Em seguida, ele manda dizer pelo morto, por todos os religiosos mendicantes da cidade, 180 missas em dois ou três dias. Enfim, ele retorna a Ampleforth para enterrar a cédula de absolvição na sepultura. Seu objetivo é a uma só vez, ao que parece, preservar o segredo dessa estranha "confissão" e dar a conhecer ao espírito que ele está livre de sua pena. Durante esse tempo, o espírito, "deitado de costas", observa-o sem o seu conhecimento. Snowball tampouco vê os demônios que atormentam o espírito tanto mais ardentemente quanto sabem que sua presa vai escapar-lhes em breve. A legitimidade desse procedimento em três atos é confirmada por vários cônegos e por um nobre confessor, o irmão Richard de Pickering. Era o mesmo método preconizado, dois séculos antes, pelo clero da região, segundo o testemunho de Guillaume de Newburg. Mas vê-se também perdurar, por volta de 1400, um método mais expedito e que não é exclusivamente o dos jovens aldeões: com efeito, o abade e o convento de Bellelande é que ordenam exumar de seu cemitério o corpo do cura de Kereby (que voltou para varar um olho de sua concubina), não para mandar queimá-lo (como nos relatos de Guillaume de Newburg), mas para lançá-lo com seu caixão na lagoa de Gormyre.

Assim, o monge-escriba é bem o intérprete dos rumores aldeões. Ele não procura ilustrar as afinidades espirituais de uma comunidade de monges, nem demonstrar às linhagens aristocráticas ligadas ao mosteiro a eficácia dos sufrágios monásticos pelos mortos, nem, enfim, impor aos fiéis *exempla* edificantes e acabados. Ele antes faz obra de etnólogo *avant la lettre*, seduzido pelos *mirabilia* de sua região, registrando crenças e práticas em que os ensinamentos da Igreja estão indissoluvelmente mesclados a tradições que não deixam de lembrar as sagas da Europa do Norte.

UM FANTASMA BRETÃO

O último testemunho que desejaríamos evocar aqui é muito isolado para ter valor de prova. Contudo, não deixa de oferecer o interesse de uma comparação possível com os relatos do monge de Byland. Trata-se de um *exemplum* em francês, tirado de uma coleção de sermões manuscritos do começo do século XV.[70] A história se passa na Bretanha. Um padeiro recém-falecido volta à noite para prestar ajuda à mulher e aos filhos, amassando com eles a massa de pão e encorajando-os ao trabalho. Sua família foge, enquanto os vizinhos acorrem para ver a "maravilha". Eles expulsam o morto fazendo barulho, mas ele logo retorna para atirar pedras. Evitando os caminhos, ele chega coberto de lama até as coxas, o que aumenta ainda mais seu aspecto terrificante. As pessoas se perguntam se se trata "de um morto ou de um mau espírito". Decidem, enfim, abrir a sepultura, onde encontram o morto "todo enlameado até os joelhos e as coxas, assim como o tinham visto ir pelo caminho". Em um primeiro tempo, eles enchem a cova, mas isso não basta para impedir o morto de voltar. Decidem, então, quebrar-lhe as pernas, o que põe um fim definitivo às vagueações do morto.

Como escreve Hervé Martin, que descobriu e publicou esse texto singular, aqui se está longe dos *exempla* habituais em que as almas do purgatório imploram os sufrágios de seus próximos. Aqui não se trata de missas, de esmolas e de preces, nem de purgatório ou da menor bênção. Mais uma vez, é agindo fisicamente sobre o cadáver que se espera fixar o morto na sepultura. Tudo se passa como se o fantasma e o cadáver fossem um e o mesmo, como se o primeiro levasse para o túmulo a lama que o suja. Esse fantasma é um morto maléfico muito semelhante aos do Yorkshire na mesma época e sofre, da parte da população local, um tratamento de igual violência. Pode-se admitir nos dois casos a persistência, apesar da ação da Igreja (é um pregador que nos faz conhecer esse relato), "de uma crença muito arcaica na sobrevivência do duplo". Vê-se aí também o emprego, para afastar os mortos maléficos, de práticas rituais muito diferentes das da Igreja: alguns clérigos as desaprovaram, mas outros, no século XV ainda, admiraram-lhes o caráter de "maravilha".

À margem do núcleo central da cristandade ocidental afloram crenças e práticas que a unificação das estruturas eclesiásticas ainda não atingiu, mas que a "máquina de pregação" (na qual o procedimento inquisitorial é também um aspecto) está em via de absorver: é isso que nos proporciona, em parte, documentos como esses. Os desvios com relação às normas surgem na falta do discurso dominante, que se estende pouco a pouco e a todos os lugares. Eles provêm de estratos culturais mais antigos e tenazes, alguns deles mesmo anteriores ao cristianismo. Mas não são por isso "sobrevivências" passivas dos velhos paganismos. Os séculos passaram por aí e permitiram uma progressiva e mútua impregnação das representações. Em pouco tempo vão desencadear-se os processos de feitiçaria, e os inquisidores já se inquietam. Mas, no século XV, as tradições folclóricas mais "selvagens" permanecem toleráveis e atiçam sempre a curiosidade de mais de um clérigo.

7
OS MORTOS E O PODER

Três longos relatos distinguem-se de todos os outros por sua extensão — que atinge a de verdadeiros pequenos tratados — e por sua forma: a de longos diálogos com o fantasma, solicitado a responder a uma série de perguntas sistemáticas. As perguntas e as respostas dadas referem-se à condição do morto em particular e, de maneira mais geral, aos mortos e sua sorte no além. Esses diálogos fazem eco aos grandes debates contemporâneos sobre esses temas. Dão testemunho, a esse título, da inserção da reflexão teológica no gênero narrativo. Seu interesse reside na diversidade dos pontos de vista expostos, e isso durante um longo período, pois esses textos escalonam-se do começo do século XIII à primeira metade do século XV. Enfim, o destino particular desses textos — oferecidos ao imperador ou ao papa — permitirá precisar a função política dos relatos de fantasmas. O primeiro desses relatos já foi analisado entre os *mirabilia* compilados por Gervais de Tilbury por intenção do imperador Oto IV de Brunswick, no começo do século XIII. Distinguindo-se, por sua extensão, estrutura e destinação, dos outros relatos de fantasmas desse autor, ele representa uma forma elementar do gênero a uma só vez narrativo e didático encarnado pelos dois outros opúsculos de que devemos falar agora.

O ESPÍRITO DE GUI DE CORVO

Cerca de um século depois de Gervais de Tilbury, em 1324 ou 1325, Jean Gobi, prior dos dominicanos de Alès, apresenta ao papa João XXII, na corte de Avignon, a narração de um caso bastante comparável ao do fantasma de Beaucaire. Um caso no qual ele próprio acabava de ser implicado. Com efeito, foi ele quem conduziu, entre 27 de dezembro (são João Evangelista) e a Epifania do mesmo ano, o interrogatório do espírito de Gui de Corvo, um burguês de Alès falecido no 16 de dezembro precedente. Depois, o espírito invisível assombra o quarto de sua viúva. Por intenção do papa, Jean Gobi redige uma versão curta do acontecimento, na qual fala na primeira pessoa e explica como interrogou a "voz invisível" do espírito e recolheu suas respostas.[1] Uma dezena de anos mais tarde, seu relato é desenvolvido em uma versão longa em que o prior é nomeado na terceira pessoa. Jean Gobi não é necessariamente o autor dessa segunda versão, que pode ter sido reelaborada por um outro dominicano. Tendo um enorme sucesso, ela foi traduzida do latim em muitas línguas vernáculas européias e mesmo dotada, pelo menos uma vez, de uma iconografia. Não é impossível, como a conclusão da versão longa o sugere explicitamente, que esse texto ampliado tenha aparecido em 1334 no contexto dos debates de Avignon sobre a Visão Beatífica.[2]

Jean Gobi interroga o espírito três vezes: na noite de 27 de dezembro, faz-lhe uma primeira série de trinta perguntas às quais o espírito é obrigado a responder imediatamente. O segundo interrogatório ocorre na véspera da Epifania, mas é mais breve porque Jean Gobi, desta vez, deixou de adjurar o espírito a obedecer-lhe: depois de oito perguntas, o espírito esquiva-se em uma corrente de ar. Eles reencontram-se uma última vez no dia seguinte: desta feita, os papéis parecem invertidos, e o espírito, revigorado, denuncia os maus pregadores e a vida dissoluta dos casais (seria uma confissão de suas próprias faltas?) e pede trezentas missas por ele e por sua mulher. Em seguida, como não se manifestou mais, Jean Gobi considerou que devia ter deixado o purgatório e, na Páscoa, alcançado o paraíso.

O ritual de conjuração realizado pelo prior compreende um grande luxo de precauções. Alertado pela viúva, Jean Gobi dirige-se ao local acompanhado de um mestre em teologia, de um leitor em filosofia do convento e de um tabelião para redigir auto em boa e devida forma. Designada pelo prefeito da cidade, uma escolta de duzentos homens armados o acompanha e vigia todas as saídas da casa (os homens são dispostos três a três em honra da Trindade). Exige-se que cada um se confesse; o prior diz uma missa de réquiem, depois todos os recantos da casa são aspergidos com água benta. À meia-noite, um ruído de vassoura se faz ouvir e a viúva, horrorizada, reconhece aí a chegada do espírito invisível de seu marido. Aos conselhos do prior, ela lhe pede que confesse quem é. Feito isso, Jean Gobi toma a palavra para obrigar o espírito a submeter-se à sua vontade e a responder a todas as suas perguntas.

Algumas perguntas têm apenas o objetivo de verificar que se trata de um "bom" espírito: ele deve reconhecer, por exemplo, que o prior traz oculto em si o corpo de Cristo (um mau espírito ter-se-ia debatido para não responder...). As perguntas mais originais referem-se aos lugares do além: para o espírito, o purgatório é duplo (*duplex est purgatorium*); ele sofre alternadamente o purgatório comum, de dia, no centro da terra, e o purgatório particular, à noite, no lugar terrestre onde pecou, isto é, em seu quarto de dormir. A Igreja não manteve, afinal, essa dualidade do purgatório, mas essa concepção não é estranha à escolástica dominicana de Alberto, o Grande, e do *Suplemento* que os alunos de Tomás de Aquino acrescentaram à *Suma teológica* de seu mestre.[3] Dominicano ele próprio, Jean Gobi não podia ignorar essa corrente. Como quer que seja, em comparação com as asserções do fantasma de Beaucaire um século antes, as do espírito do burguês de Alès estão muito mais de acordo com o ensinamento da Igreja, doravante mais bem fixado: o sistema dos três lugares principais (inferno, purgatório, paraíso) é bem reconhecido.

As outras respostas do espírito reforçam também idéias dali em diante bem estabelecidas: sobre o fogo corporal que sofrem no purgatório os seres incorporais, sobre a utilidade dos sufrágios pelos mortos, sobre a assistência dos anjos. É evidente que o texto composto por Jean Gobi, e ampliado ainda mais tarde, não é apenas o relato de um acontecimento prodigioso. É antes de tudo um arrazoado doutrinal, uma demonstração posta sob a forma inesperada do diálogo com o espírito de um morto, uma espécie de *disputatio* teológica sobre o além, sobre a remissão das penas e a salvação.

O objetivo do opúsculo não é, portanto, exatamente o mesmo que o do longo relato "maravilhoso" de Gervais de Tilbury. Este estava sem dúvida mais fascinado pelo prodígio e pelo valor profético e político das revelações do morto. Mas não faltam similitudes, se se consideram os dois protagonistas principais: a jovem de onze anos e a viúva. A mulher que, em 27 de dezembro, dirige-se com suas amigas e vizinhas ao prior dos pregadores de Alès para pedir sua ajuda é uma viúva perturbada pela morte muito recente de seu esposo e por um forte sentimento de culpa em conseqüência de uma falta cometida com ele, no leito conjugal onde o espírito agora vem aterrorizá-la todas as noites. O texto não revela essa falta protegida pelo segredo da confissão, mas que se relacionava certamente ao comportamento sexual dos esposos, a menos que se tratasse de um infanticídio. Os esposos reconheceram sua falta em penitência, mas nem o marido antes de sua morte nem sua viúva a expiaram. A obsessão dos retornos noturnos tem mesmo sobre a viúva efeitos psicossomáticos: quando sente que o espírito passa bem perto dela, grita e cai desmaiada. Ela está realmente possuída, não pelo diabo, mas pelo espírito de seu marido defunto, fantasma de seu próprio remorso. Ao conjurar o espírito, o dominicano exorciza, portanto, a mulher. É o que representa à perfeição uma miniatura atribuída a Simon Marmion em um manuscrito da versão francesa do diálogo (fig. 9).[4] Fazendo círculo, no quarto de dormir, em torno do lugar supostamente ocupado pelo espírito, a viúva e as outras testemunhas fixam o olhar no centro vazio do aposento, ali onde deve encontrar-se o espírito invisível. Atrás, um personagem inclina-se para o lado para tentar avistar o fantasma: mas não há nada para ver! Só o dominicano não olha esse ponto central: dirige os olhos para o rosto da mulher, com isso designando bem o verdadeiro lugar da obsessão. A conjuração e as missas libertam o espírito, que ganha assim o purgatório. Mas quando Jean Gobi, para terminar, exorta a viúva a levar dali em diante uma vida santa, é ela que ele quer libertar, sobretudo, do peso de seu pecado e do sentimento de culpa.

O AVÔ DE ARNDT BUSCHMANN

Um século ainda e encontramos um outro opúsculo de umas quarenta páginas, escrito em baixo-alemão.[5] Ele conta em detalhe as repetidas aparições de um morto, Heinrich, a seu neto Arndt, entre 11 de novembro de 1437 e a Ascensão de 1438. O texto teria sido composto pelo próprio Arndt Buschmann por ordem do fantasma, depois de ele ter entrado na ordem premonstratense e ter aprendido a escrever. Em 1450, Arndt teria apresentado seu testemunho ao papa Nicolau v por ocasião de uma peregrinação jubilar a Roma. No entanto, mesmo que não haja motivo para duvidar que um camponês renano esteja na origem desse texto, é provável que não o tenha escrito ou, pelo menos, que não o tenha escrito sozinho. De resto, uma versão latina do texto, devida ao dominicano Jean de Essen (1444), não demorou a circular. Um outro indício é o emprego, ao longo de toda a própria versão alemã, da terceira pessoa, com três exceções.[6] Uma mão clerical é mais que provável atrás desse camponês que apresenta a si próprio como iletrado[7] e menciona numerosos contatos com padres (o cura de sua paróquia de Meiderich, um padre em Colônia). É preciso notar também as influências evidentes de outros relatos de visão, a começar pela *Disputa* entre Jean Gobi e o espírito de Gui de Corvo, cuja difusão em latim e também em alemão era considerável há um século. Várias das perguntas que Arndt faz ao espírito de seu avô parecem provir diretamente do texto anterior: como o espírito pode falar, já que não tem língua corporal? Por que aquele espírito recebeu, antes que algum outro, a graça de aparecer? Por que Arndt é o beneficiário da aparição, de preferência a uma outra pessoa? Em que ordem da sociedade é preferível viver para escapar às penas do além?[8] São perguntas que Jean Gobi já fizera ao fantasma invisível de Alès.

O que sabemos dos relatos autobiográficos de aparições nos incita também à prudência: todos os que examinamos fazem menção de sonho. Aqui, ao contrário, Arndt está sempre desperto quando vê seu avô morto. A primeira vez, ele o vê mesmo sob a forma de um cão, segundo um tipo de aparição igualmente atestado em um dos relatos do monge de Byland. Ora, neste último caso, o relato emana de uma tradição oral recolhida pelo monge nas aldeias das cercanias e certamente não da experiência pessoal do escriba.

Durante 26 semanas, Heinrich Buschmann, falecido quarenta anos antes (esse prazo entre a morte e o momento da aparição é excepcionalmente longo), aparece catorze vezes a seu neto. Podem-se distinguir dois períodos: no primeiro, até cerca da décima aparição no fim do inverno, trata-se para Arndt de encontrar o meio de conjurar o espírito de seu avô e, a fim de apressar sua libertação do purgatório (*vegevur*), de fazê-lo confessar seus pecados passados, que são a razão de suas penas. Em seguida, o diálogo entre o vivo e o morto pode ter livre curso até a libertação definitiva de Heinrich.

Desde a segunda aparição, em 5 de dezembro (Festa de São Bento), Arndt conjura o morto segundo os conselhos de um padre, Jean de Dinslaken. Heinrich trocou a forma de um cão pela de um velho grande, vestido de cinza. Para aliviar o morto, Arndt empreende duas viagens sucessivas a Colônia, onde manda dizer trinta missas por sua salvação. Dirige-se também em peregrinação a Aix-la-Chapelle em companhia do irmão do cura de sua aldeia. Em todos esses deslocamentos, depara-se com as emboscadas de um mau espírito que se esforça por impedir a libertação do morto. Ao contrário, um bom espírito, que aparece a Arndt sob os traços de um homem vestido de branco, não lhe poupa apoio. Por exemplo, permite-lhe reencontrar o dinheiro que lhe fora roubado e que ele destinava a mandar dizer missas por seu avô. Entrementes, vendo-o sem recursos, o decano Jean aceitara dizer cinco missas pelo preço de quatro!

A partir da 11ª aparição, o diálogo com o morto torna-se cada vez mais cerrado. Refere-se seja à condição das almas do purgatório em geral (à eficácia dos sufrágios pelos mortos, às relações entre o corpo e o espírito, aos pecados mais condenáveis, à confissão dos pecados e à salvação), seja à sorte particular de Heinrich e de outros mortos nomeados por Arndt, ou ainda ao futuro do próprio Arndt. Assim, Heinrich explica por que aparece apenas agora a seu neto: ele legara a seu filho Bernt, o pai de Arndt, uma soma de dinheiro que ele devia consagrar à sua salvação. Mas Bernt morreu muito cedo para poder assegurar a libertação do pai. Além disso, os outros filhos de Heinrich, induzidos por um mau espírito, desviaram toda a herança, negligenciando sua salvação. Foi preciso, então, que Heinrich esperasse poder dirigir-se ao neto.

Heinrich explica também que a cupidez é a razão principal de suas penas presentes: por cupidez, opusera-se ao casamento de seu filho com uma moça sem fortuna (e errou, pois em seguida o pai da moça enriqueceu). Também desviou em seu proveito o legado piedoso de um agonizante. Sendo jovem e pobre a ponto de pensar em emigrar, por receio de ter de mendigar, não hesitava em trabalhar aos domingos. Viveu na devassidão entre a idade de vinte anos e seu casamento aos trinta, e foi por isso que apareceu primeiro sob a forma de um cão. Até sua morte aos 88 anos, absteve-se de ajoelhar diante do Santo Sacramento.

Arndt obtém informações sobre a sorte de vários outros mortos que estão, alguns, no purgatório, como seu outro avô, outros, no inferno. Uma sobrinha de Heinrich está no purgatório, embora se houvesse entregado à feitiçaria (*wichgelien*). Ela invocava as "damas brancas ou santas Holde" que vivem sob a terra, nos espaços selvagens, e visitam na noite da quinta-feira as casas que são mantidas limpas em sua honra e onde se lhes preparou uma refeição. Ela dizia e fazia isso com a caução do cura, mas ambos, estima Heinrich, eram de boa-fé, porém foram enganados pelos maus espíritos; por isso, foram admitidos no purgatório e não no inferno. As Holde são de fato demônios que se servem da credulidade das pessoas simples, cujos filhos matam se elas lhes resistem. Poder-se-ia ser tentado a ver nesse surpreendente documento em língua vernácula um testemunho de primeira mão sobre as crenças folclóricas do fim da Idade Média. Contudo, é preciso mais uma vez ser prudente, a tal ponto é manifesta aí a influência da demonologia erudita: sob o nome de Holde descobrem-se sem dificuldade as denúncias tradicionais oriundas do *Canon Episcopi* (século X) e o eco da literatura escolástica sobre a feitiçaria (especialmente, a propósito das crianças, do *De universo* de Guillaume de Auvergne).

Enfim, Arndt interroga o morto sobre sua própria evolução e sobre o futuro: para que lugar do além irá quando morrer? Suas penas serão abreviadas porque cuidou da salvação de Heinrich? Pode tocar viela sem cometer pecado? Deve entrar nas ordens para assegurar sua salvação? O morto dá mostra de tolerância e de realismo: não é o estado que salva, mas os méritos pessoais, e não é pela música que alguém se condena se ela é praticada com discernimento. Quanto tempo o mundo ainda vai durar? Quando nascerá o Anticristo? Desta vez, o morto reconhece sua impotência para decidir questões que dependem dos segredos de Deus.

Ao longo de todas essas conversações, de uma aparição a outra, o estado do morto melhora pouco a pouco. Entre duas aparições, ele chega mesmo a conseguir comparecer diante da face do Senhor e regressa irradiando uma luz tão intensa que Arndt perde a visão de um olho. Depois do desaparecimento definitivo do morto, que agora está salvo e ordenou-lhe tornar públicas suas revelações, Arndt recupera plenamente a visão. O relato termina pela citação das testemunhas que, na cidade de Meiderich, podem confirmar os fatos: são membros da família Buschmann, servidores e o irmão do cura, que acompanhou Arndt a Aix-la-Chapelle.

O DISCERNIMENTO DOS ESPÍRITOS

Os dois longos relatos dialogados que acabamos de resumir apresentam mais de um ponto comum, que compartilham também com o longo relato do fantasma de Beaucaire transmitido por Gervais de Tilbury: a extensão do texto, a repetição das aparições durante uma duração mais ou menos longa (até seis meses, no último caso), a forma a uma só vez narrativa e didática do documento, a implicação do autor no desenvolvimento dos fatos, seja como visionário, seja como exorcista, seja como escriba que escreve ao ditado de uma das testemunhas. Nos três casos, adivinha-se no segundo plano a existência provável de um fato real local. Ele consiste, pelo menos nos dois primeiros casos, no traumatismo provocado pela perda brutal de um ente querido e, em todos os casos, no rumor que cresce em torno de um fato talvez menor, mas que permite a toda uma comunidade — a paróquia de Meiderich, as cidades de Beaucaire ou de Alès — apropriar-se do acontecimento. O importante, a partir daí, é a passagem para a escrita, que exige necessariamente a mediação clerical e uma modificação inevitável da forma e da significação do texto: o morto, representante do além, torna-se o porta-voz da lei moral. À testemunha da aparição, que será o primeiro a transmitir a mensagem, ele recomenda o respeito pela moral cristã (por exemplo, o respeito pelo repouso dominical) e a realização de obras pias. Entre esses três testemunhos, durante dois séculos, não é surpreendente que as perguntas e as respostas coincidam e algumas se reproduzam mesmo quase de maneira idêntica. Com efeito, tanto quanto nos *exempla*, os fantasmas tornaram-se instrumentos de uma política eclesiástica de doutrinação moral e religiosa, que encontra aqui sua saída narrativa, mas que se apóia por trás em toda uma literatura teórica em pleno desenvolvimento.

Desta última, o conceito central é *discretio spiritum*, o discernimento dos espíritos, que encontra sua justificação em um dos carismas enumerados por são Paulo (1Cor, 12,10) mas que, sobretudo historicamente, tem um sucesso crescente entre o fim do século XIV e o século XVII, na grande época da feitiçaria e da demonologia. Entre as primeiras obras importantes, várias provêm das terras de império, em particular da Universidade de Viena, onde ensinava Henri de Langenstein (ou de Hesse), autor de um *De discretione spiritum* e morto em 1397. As obras comparáveis de Nicolas de Dinkelsbühl e Henri de Friemar gozaram igualmente de uma grande influência.[9] O Concílio de Konstanz, em 1415, deu lugar a novas controvérsias suscitadas pelas revelações de Brigitte da Suécia. É nessa ocasião que Jean Gerson, representante da Universidade de Paris, redige seu *De probatione spiritum*, que dá continuação a seu *De distinctione verarum visionum a falsis* (1401).[10] Ele aí assinala uma tradicional desconfiança tanto em relação aos sonhos quanto em relação às revelações das mulheres. Já que há fortes similaridades entre as manifestações das diferentes espécies de espíritos, bons e maus, ele redige a lista das virtudes de que devem dar prova os bons visionários: assim, a *discretio*, isto é, a moderação no comer incita a desconfiar dos supostos visionários que se vangloriam de não comer absolutamente.[11] De maneira mais geral, é preciso submeter os casos de visões e de aparições a uma chave rigorosa — tipicamente escolástica — de seis perguntas: *Quis? Quid? Quare? Cui? Qualiter? Unde?*. O que significa dizer que a dignidade das pessoas, a condição de padre, os graus universitários e, da mesma maneira, a narração escrita e devidamente autenticada das revelações estão entre as melhores garantias da verdade destas últimas.

Um outro tratado refere-se diretamente aos fantasmas: o *Tractatus de animabus exutis a corporibus* de Jacques de Jüterborg ou de Paradis, que ensinou na Universidade da Cracóvia, tornou-se abade da abadia cisterciense de Paradis e morreu em Erfurt, em 1465. Esse tratado é por vezes associado nas edições antigas ao opúsculo de Jean Gobi sobre as revelações do espírito de Gui de Corvo, burguês de Alès.[12] De saída, o autor nota que nem sempre as almas dos mortos se manifestam visivelmente, mas por arremessos de pedregulhos, potes que se quebram e escabelos derrubados, para o maior terror dos habitantes, que fogem de suas casas. "Choque, arremesso, assobio, espirro, gemido, choro, lamento, aplauso" manifestam a presença invisível da alma que os vivos deverão interrogar. O autor toma a pena para tranqüilizar os fiéis, convidá-los a socorrer as almas dos defuntos e incitá-los a fazer, eles próprios, penitência. Seu tratado manifesta do começo ao fim a perfeita integração dos fantasmas no sistema religioso oficial. Jacques de Paradis sublinha mesmo que as aparições dos mortos caracterizam exclusivamente a cristandade: entre os sarracenos e os judeus, só os demônios aparecem. Não se poderia dizer melhor que o purgatório foi uma invenção da Igreja latina. Os procedimentos concretos pelos quais entrar em contato com as almas dos defuntos prendem particularmente a atenção do autor. As palavras não enganam: ele fala de "experimentação", de "cerimônia" e de "interrogatório" ao qual submeter as almas. Confessa quase não tirar seus modelos das Escrituras, mas antes da tradição da Igreja, dos *miracula* e dos *exempla*. De fato, numerosas citações recheiam seu tratado, no qual Gregório, o Grande, aparece ao lado dos escolásticos (Tomás de Aquino, Pierre de Tarentaise) e da *Ética* de Aristóteles. O ritual que ele descreve lembra até no detalhe o que Jean Gobi diz ter empregado em Alès: quatro ou cinco padres, tendo se confessado e dito sua missa, dirigem-se ao lugar onde o espírito costuma manifestar-se. Certificam-se primeiro de que "cesse toda inquirição supersticiosa": todo ato incontrolado que lembraria a antiga necromancia deve desaparecer, em benefício de uma cerimônia eclesiástica que se lhe assemelha muito, mas que é a única legítima. A palavra exorcismo não é pronunciada: esse rito e o papel oficial do exorcista não têm ainda a identidade que irão adquirir mais tarde.[13] Traz-se uma candeia que foi abençoada por ocasião da precedente Festa da Purificação (a Candelária), asperge-se água benta e faz-se o sinal-da-cruz, agita-se o incensório, cantando "os sete salmos ou o evangelho de João". "A estola não parece inútil", esclarece Jacques de Paradis: o fantasma de Beaucaire não a chamava "o laço do diabo"? Segue-se uma humilde prece destinada a implorar a Deus que permita ao espírito, sem causar dano aos presentes, revelar "quem é, por que vem e o que deseja", ou seja, mais ou menos as perguntas feitas aos fantasmas de Byland: "*Nomen? Causas? Remedium?*". Depois da prece vem a conjuração, da qual o autor fornece para todos os fins úteis o formulário:

> Nós te rogamos instantemente por Jesus Cristo, a ti, espírito, que digas quem és e, se há um entre nós a quem queiras responder, que o nomeies ou o designes por um sinal: "É este aqui, N.?". "Ou então aquele ali, N.?" E assim por diante, nomeando todos os outros presentes, pois é certo que ele não responderá a cada um deles. Se ele faz ouvir uma voz ou uma batida quando alguém é nomeado, é este último que deverá interrogá-lo, perguntando-lhe de que homem ele é a alma, por que veio, o que deseja, se deseja sufrágios, seja em missas, seja em esmolas. E quantas missas? Seis, dez, vinte, trinta, cem? Ditas por quais padres? Regulares ou seculares? Seja em jejuns: quais? Como? Quanto? Por quais pessoas? Quanto às esmolas, em benefício de quem serão dadas? Nos hospícios ou nos leprosários? Ou a outros mendigos e pobres? E que sinal dará ele de sua libertação?

O autor observa, contudo, que tal cerimônia eclesiástica nem sempre é necessária às revelações das almas dos defuntos. No quadro doméstico e familiar, há lugar para uma manifestação direta "do marido defunto à sua esposa ou vice-versa, do pai ao filho ou vice-versa, da mãe à filha ou vice-versa, do irmão ao irmão etc.". Ele sublinha então a importância das relações de parentesco, que os relatos de toda espécie já nos permitiram destacar. No entanto, ali onde não estão reunidas todas as garantias eclesiásticas, é preciso apelar a outros critérios para certificar-se da "verdade" da aparição: com o apoio de exemplos das Escrituras (a Anunciação, os sonhos de Daniel), parece que, no caso da visita de um bom espírito, o pavor que atinge a testemunha é de curta duração. O acordo formal entre a aparência e o ser (entre *species* e *res*) é igualmente de bom augúrio: um bom defunto conserva sua voz e sua aparência de homem, enquanto um mau espírito metamorfoseia-se habitualmente em leão, urso, rã, serpente, gato preto, cão ou sombra negra. Só a aparência da pomba branca é positiva. Enfim, as palavras e os gestos do espírito são sinais que não enganam: se transgridem a fé e a moral, é que se trata de um mau espírito...

Em todos os procedimentos, a preocupação maníaca com o detalhe permite aos clérigos dominar o sobrenatural e reduzir a ambivalência de suas significações. O resultado nos faz medir o caminho percorrido desde Santo Agostinho. Não se trata mais de negar a possibilidade de os mortos visitarem os vivos: ainda que nossos autores reconheçam a raridade das aparições visíveis, terminam por dar às revelações dos mortos não apenas a caução das Escrituras e da tradição narrativa e doutrinal ulterior, mas também a de todo o aparelho eclesiástico. O purgatório, as indulgências, as missas em cadeia fazem parte integrante da estrutura econômica que sustenta a Igreja no fim da Idade Média. Os fantasmas são uma das engrenagens dessa estrutura. Os clérigos não se contentam mais em registrar e reproduzir os relatos que recolhem: autênticos necromantes que não dizem seu nome, eles próprios solicitam as revelações dos mortos, na preocupação de uma gestão integrada das almas deste mundo e do além e de um benefício cujos aspectos materiais e espirituais não se deixam dissociar. Não o fazem sem angústia, porém, pois os sinais nunca são inteiramente seguros, o Inimigo está à espreita da menor fraqueza, a obsessão do demoníaco e da feitiçaria, que vai caracterizar os inícios dos Tempos Modernos, já é sensível por toda parte.

O SOBERANO E OS MORTOS

Os longos diálogos com um fantasma de que falamos têm em comum, além de sua forma e de seus temas, o fato de ter sido destinados ou mesmo oferecidos a um papa ou a um imperador. Eles entram, assim, em uma outra série, da qual já se tratou várias vezes: a das revelações dos mortos que concernem ao soberano, seja este o beneficiário,[14] o defunto ou o destinatário da visão.

Sua tradição é muito antiga. Podemos fazê-la remontar à evocação de Samuel pela pitonisa de En Dor, a pedido do rei Saul. Durante a alta Idade Média multiplicam-se as grandes visões "políticas" do além, segundo o modelo da *Visio Wettini*, devida ao monge Heito de Reichenau (824) e descrevendo os tormentos sofridos além-túmulo por Carlos Magno. Pouco depois, a *Visio Rotcharii* revela, ao contrário, que o imperador está doravante salvo. O mesmo tipo de visão floresce novamente na época otoniana.[15] No fim da Idade Média, os soberanos antes prestam atenção à literatura profética e às "revelações" dos visionários místicos, como Brigitte da Suécia (1373) e Catarina de Siena (1380).[16] Entrementes, é preciso mencionar também as legendas milenaristas relativas ao "rei oculto" cuja morte era posta em dúvida, ao imperador dos Últimos Dias cujo retorno salvador ou a reencarnação em um novo soberano eram ardentemente esperados. Assim, desde a morte súbita do imperador Frederico Barba Ruiva durante a cruzada de 1190, profecias começaram a circular. E quando Frederico II tornou-se imperador trinta anos mais tarde, os meios ligados a Joaquim de Flora e o partido imperial, hostis ao pontífice romano, viram nele o imperador dos Últimos Dias que ia castigar a Igreja corrompida e fazer chegar o reino do Espírito.[17]

Comumente, os relatos de aparições de reis defuntos não apresentam nem essa amplitude nem esses prêmios. Em sua estrutura narrativa e seu conteúdo, não se distinguem muito dos relatos de fantasmas comuns: vimo-lo a propósito do "grande milagre" relatado no último terço do século XI pela *Crônica de Iria*, na Galícia, a respeito da aparição do rei defunto Sanches à sua viúva, a rainha Godo. O caráter propriamente real de tais relatos afirma-se mais tarde e em outros lugares: no reino dos Capetos, no dos Plantagenetas, ali onde o poder e a ideologia monárquicos conhecem os progressos mais significativos. Pouco depois da morte do rei da França Filipe Augusto (1223), circulam *Visiones Philippi* que asseguram que o rei, beneficiando-se da proteção de são Dioniso, patrono da dinastia e da necrópole real, subiu aos céus. Na mesma hora em que o rei extinguiu-se, um agonizante — muito longe dali, na Itália — ter-se-ia beneficiado da aparição de são Dioniso, acompanhado do soberano vestido de branco e precedido por anjos. Esse relato, imediatamente divulgado pelos cronistas (Guillaume le Breton, Philippe Mouskès) e pelos pregadores ligados à dinastia, tem por origem a abadia de Saint-Denis e o círculo imediato do rei.[18] Foi da própria boca da irmã do rei defunto, Sybille de Beaujeu, que o dominicano Étienne de Bourbon recolheu uma versão dele. Nesse *exemplum*, o dominicano insiste nas palavras de são Dioniso: o rei está salvo porque, em vida, sempre "honrou os santos e suas festas, honrou e tomou sob sua guarda as igrejas e os lugares santos, protegeu as pessoas religiosas":[19] todo um programa político e um esboço de hagiografia estão contidos nesse breve relato! A crer na irmã do rei (ou no dominicano), Filipe foi um rei tão perfeito que quase não era necessário orar por sua alma: pouco faltou para que o rei se tornasse um santo, ideal que ia ser alcançado por seu neto são Luís.

Foi de fato com este último que sonhou seu fiel companheiro Joinville quando o soberano, seu amigo, estava morto (desde 1270) e canonizado (em 1298). A aparição onírica e o relato autobiográfico deixados por Joinville, o *Livro* que celebra a lembrança de sua amizade, as relíquias de que o autor não se consola de ser privado, a estátua que promete erigir são uns tantos "lugares de memória" estabelecidos para a glória do santo rei.

Alguns relatos cumprem funções políticas e dinásticas mais explícitas ainda. O relato de fantasma adquire então uma eficácia que, em dois casos pelo menos, não deixa nenhuma dúvida: quando Pierre, o Venerável, conhece em Salamanca, na primavera de 1142, o rei Alfonso VII, pode fazer menção das revelações de um fantasma a respeito do avô defunto do soberano, o rei Alfonso VI de Castilla y Léon. Já que esse rei foi liberado de suas penas no além graças às preces dos monges clunisianos, o abade pode exigir do soberano o pagamento de suas dívidas à abadia. Um acordo nesse sentido foi efetivamente fechado em 29 de julho do mesmo ano. Na Alsácia, a aparição do conde defunto Conrad de Staufen a seu vassalo Walter tem uma função e uma eficácia análogas. O morto encarrega seu mensageiro de pedir a seus irmãos, o duque Frédéric de Büren e o bispo Otton de Strasbourg, que dotem generosamente a igreja de Sainte-Foy. Um documento de doação datado de 23 de julho de 1095 atesta que sua missão foi coroada de êxito. Esse longo relato aparenta-se, além disso, a uma profecia dinástica anunciando que os descendentes do duque seriam reis e imperadores: essa previsão realizou-se em 1138 (com a elevação ao trono de Conrado III) e em 1152 e 1155 (quando Frederico III da Suábia tornou-se rei por sua vez e depois imperador, sob o nome de Frederico I).

Em outros casos ainda, os relatos de aparições de mortos destinados aos soberanos têm uma função de Espelho do príncipe. A legenda do bando Hellequin, tão apreciada na corte da Inglaterra, não devia sugerir ao rei reformar seu governo? A crônica da abadia de Peterborough estabelece um elo explícito entre a aparição da tropa fantástica e a infeliz nomeação pelo rei, em 1127, de um abade corrupto. Na corte dos Plantagenetas, a evocação do bando Hellequin com fins de sátira política era tradicional: em 1175, o conselheiro do rei, Pierre de Blois, compara os *curiales* pervertidos aos "cavaleiros de Herlevinus". De sua parte, Gautier Map vê no chefe do bando Hellequin um rei legendário dos "antiqüíssimos bretões", Herla, e observa que as aparições da tropa dos mortos cessaram desde o primeiro ano do reino de Henrique II Plantageneta, em 1155. Para ele, a corte da Inglaterra substituiu o antigo exército dos mortos e sobre ela pesa uma maldição que o rei só poderá evitar reformando sua própria *familia*.

Esses relatos que, a diversos títulos, põem as revelações dos fantasmas a serviço do poder monárquico, comparam-se e distinguem-se ao mesmo tempo das três narrações de Gervais de Tilbury, Jean Gobi e Arndt Buschmann. As três, de uma maneira ou de outra, foram endereçadas a soberanos. Gervais de Tilbury não apenas dedicou em 1214-15 seus *Otia imperialia* ao imperador Oto IV de Brunswick, como também afirma ter dirigido a este um relatório particular e secreto sobre a aparição do fantasma de Beaucaire: "Transmito-te por um mensageiro fiel, em envelope secreto, aquilo, Príncipe sereníssimo, em que dás satisfação a Deus e aquilo em que lhe desagradas, como o ouvi de sua boca [do fantasma], para que assim te regozijes dessa boa disposição, e a má [disposição] te faça empreender uma meditação de penitência e, empenhando-te em progredir no bem, tu te apresses em evitar o mal ou em remediá-lo".[20] O dever de penitência de um imperador vencido, exilado em seu distante domínio de Brunswick e sentindo a aproximação da morte (ele falecerá em 1218), tem apenas uma dimensão individual. As alusões insistentes à cruzada dos albigenses que acaba de terminar e a respeito da qual o fantasma teria declarado que Deus aprovava o massacre dos heréticos, assim como a continuação do texto que explica como o conde Raymond V de Toulouse foi excomungado por ter cometido um sacrilégio,[21] mostram que tal relato apelava ao imperador para que se preocupasse com a reforma da cristandade.

Não é ao rei ou ao imperador, mas ao papa, que Jean Gobi e Arndt Buschmann dirigem, ambos, uma versão de seus longos relatos de aparições. Em 1325, o dominicano leu diante do consistório reunido em Avignon um breve auto de seu diálogo com o fantasma de Alès. Dois manuscritos apenas conservaram essa versão breve do *Diálogo*, enquanto a versão longa, posterior, beneficiou-se de uma difusão bem mais vasta. É provável que ela tenha aparecido dez anos mais tarde, em relação com a querela da Visão Beatífica, na qual o papa João XXII estava implicado. Quanto ao camponês Arndt Buschmann, que recebeu em 1437-38 as revelações de seu avô defunto Heinrich, foi em obediência a este último que ele teria entrado para a ordem premonstratense e teria posto por escrito o relato de suas visões, antes de oferecer seu opúsculo ao papa Nicolau V, em 1450, em Roma. Assim, essas três longas revelações assemelham-se ao gênero, característico do fim da Idade Média, das memórias proféticas dirigidas ao papa ou aos soberanos para fortalecer seus esforços na *reformatio* moral e política de seu reino e da cristandade. A esse título, podem ser-lhes comparados ainda certos relatos de fantasmas em que o recurso à alegoria é típico da literatura política dessa época. É o caso da *Epístola lamentosa e consolatória* dirigida em 1396 ao rei da Inglaterra, Ricardo II, por "um velho solitário dos celestinos* de Paris", que não é outro senão Philippe de Mézières. Ricardo acaba de desposar Isabelle, a filha primogênita do rei da França, Carlos VI, e o exército dos cruzados foi esmagado pelos turcos em Nicópolis. Philippe de Mézières volta-se para Ricardo II para o exortar a pôr fim à guerra com a França e ao Grande Cisma: um apelo que ele já lançara em vão desde 1389 em sua obra principal, *O sonho do velho peregrino*. Desta vez também, a *Epístola* termina por uma visão: um dos cruzados vencidos, Jean de Blézy, aparece ao autor; ele está em traje de peregrino, todo ensangüentado, com um grande ferimento do lado esquerdo, e revela ao "velho solitário" que, na véspera da batalha, o campo do rei da Hungria recebeu a visita de uma misteriosa dama, *Disciplina de cavalaria*, "a mãe das vitórias", seguida de uma figura de cão (um "perdigueiro"), alegoria de *Obediência dupla*. Quase imediatamente, porém, um furacão desfigurou a Dama, sinal anunciador do

(*) Religioso da ordem da regra de são Bento instituída por Celestino V. (N. T.)

desastre que os cristãos iam sofrer no dia seguinte. Antes de desaparecer, o cavaleiro, verdadeiro morto-vivo, pede que se preste socorro a todos os "cristãos prisioneiros, neste mundo e no outro".[22]

Desde o século XII (com o *Policraticus* de Jean de Salisbury, a primeira obra do gênero), o pensamento político da Idade Média exprimiu-se em obras teóricas que se revestem, segundo os casos, de um caráter mais ou menos didático ou filosófico. Vemo-lo sobretudo a partir do século XIII, quando os teóricos escolásticos — Tomás de Aquino, Gilles de Roma — começam a tirar proveito da *Política* de Aristóteles. Mas "o político" na Idade Média ainda é coisa bem diferente: ele não se concebe sem a manipulação de emblemas e de ritos que assinalam o caráter sagrado do poder e do soberano, sem a escuta inquieta de revelações vindas do além, que confirmam o rei em sua autoridade e prevêem seu destino (segundo o modelo ambíguo de Saul dirigindo-se à pitonisa de En Dor). Ao lado dos santos tutelares de que se cerca cada dinastia, dos anjos e do Cristo que aparecem no campo de batalha, os fantasmas tinham sua parte nessa maneira medieval de pensar o político. É também o que mostra, no começo do século XIV, o *Roman de Fauvel*, em que o rei dos mortos, Hellequin, conduz um charivari endiabrado cujo destinatário bem poderia ter sido o rei da França...

O CHARIVARI DE FAUVEL

A primeira menção do rito do charivari, que é também sua primeira descrição precisa, encontra-se em uma obra literária do fim da Idade Média, o *Roman de Fauvel*. Esse romance versificado (3280 versos emparelhados octossílabos, em dois livros) foi escrito entre 1310 e 1314 por um clérigo tabelião da chancelaria real, Gervais du Bus. Um dos manuscritos conservados (BN, Ms. fr. 146) inclui, além do mais, algumas interpolações acrescentadas em 1316 e que seriam devidas a certo Chaillou de Pesstain ou Raoul Chaillou, bailio em diferentes províncias, depois inquiridor reformador: um oficial ligado, como Gervais du Bus, à corte do rei. A descrição do charivari está contida em uma dessas interpolações de 1316, a mais longa. Essa passagem é tanto mais preciosa quanto a descrição versificada é ilustrada por quatro desenhos em cores (figs. 11 a 14) e acompanhada de "tolas canções" providas de sua notação musical e cujas fórmulas de duplo sentido têm um conteúdo obsceno. Intercala-se também o *lai das Hellequines*, antes ligado à lírica cortês:

> Neste doce tempo de verão em pleno mês de maio
> Quando em pensamento amor perturba muitos corações
> Fizeram as Herlequines esta doce e alegre arieta...[23]

Tudo isso compõe, portanto, uma espécie de documento "total", a uma só vez textual, musical e icônico. Além disso, a dimensão propriamente ritual é acompanhada de uma dimensão "mítica", pois o fragor do *chalivali* é comparado pelo poeta à irrupção selvagem do bando de Hellequin. O chefe dos mortos é figurado em dois dos desenhos como um gigante com asas de pássaro na cabeça, voltadas para a frente, conduzindo, a pé ou a cavalo, o cortejo das máscaras.

O herói epônimo do romance, Fauvel, é um cavalo alegórico cujo nome é tirado das iniciais de seis vícios: *Flatterie* (Lisonja), *Avarice* (Avareza), *Vilenie* (Vilania), *Variété* (Hesitação), *Envie* (Inveja), *Lâcheté* (Covardia). Fauvel é tido como responsável por ter "transtornado" a ordem do mundo e do reino: é o tema do mundo às avessas. Essa desordem é antes de tudo política, pois o herói é "vigoroso", isto é, lisonjeado e seguido em sua loucura pelo rei, pelo papa, pelos nobres. No segundo livro, Fauvel, instalado em seu palácio, decide desposar Fortuna, que, no entanto, declina seus avanços, mas o lança nos braços de Vã Glória. Dessa união, posta sob tão maus auspícios, nascem incontáveis "*fauveaus* novos" que desonram o mais belo país do mundo. Mas este, espera o autor, será finalmente salvo pelo "lírio de virgindade". A interpolação que nos interessa intervém no momento do casamento "desastrado" de Fauvel e Vã Glória: mal os esposos retiraram-se em seu quarto, eclode o mais formidável *chalivali* que jamais se viu "pelos cruzamentos/ Da cidade no meio das ruas":

> Nenhum charivari tão perfeito
> Nas fantasias de dez, de uma multidão,
> Foi como este em todas as coisas.

A descrição e as imagens que se intercalam entre as linhas insistem particularmente nas fantasias e nas máscaras: alguns dos que contestam o casamento de Fauvel viraram seus trajes "de trás para a frente" ou se vestiram com um saco ou com um hábito de monge. Fingindo estar bêbados, fazem uma algazarra de instrumentos de cozinha, que batem uns contra os outros (frigideiras, ganchos, grelhas, potes de cobre, bacias). Outros, que se pregaram tetas de vaca, fazem soar sininhos ou outros instrumentos de percussão: tambores, címbalos, matracas. Chega também uma carroça sobre a qual foi posto um "engenho de rodas de charrete" cujos raios chocam-se, ao girar, contra seis bastões de ferro e fazem um barulho de trovão. Outros homens usam "máscaras barbudas", isto é, estão mascarados como "selvagens". Com efeito, as imagens revelam, em um quadro urbano em que os espectadores estão às janelas, a irrupção de máscaras bestiais ou diábolicas, enquanto alguns personagens estão fantasiados de mulheres. O texto esclarece: eles gritam, fazem gestos obscenos ("Um deles mostra o traseiro ao vento"), quebram portas e janelas, atiram sal ou purina. Depois, em dois pontos, o rito adquire uma conotação explicitamente funerária:

> Levavam com eles dois esquifes,
> Onde havia gente muito capaz
> De cantar a canção do diabo [...]

A imagem mostra, de fato, quatro personagens levando, na frente de Hellequin a cavalo, dois "esquifes" contendo cabeças de homens e de mulheres inscritas em nichos que fazem pensar em relicários. Pode-se legitimamente pensar em cabeças de mortos e, mais particularmente, de condenados ("capazes de cantar a canção do diabo"), tanto mais que uma delas é negra e deixa ver uma fileira de dentes.[24]

Logo atrás surge o chefe da tropa dos mortos:

> Havia um grande gigante
> Que ia com fortíssimo alarido;
> Vestido com um lençol;
> Creio que era Hellequin,
> E todos os outros de seu bando,
> Que o segue muito furioso [...]

A descrição que se segue insiste na magreza de seu "rocinante", que faz pensar que esse cavaleiro fantástico volta do exílio, como um fantasma: "Assim como se viesse do exílio".

Mas o poeta conclui que o vigor do charivari não bastou para dissuadir Fauvel de seus projetos matrimoniais e "honrar sua mulher". É preciso lembrar, de resto, que os charivaris não visavam tanto a impedir realmente os casamentos contestados quanto a obter, em benefício do grupo dos jovens, uma compensação que lhe permitisse, por exemplo, terminar a noite na taberna...

Com efeito, essa passagem justamente célebre permitiu há muito que os historiadores e os folcloristas se interrogassem sobre as origens e as funções do ritual do charivari, em especial no caso — particularmente bem atestado na França desde o fim da Idade Média — em que ele vem sancionar um casamento inadequado. É preciso entender por isso sobretudo o caso do segundo casamento de um viúvo com uma moça, assim retirada do "estoque" das esposas potenciais a que os jovens da mesma aldeia ou das aldeias vizinhas podiam pretender.[25]

Contudo, uma especialista na literatura medieval, Nancy F. Regalado, lembrou que era necessário levar em conta a especificidade do documento literário.[26] No oposto das interpretações precedentes, ela nega a possibilidade de uma leitura etnológica direta do *Fauvel*. De resto, ela observa, contra as hipóteses de Carlo Ginzburg,[27] que essa descrição do charivari é a única que faz referência explicitamente a Hellequin. Desde o primeiro testemunho no começo do século XII (o de Orderic Vital), o motivo do bando Hellequin tornou-se um tema literário que antes visava a desencadear o riso que a provocar o pavor. Vemo-lo, entre outros exemplos, no século XIII, no *Jeu de la feuillée* de Adam de la Halle, em que Crokesos, o enviado do "rei Hellekin", irrompe na cena ao som de sininhos.[28] O ponto de chegada dessa evolução será, na *commedia dell'arte*, a assimilação de Hellequin a Arlequim. Nessas condições, é arriscado ver na interpolação do *Fauvel*, como o propõe Carlo Ginzburg, a confluência entre um "rito" folclórico e um "mito" bem anterior e relativo ao retorno coletivo dos mortos. Para N. F. Regalado, ao contrário, trata-se apenas de uma combinação de temas literários, com o único fim de reforçar a sátira moral e o ensinamento do príncipe, que são as finalidades do romance. Para ela, o *Roman de Fauvel* "não é um espelho do real, mas um espelho do príncipe".

Com efeito, nada autoriza a especular sobre as origens indo-européias (ou mais antigas ainda) do bando Hellequin. É no contexto da formação do feudalismo e da oposição da Igreja à guerra feudal que lhe propusemos, ao contrário, uma interpretação histórica. Da mesma maneira, é essencial levar em conta o contexto histórico e a especificidade do testemunho histórico que constitui o *Roman de Fauvel*. N. F. Regalado vai nessa direção, mas me parece que se possa a uma só vez nuançar e ultrapassar sua demonstração.

Nuançá-la, pois o *Roman de Fauvel* não é — se se prestar atenção às aquisições da etnologia contemporânea — o único lugar de encontro da tropa dos mortos e do charivari. O motivo literário é aí sustentado por crenças freqüentemente recolhidas no local pelos etnólogos.[29] O charivari, em caso de segundo casamento, revela no fundo a figura do cônjuge falecido (em geral a esposa do viúvo), que os cabeças do charivari procurariam apaziguar. Tendo o encargo do controle das alianças matrimoniais e, portanto, de uma parte essencial da reprodução do grupo social, os jovens são os mediadores entre as gerações, entre os vivos e os mortos. Suas práticas rituais visam não apenas *um* morto, que convém separar definitivamente de seu ex-cônjuge, mas — como o observou C. Ginzburg — todos *os* mortos da comunidade. Fantasiando-se e provocando uma algazarra infernal, os jovens parecem imitar o retorno coletivo dos mortos, do qual o bando Hellequin é, até na literatura, a expressão mais forte. No entanto, antes que de mimetismo, parece-me mais justo falar de uma homologia ritual entre duas formas de transgressão, a que os próprios mortos operam ao transpor em sentido inverso os limites entre a morte e a vida e a que as máscaras e fantasias representam ao abolir as distinções fundamentais da antropologia cristã, entre o homem e a mulher, o homem e o animal, o homem e os demônios.[30] Dessa maneira, pelas máscaras e fantasias do charivari, assim como do Carnaval, os jovens mais *evocam* os mortos do que os imitam, a fim de que eles venham sancionar a "conjunção difícil" de uma união pouco apropriada ou contrária às normas sociais ou morais. Por certo, o historiador mais uma vez alcança apenas um relato que, além do mais, é tomado aqui em uma forma literária limitadora. Mas, no segundo plano desse relato, nada impede de ouvir o eco de práticas rituais reais e talvez novas para sua época.

Contudo, não se deve deixar de voltar ao contexto preciso do testemunho, a que nos convida, com razão, N. F. Regalado. Parece mesmo que se possa ir mais longe nesse caminho. Elizabeth A. Brown, historiadora do reino de Filipe, o Belo, sugere relacionar a descrição literária do charivari dada pelo *Fauvel* e a situação crítica que reinava na corte do rei da França nos mesmos anos.[31] Filipe, o Belo, morreu em 29 de novembro de 1314, o mesmo ano em que Gervais du Bus, membro da chancelaria real, terminava seu romance satírico. Em seguida, vão reinar sucessivamente os três filhos do rei: Luís X (1314-16), Filipe V (1317-22) e Carlos IV (1322-28),[32] enquanto sua irmã Isabelle desposava o rei da Inglaterra, Eduardo II. Ora, na primavera de 1314, alguns meses antes da morte do velho rei já muito enfraquecido, Isabelle denuncia ao pai a conduta escandalosa de duas de suas cunhadas, Marguerite (esposa do futuro Luís X) e Blanche (esposa do futuro Carlos IV). Ambas são surpreendidas em flagrante delito de adultério em companhia de dois jovens cavaleiros do palácio do rei. Elas confessam que seu adultério dura três anos. Os dois cavaleiros (dois irmãos, o que aumenta o caráter escandaloso do crime) são esfolados vivos e as duas princesas são tosquiadas e encerradas em Château-Gaillard. A terceira nora do rei, Jeanne de Bourgogne (que é irmã de Blanche), é acusada de cumplicidade, mas deixada em liberdade. Ora, o que está em jogo nesse escândalo não é apenas a moral conjugal. O ultraje feito ao senhor, enganado por sua esposa como nos romances corteses, é acompanhado, no caso de tais personagens, de uma possível corrupção do sangue real, de um terrível perigo para a legitimidade da sucessão dinástica. Finalmente, a ausência, para os três filhos de Filipe, o Belo, de uma descendência masculina e o recurso, em 1328, a seu primo Filipe (VI) de Valois para suceder a Carlos IV permitirão afastar as dúvidas que teriam podido pesar sobre uma sucessão dinástica em linha direta.[33]

O *Roman de Fauvel* (1314) e sua interpolação referente ao charivari (1316) são exatamente contemporâneos desse escândalo que perturbou o meio mesmo no qual trabalhavam Gervais du Bus e Chaillou de Pesstain. Sendo dada a dimensão política e satírica de sua obra, não se pode excluir, portanto, que esse charivari literário tenha sido também uma maneira de criticar, em termos velados mas compreendidos por todos, o adultério das princesas e a cegueira de seus esposos. O nascimento de numerosos pequenos "fauveaus", da união funesta de Fauvel e Vã Glória, mostrava bem o perigo que havia em não vigiar as relações da esposa de um futuro rei... A sátira permitia relembrá-lo confiando ao rei dos mortos, Hellequin, o cuidado de conduzir o charivari até sob as janelas do palácio.

8

TEMPO, ESPAÇO E SOCIEDADE

Transmitidos ao pé do ouvido, confiados à escrita, retransmitidos no púlpito pelos pregadores, gozando, em tratados, de uma difusão mais erudita para atingir as mais altas esferas da cristandade, ou entrando em cartas ou obras destinadas ao rei, os relatos de aparições preenchem toda uma gama de funções. Eles exprimem e ao mesmo tempo modelam as diversas modalidades das crenças no retorno dos mortos ou nas penas do purgatório. Visam a impor uma moral e normas de comportamento. Alguns deles participam plenamente do desenvolvimento da ideologia política.

Mais amplamente, além da figura central do fantasma e da mensagem explícita passada por suas revelações, é toda a intriga dos relatos que é portadora de sentido e que, de tanto se repetir sob formas vizinhas, acaba por formar a visão do mundo dos ouvintes ou leitores. Assim, por sua difusão maciça, os relatos desempenham também uma função cognitiva, induzindo e confirmando as representações das estruturas espaço-temporais (entre este mundo e o além) ou das estruturas sociais de que os mortos, tanto quanto os vivos, são parte recebedora. O mesmo acontece — como veremos para terminar — com as representações da pessoa humana (as relações entre a alma e o corpo) e com as condições da percepção e da figuração do invisível.

TEMPO INDIVIDUAL E TEMPO COLETIVO

Os relatos de fantasmas são abundantes em anotações temporais e espaciais. Várias lógicas temporais interferem: o tempo individual próprio ao morto (a data de seu trespasse, o tempo que transcorreu depois) combina-se com os tempos coletivos (notadamente litúrgicos) que valorizam certos momentos do ano, da semana ou do dia. Por outro lado, o tempo dos mortos, tal como os vivos o imaginam, é necessariamente duplo: participa a uma só vez do mundo terrestre onde o morto irrompe e do além de onde ele vem (notadamente do purgatório). Essas duas faces do tempo são postas em correspondência e por vezes entram mesmo em uma relação proporcional (é dito, por exemplo, que mil anos na terra são o equivalente de três dias passados no fogo purgatório).[1] Eis o que permite a ação dos vivos em favor dos mortos, pois os anos de indulgência adquiridos pelos vivos abreviam em um número de anos igual ou proporcional a duração das provações sofridas pelo defunto no purgatório.[2] Esse "tempo do purgatório" fixa, mais amplamente, os prazos cronológicos entre os quais um morto é suscetível de aparecer na terra, de um lado entre o momento de seu trespasse e do julgamento particular de sua alma e, de outro lado, em prazo mais ou menos longo, o momento de sua libertação rumo ao paraíso. Essas durações, enfim, inscrevem-se em uma perspectiva escatológica de prazo mais longo, cujo fim — nos dois sentidos do termo — é a ressurreição dos mortos e o Juízo Final.

Em regra geral, um morto supostamente aparece pouco tempo depois de seu trespasse. Está, poder-se-ia dizer, ainda "quente" na memória dos que o conheceram. O tempo dos fantasmas é o tempo da memória viva, do luto dos próximos e dos conflitos gerados entre eles pela sucessão. Esse tempo esgota-se com o estoque de missas previsto pelo testador. Dura alguns meses, talvez um ano, raramente mais. Muitos relatos de fantasmas insistem, portanto, no caráter recente do falecimento, precisando o tempo decorrido depois. O caso de Heinrich Buschmann, que aparece a seu neto Arndt "quarenta anos menos doze semanas" depois de seu trespasse, é a exceção que confirma a regra. Graças às séries de relatos de milagres ou de *exempla*, podem-se propor alguns elementos cifrados. Nos *miracula* de Pierre, o Venerável, os prazos entre morte e aparição escalonam-se de alguns anos e mesmo seis anos depois do trespasse (I, caps. XI e XXIV) a quatro ou dois meses (I, caps. XXVII e XXVIII) e mesmo alguns dias (I, caps. X e XXVI, e II, cap. XXVI). A aparição de que o próprio autor se beneficiou em sonho deve ter intervindo imediatamente depois do trespasse (II, cap. XXV). Entre os *exempla* de Césaire de Heisterbach, cinco fazem menção de um prazo de alguns anos. Dois indicam prazos de dez e sete anos. Um outro fala de uma primeira aparição ao fim de um ano e de uma segunda um ano mais tarde. Em cinco outros relatos, trata-se de trinta dias. Cinco outras aparições ocorrem depois de vinte, sete ou apenas quatro dias ou ainda depois de "alguns dias". Enfim, três aparições têm lugar desde o dia seguinte ao trespasse, na mesma noite ou "imediatamente depois". Na maioria dos casos, a aparição intervém, portanto, em pleno luto e sublinha todo o vazio que a morte cavou entre os vivos.

Partindo da data do falecimento, o tempo litúrgico da prece e das missas pelo morto, celebradas durante três, sete ou trinta dias (o trintário) e no "fim do ano" (no aniversário da morte), comanda muitas aparições. Assim, os monges de Marmoutier pensam que um de seus irmãos, falecido na Inglaterra, apareceu na data de sua *kalenda*, isto é, no aniversário de seu trespasse consignado no rolo dos mortos, ao passo que ele entregou a alma naquele dia mesmo e não um ano antes. Os mortos voltam nos diferentes prazos das preces e das missas de que se beneficiam em particular, para dar conta da eficácia desses sufrágios, pedir aos vivos um esforço suplementar em seu favor e agradecê-los por sua ajuda antes de desaparecer definitivamente.

O CALENDÁRIO DOS MORTOS

Esse tempo próprio ao morto, que depende inteiramente da data de seu trespasse, entrecruza-se com o tempo coletivo dos vivos, o do calendário e das festas, dos dias da semana e da separação entre atividades diurnas e noturnas. É ao abade de Cluny, Odilon, que a tradição faz remontar a Festa dos Mortos, fixada em 2 de novembro, dia seguinte à Festa de Todos os Santos.[3] A celebração da Festa dos Mortos é bem atestada a partir de cerca de 1030.[4] Mas existiam ainda outras festas destinadas a categorias particulares de defuntos ou obedecendo a usos litúrgicos mais antigos ou locais. É provável que a Igreja, ao fixar em 22 de fevereiro a festa da cátedra de são Pedro, tenha querido obliterar as *parentalia* romanas e fazer desaparecer o uso das libações sobre as sepulturas. A festa de 2 de novembro teria tido, entre outras razões, uma função análoga, deslocando da primavera para o outono o momento principal da celebração cristã dos defuntos.[5] Em Cluny mesmo, os parentes defuntos dos monges eram comemorados em 3 de fevereiro e em 6 de julho, na oitava dos santos apóstolos Pedro e Paulo. Na quinta-feira da oitava de Pentecostes e na Festa de São Miguel (29 de setembro), orava-se pelos irmãos que repousavam no cemitério. Em Chaise-Dieu, os mortos eram festejados em 14 de janeiro. Entre os dominicanos, orava-se especialmente pelos pais e mães dos irmãos em 4 de fevereiro.[6]

Curiosamente, não me parece que essas festas tenham servido de pontos de fixação privilegiados para as aparições dos mortos. No que se refere ao 2 de novembro, as aparições curvaram-se tanto menos à coerção do calendário quanto essa festa era relativamente recente. Mas, sobretudo, o conjunto dos mortos é que era festejado em 2 de novembro (e, em menor medida, por ocasião das outras festas), enquanto as aparições diziam respeito, na maior parte, a mortos particulares. De resto, é de fato no dia de Todos os Santos (como se dizia em Montaillou) ou na Festa de São Miguel (segundo o testemunho do fantasma de Beaucaire) que os mortos são libertos de suas penas e deixam definitivamente a proximidade dos vivos. Em suma, o tempo das aparições dependia principalmente de uma lógica individual (o dia do falecimento, que fixa os prazos dos sufrágios em trinta dias ou um ano) ou de ritmos calendários mais antigos, que a liturgia da Igreja retomou apenas parcialmente. Com efeito, se há um momento do ano que, segundo nossos relatos medievais, atrai os fantasmas, é o Natal e os Doze Dias (do Natal à Epifania) e, mais amplamente, o inverno, a metade sombria do ano.

Segundo Orderic Vital, foi na noite do 1º de janeiro que o cura Walchelin encontrou em seu caminho o bando Hellequin. No começo do século XIV, em Montaillou, o mensageiro das almas Arnaud Gélis também se esforça na precisão: observa que viu naquele ano mesmo, cinco dias depois do Natal, a alma de Barcelone, mãe de Arnaud de Calmelles, de Pamiers. Há provavelmente um elo entre essas aparições, sobretudo as aparições coletivas, e o solstício de inverno, propício ao retorno dos mortos.[7] No mundo romano, as calendas de janeiro tinham, com suas mascaradas por muito tempo condenadas pela Igreja, significações análogas.[8] Mas é preciso, sobretudo, levar em conta as razões alegadas explicitamente por nossos autores. Elas são muito claras no relato que uma testemunha fez a Otloh de Saint-Emmeran das aparições de seu pai defunto. Este último "lhe apareceu freqüentemente no ano seguinte a seu falecimento", para suplicar-lhe que o tirasse, por suas preces, dos tormentos do além. Mas tendo o filho se mostrado negligente, o pai lhe apareceu novamente "por ocasião da festa do Natal seguinte". Ora, o próprio morto explica ao filho a escolha dessa festa: nessa noite, diz ele, as almas aliviadas pelas preces dos vivos podem repousar (*anime requiem habere merentur*). Mas ele, por culpa do filho, não pôde obter mais que uma horinha de descanso, apenas o tempo de vir queixar-se ao filho de seus tormentos.[9] Duas lógicas temporais se cruzam, portanto, aqui: a da memória do morto particular, do trespasse ao aniversário, e a coletiva, dos mortos em geral: no Natal, as almas dos mortos, libertas por um momento de seus tormentos, podem visitar os vivos.

Outros relatos mencionam mais amplamente todo o período do Natal, na falta do próprio dia da Natividade. Thietmar de Merseburg data precisamente do 18 de dezembro (mas talvez se trate de 18 de janeiro de 1012) as manifestações ruidosas de fantasmas das quais foi testemunha em sua própria casa. Quando os mortos fazem aparições repetidas, acontece que o Natal e a virada do ano sejam os eixos de suas revelações: segundo Jean Gobi, o espírito de Gui de Corvo manifestou-se à sua viúva e depois a ele próprio entre o segundo dia depois do Natal (Festa de São João Evangelista, 27 de dezembro) e a Epifania. Esperaram-no na Páscoa, mas ele não se mostrou mais, sinal de que deixara o purgatório no fim do inverno. Quanto a Heinrich Buschmann, suas aparições (catorze ao todo) escalonam-se entre 11 de novembro e a Ascensão, isto é, exatamente durante toda a metade invernal do ano. A escolha desse período deve ter uma explicação folclórica: 11 de novembro, dia de São Martinho, marca de fato o começo do que Claude Gaignebet chama "o inverno popular",[10] o dia da saída do urso e do homem selvagem de sua caverna que simboliza o país dos mortos. Foi na Ascensão que a alma de Heinrich subiu definitivamente ao céu nas pegadas de Cristo. Por isso, no Pentecostes, Arndt esperou uma nova aparição de seu avô, mas este não se mostrou.

A espera frustrada do neto se explica facilmente, pois muitos relatos de aparições atraem a atenção para o Pentecostes, festa móvel da primavera. Raoul Glaber relata que o monge Vulcher de Moutiers-Saint-Jean viu sua igreja encher-se de mortos bem-aventurados ao amanhecer do domingo da oitava de Pentecostes (primeiro domingo depois de Pentecostes), isto é, o dia da Festa da Trindade. Mártires da fé cristã tombados sob os golpes dos sarracenos, esses mortos eram assim simbolicamente associados à glória da Igreja.[11] Essa festa tinha um caráter funerário antigo. A tradição pretendia que uma festa de todos os fiéis defuntos tinha sido celebrada originalmente no dia seguinte ao Pentecostes, antes que Odilon de Cluny a deslocasse para 2 de novembro. A *Regra* de Isidoro de Sevilha fixava no dia seguinte à oitava de Pentecostes a comemoração dos irmãos defuntos que repousavam no cemitério monástico.[12] A transferência para novembro podia justificar-se pelo fato de que os monges dispunham, no outono, de mais víveres para fazer face ao afluxo dos pobres ao mosteiro: ora, os pobres eram considerados como substitutos dos mortos e os alimentos materiais que lhes eram dados simbolizavam os "alimentos" espirituais, isto é, os sufrágios que abreviavam as provações dos defuntos.[13] No entanto, a festa original não desapareceu por isso. Em Saint-Bénigne de Dijon, os monges oravam pelos mortos no "segundo dia (isto é, a segunda-feira) dessa semana da oitava de Pentecostes, a saber, da Santa Trindade". Nas matinas, doze pobres eram saciados de pão e de carne, depois todos os pobres que se apresentavam recebiam pão e vinho. Em Cluny mesmo, o abade Hugues instituiu na quinta-feira uma festa pelos mortos que repousavam no cemitério dos irmãos. Nesse dia, esclarece ele, os sinos deverão soar as vésperas "como na Festa de Todos os Santos", e doze pobres serão alimentados no mosteiro. Para a aristocracia militar, da qual se viu o lugar nos relatos clunisianos de aparições, o Pentecostes era a grande festa da cavalaria, a da sagração coletiva dos jovens guerreiros. O rito de entrada na cavalaria era um rito de passagem, portanto, uma espécie de morte simbólica pela qual o jovem "morria" em seu primeiro estado para "renascer" na ordem de cavalaria sob a direção de seus mais velhos e sob a invocação dos ancestrais da linhagem.[14] Nessa ocasião, os novos cavaleiros entregavam-se aos jogos da guerra, notadamente ao torneio, mas os clérigos não deixavam de denunciar a violência desses rituais, e muitos relatos de fantasmas referem-se justamente a cavaleiros que encontraram no torneio uma morte violenta e prematura.

A SEMANA DOS MORTOS

Bom número de relatos de fantasmas dá também explicações precisas referentes aos dias da semana. Segundo uma longa tradição, os mortos viviam, como os vivos, no ritmo da semana e, no sétimo dia, tinham o lazer de repousar. No judaísmo também, o sabá dos mortos punha um fim provisório aos tormentos das almas condenadas.[15] Muito naturalmente, o domingo é que foi escolhido para o repouso dos mortos cristãos. Inspirando-se sem dúvida na apócrifa *Visio Pauli*, a *Viagem de são Brendan* afirma que Judas, condenado ao inferno, gozava, a intervalos, de um pouco de descanso em uma ilha próxima. A seus visitantes, Judas explica que ali permanece em paz do sábado à noite ao domingo à noite, durante a quinzena do Natal, por ocasião das festas marianas, na Páscoa e no Pentecostes, mas que todo o resto do tempo, inclusive nas outras grandes festas, é torturado sem descanso no inferno.[16] Gervais de Tilbury e Étienne de Bourbon relatam uma legenda siciliana segundo a qual as almas torturadas no fogo do Etna têm um descanso desde a noite de sábado para domingo até a noite de domingo para segunda-feira, antes de sofrer novamente durante toda a semana.[17] Tais legendas acompanham uma inovação litúrgica atestada desde o século XI por Raoul Glaber e Pierre Damien:[18] já que os mortos são novamente entregues às torturas na noite do domingo para segunda-feira, é desejável orar especialmente por eles nesse momento. É o que afirmam nos séculos XII e XIII os liturgistas Jean Beleth, Sicard de Cremona e Guillaume Durand.[19] Confessores (como Thomas de Chobham) e pregadores (como Jean Gobi) encarregam-se de difundir essa devoção, prescrevendo na segunda-feira uma procissão pelo cemitério, a bênção das sepulturas e a celebração de missas para os defuntos.[20]

O DIA E A NOITE

As diferentes partes do tempo diurno também não eram indiferentes aos fantasmas. "Da mesma maneira que o dia pertence aos vivos, a noite é concedida aos defuntos": é o que Thietmar de Merseburg faz dizer sua sobrinha Brigitte, que cita, ela própria, o bispo de Utrecht.[21] Com raras exceções, os mortos aparecem à noite. Nos sonhos, como convém. Mas também, com muita freqüência, a homens despertos: ao cair da noite, ao luar,[22] à meia-noite ou ainda na segunda parte da noite, na décima ou na décima primeira hora depois do almoço,[23] depois das matinas (especialmente quanto aos sonhos que, a essa hora, são considerados os mais verídicos).[24] Os fantasmas de Byland assinalam tais preferências: um deles "tinha o costume de sair à noite" de sua sepultura, para aterrorizar a vizinhança.[25] Alguns fantasmas antes se manifestam ao amanhecer: foi a essa hora, conta Thietmar, que, na sexta-feira 18 de dezembro, ao primeiro canto do galo, a igreja encheu-se de uma grande luz e ouviu-se um forte rugido que anunciava a chegada dos mortos.[26] Se algumas aparições a homens despertos produzem-se ao meio-dia,[27] esses casos permanecem raros.

Por que à noite? Tradicionalmente, a obscuridade convém às manifestações sobrenaturais mais inquietantes, as do diabo e dos demônios, as dos fantasmas que sofrem em lugares pouco diferentes dos infernos. Mas evitemos dramatizar demais o medo medieval da noite: na Idade Média, podia-se saborear sem receio a calma de uma bela noite, como o preboste da igreja da Basiléia que, depois de uma refeição abundante e um primeiro cochilo até a décima primeira hora da noite, "despertou, levantou-se e foi urinar", em seguida voltou para a cama, mas deixando aberta a janela dando para o cemitério, a fim de poder contemplar a serenidade do céu e do ar.[28] A despreocupação do preboste aumenta ainda mais seus pecados, pois é bem verdade que "os terrores noturnos" servem para inculcar seus deveres aos cristãos. Eles se inscrevem no programa ideológico do que Jean Delumeau chamou "o cristianismo do medo".[29] Quando o monge de Byland descreve o acampamento de um grupo de peregrinos saídos do Yorkshire para Santiago de Compostela, ele ilustra perfeitamente as atitudes comuns diante da noite: "[...] eles passavam a noite em uma floresta perto da estrada real. Cada um, alternadamente, velava uma parte da noite por causa do temor noturno (*propter timorem nocturnum*) e os outros dormiam mais em segurança".[30] Nesse medo comum da noite, os clérigos enxertaram uma explicação teológica que o defunto Heinrich Buschmann, interrogado por seu neto Arndt, divulga:

> — Por que me apareces antes à noite que de dia?
>
> E o espírito responde:
>
> — Enquanto não posso ir a Deus, permaneço na noite, e é por isso que apareço mais freqüentemente à noite que de dia.[31]

A noite terrestre, propícia às aparições mais inquietantes, é negra como o pecado; é negra também como as trevas do além que elas prolongam na terra, as trevas povoadas pelas almas privadas da iluminação da visão de Deus.

Da mesma maneira que os fantasmas participam de dois tempos contíguos, podem-se distinguir três espaços dos mortos: o lugar da sepultura onde o cadáver se decompõe, o lugar imaginário onde se supõe que a alma do morto se encontre provisoriamente (em princípio, o purgatório) ou definitivamente (o inferno ou o paraíso), enfim, o lugar terrestre onde um vivo é testemunha da aparição de um morto ou da tropa dos mortos. Esses três espaços estão estreitamente ligados uns aos outros.

A separação da alma e do corpo no momento da morte justifica que o defunto apareça independentemente de seu cadáver, por vezes mesmo muito longe dele. Nos relatos mais de acordo com a reflexão eclesiástica — que define o objeto da aparição como uma pura imagem e que pretende afastar toda "preocupação" com o corpo —, o defunto aparece em qualquer lugar, ao sabor da "permissão de Deus". De resto, o modelo é antigo pois, no Antigo Testamento, Samuel, que foi sepultado em Rama (1Rs, 15), aparece em En Dor (1Rs, 28). É em Roma que Pierre, o Venerável, vê aparecer-lhe em sonho o espírito do prior Guillaume, que acaba de morrer envenenado em Charlieu. Em Marmoutier, um monge tem a visão de seu irmão falecido no mesmo dia na Inglaterra. Os espíritos, explicam os clérigos, não estão sujeitos ao peso dos corpos terrestres nem às sujeições do espaço e do tempo. O espírito do jovem de Apt de que fala Gervais de Tilbury tem mesmo o dom da ubiqüidade: à mesma hora, ele aparece a um padre que faz a sesta na margem esquerda do Rhône e à sua jovem prima em Beaucaire, na margem direita. Nem todos os fantasmas, porém, libertam-se tão facilmente de sua sepultura. Muitos são os que aparecem no cemitério, perto de seu túmulo, ou que não se podem apaziguar senão intervindo fisicamente sobre o próprio cadáver, como no Yorkshire ou na Bretanha.

A morada imaginária do morto no além e o lugar terrestre de sua aparição mantêm igualmente relações complexas. É verdade que a doutrina do purgatório, compreendido como um lugar específico do além, demorou muito a formar-se. Os relatos de fantasmas testemunham essas hesitações, por vezes mesmo bem tardiamente. Na metade do século XII, um morto afirma que as preces dos monges lhe permitiram deixar o "fogo purgatório" onde padecia horríveis tormentos e que se encontra agora no *refrigerium* onde goza, na espera do Juízo Final, de uma maior beatitude.[32] Segundo esse relato no qual ainda se busca a noção de purgatório (o que é inteiramente normal para a época), a alma passa, sucessivamente, por uma expiação transitória no "fogo purgatório", depois, em virtude de uma tradição histórica distinta que remonta notadamente a Tertuliano, por um "refrescamento", antegozo da felicidade completa dos eleitos.[33] A partir do século XIII, em conformidade com a doutrina eclesiástica que acaba de "inventar" o purgatório, é dito, em geral, que a alma escapa deste último, onde padece penas, para aparecer alguns instantes a um vivo capaz de fazê-la beneficiar-se de seus sufrágios. Mas, mesmo nessa época, falta muito para que todos os relatos se conformem a esse esquema. Pode mesmo acontecer que uma alma condenada volte do inferno, embora não tenha, em princípio, mais nada a esperar dos vivos.[34] Por outro lado, o purgatório nem sempre é nomeado enquanto tal, pois nossos relatos de aparição não têm por função descrever a geografia dos diferentes lugares do além (como o fazem a *Visão de Tnugdal* ou o relato do *Purgatório de são Patrício*), mas apenas apresentar os tormentos das almas penadas a fim de suscitar os sufrágios dos vivos. Enfim, essas noções estão sujeitas, mesmo depois de 1200, a variações que nem sempre se preocupam com as doutrinas "oficiais". Durante muito tempo se mantém a velha idéia gregoriana de uma expiação das almas *na terra*. Não é raro que o morto volte aos "locais do crime": "Ali onde cometemos nossos delitos, ali devemos pagar as penas devidas por nossos delitos", declara um fantasma citado por Pierre, o Venerável.[35] Os mortos freqüentam também os lugares que lhes foram familiares. Por exemplo, a *Crônica de Petershausen* (1156), perto de Kontanz, cita o espanto de um irmão quando encontra no mosteiro o monge Bernard, recém-falecido. O morto explica que Deus lhe infligiu como castigo "percorrer e vigiar todos os cantos do claustro".[36] Mas relembremos que a idéia de uma vagueação, ou mesmo de um purgatório na terra, pode combinar-se com outras representações. No século XIV ainda, o espírito de Gui de Corvo de Alès afirma passar seus dias no "purgatório comum" no centro da terra e suas noites em seu "purgatório particular", no quarto de dormir de sua viúva. Para o fantasma de Beaucaire, ao contrário, as almas dos defuntos vagam na terra até o terceiro ou quarto dia depois do trespasse, antes de entrar em um "purgatório aéreo". Os camponeses de Montaillou entregam-se, também, a um arranjo não muito ortodoxo, que substitui o rigor do purgatório pela vagueação das almas e depois por um "lugar de repouso" todo feito de doçura. É preciso esperar Heinrich Buschmann, na Renânia da primeira metade do século XV, para ouvir um fantasma falar mais ou menos "corretamente" do purgatório (*vegevure*). Mas esse mesmo fantasma permanece original quando descreve a progressão, por etapas, das almas libertas do purgatório para o paraíso celeste, através dos nove coros angélicos: segundo o morto, um amigo de Arndt, recém-falecido, passou apenas sete dias no purgatório antes de chegar ao terceiro coro dos anjos. Uma viúva encontra-se já no oitavo coro, bem perto da Virgem.[37] Quando Arndt preocupa-se em saber qual sorte lhe estará reservada ("Irei para o purgatório ou para o céu?"), seu avô anuncia-lhe que passará primeiro dez dias "nesse mesmo lugar aonde Jesus Cristo conduziu Adão e Eva e as pessoas de sua espécie quando os tirou do inferno na espera de os conduzir ao céu".[38] A originalidade dessas palavras se deve à localização, entre o purgatório e o paraíso, de uma espécie de antecâmara deste último, por onde Adão e Eva e os justos do Antigo Testamento teriam passado depois de ter sido arrancados por Cristo aos "infernos" ou, antes, ao limbo dos patriarcas.[39]

Assim, as revelações feitas sobre os espaços do além pelos próprios mortos levam a nuançar a imagem mais coerente e estável que deles davam os teóricos do purgatório, teólogos e pregadores, em sua preocupação de impor a nova doutrina. Essas variações e hesitações nos fazem compreender tanto melhor a obstinação dos clérigos em inculcar uma representação normalizada dos lugares do além. Se se vê bem como se impôs pouco a pouco a terminologia do purgatório, se o próprio lugar tendia a encontrar seu espaço e sua duração, outras possibilidades parecem ter existido por muito tempo.[40] O interesse desses relatos é oferecer uma imagem mais diversa e instável das representações medievais do além, no ponto de encontro da escrita dos clérigos e das tradições orais dos leigos.

DENTRO E FORA

Mais ainda do que os lugares de onde vêm os mortos, o que importa aos vivos é o local onde os encontram. Os relatos põem em cena vários lugares típicos que podem ser classificados segundo a aparição seja individual ou coletiva, onírica ou em estado de vigília.

De um lado, a casa, o quarto, o leito, lugares por excelência da aparição onírica. Esse é também o lugar de muitas aparições despertas, pelo menos enquanto o morto se apresenta sozinho ou é bem individualizado e identificável. As aparições da tropa dos mortos ignoram esse espaço doméstico: delas são os espaços exteriores e selvagens, que incluem as casas mal-assombradas, pois há muito desertadas por seus habitantes. O tema (bem atestado já na Antiguidade) da casa mal-assombrada corre na literatura cristã desde a *Vida de são Germano de Auxerre* por Constance de Lyon (século V) até os sermões em alemão de Geiler de Kaisersberg.[41]

No mais das vezes, o morto individual volta, ao contrário, em sua própria casa, onde aparece a um membro da família. Os relatos desenham toda uma geografia doméstica da aparição: no centro, o leito onde repousa o sonhador ou aquele que, em semivigília ou mesmo totalmente desperto, de súbito vê erguer-se à sua frente seu parente defunto. Quando o espírito de Gui de Corvo vem perturbar as noites de sua viúva, o leito está no centro da cena, embora a dama não repouse nele. Mas o relato designa o leito conjugal como o lugar do pecado indizível que o casal cometeu e que sem dúvida não é estranho aos retornos do defunto. No quarto, segundo outros relatos, a chaminé lembra o fogo do castigo depois da morte, mas o defunto transido pode também procurar aquecer-se diante da chaminé, remexendo familiarmente as brasas.[42]

Os limites materiais da casa — a porta, a soleira, a beira da janela — desempenham também um papel de destaque. A oposição entre o interior (*intus*) e o exterior (*foris*) é um esquema fundamental da ideologia medieval. Aqui, trata-se de separar ou mesmo de proteger os vivos, que estão *dentro*, dos mortos e dos maus espíritos que estão *fora* e que se desejaria rechaçar. Em um *exemplum* de Césaire de Heisterbach, a porta permanece fechada para o dono de casa defunto, apesar das batidas e dos chamados.[43] A soleira da porta delimita o espaço íntimo da aparição: se um outro vivo se apresenta à soleira, não verá nada ou expulsará, apenas por sua presença, o fantasma.[44] Alguns, protegidos pelas paredes de sua casa, observam da janela, no exterior, a passagem da tropa furiosa dos mortos[45] ou a dança dos mortos no cemitério contíguo à casa.[46] Inversamente, em um milagre de Pierre, o Venerável, um morto vem apoiar-se do exterior no rebordo da janela para imiscuir-se no diálogo que, no interior do aposento, opõe Pierre Engelbert a seu servidor defunto, Sanche.[47]

Nos mosteiros, segundo os relatos de aparições oníricas, o espaço interior está centrado no dormitório dos monges e no leito do irmão. As aparições em estado de vigília, também elas noturnas no mais das vezes, ocorrem de preferência na igreja: no entorpecimento das matinas, o monge é surpreendido de súbito pelo retorno de um irmão defunto. Outro lugar propício às aparições monásticas: o claustro, que as *Cantigas* de Alfonso, o Sábio, descrevem e põem em imagem a propósito da aparição de um monge defunto a dois de seus irmãos. É também no claustro da catedral de Pamiers que o mensageiro das almas Arnaud Gélis costuma encontrar os cônegos defuntos dessa igreja.[48]

O CEMITÉRIO

O cemitério está entre os lugares mais propícios às aparições. Do ano 1000 ao século XVIII, a proximidade do espaço dos vivos e do espaço dos mortos é um traço muito importante da história das sociedades e das mentalidades tradicionais da Europa. No fim do Antigo Regime, os cemitérios das cidades foram esvaziados de suas ossadas e exilados para os subúrbios.[49] Mas antes, na aurora da Europa dos senhores e das aldeias, parece que o cemitério tenha por vezes precedido o estabelecimento da aldeia, que os mortos tenham reunido em torno deles os vivos: "foi em torno dos mortos que se agruparam as lavouras de seus descendentes", escreve Robert Fossier.[50] Representemos por círculos concêntricos, como o vemos ainda em tantas aldeias européias, no centro a igreja paroquial, depois, apertadas ao redor dela, as sepulturas do cemitério (mas, na época de que falo, as sepulturas são indiferenciadas e a terra consagrada do cemitério é assinalada, quando muito, apenas por uma única grande cruz para todos os mortos); o cemitério é cercado por um muro, sobre o qual o bispo, quando de suas visitas paroquiais, lembra constantemente a necessidade de conservá-lo para separar o espaço sagrado do espaço profano e impedir os animais de vagar entre as sepulturas. Da mesma maneira, são excluídos da "terra cristã" os não batizados (os judeus), as crianças mortas sem batismo (terão um "canto" delas, equivalente terrestre do limbo das crianças no além), e os suicidas, lançados em um fosso ou entregues à corrente de um rio. Além do cemitério estendem-se o resto da aldeia e, mais longe ainda, segundo a oposição clássica do *ager* e do *saltus*, as terras cultivadas, margeadas pela floresta.

Entre a igreja e a aldeia, o cemitério é, portanto, um lugar intermediário e desempenha um papel mediador: os vivos o atravessam continuamente quando vão à igreja ou retornam dela, mas também quando se dirigem de um lado ao outro da aldeia ou, na cidade, de um bairro a outro. Costeiam-no e o atravessam e ali se dedicam a atividades lúdicas ou mercantis que, aparentemente, não têm muita relação com a morte e os mortos.[51] Pelo menos essa era a opinião dos teólogos e dos pregadores, por vezes contra a dos simples curas. Em particular, a Igreja nunca deixou de condenar como "pagãs", "supersticiosas" ou "indecentes" as danças nas igrejas e nos cemitérios. Mas não se deve ver nessas proibições o sinal de uma concorrência entre dois tipos de condutas que, cada uma à sua maneira, sacralizavam o espaço dos mortos? Ante os ritos da Igreja, os jovens dançarinos, pisoteando em cadência o solo dos mortos, entram em comunicação com seus parentes defuntos e seus ancestrais. Dançam nos cemitérios como os próprios mortos supostamente dançam ali à noite e como gira ali a Dança Macabra, por vezes figurada nas paredes da igreja próxima ou no ossuário do cemitério.[52] Assim, o cemitério é um lugar onírico e fantástico, como o mostra na literatura vernácula o tema recorrente do "cemitério perigoso", cercado pelos maus espíritos que querem raptar uma alma inocente.[53]

Alguns relatos de milagre precisam a configuração do cemitério, quadro das aparições dos mortos. Segundo Pierre, o Venerável, um fradinho de Cluny foi conduzido por seu tio defunto, o ex-prior Achard, desde seu leito, através do claustro principal da abadia e do claustro da enfermaria, até a porta do cemitério. Ali, o monge morto e seu sobrinho vêem-se no meio da assembléia inumerável dos monges defuntos reunidos em capítulo. No centro do cemitério brilha uma lanterna dos mortos, "em respeito pelos fiéis que ali repousam". Um "grande juiz venerável" ali se encontra, resplandecente de luz, e Achard, prosternado no solo, deve pedir-lhe perdão por seu atraso. No fim da assembléia, a procissão dos monges mortos sai do cemitério por uma outra porta, atravessando um grande fogo, uns mais depressa, outros mais lentamente.[54] Reencontram-se portanto aqui, mas na terra e no espaço do cemitério da abadia onde os monges viveram, as imagens do julgamento e de um fogo que se atravessa para "purgar-se" das faltas.

Afastemo-nos agora dos lugares habitados: as aparições individuais se fazem muito mais raras. Um morto pode, por exemplo, aparecer em pleno campo, mas isso é bem excepcional.[55] Ao contrário, é em um campo, perto de um castelo, que cavaleiros mortos prosseguem seu infernal torneio.[56] Além, os lugares selvagens, as "ravinas e as moitas", são percorridos, na Ariége, pelas almas errantes dos mortos.[57] As margens do território (reino, paróquia) são propícias às aparições da tropa dos mortos, do bando Hellequin. Segundo Gautier Map, foi na fronteira do País de Gales, na província de Hereford, que se viu pela última vez a tropa fantástica do rei Herla, o rei dos mortos. Galeses afirmam tê-lo visto precipitar-se no Wye, o rio que marca o limite da Inglaterra.[58] Era a um rio que se confiava também o cuidado de levar para longe o corpo dos suicidas, privados de sepultura cristã[59] e é um rio que marca, para um fantasma do Yorkshire, um limite intransponível.[60] Ora o rio parece ser uma fronteira entre o país dos vivos e o país dos mortos, ora parece conduzir aos mortos ou pertencer-lhes, como no relato já mencionado que conta a aventura do alfaiate Snowball.[61]

A grande estrada (*via strata*) desempenha um papel importante em muitas aparições do exército dos mortos. Segundo Orderic Vital, o fragor dos cavalos, das carroças e dos cães anuncia de longe a chegada do bando Hellequin, e o cura Walchelin só tem o tempo de esconder-se sob as árvores e nas moitas que margeiam o caminho (*procul a calle*). O relato insiste no caráter desolado do lugar: o cura dirigira-se aquela noite, para assistir um doente, "ao extremo limite de sua paróquia", e regressava de lá "sozinho" e "longe de toda habitação humana".[62] A estrada conduz a vagueação dos mortos e dá ritmo à sua tropa. Arrasta-os também para uma morada mais definitiva: no relato de Sainte-Foy de Sélestat, o cavaleiro Walter vê passar na grande estrada a tropa dos Vermelhos que vão rumo ao norte, para a infernal "montanha de Nivelles", enquanto os Brancos estão destinados ao paraíso.

Na estrada, as encruzilhadas são lugares tradicionalmente marcados pelo temor de forças maléficas. Ali se praticam, entre outras, atividades divinatórias denunciadas durante toda a alta Idade Média.[63] Por vezes, é ali que se enterram os pecadores que morreram excomungados, como certos usurários.[64] No século XIII, o bispo de Paris, Guillaume de Auvergne, explica que as encruzilhadas são lugares poluídos pela excessiva freqüentação dos homens e é por isso que ali se sofrem as ilusões diabólicas e os fantasmas de cavaleiros que combatem em torneios. Ao contrário, diz o bispo de Paris (ecologista avant la lettre), esses fenômenos não se produzem nos campos, pois são lugares "muito limpos".[65]

Todos esses relatos de aparições nos ajudam a compreender, então, que nem o espaço nem o tempo são dados a priori e tampouco são neutros. As sociedades não cessam de os construir como quadros de referência fundamentais das crenças e das ações. Os tempos e os espaços são investidos dos valores das sociedades que deles se servem e que os pensam. Entre outros meios materiais ou simbólicos, os deslocamentos imaginários dos mortos servem para os homens pensar e dominar em seu benefício os espaços e os tempos sociais.

O RELATO DE APARIÇÃO: UM NÓ DE RELAÇÕES SOCIAIS

Sobre a trama espaço-temporal do relato estabelecem-se as relações entre os vivos e os mortos. A despeito da diversidade dos relatos e dos gêneros narrativos, essas relações apresentam estruturas recorrentes. A mais simples confronta diretamente um vivo a um morto, como nos relatos autobiográficos de sonho. Em outros casos, aquele que se beneficia da aparição é apenas o mensageiro — chamado *nuntius* (Pierre, o Venerável) ou *internuntius* (Marmoutier) — do morto perante o destinatário da aparição. Em Montaillou, o papel de mensageiro das almas ou "armier" é uma função durável e reconhecida pela sociedade local. Nos *miracula* monásticos ou nos *exempla* dos pregadores, um outro papel, e não dos menores, é ocupado pela Igreja, pois é a ela — na pessoa do abade do mosteiro, do prior do convento mendicante ou do cura da paróquia — que se deve dirigir o destinatário da aparição para mandar celebrar as missas reclamadas pelo morto.

A esses papéis implicados na aparição propriamente dita estão freqüentemente ligados os acarretados pela transmissão do relato. Pode acontecer que o próprio beneficiário da aparição relate os fatos ao clérigo que os consigna por escrito. Em outros casos, o padre encarregado de dizer as missas pelo morto é quem dá testemunho da aparição que lhe foi relatada: então é seu relato que é posto por escrito. Em outros casos ainda, a testemunha transmite ao autor apenas um rumor anônimo. Uma aparição nunca põe em cena, portanto, dois personagens apenas, um morto e um vivo, mas toda uma cadeia de testemunhas, de intermediários, de informadores, de escribas, de pregadores e de ouvintes: mais que um acontecimento sobrenatural pontual, a aparição é um objeto cultural que se constitui socialmente ao sabor de sua circulação. Nessas condições, importa observar tudo o que liga entre si os atores do relato e os protagonistas de sua transmissão e de sua recepção. A condição relativa do beneficiário, do destinatário, da testemunha jamais é arbitrária. Bem ao contrário, a aparição transcorre no quadro de relações anteriores, entre pessoas que a morte de um dos seus aproximou novamente: relações afetivas e mais ainda relações sociais de amizade e de vizinhança, de vinculação a uma comunidade de habitantes e, antes de tudo, relações de parentesco carnal e/ou espiritual. Os mortos, diz Gervais de Tilbury, aparecem "confinibus et amicis", aos parentes e amigos.[66] E foi no momento em que Robert de Uzès, segundo sua própria confissão, "orava pelos de seu sangue" que teve a visão dos tormentos padecidos pelas almas de seus pais.[67] Mas evitemos pensar que as relações de parentesco apenas preexistem às aparições. Estas contribuem para fazer existir essas relações, para reanimar-lhes o vigor, permitindo àquele que vê, reconhece e nomeia um parente morto dizer que é seu filho, irmão ou ainda vassalo ou "irmão" na religião.

O PARENTESCO: A ALIANÇA

As aparições põem freqüentemente em cena a aliança que a morte de um dos cônjuges veio romper. Elas concentram a atenção no sobrevivente ou antes na sobrevivente, pois os textos parecem reter apenas os casos em que o marido está morto. Em princípio, as fantasmas deveriam ser tão numerosas quanto os fantasmas em nossos relatos, já que para a Igreja a salvação das almas das mulheres não tinha menos importância que a das almas dos homens. Por si sós, razões demográficas (as jovens mulheres sobrevivendo numerosas a seu velho marido mais idoso) não podem explicar tal desequilíbrio. Este está sem dúvida mais ligado à preeminência do homem na devolução das heranças e, notadamente, da parte que cabe à Igreja: uma vez morto, pensa-se, ele zela ciosamente pelo respeito às suas últimas vontades, chegando até a aparecer aos sobreviventes, e em primeiro lugar à sua viúva, para lembrar-lhe seus deveres. Invoquemos também a condição simbólica da viúva, o sentimento confuso de que seu segundo casamento, se ela tem a idade e os meios materiais para isso, transgride, a despeito dos desmentidos da Igreja, uma espécie de proibição. E, no caso contrário, a obrigação, para ela, de consagrar-se definitivamente às devoções, à prece pelos mortos e, em primeiro lugar, por seu marido desaparecido. É portanto do ponto de vista da mulher que nossos textos sublinham a importância, no casamento, do laço carnal e afetivo: o marido defunto freqüenta o quarto conjugal (no caso do espírito invisível de Gui de Corvo, de Alès) ou mesmo penetra no leito e deita-se sobre sua mulher à maneira de um íncubo (no Buckinghamshire, segundo Guillaume de Newburg).[68]

A aparição recorda diante de que alternativa a morte do marido põe a viúva: o segundo casamento ou a entrada na religião. Jovem viúva de boa linhagem, a mãe de Guibert de Nogent tem de resistir às pressões de seus próprios pais e de um sobrinho de seu marido defunto a fim de, escreve seu filho, não "destruir a antiga união de seu corpo ao entrar em um novo laço carnal".[69] Um século mais tarde, segundo Césaire de Heisterbach, a viúva do usurário de Liège proclama da mesma maneira que ela é "uma parte do corpo de seu marido". Com efeito, ela não apenas obtém do papa que o corpo do usurário, privado de sepultura cristã, seja enterrado no cemitério, como também lhe manda fazer um túmulo onde se encerra como uma reclusa, a fim de orar continuamente por ele. Aparecendo-lhe em sua fúnebre clausura, o defunto a encoraja a perseverar em sua prece, depois lhe anuncia sua libertação do purgatório.[70] Gervais de Tilbury conta, em compensação, o caso de uma viúva tentada pelo segundo casamento a despeito da promessa de fidelidade perpétua que fizera ao marido. O defunto, invisível, despedaça-lhe a cabeça com um golpe de almofariz.[71]

De maneira mais ou menos dramática, o conjunto desses relatos põe às claras o dilaceramento psicológico e social acarretado pela morte do marido. Dividida entre as tentações do mundo e a reclusão na prece, a viúva é entregue a seus remorsos e a seus fantasmas. Virtualmente recolocada no mercado matrimonial, sujeita às pressões de sua parentela, a viúva — se é jovem e tem bens — vê afluir os pretendentes. A viuvez oferece a oportunidade de uma renovação dos laços sociais: mas é preciso, antes, apaziguar o primeiro marido, concluir o "trabalho do luto". A ameaça do almofariz é, nos relatos fantásticos, o que o charivari é nos procedimentos rituais do controle social.

Na sociedade da época, se o casamento supõe, em princípio, o consentimento dos esposos, provém antes de tudo da aliança de duas linhagens, a do pai da esposa e a de seu marido. A mulher não faz mais do que passar de uma à outra, dando filhos à linhagem do marido antes de voltar, ao ficar viúva, para a casa do pai. Ao contrário do homem, ela está presa entre duas linhagens e deve zelar para não lesar nenhuma. No Quatrocentos, em Florença, não é raro que os filhos órfãos de pai acusem a mãe de abandoná-los e, sobretudo, de despojá-los no momento em que retornam, viúvas, à casa do pai.[72] No Yorkshire, por volta de 1400, a aparição da irmã defunta de Adam de Lond ilustra o mesmo problema. Ela está condenada a vagar toda a noite pela estrada em razão dos títulos de propriedade que deu ilegalmente a seu irmão, em detrimento do marido e de seus próprios filhos. Estes foram então privados por seu cunhado e tio Adam de Lond de sua casa e de sua terra. É em vão que Guillaume Trower, beneficiário da aparição, tenta abrandar o culpado, a quem sua irmã aparece diretamente na noite seguinte, porém sem mais sucesso. O assunto só foi acertado na geração seguinte.[73]

O PARENTESCO: A FILIAÇÃO

Se acontece de um filho defunto, como o pequeno Alberto Morelli, aparecer a um dos pais, o caso inverso é de longe o mais freqüente. A demografia não é a única razão disso: trata-se também dos papéis sociais atribuídos a cada geração. De pai ou mãe a filho ou filha, todos os tipos de aparições são encontrados nos documentos. A seu parente próximo, o morto ou morta pode aparecer para dar testemunho do castigo que o aflige em razão de sua própria má conduta passada, ou, ao contrário, prevenir o sobrevivente contra os erros de que ele próprio se torna culpado. Com freqüência, a mãe morta é uma conselheira afetuosa para sua filha viva, mas também para seu filho, especialmente quando ele é padre. Segundo o cronista inglês Ranulph Higden, o futuro arcebispo Edmond de Canterbury (morto em 1240) era ainda estudante quando sonhou que sua mãe, morta recentemente, lhe apareceu para lhe perguntar o sentido das figuras geométricas que desenhava. Descontente, ela traçou com sua própria mão três círculos contendo as figuras do Pai, do Filho e do Espírito Santo, acrescentando: "É a essas figuras que deves apegar-te de agora em diante". A defunta pretendia converter o futuro prelado à ciência de Deus, afastando-o das ciências do mundo.[74] Talvez seja possível ver nas relações privilegiadas, além da morte, entre a mãe e o filho clérigo ou monge um testemunho sobre o papel afetivo e educativo desempenhado pelas mães na formação dos futuros homens de Igreja. Para alguns, como o monge Guibert de Nogent, a mãe carnal e as mães espirituais que são, a diversos títulos, a Virgem e a Igreja, parecem prestes a confundir-se.

Quando o pai aparece, é geralmente autoritário e vingativo com relação ao filho ou à filha, cujo comportamento condena, mesmo quando ele próprio morreu no pecado. Como aqueles cavaleiros ladrões, beberrões ou usurários que, nos relatos de Césaire de Heisterbach, lançam-se sobre sua filha ou filho: um brande a caneca de cerveja com a qual tinha o costume de beber em excesso,[75] o outro pendura à porta de sua casa peixes pescados no inferno que, ao amanhecer, metamorfoseiam-se em sapos e serpentes.[76]

Dois *miracula* de Pierre, o Venerável, põem igualmente em cena, mas segundo uma estrutura narrativa mais complexa, as relações entre um pai defunto e seu filho: o sire Geoffroi de Semur aparece em sonho à monja Alberée para que ela peça a seu filho, também chamado Geoffroi, que suprima a taxa abusiva instituída durante sua vida.[77] O sire Guichard de Beaujeu, que é defunto, tampouco aparece a seu filho Humbert. Faz-se representar por um outro morto, seu vassalo Geoffroi de Ion, que, ele próprio, aparece primeiro a um outro cavaleiro, Milon de Anse. Os dois cavaleiros, o morto e o vivo, são de posição igual e pertencem à mesma casa. Milon é encarregado de transmitir a seu senhor Humbert de Beaujeu a mensagem do pai deste. Mas como Humbert faz ouvidos moucos, Milon acaba por lhe aparecer diretamente para exortá-lo a preocupar-se com a salvação de seu pai defunto.[78] Esse relato complexo apresenta o interesse de cruzar as relações de parentesco carnal com o laço de vassalagem, de que voltaremos a falar.

No entanto, os relatos de aparições dos mortos põem em cena ainda muitas outras formas do parentesco carnal: entre irmãos, entre irmãs, entre irmão e irmã, tio ou tia e sobrinha ou sobrinho,[79] entre primos, entre primo e prima (no caso de Beaucaire de que fala Gervais de Tilbury). Todas essas aparições delimitam bem a extensão do exercício do parentesco carnal, e não apenas quando a herança está em jogo (isso se refere, no mais das vezes, apenas às relações entre marido e mulher ou entre pai e filho). A lembrança ardente do defunto, a afeição (ou o ódio) que o sobrevivente conserva por ele, a preocupação que tem com sua salvação e o senso de seus deveres espirituais em relação a ele, a recordação dos pecados do morto e o peso de suas próprias faltas são motivos indissociáveis desses relatos. Por vezes, é toda uma rede extensa de parentes que se revela por ocasião de uma aparição: uma jovem freira morta oito anos antes queixa-se a um abade cisterciense de ter sido abandonada por toda a sua família carnal, que compreende seu pai, sua mãe, uma tia materna (*matertera*), ela própria religiosa, e duas irmãs casadas de sua mãe, assim como a filha de uma delas.[80]

O PARENTESCO ESPIRITUAL

As relações de parentesco espiritual desempenham na sociedade medieval um papel não menos fundamental que as do parentesco carnal. Elas cruzam, redobram e estendem as redes das solidariedades que dão força e coesão à sociedade, especialmente ao incluir a memória dos mortos no pensamento e na atividade dos vivos. Os modelos são numerosos e complementares. De saída, toda a cristandade pensa-se como uma única grande família cujos membros, em virtude de seu batismo, são "irmãos" e "irmãs" em Cristo, obrigados por isso à *caritas*, a um amor recíproco, de origem divina, que justifica, por exemplo, a caridade em relação aos pobres, aos doentes e aos aflitos, assim como a solidariedade entre os vivos e os mortos.[81] A possibilidade dos sufrágios pelos mortos e depois, no fim da Idade Média, a idéia da "comunhão dos santos", segundo a qual os mortos também podem interceder junto de Deus pelos vivos, encontram idealmente sua justificação na noção de fraternidade cristã.

Desde os primeiros séculos do cristianismo, o monacato desenvolveu no interior da cristandade um modelo de "família" espiritual. Entre si, os monges e as freiras, os religiosos e as religiosas, sobretudo se pertencem à mesma ordem, pensam-se e nomeiam-se "irmãos" e "irmãs", "pais" e "mães" (no que se refere aos abades e às abadessas). Essa ou essas redes de parentesco espiritual são tanto mais densas quanto os mosteiros e os conventos organizam entre si e com as linhagens de seus benfeitores leigos "fraternidades" de preces destinadas a assegurar a seus membros defuntos os sufrágios de todos os seus "irmãos" sobreviventes. A inscrição do nome dos defuntos no necrológio ou no obituário, o transporte de um mosteiro a outro dos rolos dos mortos constituídos de todas as "participações" de falecimento dos monges[82] garantem o exercício litúrgico dessa solidariedade. Na metade do século XII, a série dos relatos de milagres do mosteiro de Marmoutier fala explicitamente do "debitum fraternitatis" que os monges devem a seus defuntos.[83] Ela mostra como as aparições dos monges falecidos beneficiam a "família" monástica ampliada, graças às associações de preces estabelecidas entre diferentes estabelecimentos, mesmo além da Mancha.[84]

Freqüentemente, em um mosteiro, o parentesco espiritual dos "irmãos" ou "irmãs" na religião combina-se com laços anteriores de parentesco carnal. Essa acumulação dos laços de parentesco — irmãos em Cristo, pela carne e na religião — é mencionada nos relatos como um fator favorável à aparição do defunto. A um monge de Marmoutier aparece um "irmão" (*frater*) defunto do mosteiro que é também seu irmão pelo sangue (*germanus*). Encontram-se casos idênticos nos mosteiros de freiras cistercienses, que recrutavam muitas vezes as caçulas das mesmas famílias aristocráticas, fortalecidas por um extenso parentesco carnal.[85] No mosteiro de Charlieu, dependente de Cluny, um jovem monge beneficia-se da aparição de um superior defunto que era também seu tio paterno (*patruus*).[86] Se as exigências antagônicas dos dois tipos de parentesco, carnal e espiritual, são um lugar-comum da literatura religiosa (pense-se, por exemplo, nas relações de são Francisco com o pai), nossos relatos antes mostram como a identidade do sangue e a da religião acumulam seus efeitos para avivar a lembrança dos defuntos, recordando em seu benefício os deveres de solidariedade.

Nossos relatos também põem em cena, embora de maneira menos maciça, formas de parentesco espiritual que decorrem do batismo. O batismo institui, com efeito, uma dupla relação: de um lado, entre padrinho (ou madrinha) e afilhado (ou afilhada) e, de outro lado, entre *compadres* e *comadres*, isto é, pais carnais e pais espirituais do mesmo filho. Bem atestado depois do século VI, o compadrio é, desde a Idade Média central, um laço social forte que implica deveres de proteção e de assistência.[87] Os etnólogos puderam mostrar que apadrinhamento e compadrio desempenham, entre outras, funções de intercessão além da morte, ilustradas até a época contemporânea por relatos de aparições de defuntos.[88] Meu próprio corpus de textos esclarece apenas as relações de compadrio. Desde o século XI, alguns relatos de fantasmas assinalam a força dos laços entre compadres e comadres.[89] Em Roma, segundo Pierre Damien, uma mulher recebeu na noite da Assunção a visita de sua "comadre" Marozia, morta um ano antes e libertada aquele dia pela Virgem. Pode-se pensar que uma era a mãe, a outra a madrinha da mesma criança e que era esse laço indireto que justificava sua solidariedade além da morte. Um padre, da mesma maneira, vê em sonho seu compadre conduzi-lo a uma assembléia de santos: é provável que esse padre fosse o padrinho do filho desse defunto.[90] Na metade do século XII, os milagres de Marmoutier ilustram um outro caso interessante de relações entre compadres: um padre, que acumulou uma grande fortuna no mundo, a lega ao mosteiro no momento de morrer, com a condição de que os monges orem por sua salvação. Ele pede também a seu "compadre e familiar" (*compater et familiaris*) (provavelmente o pai de seu afilhado) que pague aos monges, no vencimento do prazo, a soma de sessenta libras que este lhe deve secretamente. Seu pacto é selado por "um santo beijo de fé e de paz", o credor dispensando o devedor (não são compadres?) de um juramento mais constrangedor que teria sido com relação a ele uma marca de desconfiança. A condição de compadre cria de fato, portanto, uma relação privilegiada, fora das normas habituais.[91] Segundo Pierre de Morone (futuro papa Celestino V), seu pai aparecera à sua comadre (a madrinha do autor) para lhe dizer quanto estava feliz por sua viúva ter dado instrução a seu filho.[92] Esse relato mostra a comadre integrada na família na qual desempenha, vários anos depois da morte de seu compadre, o papel de uma "mensageira das almas".

A *familia* ou casa de vassalagem feudal é também, à sua maneira, uma espécie de "família" a uma só vez hierárquica e igualitária, mantida em sua coesão por trocas de larguezas e de serviços, pelas atividades comuns da guerra e da caça, pela divisão dos ganhos da dominação senhorial. Os gestos simbólicos da fé e do juramento de fidelidade consagram esses laços.[93] Como se viu a propósito dos relatos de aparições em Pierre, o Venerável, o parentesco de vassalagem não desaparece com a morte do senhor ou de seu homem: é por intermédio de seus vassalos, um defunto, o outro vivo, que o antigo e o novo sire de Beaujeu, o pai defunto e o filho vivo, entram em relação.

Em um milagre contemporâneo referente a Sainte-Foy de Sélestat, o conde defunto Conrad de Hohenstaufen aparece a seu vassalo, o cavaleiro Walter: "em virtude da fé de vassalagem que ele lhe jurou e das larguezas que sempre recebeu de seu senhor", o morto pede a Walter que vá rogar a seus irmãos sobreviventes que dotem generosamente a nova igreja.[94]

Na *familia* que abriga e que constitui toda "casa" digna desse nome (como o mostrou Christiane Klapisch-Zuber, é preciso entender "casa" em um sentido a um só tempo material e simbólico),[95] as relações de dependência, inclusive assalariadas, não se deixam distinguir facilmente dos laços afetivos que unem os verdadeiros "parentes". Pierre, o Venerável, recolheu o relato de um dono de casa, Pierre Engelbert, a quem seu servidor Sanche, que fora seu "mercenário", isto é, seu assalariado, aparecera para lhe pedir que utilizasse para sua salvação alguns ordenados que lhe devia ainda.[96] Da mesma maneira no Yorkshire, dois séculos mais tarde, o defunto "mercenário de um chefe de família" manda pedir a seu patrão, por intermédio de uma testemunha, que lhe perdoe suas malversações e empenhe-se em libertá-lo de suas penas.[97]

Curiosamente, há pelo menos uma forma de parentesco espiritual que não aparece em nossos relatos, embora tenha tido uma importância crescente no fim da Idade Média: a constituída pelas confrarias e caridades leigas, especialmente em meio urbano. É verdade que o papel dessas instituições coletivas na assistência aos agonizantes, no sepultamento dos mortos e na prece pelas almas dos defuntos conhecia disparidades regionais bastante acentuadas.[98] Essa lacuna de nossos relatos talvez se deva também à autonomia relativa da vida das confrarias com relação ao apostolado dos pregadores. De maneira geral, pode-se observar que quase não se fala das confrarias na literatura dos *exempla*. Contudo, o tema muito freqüente, nessa literatura também, dos dois amigos que se prometem mutuamente que o primeiro a morrer visitaria o sobrevivente, pode ser aproximado do ideal de solidariedade espiritual desenvolvido no seio dessas confrarias.

Se não é eremita, o homem, na Idade Média, nunca está só. Até em seus sonhos, em que os letrados do século XII fazem a experiência de certa forma de subjetividade, eles encontram outras *personae*, como o dizem por vezes os textos, defuntos pertencentes à sua *familia* carnal ou espiritual. O sucesso dos relatos de fantasmas, amplificados por toda a cadeia da tradição oral e escrita, não se deveu em parte ao fato de que sempre põem em relação dois homens pelo menos — um morto e um vivo solidários além da morte — e, no mais das vezes, muitas outras pessoas ainda?

9

FIGURAR OS FANTASMAS

Nem todos os fantasmas se dão a ver. Algumas testemunhas (até Jean Gobi) afirmam ter apenas ouvido um ruído ou vozes interpretadas como sendo as dos fantasmas. Esse é especialmente o caso de alguns testemunhos autobiográficos (desde Thietmar de Merseburg até o imperador Carlos IV), mais hesitantes que os relatos longamente divulgados ao pé do ouvido em afirmar que um morto apareceu claramente no estado de vigília. Aí se trata antes de sonhos e de impressões confusas, de ruídos e de voz que de visão clara. Portanto, o modo de visibilidade do morto é realmente um efeito da construção social do relato. Assim como as dúvidas e as hesitações quanto à aparência do morto convêm à experiência subjetiva e onírica da aparição, a objetivação do fantasma vai de par com a socialização do relato.

Por vezes, a dialética do invisível e do visível serve de trama ao relato: um morto que de início é invisível, em seguida, a pedido do vivo, aceita mostrar-se. Segundo um velho modelo hagiográfico que remonta a Gregório, o Grande, pode acontecer também que o morto venha visitar apenas uma pessoa, à exclusão de qualquer outra: ele é visível apenas para ela (mas, em certos casos, os outros podem ouvi-lo) ou então desaparece se se apresenta um intruso. É o caso do fantasma de Beaucaire, quando os pais da moça se mostram à soleira do quarto.

O CORPO DAS APARÊNCIAS

Quando o morto é visível, tem normalmente forma humana e apresenta os traços e a idade que tinha no momento de seu falecimento. Isso permite ao beneficiário da aparição reconhecê-lo. Ele pode também exibir um sinal físico distintivo, como, por exemplo, se se trata de um cavaleiro morto em combate ou em torneio, o ferimento ainda sangrento que o fez passar da vida ao trespasse. Mas ele nem sempre tem uma aparência humana. Nos relatos contados, ao contrário dos relatos autobiográficos, acontece que o morto tome a forma de um objeto material (um monte de feno) ou, mais freqüentemente, de um animal, um pássaro, um cão, um réptil, um cavalo. Nas metamorfoses que lhes atribuem tais relatos, os mortos dispõem de um rico bestiário cujos usos não são neutros. Às vezes, essas transformações manifestam a evolução do estado espiritual do defunto. No Yorkshire, segundo o testemunho do monge de Byland, o espírito do "ex-mercenário" de Rielvaux aparece sucessivamente sob a forma de um cavalo que se empina, de um monte de feno e, na terceira vez apenas, "na figura de um homem". Um outro morto, que fora excomungado, aparece sucessivamente ao alfaiate Snowball sob a aparência de um corvo que adeja miseravelmente, de um cão capaz de falar como um homem, de uma cabra e, enfim, de um homem de estatura muito grande. Mesmo o espírito do velho Heinrich Buschmann aparece uma primeira vez sob a forma de um cão bravo, e apenas em seguida sob a do velho de 88 anos que ele era quando morreu. É provável que esses relatos tragam a marca de velhíssimas representações da alma sob a forma de animais, como os répteis ou os pássaros.[1] Mas evitemos ver nessas metamorfoses apenas a "sobrevivência" de um folclore pré-cristão: a arte cristã, sobretudo até o século XII, também representou muitas vezes a alma ou espírito sob a forma de um pássaro.[2] Por outro lado, para os clérigos as metamorfoses dos mortos, assim como suas mudanças de cor (sobretudo do preto ao branco), davam a medida da progressão das almas penadas rumo à sua libertação. Lembremos, mais uma vez, que o conteúdo de um texto ou de uma imagem não se deixa estudar independentemente da lógica dos gêneros textuais, narrativos, iconográficos a que pertencem e das funções que são as suas.

O ESPIRITUAL E O CORPORAL

Na morte, o corpo e a alma separam-se e permanecerão assim até a ressurreição dos mortos e o Juízo Final. A alma é "espiritual", mas "passível": é torturada no inferno ou no purgatório por um fogo ou um frio que os homens da Idade Média — ou alguns deles, seguindo Gregório, o Grande — imaginam tão concretamente que os dizem "corporais". De fato, o cristianismo medieval jamais pôde resolver a contradição entre duas de suas exigências profundas: de um lado, o desejo de negar o corpo para melhor tender a Deus e, portanto, assimilar o "espiritual" ao imaterial; de outro lado, a necessidade de *imaginar* o invisível, portanto, de o situar no espaço e no tempo, de conceber lugares, formas, volumes e corpos ali mesmo onde deveriam ser excluídos. O monge Guibert de Nogent, fervoroso "espiritualista" na tradição de Santo Agostinho, ria dos que imaginam que as almas têm um corpo porque os pintores as figuram sob a forma de uma criancinha nua saindo da boca dos agonizantes.[3] Com efeito, certos autores de relatos de visões e de viagens ao além, como a célebre *Visão de Tnugdal*, preocupados em estabelecer a continuidade entre a vida terrestre e o além cristão, incitavam, contra a opinião dos teólogos mais "espiritualistas", a atribuir certo grau de "corporeidade" às almas penadas.[4]

Toda a ambigüidade vinha, de fato, da palavra "espiritual". Na Idade Média, a noção de "espiritual" é intermediária e ambígua. Da mesma maneira que a "visão espiritual" intercala-se entre a "visão intelectual" e a "visão corporal", o espírito (*spiritus*) tem seu lugar — segundo o grande teólogo do século XII Hughes de Saint-Vitor — entre a alma (*anima*, *mens*, a razão pura) e o corpo (*corpus*). Nem o "espírito" do homem vivo, que pensa e imagina, nem o "espírito" do morto que aparece são "puros espíritos" imateriais. Por definição, tampouco são corporais. O espírito é um entremeio e por isso, diz não sem embaraço Alcher de Clairvaux, ele é "alguma coisa": "Tudo que não é um corpo e que não obstante é *alguma coisa* é dito com justa razão 'espírito' ".[5] O espírito não é um corpo, porém tem cumplicidade com o corpo.

Quanto às "imagens espirituais", especialmente as produzidas pela aparição, a relação com o corpo coloca-se de três maneiras:

— longe de concernir apenas ao "espírito" do sonhador ou do visionário, elas podem agir sobre seu corpo;

— longe de ser totalmente imateriais, elas podem possuir certa "corporeidade";

— longe de ser totalmente separadas do corpo do morto, elas podem, no caso da aparição de um morto, manter relações com o cadáver.

As imagens espirituais agem não apenas sobre o espírito, mas sobre o corpo daquele que as percebe. Vimos mais acima como o monge Otloh de Saint-Emmeran relata em seu *Liber visionum* quatro sonhos pessoais ligados à sua conversão e aos conflitos que o opunham a outros monges.[6] Uma noite, ele sonha que um "homem" (*vir*) o chicoteia com a maior violência. Ao despertar, sente uma extrema dor e percebe que suas costas estão em sangue. Interrogado, um jovem oblato certifica que não escutou nenhum tumulto durante a noite. Otloh espanta-se, depois se tranqüiliza: esquecera que "as coisas espirituais se produzem sem nenhum som corporal". Mas não sem efeito sobre os corpos: os vestígios dos golpes em suas costas são a prova da verdade da visão. No século seguinte, o próprio Guibert de Nogent cai nas mesmas contradições. De um lado, fala da "aparência dos corpos" (*species corporum*) das almas que se manifestam aos vivos; do outro, relata que uma freira que ele conhecia viu em sonho dois demônios bater em uma irmã defunta com um malho; os golpes produziam centelhas, uma das quais penetrou no olho da adormecida. A dor a despertou e o ferimento em seu olho permaneceu como prova da verdade do sonho.[7]

Como os demônios, os fantasmas podem produzir efeitos materiais sobre os objetos ou os corpos vivos que tocam neste mundo.[8] Em particular, são queimaduras, quando transportam consigo e introduzem entre os vivos, como provas de sua sorte lamentável, o "fogo corporal" que os aflige no além. Um *exemplum* famoso no século XIII conta a aparição de um discípulo defunto a um professor universitário, mestre Serlo. Para convencer o mestre da vaidade de seu saber, o fantasma deixa cair sobre sua mão uma gota de suor incandescente que, instantaneamente, a traspassa de um lado ao outro.[9] Um degrau a mais é transposto no Yorkshire do fim do século XII, nos relatos transmitidos por Guillaume de Newburg. Aí os fantasmas não são evanescentes aparências de almas penadas mendigando sufrágios, mas mortos maléficos, próximos dos descritos pelas sagas: "monstros pestilenciais" que agridem os homens, matam-nos e bebem seu sangue.[10] É o que confirma o monge de Byland dois séculos mais tarde quando conta, por exemplo, como o espírito do cura defunto de Kirkby voltou durante a noite para arrancar um olho de sua concubina.

Nossos relatos põem em cena mortos que apresentam, em graus diversos e de maneira perturbadora, uma consistência, uma densidade, uma resistência ao contato físico dos vivos. Interrogado por sua jovem prima, o próprio fantasma de Beaucaire explica em que consiste sua natureza de fantasma: ele se define como uma "imagem de corpo" que não é um corpo, mas também como um "corpo aéreo".[11] Essas noções vêm, ambas, de Santo Agostinho, de sua teoria da "visão espiritual" e de sua demonologia. Com efeito, esta atribui aos demônios um "corpo aéreo" com o qual eles se movem no ar, pouco acima da terra, bem mais rapidamente que os homens na terra, o que lhes permite prever as ações e os pensamentos humanos.[12] O fantasma de Beaucaire diz também que não sofre no "corpo", mas enquanto "espírito", tão sutil que o mais leve peso — o da estola com a qual o padre o quer "atar" — lhe é insuportável. Embora invisível, o espírito do burguês de Alès, Gui de Corvo, revela também que é um corpo aéreo: sua viúva e o prior dos dominicanos, Jean Gobi, sentem um deslocamento de ar no momento em que ele os deixa. Por volta da mesma época, em Montaillou, Arnaude Ribes vê vagar almas que apresentam um verdadeiro corpo: segundo o testemunho que disso dá Guillaume Fort diante do inquisidor, as almas dos maus, ao que ela diz, são dotadas "das carnes", dos ossos e de todos os membros, como a cabeça, os pés, as mãos e os outros membros.[13] No Yorkshire, por volta de 1400, os fantasmas são mais corporais ainda: saem de suas sepulturas, divertem-se fora do cemitério, agridem fisicamente os aldeões. Uma mulher foi vista carregando às costas um "espírito": ela "enterrava profundamente os dedos na carne do espírito, como se a carne desse mesmo espírito fosse um fantasma pútrido, e não sólido".[14] "Como se", diz o monge de Byland: é um cadáver apenas na aparência, uma espécie de corpo mole ou oco que faz ouvir, quando se bate nele, o som de uma almofada ou de um leito no qual se bate.[15] Esses espíritos são tão concretos que os vivos podem agarrá-los e lutar corpo a corpo com eles: o jovem Robert Foxton consegue manter um espírito, à saída do cemitério, contra a porta da igreja.

Não é surpreendente, portanto, que muitos relatos estabeleçam uma relação estreita entre a aparição do morto e o cadáver que se encontra na sepultura, mas que, ao que parece, sai dali à noite. Para tirar isso a limpo, os jovens da aldeia abrem a sepultura e verificam o estado do corpo. Essa precisão não caracteriza apenas o Yorkshire. Segundo Césaire de Heisterbach também, um cavaleiro que tentava em vão arrancar uma morta a um cavaleiro infernal, dela guarda apenas uma trança de cabelos na mão. No dia seguinte, ao abrir a sepultura dessa mulher, descobre-se que o cadáver perdeu sua trança.[16] Essa interdependência, ou mesmo essa identidade do cadáver e do fantasma, encontra um eco em certas práticas funerárias. Bem antes que Guillaume de Newburg e depois o monge de Byland contem como os jovens do Yorkshire desenterram os cadáveres e os queimam para impedir o retorno dos maus espíritos, Burchard de Worms denunciava os maus cristãos que traspassam por meio de uma estaca os cadáveres das mulheres mortas no parto e das crianças natimortas, a fim de prevenir seu retorno maléfico.[17]

No segundo plano dessas práticas e desses relatos, deixa-se adivinhar a idéia de que a maldição que pesa sobre um morto maléfico atinge em primeiro lugar seu cadáver. O morto não apenas volta a freqüentar o espaço dos vivos, como também o cadáver — e dá tudo na mesma — é condenado a não se decompor no solo. Que tais concepções sejam antigas e estranhas ao cristianismo, não há muita dúvida. Mas elas encontraram lugar nas representações cristãs da morte, fazendo eco e ao mesmo tempo opondo-se às representações, estas oficiais, que concerniam ao corpo dos santos. Simetricamente oposto à indiscriminação dos defuntos cristãos, o corpo dos mortos maléficos, tal como o dos excomungados e, por outro lado, o dos santos, partilham um destino comparável: seu corpo é imputrescível. O fato é bem conhecido quanto aos santos: de sua sepultura emana o "odor de santidade" que revela a preservação miraculosa das carnes. Para o melhor — os santos — ou para o pior — nossos corporais fantasmas —, observa-se, embora invertido, o mesmo desvio em relação à norma. Assim, o destino singular de tais cadáveres lembra que a grande maioria dos cristãos ordinários — os que não são santos nem excomungados — sofre a lei comum de um triplo desaparecimento progressivo, de seus restos físicos na sepultura, de sua alma fora do purgatório e de sua lembrança no espírito dos vivos.

A LINGUAGEM DOS MORTOS

O fato de que o morto fale e suas palavras sejam no mais das vezes relatadas no estilo direto aumenta ainda mais a impressão de uma presença física. A aparição é um fenômeno sonoro, tanto quanto visual e tátil. A visita de um fantasma pode reduzir-se a ruídos, a palavras mais ou menos audíveis ou ainda a "vozes sem palavras", segundo a expressão do monge Guibert de Nogent.[18] Às vezes, pode-se ouvir distintamente um fantasma falar e pode-se mesmo conversar com ele, mas sem o ver: foi o que aconteceu ao prior dos dominicanos de Alès, Jean Gobi. O morto "apareceu em voz" (*apparuit in voce*) à sua viúva. A expressão faz eco à que utilizava já Raban Maur quando falava de uma "imagem de voz".[19] Alguns relatos propõem também uma gradação na revelação do morto: este primeiro se faz ouvir, depois consente em mostrar-se.[20] Pode então começar o diálogo habitual entre o vivo e o morto. Muitas vezes o escriba relatou no estilo direto apenas as palavras do morto, reservando o estilo indireto para as perguntas do vivo. Assim, paradoxalmente, a voz mais viva é a do defunto. Voz de além-túmulo e de autoridade, ela deve ser relatada o mais fielmente possível, tal como foi pronunciada. Salvo exceção, essa voz não se caracteriza por nenhuma forma de glossolalia,[21] nem mesmo, quando o morto é um *illiteratus* que ignora o latim, por uma passagem da língua culta (a do escriba) à língua vernácula. Raras, em nossos relatos clericais, são as intrusões da língua vernácula.[22] Por vezes a maneira de falar concorre com a aparência física para facilitar o reconhecimento do morto pelo vivo: Pierre, o Venerável, preocupado em transcrever fielmente as palavras, ouvidas em sonho, do monge defunto Guillaume de Roanne, chega a reproduzir a gagueira que o caracterizava em vida.[23]

Como um fantasma pode falar? Vários relatos sublinham que o espírito goza de uma faculdade lingüística diferente da linguagem do corpo vivo. Quando o clérigo Raoul vela em sua casa o cadáver de sua amiga Cecilia, escuta o chamado do espírito da moça do exterior da casa.[24] O próprio espírito do burguês de Alès, Gui de Corvo, explica-se sobre a origem de sua voz: quando o prior Jean Gobi lhe pergunta "Como podes falar, tu que não tens boca nem língua, que são os instrumentos da linguagem?", ele responde que em um corpo vivo a língua não tem o poder de falar por si mesma. Ela é apenas a ferramenta da alma, na qual residem todos os poderes, entre os quais o de falar. Assim, quando a alma é separada do corpo, ela não tem nenhuma dificuldade em falar, como o fazem também os anjos incorporais.[25] A ambigüidade do espiritual e do corporal, que vale para a aparência dos corpos, vale igualmente para a voz dos mortos. De resto, é esclarecido que certos espíritos falam, embora sejam desprovidos de língua. O monge de Byland o confirma: o alfaiate Snowball "contemplou os interiores [do espírito] através de sua boca [enquanto o espírito] formava suas palavras nos intestinos e não falava com a língua".[26] Um outro espírito ventríloquo "falava do interior de suas vísceras e não com a língua, mas como em um cântaro vazio".[27]

A VESTIMENTA DOS MORTOS

A vestimenta nunca é apenas uma proteção do corpo. Na cultura medieval, é também um sinal de vinculação a um estado social, situa o indivíduo e o grupo na hierarquia das *ordines*. É igualmente percebida como um dos modos de expressão do valor moral ou religioso da pessoa. Melhor ainda, é uma e mesma coisa em relação a quem a usa, participa de seu ser, como uma segunda pele.[28] Mas é uma pele que se muda e que se troca, cujo dinamismo, por conseguinte, aumenta ainda mais seu poder de símbolo. Nas realidades da ação social, assim como nas do imaginário, o fato de vestir-se, de desvestir-se, de mudar de vestimenta, de a modificar ou de a dar ilustra transformações da pessoa, de seu valor, de seu ser espiritual.

Como todas as etapas da vida (o nascimento e o batismo, a iniciação como cavaleiro, a "tomada de hábito" monástica, o casamento etc.), o morto tem suas marcas indumentárias. Estas concernem ao defunto (convém, por exemplo, que um monge seja sepultado no hábito de sua ordem) assim como a seus próximos sobreviventes (que, no fim da Idade Média e em certos meios pelo menos, usam uma cor do luto, que se impõe cada vez mais como sendo o preto).[29] A vestimenta participa dos ritos funerários, mas também do imaginário da morte e do além. Quando a alma é descrita sob os traços de uma criancinha que sai com o último sopro de vida da boca do defunto, ela está freqüentemente nua. Está nua da mesma maneira nos tormentos do inferno ou do purgatório, como o estão também os corpos que surgem de suas sepulturas no momento da ressurreição dos mortos e do Juízo Final. Os eleitos, ao contrário, são com freqüência vestidos pelos anjos com suntuosas vestimentas, símbolos de seus corpos gloriosos.[30] A dialética da nudez e da vestimenta organiza a representação imaginária da sorte das almas no além.

Para os fantasmas, a situação é mais complexa, pois não estão ainda totalmente separados do mundo dos homens. Sua aparência indumentária depende, então, de vários fatores, tal como sua vinculação passada a uma ordem dada da sociedade, muitas vezes caracterizada por uma vestimenta particular. Eles continuam a usar, nas lembranças, nos sonhos e nos relatos dos vivos as vestimentas com as quais foram conhecidos e que ajudam a reconhecê-los. Seu estado espiritual no além exprime-se da mesma maneira pela natureza, o estado e a cor de sua vestimenta. Determinantes são também o uso que os mortos fizeram de suas vestimentas antes de seu trespasse e o que os sobreviventes fizeram delas depois, em particular se cederam caridosamente a um pobre a vestimenta deixada pelo defunto.

Antes do fim da Idade Média, os fantasmas quase não são descritos como cadáveres vivos, mais ou menos nus ou apenas revestidos de seu sudário. Os cavaleiros defuntos aparecem com o garbo e as armas dos cavaleiros que foram e os monges defuntos, com seus hábitos de monges. Segundo Pierre, o Venerável, o cavaleiro defunto Geoffroi de Ion "tinha por aparência a vestimenta que lhe era habitual".[31] Em um relato cisterciense, um cavaleiro "orgulhoso, saqueador e luxurioso" aparece depois de sua morte à sua mulher ou concubina: ele entra no jardim, "montado em seu soberbo cavalo de batalha, trazendo de maneira apropriada as armas e as insígnias militares *que lhe eram familiares em vida* e fazendo, ao sacudir sua cabeleira e pelos outros movimentos de seu corpo, os gestos *que tinha o costume de fazer* nos torneios.[32] Um outro cavaleiro muito mau, Henri Le Noeud, na província de Trêves, aparece à sua filha "vestido com a pele de carneiro que tinha o costume de usar".[33]

Os numerosíssimos relatos monásticos de aparições confirmam a simbólica funerária da vestimenta do monge. Desde o dia em que "tomou o hábito", o monge não o deixa mais, nem em vida, nem na sepultura, nem no futuro imaginário que os vivos atribuem à sua alma. Sua capa munida de um capuz (*cuculla*) desempenha um papel particular na passagem da vida à morte e, inversamente, na visita que o morto faz aos vivos. Há um ano, conta, por exemplo, Césaire de Heisterbach, o monge Lambert adormeceu no coro da igreja na noite do domingo e viu em sonho o ecônomo do mosteiro, chamado Richwin, morto alguns anos antes, entrar na igreja e fazer-lhe sinal para que o seguisse na direção do Reno. Sabendo-o morto, Lambert não se move. O morto voltase então para o monge Conrad, com mais de cinqüenta anos, e lhe faz o mesmo sinal. Sem dizer palavra, Conrad põe o capuz sobre a cabeça e segue o morto. Depois do almoço, o monge Lambert conta seu sonho ao velho Conrad e lhe anuncia que ele vai morrer em breve. Pouco depois, de fato, enterraram-no "com a mesma *cuculla*".[34] Importa, com efeito, que o monge morra com sua *cuculla*, pois ela o protegerá no além das armadilhas dos demônios.[35] Nos relatos monásticos de aparições, a *cuculla* é o sinal distintivo dos ex-monges, mesmo quando morreram com o traje de clérigo secular ou de leigo.[36] É provável que a simbólica funerária do manto e do capuz dos monges se tenha beneficiado de crenças mais antigas referentes ao "capuz" como sinal de reconhecimento dos mortos e instrumento de sua passagem para o além.[37] No folclore germânico, a *tarnkappe* (ou *tarnhut* ou *hüttlin*: o chapeirão) dá uma força sobre-humana àquele que a usa, permite-lhe deslocar-se imediatamente para onde quiser ou, ainda, tornar-se invisível. É chamada também *hellekeppelin*: é explicitamente a cobertura de cabeça de Hellequin, o rei dos mortos.[38] Mais geralmente ainda, a cobertura de cabeça é o sinal de uma passagem singular entre este mundo e o além: quando do nascimento, caracterizando as crianças "nascidas com a cabeça coberta" e, inversamente, depois da morte, para os defuntos que voltam para visitar os vivos.[39]

Os sapatos dos mortos também supostamente ajudam na passagem para o além. No século XIII, o liturgista Guillaume Durand relata a opinião segundo a qual, ao pôr nos mortos meias nas pernas e sapatos nos pés, eles ficam preparados para enfrentar seu julgamento.[40] Em Avignon, por ocasião dos funerais, o tocador de sinos recebia como salário as meias, os sapatos e o cinto do morto: este não era por isso privado deles, ao contrário, levava para o além o benefício espiritual desses dons.[41] Como assegura a *Visão de Gottschalk* (no norte da Alemanha no século XII), aquele que em vida deu seus sapatos aos pobres encontrará no além, suspensa a uma magnífica tília, uma profusão de bons calçados.[42] Ao contrário, segundo um *exemplum* de Césaire de Heisterbach, a concubina de um padre que se fizera sepultar com seus belos calçados — objetos de sua cobiça e símbolo de sua luxúria — foi levada para o inferno por um cavaleiro diabólico e sua matilha maldita.[43]

A cor da vestimenta do morto dá conta muito particularmente da sorte deste no além e, eventualmente, de sua melhora. No relato de Sainte-Foy de Sélestat, é a oposição do vermelho e do branco que prevalece. Em geral, é a do preto e do branco que permite acompanhar, ao ritmo das aparições, a melhoria da sorte de um mesmo morto, primeiro todo preto, depois meio preto, meio branco e, enfim, todo branco, quando vem uma última vez para fazer saber àquele que o socorreu por suas preces que está definitivamente salvo.[44] O cromatismo dos fantasmas não é muito variado e permanece dos mais tradicionais: as oposições binárias que o caracterizam dependem do velho sistema indo-europeu das três cores fundamentais (branco, vermelho, preto).[45]

A vestimenta é, enfim, um poderoso operador de trocas entre o mundo dos vivos e o dos mortos. A troca pode ser positiva: em um relato de Pierre, o Venerável, um ex-senhor morto em peregrinação, Bernard, o Gordo, aparece a um monge de Cluny vestido com uma pele de raposa; de fato, ele dera essa pele a um pobre e agora ela lhe serve de *refrigerium*, alivia-o nas tribulações do além. A troca pode ser também negativa em todos os relatos de aparição em que o morto está nu ou curiosamente vestido porque recusara vestir um pobre, roubara um traje ou deixara de devolver uma vestimenta emprestada. Ele volta para pedir aos próximos que o "vistam", reparando o erro que cometeu. Pierre, o Venerável, conta como o "mercenário" Sanche apareceu a seu ex-patrão, todo nu, apenas com uma tanga em torno da cintura, porque roubara em vida vestimentas eclesiásticas; ele roga ao patrão que restitua seu furto à igreja. Césaire de Heisterbach relata a aparição de um cavaleiro morto recentemente, Frédéric de Kelle, vestido com as peles de carneiro que roubara de uma pobre viúva.[46] No longo relato de Gervais de Tilbury, o jovem Guillaume aparece primeiro completamente nu à sua prima de Beaucaire. Na segunda vez, ele recuperou suas vestimentas que, entrementes, sua tia, a mãe da moça, doou aos pobres.[47] No além, o morto, potencialmente nu e miserável, é revestido dos trajes de que ele próprio (ou seus herdeiros) se desfez em benefício dos pobres. A vestimenta é simultaneamente um objeto material transmissível e o símbolo imaterial do dom caridoso. Toda doação de vestimenta supostamente transcorre ao mesmo tempo nos dois planos indissociáveis, na terra e no além. O modelo dessa correspondência além dos limites da vida e da morte é muito antigo: é, na *Vida de são Martinho* por Sulpício Severo, o episódio famoso da divisão do manto em benefício do pobre. No sonho de que Martinho se beneficia, Cristo lhe aparece revestido do manto dado ao pobre. Pode-se aproximar desse relato hagiográfico o da aparição do rei Sanche na *Crônica de Iria*: quarenta dias depois de ter aparecido uma primeira vez à sua viúva Godo, o rei lhe aparece novamente vestido com trajes brancos (sinal de que está salvo) e com uma pele que deu, pela salvação de sua alma, a um pobre padre. Tendo arrancado ao fantasma um pedaço da pele, Godo a leva para o mosteiro de San Esteban de Ribas de Sil, onde os monges constatam que um pedaço de igual tamanho está faltando na pele dada ao padre. A parte sobrenatural da pele levada pela rainha Godo vem ajustar-se, então, à pele real, a fim de atestar — a exemplo dos títulos de propriedade em duas metades que dividiam entre si os protagonistas de uma transação — a veracidade da aparição e a legitimidade dos sufrágios pelos mortos.[48]

AS IMAGENS DOS FANTASMAS

Se o objeto da "visão espiritual" é uma "imagem", suas representações figuradas devem ser compreendidas como "imagens de imagens", o que não deixa de levantar um grande número de perguntas. Como as imagens materiais de fantasmas se distinguem das imagens de outros objetos? Quais são as marcas específicas da aparição entre os modos de figuração em uso na época medieval? Do que nos ensinam os textos, podemos deduzir os parâmetros da figuração dos fantasmas? A priori existe toda uma gama de possibilidades, desde a representação da carne viva até o esqueleto, passando pelos diversos estados do cadáver em decomposição. O fantasma será figurado revestido do traje característico da condição social que era a sua, ou então da mortalha na qual foi sepultado, ou ainda nu como uma alma miserável? Encontraremos desde essa época imagens de espectros envoltos em uma mortalha branca, como os imaginamos desde a época romântica? Que marcadores icônicos vão assinalar o caráter sobrenatural da aparição? Na iconografia medieval dos sonhos, tão-somente a justaposição da imagem do adormecido e do objeto de seu sonho basta para designar a natureza onírica da visão.[49] Mas, e quanto às aparições em estado de vigília? Que parte, enfim, atribuir à história, à evolução cronológica dos modos de figuração? A iconografia dos fantasmas passou, como os textos teóricos e narrativos, por uma longa evolução no tempo. Com relação à tradição narrativa ou a outros tipos de imagens, ela é tardia (não é encontrada antes do fim do século XI) e transforma-se progressivamente até o fim da Idade Média. Enfim, da mesma maneira que distinguimos cuidadosamente os diversos gêneros narrativos, evitemos misturar todas as imagens, independentemente dos conjuntos icônicos a que pertencem.

Esquematicamente, pode-se dizer que se encontram entre o século XII e o século XV seis modos distintos e parcialmente sucessivos de figuração dos fantasmas.

— O tipo de Lázaro: o fantasma é pintado como um ressuscitado.

— O tipo do morto pintado como um vivo: não há nenhuma diferença sensível entre o fantasma e o vivo ou os vivos a quem ele aparece.

— O tipo da alma: o fantasma toma a forma de um pequeno personagem nu, segundo o modo convencional mais freqüente da figuração das almas.

— O tipo do espectro: o fantasma aparece envolto em um sudário diáfano.

— O tipo macabro: o fantasma apresenta-se como um cadáver vivo em estado mais ou menos avançado de decomposição.

— A invisibilidade: é uma solução-limite da imagem, em uma dependência estreita com relação a um texto.

As imagens que já encontramos correspondem a vários desses tipos: o fantasma de Alès é invisível na miniatura de Simon Marmion, assim como o é no relato de Jean Gobi. Em compensação, o espírito invisível que perturba o sono do imperador Carlos IV em Praga é figurado uma vez segundo o tipo do morto-vivo (vestido com um gibão em moda) e uma vez segundo o tipo da alma (como pequeno personagem nu). Entre o século XII e o século XV, a iconografia de Samuel no episódio bíblico de En Dor explora quase todas as soluções disponíveis, a começar pelo tipo de Lázaro.

As imagens de fantasmas mais comuns são raras antes do fim da Idade Média. As mais antigas poderiam remontar ao século XI, momento que é também aquele em que, nos textos, os relatos de fantasmas começam a multiplicar-se. Duas miniaturas datadas precisamente de 1071 e um capitel historiado de Fleury (hoje Saint-Benoît-sur-Loire) ilustram milagres de são Bento segundo o relato que deles fez Gregório, o Grande, no segundo livro de seus *Diálogos*.[50] No capítulo XXIII, Gregório conta que duas religiosas que não conseguiam conter a língua haviam sido ameaçadas de excomunhão pelo santo. Elas morreram e foram sepultadas na igreja. Mas toda vez que ali se celebrava a missa, "sua ama, que se acostumara a levar por elas a oferenda ao Senhor, as via surgir de sua sepultura e sair da igreja". O prodígio durou até que o santo aceitasse retirar sua excomunhão. O capítulo XXIV enuncia uma história comparável: um jovem monge deixara o mosteiro sem autorização, para ir visitar os pais. No caminho, morreu acidentalmente. Seus pais tentaram sepultá-lo uma primeira e depois uma segunda vez, mas o corpo sempre se recusava a permanecer no sarcófago. Desistindo, os pais lançaram-se aos pés de Bento, que ordenou colocar uma hóstia consagrada sobre o peito do morto. Dali em diante, o cadáver manteve-se em seu lugar. Os dois relatos são muito próximos um do outro: além do papel comparável de seu herói comum, Bento, eles põem em cena o mesmo prodígio de cadáveres rejeitados pela sepultura e sugerem, para domar esses corpos maléficos, o mesmo remédio: a hóstia consagrada, o corpo de Cristo. Trata-se ainda de fantasmas? Não no sentido das aparições de que o próprio Gregório, o Grande, fala no livro IV de seus *Diálogos*. Sim, no entanto, se aproximarmos esses dois relatos daqueles, mais tardios, que, principalmente no Yorskhire, associam os "espíritos" a cadáveres que supostamente saem de sua sepultura e que se faz retornar a ela à força.

Em 1071, o abade Didier do Monte Cassino — abadia fundada pelo próprio são Bento — reúne um grande número de abades e de prelados (entre os quais vários defensores da reforma eclesiástica, como Pierre Damien) para proceder com fausto à consagração da nova igreja abacial. Nessa ocasião, ele manda compor um preciosíssimo *Lecionário* das festas de são Bento, são Mauro e santa Escolástica, hoje conservado na Biblioteca Vaticana.[51] Nossos dois relatos encontraram lugar na rica iconografia desse manuscrito. Sua ordem de sucessão está, aliás, parcialmente invertida, cada imagem ilustrando episódios de cada um dos dois relatos. Na primeira (fº 57 rº), vê-se são Bento entregando uma oferenda a um clérigo, para que ele possa fazer voltar à sepultura as duas mulheres do capítulo XXIII. Mas aí se vê também o cadáver do jovem monge do capítulo XXIV, deitado, de olhos fechados e com o capuz baixado sobre a cabeça, ao lado do sarcófago aberto onde ele não se mantém. No segundo plano é representado o mesmo sarcófago, contendo desta vez o corpo do jovem monge sobre cujo peito um padre coloca a hóstia (fig. 15). No verso estão representados dois outros episódios da história do jovem monge: são Bento recebendo sucessivamente o pai e a mãe do defunto e dando a esta última a hóstia consagrada (fig. 16). Nessa mesma imagem está representada também a continuação da história das duas religiosas. Estas estão semi-erguidas em sua sepultura, como mortas ressuscitadas envoltas em sudários ou amplos véus, um vermelho, o outro azul, ocultando parcialmente seu rosto. Não são cadáveres, como o do jovem monge no fólio precedente, mas sim mortas-vivas surgindo bem eretas de sua sepultura e talvez figuradas pelo pintor segundo o modelo de Lázaro ressuscitado.

Ora, a mesma história inspirou a escultura de um capitel de Saint-Benoît-sur-Loire, também datado, mas sem maior precisão, do século XI (fig. 17).[52] Esse capitel, hoje retirado, mostra de um lado Cristo abençoando e atrás dele, menor, são Bento, cuja mão direita confunde-se com a mão esquerda do Senhor: de maneira marcante, a imagem relembra que Deus é o verdadeiro autor dos milagres realizados pelos santos. Do outro lado, vê-se a sepultura que um personagem está abrindo. As duas religiosas ali estão deitadas, mas suas cabeças emergem como se elas estivessem em via de sair. Elas não estão como mortas, na horizontal, mas sua condição, como no próprio relato, permanece ambígua: é seu corpo que é expulso da igreja, mas sob a pressão de uma força sobrenatural que os associa a algum espírito maléfico.

As imagens de fantasmas começam a tornar-se numerosas apenas no século XIII. Esse é o caso nos *Milagres da Virgem*, compostos em francês entre 1218 e 1233 por um monge de Saint-Médard de Soissons, Gautier de Coincy. O sucesso dessa coleção de 55 milagres marianos foi imenso, pois dela se conhecem mais de oitenta manuscritos. Em todos esses milagres marianos, a Virgem intervém para proteger ou curar seus devotos em vida ou salvá-los na hora da morte e do julgamento particular da alma, mesmo quando deveriam ser condenados. Assim, sua misericórdia beneficia o prior de um mosteiro que cometera grandes pecados, mas nunca deixara de honrar a Virgem.[53] Ele morre, e os irmãos o enterram normalmente. Mas exatamente um ano mais tarde, "no aniversário da morte", quando o monge sacristão, irmão Hubert, acende antes das matinas as lâmpadas da igreja, ele ouve uma voz forte e clara chamar seu nome: "Hubert, querido irmão", diz a voz. Tomado de medo, ele volta para a cama e readormece instantaneamente. É então que vê em sonho o prior defunto, que o censura por não ter respondido a seu chamado. Depois ele lhe fala dos tormentos que padece há um ano, mas lhe revela também que a Virgem o libertou em razão da devoção que sempre demonstrou em relação a ela. Na manhã do dia seguinte, o sacristão comunica sua visão ao abade, que decide orar à Virgem com seus monges. Pouco depois, o irmão Hubert morre por sua vez.

De todos os milagres de Gautier de Coincy, este é o único que põe em cena um fantasma. Este último, mais do que a Virgem, é mesmo o personagem principal do relato. Nos manuscritos iluminados dos *Milagres de Nossa Senhora*, acontece que a miniatura retenha apenas a primeira intervenção do morto, quando ele interpela o sacristão, mas sem que este o veja ainda (fig. 18).[54] A imagem dá um corpo a essa voz figurando o fantasma que penetra no espaço do santuário e levanta o dedo, gesto que significa que ele fala. Ela sugere também a surpresa do sacristão que, com o rosto crispado pelo pavor, vira-se ao chamado de seu nome e, assim, ela transforma em uma imagem de aparição visual o relato da manifestação sonora do morto. Este tem a consistência carnal e indumentária de um monge vivo, mas a maneira pela qual ergue o hábito sobre a perna e o pé nus (enquanto o monge sacristão está calçado e sua perna oculta-se sob o burel) o designa como um ser sobrenatural. O pé exibido e descalço é aqui o sinal da vinculação com o além, assim como de uma condição miserável que justifica o pedido de sufrágios.

Em um outro manuscrito da mesma obra, a miniatura divide-se em quatro partes que representam seqüências do milagre (fig. 19).[55] Aí se vêem sucessivamente a entrada do fantasma na igreja atrás do sacristão, que está atarefado no altar; a aparição em sonho ao sacristão que se refugiou no sono; o relato que o sacristão faz ao abade e aos monges no dia seguinte; enfim, os funerais do sacristão. Na primeira vinheta, o morto está meio oculto pelo limite da imagem, o que sugere sua incursão na igreja e no espaço terrestre dos vivos. Tem a cabeça coberta pelo capuz, a *cuculla* na qual insistem tantos relatos monásticos de fantasmas e que aqui o opõe ao monge vivo. Ele cruza à sua frente as mangas de seu hábito, gesto que já encontramos nos manuscritos iluminados da autobiografia de Carlos IV e que pode significar a impotência e o pedido humilde.[56] Mas mão nenhuma sai das mangas (ao contrário das mãos ativas do sacristão), como se aquele hábito estivesse vazio, para sugerir talvez que a "imagem espiritual" não tem consistência carnal. Da mesma maneira, os pés não são visíveis. A segunda vinheta apresenta uma imagem clássica de sonho: as cortinas que se afastam de um lado ao outro do leito, delimitando o espaço da visão onírica. Sem a ajuda do texto e o conhecimento desse modo convencional de figuração do sonho, não se poderia distinguir o morto de nenhum visitante vivo, presente ao pé do leito.

Uma outra preciosidade da tradição medieval dos milagres da Virgem é constituída pelas *Cantigas de Santa Maria*, compostas entre 1267 e 1272 pelo rei Alfonso X, o Sábio, de Castilla y León. É uma obra considerável por sua amplitude (contém ao todo mais de trezentos milagres) e pela riqueza de sua iconografia (quase 2 mil imagens). Cada relato de milagre é acompanhado de uma página cheia, simples ou dupla, contendo seis (ou doze) vinhetas.[57] Dois relatos são histórias de fantasmas. Um deles conta "como santa Maria tomou um irmão menor sob sua guarda, contra os diabos, no momento em que ele morreu".[58] As seis miniaturas correspondentes (fig. 24) mostram sucessivamente a entrada do irmão na igreja dos religiosos; sua morte, quando o negrume de seu rosto trai o de sua alma, da qual se apoderam os demônios; a fuga dos demônios quando os irmãos põem na mão do morto o círio que é o emblema (*signaculum*) da Virgem, a quem, a despeito de seus pecados, ele sempre permaneceu devoto. O rosto do morto volta a ficar todo branco. Depois é a cena dos funerais. A quinta imagem mostra a aparição do morto a dois outros irmãos no claustro. Enfim, de volta à igreja, os irmãos dão graças à Virgem. Quando da aparição no claustro, só o conhecimento do texto do milagre permite adivinhar a presença de um morto entre os três irmãos. Ele não se distingue pela aparência corporal nem pelo hábito. Pode-se mesmo hesitar em escolher um de preferência a outro para esse papel, mas é provável que seja a ausência do livro nas mãos do personagem da esquerda que designe este último como o fantasma. Nessa imagem, mais ainda que nas precedentes, o morto dá a ilusão do vivo. Nesse ponto, a imagem é fiel a numerosos relatos de aparições em que o visionário espanta-se de encontrar um próximo sobre cuja morte foi informado, mas que lhe parece vivo, a menos que pense encontrar um amigo vivo do qual ignora o trespasse recente.

No entanto, o mesmo manuscrito apresenta, a propósito de um outro relato de fantasma, uma imagem bem diferente (fig. 25).[59] O milagre conta como o demônio matou um jovem freqüentador de taberna, um *tafur* que, tendo perdido no jogo, blasfemara contra a Virgem. As seis miniaturas mostram sucessivamente os jogadores na taberna, depois o momento da blasfêmia (expresso por um gesto vigoroso dirigido ao céu); imediatamente o demônio eviscera o culpado; na imagem seguinte, "um homem morto aparece ao pai do *tafur* e lhe diz que seu filho está morto". O fantasma não é, portanto, o jovem que acaba de morrer: seu papel é o de um mensageiro do além e da Virgem, a qual permanece invisível. Prevenido graças a ele, o pai, na imagem seguinte, dirige-se para perto do cadáver e lamenta-se. Depois dá funerais dignos ao filho. O mais estranho, nessa série de imagens, é a aparência espectral do morto: diferentemente do personagem vivo que está à sua frente, ele é desprovido de qualquer cor, de toda densidade carnal e a imagem de seu rosto, assim como de sua vestimenta, reduz-se a um desenho uniformemente diáfano e pouco visível.

Mesmo que várias mãos tenham contribuído na iconografia desse amplo manuscrito e não se possam excluir, portanto, diferenças de estilo, é preciso admitir que existiam localmente duas maneiras pelo menos de representar os fantasmas na segunda metade do século XIII: uma à maneira dos vivos, a outra como espectros quase incorporais e translúcidos. A oposição dessas duas imagens talvez se deva à condição dos dois mortos referidos: enquanto o irmão menor, dotado de forte corporeidade, apenas acaba de morrer, o morto que aparece ao pai do *tafur* faleceu há mais tempo. A aparência desse fantasma talvez dê a medida do tempo decorrido depois do trespasse, da distância posta entre os vivos e os mortos, da provável consumação do processo de decomposição das carnes na sepultura. Além disso, se o irmão menor que acaba de falecer é conhecido por seus irmãos e se a imagem pode, então, representá-lo como um deles, o fantasma que anuncia ao pai o fim trágico de seu filho é para ele um morto estranho e anônimo, não um parente defunto ainda presente na memória. O caráter espectral não seria, nessa imagem, um meio de figurar o anonimato de um morto antigo e sem ligação com o vivo a quem se dirige, um fantasma que não tem aqui outra razão de ser que não sua função de mensageiro do mundo dos mortos? Enfim, a imagem opõe fortemente esse espectro ao cadáver deitado na padiola, logo abaixo: à evanescência da imagem espectral corresponde a forte densidade de um verdadeiro cadáver, cujo peso se mede pelo esforço dos homens encarregados de carregá-lo.[60] Não se poderia dizer melhor que o espectro, mesmo apresentando a aparência de um corpo, não é mais que uma imagem. Uma imagem de espectro, a primeira talvez, na tradição ocidental e que anuncia de longe as que, desde o século XIX, impuseram-se a nós à exclusão de qualquer outra.

Pode-se dizer que o espectro ocidental, o das histórias em quadrinhos e do cinema fantástico, nasceu no fim do século XIII. Pois a miniatura das *Cantigas* não é um caso único. Espectros são figurados também em certos manuscritos iluminados da *Peregrinação de vida humana* de Guillaume de Diguilleville. Nesse vasto poema alegórico e religioso, o autor conta na primeira pessoa um sonho que teria tido sob a inspiração, diz ele no prólogo, da leitura do *Roman de la rose*. Estando adormecido (e é nesse estado que as primeiras miniaturas dos numerosíssimos manuscritos do poema o representam), ele sonha que sua alma, assumindo a aparência e os atributos de um peregrino, parte para Jerusalém. Esta última é descrita como uma verdadeira cidade, mas também como a antecipação da Jerusalém celeste. De resto, a bela e jovem mulher coroada e aureolada que guia a alma em sua peregrinação chama-se Graça de Deus. Em uma das múltiplas peripécias edificantes da viagem, a alma peregrina vê três mortos (fantasmas) servir à mesa três vivos. O texto do poema incitava os artistas a acentuar o contraste entre os vivos e os fantasmas. Mas, de um manuscrito ao outro, as soluções escolhidas diferem e apresentam no final das contas uma gama muito extensa de representações possíveis. O peregrino, reconhecível por seu chapéu largo e seu cajado, acompanhado de seu guia, chega a um refeitório onde os mortos servem os vivos:

> No refeitório depois eu vi
> O que a muitos mais assustou
> Vários mortos com mortalhas
> Davam de comer aos vivos
> E os serviam docemente
> De joelhos e devotamente

Acompanhando esse texto, a imagem de um manuscrito de Oxford estabelece o contraste mais forte entre mortos e vivos (fig. 21).[61] Os mortos não se mantêm sobre as pernas e parecem alçar-se com dificuldade até o nível da mesa. Mortalhas em forma de saco, de um bege indeciso, os envolvem inteiramente, inclusive os rostos. Encontra-se uma representação quase análoga a essa em um manuscrito parisiense, mas desta vez os mortos, dois apenas, são inteiramente brancos e estão como que recobertos de uma membrana que adere a seus corpos (fig. 22).[62] Os membros e a cabeça são bem individualizados, mas os traços do rosto não são mais desenhados do que no manuscrito de Oxford. Em um outro manuscrito da Biblioteca Nacional, os três mortos da *Pere-*

grinação têm uma aparência mais corporal (fig. 23).[63] Estão vestidos com uma espécie de burel branco do qual emerge a cabeça, desta vez bem distinta do hábito. É uma caveira perfurada por dois olhos negros e provida de uma boca larga e de uma forte dentição. Aqui a figuração se aproxima das imagens macabras da época. Evoca também as imagens do mesmo tipo nas gravuras em madeira alemãs das edições incunabulares.[64] No entanto, a mesma cena pôde dar lugar à figuração bem diferente dos três mortos segundo o modo tradicional da representação das almas no além, como três homens nus e não sexuados (fig. 20).[65]

O interesse dessas variações é, portanto, de mostrar, mais uma vez, que não há uma única maneira de representar os fantasmas, mas várias, inclusive nos manuscritos contemporâneos e na ilustração do mesmo texto. Entre elas, a imagem macabra constitui uma fórmula nova que tende cada vez mais a impor-se no fim da Idade Média nas imagens de fantasmas, enquanto a imagem do espectro, ao contrário, permanece rara.[66]

OS FANTASMAS E O MACABRO

Se a imagem evanescente do espectro não se impôs mais ampla e mais rapidamente, a razão disso talvez seja que sua difusão foi freada pelo florescimento do macabro, que insiste, ao contrário, na presença corporal, tátil e horrível do cadáver. Os temas principais do macabro são bem conhecidos e está fora de meu propósito falar deles que não em relação com os fantasmas. Desde o fim do século XIII aparece o tema do encontro dos Três Vivos e dos Três Mortos: três jovens cavaleiros vêem erguer-se à sua frente mortos, seus duplos, que lhes ordenam preparar-se para o trespasse. São incontestavelmente fantasmas.[67] Um pouco mais tarde, a obsessão da morte e do macabro encontra no ofício dos mortos dos livros de horas seu terreno preferido. À cena da agonia do indivíduo estão associados os diferentes temas emblemáticos do macabro, a começar pela própria Morte em sua representação alegórica. Agitando-se sob sua mortalha e ameaçando o moribundo com uma lança ou uma foice, a Morte não se distingue muito dos fantasmas propriamente ditos. As margens de um livro de horas para o uso de Rouen (segunda metade do século XV) acumulam os emblemas e as figuras da morte: ali se vê um morto-vivo, nu ou meio envolto em uma mortalha branca, a pele clara e bastante cheia ainda, mas os olhos reduzidos a dois simples buracos.[68] Uma lança e, em um caso, um escudo redondo permitem identificar a alegoria da Morte. Folheando mais adiante o manuscrito, vê-se uma caveira, um coveiro trabalhando, um caixão, um cadáver coberto por uma mortalha branca. Mas uma dessas margens revela uma figura muito diferente, toda negra e recoberta por uma mortalha azul-clara (fig. 26). Sem dúvida, trata-se de uma alma penada ou mesmo de uma alma condenada. Só os olhos, o nariz e a boca se iluminam nessa massa escura. Como é normal em um livro de horas, o texto ao lado não dá nenhuma indicação sobre essa imagem marginal cuja interpretação permanece hipotética. Em muitos livros de horas, a cena dos funerais, muito freqüentemente representada pelo ofício dos defuntos, parece propícia às manifestações fantásticas do mundo dos mortos. A história de Diocrès era famosa: vendo-o surgir fora de seu caixão em pleno meio de suas obséquias, são Bruno teria decidido partir para o "deserto" e fundar a Grande Cartuxa.[69]

As manifestações dos mortos podem ser também coletivas. A partir de 1425, difunde-se o tema da Dança Macabra que arrasta um séquito de pares formados cada um de um morto e de um vivo encarnando um "estado" da sociedade. Da Dança Macabra distinguem-se as representações da dança dos mortos nos cemitérios: os túmulos se abrem; os mortos, como cadáveres vivos, levantam-se, agitam-se e dançam. Em um belíssimo manuscrito flamengo do século XV da *Lenda áurea* de Jacques de Voragine, uma mesma miniatura figura duas passagens distintas do capítulo consagrado à Festa dos Mortos de 2 de novembro (fig. 29).[70] Jacques de Voragine fizera-se o eco dos *exempla* contemporâneos referentes à utilidade das preces pelos mortos: um homem tinha o costume de orar pelos defuntos quando atravessava o cemitério. Um dia em que é perseguido por seus inimigos, vê as sepulturas abrir-se e os mortos prestar-lhe socorro. A imagem traduz perfeitamente o caráter dramático da cena, observando mesmo uma espécie de gradação entre os mortos que começam a emergir do túmulo e os que já correm atrás dos atacantes. O outro lado da imagem ilustra, de um modo diferente, a aparição de um fantasma a seu amigo, deitado em sua cama com sua mulher. O morto queixa-se do peso insuportável do manto que roubara em vida. Na coorte dos mortos desse manuscrito, como um pouco mais tarde na dança dos esqueletos gravada para o *Livro das crônicas* de Hartmann Schebel sob o título *Imago mortis*,[71] trata-se realmente de fantasmas. Essas imagens de mortos-vivos traduzem, no século XV, uma atenção maior à evolução do cadáver e às etapas de sua decomposição: ora as carnes estão ainda firmes, ora os ossos varam a pele que se rompe e revela o esqueleto, ora o tempo não deixou mais que um esqueleto embranquecido.[72] Mas seu interesse não termina aí. Guiada pela literatura profana, a iconografia da época expõe também as forças que movem o fantástico.

Os manuscritos franceses iluminados das obras de Boccaccio, traduzidas por Laurent de Premierfait para o rei e seus parentes próximos no começo do século XV, fornecem dois exemplos notáveis disso. O soberbo manuscrito do Arsenal da tradução do *Decamerão*, oferecida a Carlos VI em 1414, apresenta uma ilustração da novela intitulada "Dioneo" (Sétimo dia, décima novela) (fig. 27).[73] A imagem é dupla: de um lado, vê-se a refeição durante a qual dois amigos, Tingoccio e Meuccio, sentados à mesa, prometem-se mutuamente que o primeiro a morrer apareceria ao sobrevivente para o informar sobre sua sorte no além; à mesma mesa está sentada a comadre de Tingoccio, que é também sua amante. Logo Tingoccio morre dos excessos desse amor incestuoso e, como prometido, aparece a seu amigo. A aparição tirou este último de seu sono. Ele está sentado no leito, perfeitamente desperto. Ao pé da cama, o fantasma é apenas parcialmente visível, pois o rebordo de uma janela, que se interpõe entre nós e o interior do quarto, no-lo esconde em parte. Esse corte, como na miniatura dos *Milagres da Virgem* de Gautier de Coincy, talvez tenha por função relembrar que o fantasma não pertence a este mundo, que vem de outra parte.[74] Ele apresenta um corpo emaciado, amplamente coberto por uma mortalha branca: não tem a aparência de um esqueleto, mas antes a de um cadáver vivo ou de um homem que, em comparação com o amigo de sua idade a quem se dirige, teria envelhecido em alguns dias várias dezenas de anos... Um outro manuscrito francês de Boccaccio, igualmente conservado na biblioteca do Arsenal, apresenta uma miniatura mais extraordinária ainda. Poder-se-ia pensar que ilustra o mesmo conto. De fato, ela não pertence ao *Decamerão*, mas a uma obra escrita um pouco mais tardiamente em latim e traduzida por Laurent de Premierfait em 1409, os *Casos dos nobres homens e mulheres* (fig. 28).[75] De inspiração mais humanista, essa obra apresenta em nove livros uma galeria dos destinos ilustres da Antiguidade, das Escrituras ou da história mais recente. O capítulo XIX da segunda parte é consagrado à verdade dos sonhos. O autor cita, entre outros exemplos, o do poeta Simônides, que recebera em sonho o anúncio da visita de um homem chegando a bordo de uma nave. Ninguém chega, mas logo se descobre na praia o corpo de um afogado, que o poeta mandou sepultar dignamente antes de voltar ao repouso. "E, enquanto dormia, veio-lhe uma visão de que o corpo que mandara sepultar o proibia de entrar no mar no dia seguinte." Simônides obedece à "advertência do sonho", mas seus companheiros não lhe dão crédito e perecem no dia seguinte na tempestade. A miniatura mostra o poeta adormecido em seu leito recoberto do mais belo vermelho. De trás do baldaquino, o morto insinua-se no quarto ou, antes, no sonho, apertado em uma mortalha que deixa ver o gesto característico dos braços cruzados. O rosto está livre. Não é o de um cadáver, mas de uma espécie de adormecido que, com seus olhos não inteiramente fechados, parece observar o poeta adormecido. Aqui, não se trata de espectro, mas tampouco realmente de macabro. A imagem antes retoma o tipo do ressuscitado, mas dando ao fantasma uma liberdade de movimento que faz desse intruso um ser estranhamente familiar.

A arte macabra que se apodera dos fantasmas no fim da Idade Média passou por fortes evoluções na virada do século XVI, como Jean Wirth bem mostrou com relação à Alemanha renana. O pintor Hans Baldung Grien substitui a representação do esqueleto e mesmo do cadáver descarnado e dotado de vida pela de uma moça recém-morta, de carnes voluptuosamente cheias.[76] Por vezes é uma jovem morta que, no momento em que procura escapar do túmulo, é chamada de volta à força pela Morte ou por um morto cujas carnes estão meio decompostas, sinal de um trespasse mais antigo. Em todos os casos, essa figura horrível brande uma ampulheta meio vazia para lembrar o caráter efêmero de uma vida que a *mors immatura* — a morte prematura — muito cedo interrompeu, e para medir, segundo a decomposição das carnes, o escoamento do tempo do além.

Um novo tema faz também sua estréia, o dos duplos retratos macabros. No verso do retrato em busto de um personagem bem vivo, leigo ou eclesiástico, o mesmo personagem é pintado, reduzido ao estado de cadáver, mas com o busto bem ereto como o do vivo de que reproduz a postura e o gesto angustiado.[77] Esse tipo de figuração participa da tradição das vaidades (em que a presença de um crânio lembra o caráter efêmero da existência), mas lhe confere uma presença muito mais dramática. O desdobramento do personagem em um vivo e um morto entra também na lógica das Danças Macabras, mas substituindo o quadro dos "estados" da sociedade arrastados para a morte pelo quadro bem mais trágico do destino individual. Ele traduz assim o aprofundamento da reflexão sobre o significado do retrato feito "ao vivo", mas pensado de imediato como imagem de memória destinada a manter viva, a imortalizar, a imagem daquele que um dia será fatalmente um morto. Portanto, pode-se falar aqui também de uma imagem de fantasma, tanto mais que essa imagem dupla não é anônima, mas concerne a um personagem singular e nomeado.

O retrato confirma assim, por meios inteiramente novos, a dialética que está no centro da questão dos fantasmas: a da memória e da morte do indivíduo. Os meios desenvolvidos pela pintura da Renascença são inéditos. Mas a questão levantada não encontrou já uma resposta original na arte funerária dos séculos anteriores?

AS ESTÁTUAS JACENTES: FANTASMAS?

Três traços pelo menos justificam a priori a comparação entre as estátuas jacentes e as imagens de fantasmas.[78] A estátua jacente é a imagem de um morto singular que ela contribui para manter na memória. Depois de um longuíssimo eclipse desde a Antiguidade tardia (pensa-se especialmente nas máscaras funerárias do Fayum ou nos mosaicos da África romana), as efígies funerárias — de pedra, de bronze ou de madeira e em relevo — reaparecem no Ocidente no fim do século XI.[79] Evoluindo e apresentando tipos variados (por exemplo, a dupla efígie, o tipo do suplicante por oposição ao jacente etc.), elas se mantêm até o século XVIII. Sua duração histórica não deixa de ter analogia, portanto, com a evolução do corpus dos relatos de fantasmas. Além disso, as estátuas jacentes apresentam traços formais que as aproximam dos fantasmas tais como os textos os descrevem e como certas miniaturas ou pinturas os mostram. Elas têm a aparência de mortos-vivos que conservam mesmo os olhos abertos, pelo menos no norte da Europa. Contudo, seus olhos de pedra não olham o mundo terrestre, mas antes simbolizam os olhos da alma abertos para as realidades eternas do além. Suas mãos estão unidas na atitude da prece, sinal da espera da ressurreição.[80] Mas por vezes as estátuas jacentes cruzam as mãos sobre o peito ou o ventre, gesto que caracteriza também certos fantasmas na iconografia[81] e que poderia, nos dois casos, exprimir o pedido e a espera dos sufrágios dos vivos. De resto, nenhum desses signos é unívoco: se as estátuas jacentes têm os olhos abertos para um mundo escatológico ainda invisível aos vivos, concretamente, no espaço da igreja, olham seu parentes vivos que as contemplam. Tanto mais que o jacente, embora deitado sobre uma laje horizontal, é freqüentemente figurado como se estivesse de pé. Seus pés repousam sobre um suporte ou, no mais das vezes, sobre um animal — um leão ou um cão — do qual Michel Pastoureau sublinha a um só tempo o valor emblemático e a provável função apotropaica: o animal está ali para proteger o morto ou para proteger os vivos de um retorno do morto?[82] De resto, o jacente está muito longe de imobilizar-se sempre na atitude da prece. Na Inglaterra, acontece mesmo que as estátuas jacentes de cavaleiros cruzem as pernas e desembainhem a espada: gesto último de defesa do vivo contra a morte que vem levá-lo? Gesto simbólico da alma que tenta proteger-se do ataque do diabo? Ou então o escultor quis eternizar a atitude do guerreiro no instante em que a vida lhe foi arrebatada?[83] A natureza das vestimentas confirma a ambigüidade profunda das atitudes: o morto é revestido dos trajes que usou em vida e exibe as insígnias de sua condição (o clérigo de hábito, o cavaleiro de armadura, o bispo com seu bastão e sua mitra), da mesma maneira que os relatos de fantasmas fazem das vestimentas do morto um sinal de reconhecimento para aquele a quem ele aparece. Por vezes, o jacente não toma a atitude imobilizada do morto em prece. Pousa um olhar triste sobre os vivos que passam perto dele na igreja ou no claustro, o corpo levemente apoiado em um dos quadris, a mão livre posta sobre o flanco, na expressão de uma grande lassidão e da espera de uma ajuda ou de algumas palavras de reconforto, que só os vivos que o olham poderão lhe dar (fig. 30).[84]

A despeito de todos esses paralelos, afastemos no entanto a interpretação apressada que faria da estátua jacente uma imagem de fantasma. Qualquer que seja a proximidade de certos traços formais, essas imagens desempenham funções diferentes e mesmo opostas. O fantasma retorna na memória e nos sonhos dos vivos no momento mesmo em que estes procuram, pelos ritos e pela prece, separar-se dele, fazer dele um *verdadeiro* morto bem separado dos vivos e pouco a pouco destinado ao esquecimento. Ele se manifesta ainda "quente", quando a relação desejável, normal, não pode estabelecer-se entre os vivos e os mortos. A estátua jacente mostra, ao contrário, um morto cuja imagem está congelada na pedra e cujo nome permanece inscrito no epitáfio, mas para ser decifrado sem emoção pelas gerações vindouras. As gerações para as quais, justamente, esse morto não será mais que um nome. A estátua jacente consagra e talvez favoreça a normalização das relações entre os vivos e seu morto, uma vez este sepultado e o luto dos seus em via de apaziguamento. A estátua jacente não é o produto exacerbado de uma memória viva. Na necrópole familiar na qual os descendentes do morto pisam as lajes, a estátua jacente relembra, ao contrário, que o defunto tomou o lugar que lhe cabe na memória longa de sua linhagem. As lajes, com seus epitáfios e suas efígies, desfiam o catálogo de uma memória "fria", os nomes de mortos que já não provocam medo. Ao contrário, o fantasma singular que retorna pouco depois de seu trespasse importuna, geme, ameaça e recusa-se a apagar-se. A estátua jacente sanciona na pedra ou no bronze o êxito do rito de passagem do qual o fantasma, ao contrário, manifesta o malogro.

CONCLUSÃO

"O morto agarra o vivo": esse velho adágio do direito costumeiro exprimia na Idade Média a continuidade da sucessão de pai para filho em uma linhagem ordinária e depois na dinastia real.[1] Também nos relatos de aparições dos mortos, o fantasma, que é freqüentemente o pai, parece "agarrar o vivo" (seu filho, seu herdeiro) quando retorna à sua lembrança e lhe prescreve que mande dizer missas por sua salvação. O adágio parece aplicar-se, ainda mais porque os relatos não são estranhos à sucessão dos bens e do poder. Mas não é preciso inverter a proposição e antes dizer que é o vivo que agarra o morto? Com efeito, são os vivos que atribuem aos defuntos uma espécie de existência post-mortem. Se têm a impressão de que os mortos tomam a iniciativa de lhes aparecer, são apenas eles, em seus relatos e suas imagens, seus fantasmas e seus sonhos, seu sentimento de culpa e sua cupidez, que fabricam o retorno dos mortos.

Para dar conta da faculdade que têm os vivos de imaginar e relatar o retorno dos mortos, era preciso deixar de pretender que existe, nas culturas tradicionais como a da Idade Média, uma "crença nos fantasmas" imutável, dada a priori, distinta dos sujeitos da enunciação e bem evidente. Era mais útil interrogar-se sobre as modalidades do enunciado do crer, sobre a maneira pela qual a crença nunca está dada, mas sempre em via de forjar-se e de transformar-se. Os próprios documentos, sua origem, sua forma genérica não foram então considerados como ilustrações de uma crença toda formada fora deles, mas como fazendo parte do processo do crer, das modalidades complexas do enunciado de crença no qual a dúvida mistura-se à afirmação, e a figuração concreta, ao fantasma. Portanto, demos uma atenção prioritária à natureza dos documentos. Primeiramente, estabelecendo a diferença entre o relato autobiográfico, no qual um letrado dá conta por escrito de sua própria experiência, e o relato contado, que faz referência à experiência de outrem e depende de uma transmissão principalmente oral. Essa primeira distinção permitiu mostrar que a experiência subjetiva e autobiográfica do retorno dos mortos é normalmente a do sonho, em que o fantasma caracteriza-se por uma aparência incerta e ambivalente, enquanto o relato contado menciona, ao contrário, de maneira preferencial, uma visão desperta, tendo uma forma clara e objetiva. Daí nossa hipótese de uma objetivação da visão e da imagem do fantasma que vai de par com a socialização do relato, com sua transmissão e sua legitimação pelo escrito autorizado de um clérigo, sua utilização para toda espécie de fins ideológicos. No entanto, essa primeira hipótese não podia dar conta ainda da diversidade dos documentos que relatam essas visões "socializadas" e "objetivadas": daí a necessidade de distinguir, de um lado, entre os relatos e as imagens (essencialmente, das miniaturas), sem jamais reduzir uns às outras e, sobretudo, as segundas aos primeiros, como ainda se faz com muita freqüência; de outro lado, entre os diferentes gêneros narrativos e textuais — *miracula*, *mirabilia*, *exempla*, opúsculos referentes à *discretio spiritum*. Assim, foram analisados tão precisamente quanto possível os tratamentos diversificados da questão dos fantasmas ao longo do tempo.

Esse método veio apoiar uma escolha deliberada: a de tratar a questão dos fantasmas como um problema de história social. Eu quis analisar e explicar as modalidades e as funções de relatos e de imagens no *presente* de cada momento histórico considerado. Seguindo um desenvolvimento globalmente cronológico, também quis mostrar as *transformações* dessas modalidades do crer e de seus usos sociais na longa duração do sistema social e cultural da cristandade ocidental, desde a Antiguidade tardia até a aurora dos Tempos Modernos. Ao fazer isso, afastei voluntariamente duas maneiras de fazer de certos historiadores. A primeira é a busca de um simbolismo universal. É redutora, já que para ela os fenômenos históricos singulares não são mais que ilustrações singulares de um inconsciente característico da natureza humana ou de uma relação confusa do homem com as forças da natureza, ou ainda de uma cosmologia transcultural da qual cada religião seria apenas um modo de expressão particular. Em minha maneira de ver, o historiador, assim como o etnólogo de sítio, não tem muito a ganhar com essas especulações. A segunda via, que também afastei voluntariamente, é a busca das origens, que ela desvia ou não para a teoria das "sobrevivências". Como parece mais bem inscrita na continuidade temporal, acontece-lhe de seduzir mais de um historiador. Para ela, os mitos e os ritos da Idade Média seriam a expressão ou mesmo a "sobrevivência" de velhas "crenças" pré-cristãs legadas de maneira duradoura pelos paganismos céltico, greco-romano, germânico ou, mais geralmente, indo-europeu. Não se trata de negar o peso dos substratos culturais muito antigos e a realidade dos sincretismos resultantes da sucessão no tempo de grandes sistemas sociais e religiosos diferentes. A única questão é de saber se o historiador deve reduzir o sentido dos fenômenos históricos a essas camadas antigas e mais ou menos bem certificadas ou se deve mostrar como essas heranças nunca cessaram de ser reassumidas no funcionamento *presente* das sociedades e das culturas, em cada momento de sua história. Foi a esta última progressão que dei prioridade, procurando mostrar como a sociedade medieval, na totalidade de suas funções institucionais e ideológicas e no curso histórico de suas transformações, levantou e resolveu de maneira específica a questão da memória e do esquecimento dos mortos. Ainda que o fenômemo dos fantasmas seja universal, não se tratou de reencontrar na Idade Média os traços mais ou menos análogos revelados pela história e a etnografia de muitas outras civilizações ou outras épocas. Não se tratou tampouco de buscar sistematicamente por trás de nossos relatos, fossem eles os mais "selvagens", como os que se referem ao bando Hellequin, "sobrevivências" de crenças pré-cristãs. Mas de ver como essa sociedade nunca cessou de reelaborar e de repensar seu passado enquanto inovava para responder às solicitações singulares que eram as suas: assim, a solidariedade de linhagem além da morte e a articulação do parentesco espiritual e do parentesco carnal explicam em grande parte "a invasão dos fantasmas" que caracteriza a virada do milênio. Da mesma maneira, as relações conflituosas, no seio da sociedade feudal, entre a Igreja e a aristocracia guerreira e a questão da violência social dão conta, amplamente, em minha opinião, do aparecimento e do desenvolvimento do tema do bando Hellequin, inseparável da instituição da paz de Deus. Da mesma maneira ainda, do enquadramento religioso, ético e ideológico dos leigos pela Igreja a partir da virada dos séculos XII-XIII decorreram, nas mãos e na boca dos irmãos das ordens mendicantes, o desenvolvimento e a eficácia dos *mass media* da Idade Média: o corpus narrativo, maciço e estereotipado dos *exempla*. Esses relatos, difundindo-se pouco a pouco por quase todas as regiões da cristandade, transformaram e restituíram à tradição oral histórias de fantasmas que, em grande parte, dela provêm. A esse título, ao sabor de sua circulação e de sua recepção, eles desempenharam, talvez pela primeira vez na história ocidental, um papel decisivo de aculturação.

Não cessamos de relembrá-lo: os mortos não têm outra existência que não a que os vivos lhes dão. É o imaginário individual e social (o sonho, os relatos, a crença compartilhada), é a palavra socializada (na vigília, na pregação) que faz os fantasmas mover-se e falar. Graças a essas imagens e a essas palavras que ouviram em seus sonhos ou tiraram de uma conversação, escutaram em um rumor, receberam do alto do púlpito, os vivos imaginam uma vida depois da morte e mantêm, mesmo que procurem resguardar-se dela, uma relação imaginária com aqueles que os deixaram. Essa relação estabelece simultaneamente novos laços entre os vivos, pela circulação dos bens entre as casas leigas e a Igreja, pelas esmolas dadas aos pobres, pela participação dos parentes carnais ou espirituais nos rituais (funerais, missas aniversárias) celebrados pela salvação de seu ancestral comum ou de seu confrade defunto. Por seus efeitos materiais e simbólicos, o imaginário da morte e dos mortos reforça os laços sociais estabelecidos entre os vivos. No mesmo movimento, estes últimos constroem e pensam suas relações com os seres imaginários do além e com os outros homens deste mundo. Apropriam-se do espaço e do tempo que os relatos põem em cena. Assim, cada um pode situar-se na cadeia contínua dos parentes, das testemunhas, dos informadores, dos pregadores e dos autores que asseguram a transmissão dos relatos e, a esses relatos, cada um pode acrescentar o de seus próprios sonhos. Dessa maneira, os vivos fazem sua a voz dos mortos que, segura da autoridade que lhe confere sua origem sobrenatural, relembra-lhes todas as normas da sociedade cristã.

Fixei voluntariamente no fim do século XV o termo cronológico deste estudo. Teria podido empurrá-lo para mais tarde, até os séculos XVIII-XIX, sem dúvida. Fundamentalmente, é de fato até essa época que se mantêm as estruturas materiais e ideológicas características dessa "longa Idade Média" de que falou Jacques Le Goff.[2] Mas seria preciso levar em conta também transformações muito importantes: o impacto da Reforma protestante (com a rejeição, oficialmente pelo menos, das almas do purgatório e a maior diabolização dos fantasmas),[3] o elo estabelecido entre a aparição dos espíritos e a feitiçaria, a folclorização progressiva, acentuada pelas Luzes, de toda uma parte do que em breve será chamado de "crenças populares", a substituição dos tradicionais "mensageiros das almas"[4] pelos espíritas, a evolução das atitudes em relação à morte com, segundo os termos de Philippe Ariès, a passagem da "morte domesticada" das sociedades tradicionais à "morte de ti" característica do século XIX, antes da "morte oculta" contemporânea. Seria preciso sobretudo levar adiante esse estudo em uma perspectiva de história comparada que permitiria comparar com as antigas as novas modalidades do crer e do fazer crer, evocar os documentos próprios ao período moderno (por exemplo, os do teatro),[5] analisar a transformação das funções atribuídas aos fantasmas ou ainda a modificação dos debates de que eram objeto. Pois, a julgar pela literatura apologética dos séculos XVII-XVIII, os fantasmas não perderam nada de sua atualidade. O *Tratado da aparição dos espíritos* de Nicolas Taillepied, publicado em 1600, depois o *Discurso dos espectros ou visões e aparições de espíritos*, de Pierre Le Loyer, em 1608, estão entre os marcos dessa reflexão que se inscreve no quadro mais geral da literatura demonológica.[6] Enfim, encontra-se a *Dissertação sobre os fantasmas*, de Dom Augustin Calmet, em 1751. O autor pretende "mostrar que em todos os tempos e em todas as nações civilizadas" as aparições dos mortos autenticaram a tese da imortalidade da alma. "O sentimento da imortalidade da alma [...] é uma dessas verdades que a duração dos séculos não pôde apagar do espírito dos povos", escreve ele, entre outras coisas.[7] Mas, para o demonstrar em pleno século das Luzes, ele precisava livrar-se da credulidade considerada excessiva dos medievais — a dos *exempla* de pregadores mendicantes ingênuos demais para o seu gosto — assim como das "regras da filosofia" que alimentam o ceticismo. Sobre este, o erudito abade beneditino estava tanto mais bem informado quanto acolhera Voltaire em sua abadia de Senones. Alguns anos mais tarde, é com uma liberdade bem diferente que a *Enciclopédia* enumera as "cinco opiniões diferentes sobre os espectros", para as opor às "três classes de filósofos" que lhes negaram a existência.[8] Desde essa época, a crença nos fantasmas, tendo perdido a legitimidade que lhe conferiam a onipotência da Igreja católica e o culto das almas do purgatório, é rechaçada para as "superstições".[9] É aí, no domínio ambíguo das "crenças populares", que a etnologia nascente se aplicará em redescobri-la.[10]

O que é feito dos fantasmas hoje? Contra a idéia tranqüilizadora de um progresso contínuo do racionalismo que se beneficia da perda de audiência das religiões tradicionais e, ao inverso, do desenvolvimento da ciência e da técnica modernas, devemos decidir-nos a constatar a voga não menos evidente das pesquisas de parapsicologia ou de metapsicologia, do espiritismo e da vidência. O fenômeno não parece tão marginal quanto se poderia pensar ou desejar. De resto, substituindo a literatura fantástica do século passado, o cinema, a televisão e seus "efeitos especiais" tiram proveito desse interesse e fazem muito sucesso com o irracional: não viriam preencher o vazio deixado pelos antigos relatos de fantasmas?

Explicações, bastante banais na verdade, vêm imediatamente ao espírito. Poder-se-á, sem acreditar muito nisso, invocar as "continuidades" ou as "ressurgências" ou, mais seriamente, interrogar-se sobre os efeitos, em compensação, do desabamento das estruturas de enquadramento das Igrejas tradicionais. O espiritismo contemporâneo, uma espécie de nova religião secularizada, poderia satisfazer uma "necessidade de crer" que já não consegue exprimir-se nos ritos e nas fórmulas de antanho.[11] Contudo, fatores mais positivos devem também ser invocados. O esforço recente das técnicas de comunicação nos tornou familiar a abolição de toda distância entre o aqui e o alhures e a confusão dos limites entre o visível e o invisível. A mídia, que se tornou uma parte essencial de nossa vida cotidiana, não é, até no nome, da família dos médiuns?

Nesse quadro geral, devemos levantar a questão mais específica da morte e dos mortos hoje. Pois, para os parentes de um defunto, todos os problemas da separação, da dor, da memória e do esquecimento permanecem inteiros, sobretudo quando eles não recebem mais de seu círculo, nem da sociedade atomizada na qual vivem, os reconfortos outrora prodigalizados pela parentela, a comunidade, os rituais e os velhos relatos. Por certo, o ritual tradicional da morte conhecia falhas — a morte súbita, o homicídio, o suicídio, a criança morta sem batismo, o defunto impenitente etc. — de que se alimentava o imaginário dos fantasmas, mas tudo estava previsto socialmente para tratar estes últimos também: os circuitos da palavra, da testemunha ao pregador ou ao exorcista, davam aos sonhos e à dor uma estrutura de acolhida e as condições de um reconhecimento social. Mas, hoje, a ocultação da morte varreu não apenas o ritual da morte, mas também o tratamento habitual de suas disfunções, essas histórias de fantasmas que libertavam da angústia enquanto pareciam sustentá-la.

Permanece aberta então, para cada um, a questão da morte do outro, sobretudo quando ocorre de maneira súbita ou prematura. É aí que reside para cada indivíduo, pelo menos tanto quanto na parapsicologia e seus comércios duvidosos, a atualidade e a generalidade da questão dos fantasmas. Como consumar hoje o "trabalho do luto" quando faltam as solidariedades da parentela e da vizinhança e igualmente a ajuda psicológica que proporcionavam (mas sabemos realmente em que medida?) os ritos lentos da separação, as crenças compartilhadas, o acontecimento da morte prolongado em relato? São essas questões que concernem a cada um e que fazem com que, também para o historiador, os fantasmas não possam constituir apenas um objeto sobre o qual lhe bastaria pousar o olhar frio do cientista. Como, mesmo lendo a cinco séculos de distância o relato autobiográfico de Giovanni Morelli, obsedado pela lembrança de seu filho morto, o historiador poderia permanecer insensível à expressão pungente de tamanha dor e aos ecos que desperta nele?

Mas a morte e os mortos, a memória e o impossível esquecimento são, hoje, também problemas coletivos que importam à nossa civilização inteira. Por certo, a tropa furiosa de Hellequin foi expulsa de nossa cultura. Mas nossa sociedade também encerra seus fantasmas coletivos, prestes a ressurgir toda vez que a História e particularmente a razão política tendem a rechaçá-los da memória dos povos. Muitos dramas da história contemporânea — traições, torturas e massacres: Vichy, Vel'd'Hiv, a Argélia, o Vietnã, Auschwitz, Katyn, e não está encerrada a lista dos ossuários ou de todos esses cortejos de mortos-vivos de corpos emaciados — continuarão, enquanto não for feita justiça pelo menos à sua memória, enquanto nossa memória coletiva não estiver em paz consigo mesma, a forçar as portas da indiferença e do esquecimento culpados. O que Freud dizia dos indivíduos aplica-se da mesma maneira às nações: "O que permaneceu incompreendido retorna como uma alma penada, não tem repouso até que sejam encontrados resolução e alívio".[12]

NOTAS

ABREVIATURAS

CSEL *Corpus scriptorum ecclesiasticorum latinorum*, Viena, 1866.

MGH (SS, Script. rer. Merov., Poetae etc.) *Monumenta Germaniae Historica; Scriptores*, ou *Scriptores rerum merovingiarum* ou *Poetae* etc.

PL J.-P. MIGNE, *Patrologiae cursus completus, series latina*, 222 vols., in 4º, Paris, 1844-55.

INTRODUÇÃO (pp. 15-25)

(1) Sobre o conjunto das visões medievais, ver a síntese de P. DINZELBACHER, *Vision und Visionsliteratur im Mittelalter* (Stuttgart, A. Hiersemann, 1981), que insiste sobretudo nas "grandes visões" e negligencia um pouco as narrações breves, que são as mais numerosas (como é o caso nos *exempla*) e constituem o terreno predileto das aparições dos mortos. Do mesmo autor, o útil fascículo: "Revelationes", Turnhout: Brepols, Typologie des sources du Moyen Âge occidental 57, 1991. Rápido: C. ERICKSON, *The Medieval vision. Essays in history and perception*, Nova York: Oxford University Press, 1976. Espera-se sobre esses temas a publicação da grande tese, em francês, de Claude CAROZZI.

(2) A bibliografia, especialmente etnológica, dos fantasmas é imensa. Ver, por exemplo: H. R. E. DAVIDSON e W. M. S. RUSSELL, *The folklore of ghosts*, Cambridge: Folklore Society, 1981. Indispensável perspectiva historiográfica: "Le retour des morts" (dir. D. FABRE), *Ethnologie rurale*, nºs 105-6, 1987. Tentativa bem medíocre de uma "história dos fantasmas" através dos séculos: R. C. FINUCANE, *Appearances of the dead. A cultural history of ghosts*, Londres: Junction Books, 1982. Do ponto de vista da antropologia histórica, mas referente sobretudo às aparições marianas: W. A. CHRISTIAN, *Apparitions in Late Medieval and Renaissance Spain*, Princeton: Princeton University Press, 1981. Para a Idade Média, em uma perspectiva diferente das minhas, ver abaixo os trabalhos de Claude LECOUTEUX.

(3) Ver, por exemplo, o encontro de Dante e de Carlos Martel de Anjou, rei da Hungria, morto em 1295, no canto VIII do Paraíso, analisado em suas dimensões simbólicas e políticas por G. ARNALDI, "La maledizione del sangue e la virtù delle stelle. Angioini e Capetingi nella 'Commedia' di Dante", *La Cultura*, XXX, 1, 1992, pp. 47-216. Em relação a uma época muito diferente, voltarei a falar das visões referentes aos soberanos carolíngios, como a *Visão de Wetti*. Os principais relatos medievais de viagens ao além foram muito bem reunidos e traduzidos por A. MICHA, *Voyages dans l'au-delà d'après les textes médiévaux, IVe-XIIIe siècle*, Paris: Klincksieck, 1992.

(4) P. BROWN, *Le culte des saints. Son essor et sa fonction dans la chrétienté latine* (1981), trad. fr. A. ROUSSELLE, Paris: Cerf, 1984.

(5) Boa apresentação em J. DELUMEAU, *La peur en Occident* (*XIVe-XVIIIe*). *Une cité assiégée* (Paris: Fayard, 1978, p. 86), que se inspira em um estudo de quinhentos relatos contemporâneos de fantasmas recolhidos nos campos poloneses por L. STOMMA, *Campagnes insolites. Paysannerie polonaise et mythes européens*, trad. fr. Lagrasse: Verdier, 1986. Aí se vê notadamente que as crianças natimortas, vítimas de um aborto ou falecidas sem batismo representam 37% dos fantasmas, os suicidas 9%, o resto divide-se, essencialmente, entre as mulheres mortas no parto ou no momento do casamento.

(6) Cl. LECOUTEUX, *Fantômes et revenants au Moyen Âge*, Paris: Imago, 1986. O conjunto das interpretações propostas é retomado de maneira sintética em *Fées, sorcières et loups-garous au Moyen Âge*, Paris: Imago, 1992, especialmente pp. 171-5. Sobre as sagas, ver R. BOYER, *Le monde du double. La magie chez les anciens scandinaves*, Paris: 1986 (esse autor é também o prefaciador dos dois livros de Cl. LECOUTEUX acima citados).

(7) Ph. ARIÈS, *Essais sur la mort en Occident du Moyen Âge à nos jours*, Paris: Le Seuil, 1975, e *L'Homme devant la mort*, Paris: Le Seuil, 1977: esses livros propõem uma periodização das atitudes diante da morte no Ocidente: 1) a "morte domesticada", na longa continuidade das sociedades camponesas pré-cristãs e cristãs; 2) a "morte de si" ou a "morte asselvajada", a partir do fim da Idade Média, com o horror do trespasse e o medo do julgamento da alma; 3) a "morte de ti": no século XIX, a exaltação do luto e do cemitério; 4) a "morte oculta" ou a "morte proibida", na época contemporânea. Para um ponto de vista diferente e por vezes crítico, ver depois: M. VOVELLE, *La mort et l'Occident de 1300 à nos jours*, Paris: Gallimard, 1981.

(8) J. LE GOFF, *La naissance du purgatoire*, Paris: Gallimard, 1981.

(9) Assinalemos sobretudo a importância dos trabalhos dos historiadores alemães, reunidos notadamente no volume coletivo de K. SCHMID e J. WOLLASCH (eds.), *Memoria. Der geschichtliche Zeugniswert des liturgischen Gedenkens im Mittelalter*, Munique: W. Fink (Münstersche Mittelalter-Schriften 48), 1984. Ver também H. BRAET e W. VERBEKE (ed.), *Death in the Middle Ages*, Louvain: Leuven University Press, 1983, especialmente o artigo essencial de O.-G. OEXLE, "Die Gegenwart der Toten", pp. 19-77. Vários dos mesmos autores encontram-se em: D. IOGNA-PRAT e J.-Ch. PICARD (eds.), *Religion et culture autour de l'an mil. Royaume capétien et Lotharingie*, Paris: Picard, 1990, entre os quais J. WOLLASCH, "Les moines et la mémoire des morts", pp. 47-54. Para o fim da Idade Média, reter-se-á sobretudo: J. CHIFFOLEAU, *La comptabilité de l'au-delà. Les hommes, la mort et la religion dans la région d'Avignon à la fin du Moyen Âge* (*vers 1320 - vers 1480*), Roma: École française de Rome, 1980. Aguarda-se a publicação de um livro que tem o mérito de levantar o problema da transformação dinâmica das atitu-

des com relação aos mortos entre os dois períodos: M. LAUWERS, "La mémoire des ancêtres et le souci des morts. Fonction et usage du culte des morts dans l'Occident médiéval (diocèse de Liège, XIe-XIIIe siècle)", Paris: ÉHÉSS (tese de doutorado orientada por J. LE GOFF), 1992, 2 vols., datil. Um estudo geral dos laços entre visões do além e dos mortos e memória litúrgica dos mortos, entre a Antiguidade tardia e o século XIII, é proposto por Fr. NEISKE, "Vision und Totengedenken", Frühmittelalterliche Studien, 20, 1986, pp. 137-85.

(10) Ver a rica coletânea de reflexões antropológicas reunidas por M. IZARD e P. SMITH (eds.), *La fonction symbolique. Essais d'anthropologie*, Paris: Gallimard, 1979; M. de CERTEAU, "Croire: une pratique de la différence", *Documents de travail et prépublication*, Centro Internazionale di Semiotica e di Linguistica, Università di Urbino, 106, Serie A, 1981, pp. 1-21, e, do mesmo autor, *L'invention du quotidien I, Arts de faire*, Paris: Bourgois, 1980, pp. 299-316 ("Croire/Faire croire"). Para uma perspectiva histórica da noção: J. WIRTH, "La naissance du concept de croyance (XIIe-XVIIe)", *Bibliothèque d'humanisme et de Renaissance* 45, 1983, pp. 7-58.

(11) Sobre essa problemática, ver *Faire croire. Modalités de la diffusion et de la réception des messages religieux du XIIe au XVe siècle*, apresent. A. VAUCHEZ, Roma: École française de Rome, 1981.

(12) Para a abordagem psicanalítica que inspira algumas dessas reflexões, ver-se-ão as obras clássicas de S. FREUD, "Deuil et mélancolie", trad. fr. J. LAPLANCHE e J.-B. PONTALIS, em *Métapsychologie*, Paris: Gallimard, 1978, pp. 147-74, e "L'inquiétante étrangeté", trad. fr. M. BONAPARTE e E. MARTY, *Essais de psychanalyse appliquée*, Paris: Gallimard, 1980, pp. 163-210. Cf. M. SCHUR, *La mort dans la vie de Freud*, Paris: Gallimard, 1975.

1. *A REJEIÇÃO DOS FANTASMAS* (pp. 27-51)

(1) HOMÈRE, *Iliade*, XXIII, vv. 59-107.

(2) J.-P. VERNANT, *L'individu, la mort, l'amour. Soi-même et l'autre en Grèce ancienne*, Paris: Gallimard, 1989, p. 86.

(3) LUCRÈCE, *De la nature*, I, vv. 130-5, e IV, vv. 58-62.

(4) J. SCHEID, "Contraria facere", *Annali del Istituto Orientale di Napoli*, 6, 1984, p. 117 e, mais geralmente, ID, *Religion et piété à Rome*, Paris: La Découverte, 1985, pp. 54-5.

(5) *Draugr* é uma palavra da mesma raiz que *dream* ou *Traum*, "sonho", em inglês e em alemão modernos. Cf. G. D. KELCHNER, *Dreams in old Norse literature and their affinities in folklore with an appendix containing the Icelandic texts and translations*, Cambridge: Cambridge University Press, 1935, pp. 66-72.

(6) SAXO GRAMMATICUS, *Gesta Danorum*, V, ed. A. Holder, Estrasburgo, 1858, p. 162; trad. fr. Cl. LECOUTEUX e Ph. MARCQ, *Les esprits et les morts. Textes traduits du latin, présentés et commentés*, Paris: H. Champion, 1990, pp. 185-8 (nº LIV).

(7) *The saga of Grettir The Strong. A story of the eleventh century*, trad. islandês G. A. HIGHT, Londres, Toronto, Nova York, 1914 (2ª ed., 1929), caps. XVIII e XXXII-XXXV, pp. 42-5 e 86-100. Cf. Cl. LECOUTEUX, *Fantômes et revenants au Moyen Âge*, op. cit., p. 103.

(8) Jesus ressuscita a filha do chefe da sinagoga (Mt, 9,23; Mc, 5,42; Lc, 8,54), o filho da viúva de Naim (Lc, 7,15) e Lázaro, o irmão de Maria Madalena.

(9) Mt, 17,3.

(10) Pierre LE MANGEUR, *Historia scholastica*, cap. XXV (Lyon, 1539, pp. 104-5).

(11) *Bible historiale* de GUYART DES MOULINS (Paris, primeiro quarto do século XV), Nova York: Pierpnt Morgan Library, ms. 394, fº 127 vº.

(12) J.Cl. SCHMITT, "Le spectre de Samuel et la sorcière d'En Dor. Avatars historiques d'un récit biblique: I Rois, 28", *Études rurales*, 105-6, 1987, pp. 37-64, ill. 6 a 10.

(13) *Gumpertsbibel*, Erlangen: Universitäts Bibliothek, ms. 1, fº 82, antes de 1195.

(14) Bamberg, Staatliche Bibliothek, ms. 59, fº 3 rº.

(15) *Bible historiale* de GUYART DES MOULINS (França, c. 1291-94), Londres: British Library, ms. Harley 4381, fº 127 e o outro exemplar, do século XV, mencionado acima.

(16) *Bible moralisée*, Oxford: Bodleian 270b, fº 144, começo do século XIII e *Tickhill Psalter*, começo do século XIV, Nova York: Public Library, Spencer Coll, ms. 26, ffºs 43 e 43 vº.

(17) *Kaiserchronik*, Baviera, vv. 1375-80, Nova York: Pierpont Morgan Library, ms. M 769, fº 172.

(18) Sem dúvida, Tertuliano não foi estranho à redação da *Paixão de Perpétua*, em que a futura mártir — como se dirá no capítulo seguinte — beneficia-se das aparições de seu jovem irmão Dinócrates. O primeiro relato de fantasma atestado na literatura cristã encontra-se, desde a segunda metade do século II, na *Vida de santa Tecla*: uma jovem defunta aparece à santa para lhe pedir que ore por sua salvação e tome seu lugar junto de sua mãe. Cf. Fr. NEISKE, "Vision und Totengedenken", art. cit., pp. 137-9.

(19) TERTULIANO, *De anima*, 57, 3-10 (ed. J.-H. WASZINK, Corpus Christianorum, Series latina, II, Turnhout: Brepols, 1954, pp. 779-869).

(20) LACTÂNCIO, *Divinae institutiones*, II, 2, 6 (Corpus Christianorum, Series latina, 19, p. 104). A idéia de que os deuses pagãos são mortos divinizados refere-se à tradição do evemerismo.

(21) AGOSTINHO, *Epistolae*, 158, 3-10 (carta de Evodius a A.) (CSEL, 44, Viena e Leipzig, 1904, pp. 488-97). Cf. M. DULAYE, *Le rêve dans la vie et la pensée de Saint Augustin*, Paris, 1973, pp. 210-25. Também Orígenes atesta a crença segundo a qual a alma dos maus "erra e vaga neste mundo, esta em torno das sepulturas onde se vêem os fantasmas das almas como sombras, aquela simplesmente em torno da terra" (ORÍGENES, *Contre Celse*, ed. M. BORRET, t. IV, Paris: Le Cerf, Sources chrétiennes 150, 1969, pp. 22-3).

(22) AGOSTINHO, *De crua por mortuis gerenda ad Paulinum liber unus*, em *Patrologia latina* (doravante citada *PL*), vol. 40, col. 591-610, e ed. J. ZYCHA, CSEL, t. 41, Praga, Viena e Leipzig, 1900, pp. 621-60. Ver os comentários de P. COURCELLE, *Les confessions de Saint Augustin dans la tradition littéraire*, Paris: Études augustiniennes, 1963, pp. 595-600. M. DULAYE, *Le rêve*, op. cit., pp. 113-27. P. BROWN, *Le culte des saints*, op. cit., p. 50.

(23) Agostinho exprime também sua hostilidade às práticas funerárias tradicionais na *Cidade de Deus*, VIII, XXVII, onde opõe o culto dos mártires aos sacrifícios que os pagãos "oferecem aos mortos como se fossem deuses", e nas *Confissões* (VI, II), onde

louva sua mãe Mônica por ter se curvado à proibição do bispo Ambroise de levar alimento à sepultura dos santos.

(24) Mesma resposta a respeito dos gestos da prece que elevam a alma a Deus: J.-Cl. SCHMITT, *La raison des gestes dans l'Occident médiéval*, Paris: Gallimard, 1990, p. 291.

(25) AGOSTINHO, *La Genèse au sens littéral en douze livres*, livro XII, VI e seguintes, ed. P. AGËSSE e A. SOLIGNAC, Paris: Desclée de Brouwer, Bibliothèque augustinienne 49, 1972, pp. 346 ss.

(26) Exposição completa em D. C. LINDBERG, *Theories of vision from Al Kindi to Kepler*, Chicago: The University of Chicago Press, 1976.

(27) Ver, por exemplo, a descrição que dá desse processo GUILLAUME DE SAINT-THIERRY, *De la nature du corps et de l'âme*, ed. e trad. M. LEMOINE, Paris: Belles Lettres, 1988, pp. 112-3.

(28) A. Vööbus, art. "Böser Blick", Lexikon des Mittelalters, II, 3, col. 470-2.

(29) AGOSTINHO, *De cura pro mortuis gerenda*, op. cit., II, 4, em *PL*, vol. 40, col. 594: "Proinde ista omnia, id est curatio funeris, conditio sepulturae, pompa exsequiarum, magis sunt vivorum solatia, quam subsidia mortuorum" (O cuidado com os funerais, a condição da sepultura, a pompa das obséquias visam mais ao consolo dos vivos que ao socorro dos mortos).

(30) GUIBERT DE NOGENT, *Autobiographie*, ed. e trad. E.-R. LABANDE, Paris: Belles Lettres, 1981, p. 155. Segundo o bispo de Mende, Guillaume Durand, no século XIII os antigos chamavam *umbrae* as almas dos mortos recentes, que vagam ainda em torno das sepulturas; ao contrário, *animae* se aplicaria apenas à alma que habita um corpo vivo, *manes* às almas que estão no inferno e *spiritus* às que sobem ao céu. Na prática, que é muito diversa, os relatos de aparição não têm, evidentemente, nenhuma consideração por tal tipologia.

(31) Alguns exemplos de dúvida sobre a identidade de tais "pessoas": CÉSAIRE DE HEISTERBACH, *Dialogus miraculorum*, ed. J. STRANGE, Colônia, Bonn e Bruxelas, 1851, I, 32; IV, 4; XII, 29.

(32) AGOSTINHO, *De cura*, op. cit., XII, 14, col. 602.

(33) "In somnis deludens, modo laeta, modo tristia, modo cognitas, modo incognitas personas *ostendas*": REGINON DE PRÜM, *De synodalibus causis et disciplinis ecclesiasticis*, II, 371, ed. F. G. WASSERSCHLEBEN, Leipzig, 1840, p. 356.

(34) J.-Cl. SCHMITT, "Les masques, le diable, les morts dans l'Occident médiéval", *Razo. Cahiers du Centre d'études médiévales de Nice*, 6, 1986, pp. 87-119.

(35) AGOSTINHO, *De cura*, op. cit., XVII, 21, col. 608.

(36) ID., *La Genèse au sens littéral*, livro XII, XIII, 27-8, ed. cit., pp. 371-5.

(37) M. DULAYE, *Le rêve*, op. cit., pp. 113-27.

(38) Julien de TOLÈDE, *Prognosticorum futuri saeculi libri tres*, II, cap. XXX, ed. J. N. HILLEGARTH, Corpus Christianorum, Series latina, t. 115, Turnhout: Brepols, 1976, pp. 67-8.

(39) GRATIEN, *Décret*, II, Causa XIII, Qu. II, cap. XXIX, ed. A. FRIEDBERG, Graz, 1959, pp. 730-1.

(40) HONORIUS AUGUSTODUNENSIS, *Elucidarium*, III, 8, em *PL*, vol. 172, col. 1162 D.

(41) HONORIUS AUGUSTODUNENSIS, *Gemma animae*, 1, 121, em *PL*, vol. 172, col. 583; Jean BELETH, *Summa de ecclesiasticis officiis*, 161, ed. H. DOUTEIL, Turnhout: Bre-

pols, 1976, vol. 2, pp. 315-6; Guillaume DURAND, *Rationale divinorum officiorum*, 7, 35, Lyon, 1592, pp. 864-5.

(42) *Liber de spiritu et anima*, em *PL*, vol. 40, col. 779-832. Cf. G. RACITI, "L'autore del 'De spiritu et anima'", *Rivista di filosofia neo-scolastica*, LIII, 1961, pp. 385-401; L. NORPOTH, *Der pseudo-augustinische traktat "De Spiritu et anima"*, Ph. Diss., Munique, 1924, reed. Colônia e Bochum, 1971; M. PUTSCHER, *Pneuma, Spiritus, Geist. Vorstellungen vom Lebensantrieb in ihren Geschichlichen Wandlungen*, Wiesbaden, 1973.

(43) Sobre essa tipologia hierárquica e sua difusão, ver: J. LE GOFF, "Le christianisme et les rêves (IIe-VIIe siècles)", em T. GREGORY (ed.), *I Sogni nel Medioevo*, Roma: Ateneo (Lessico Intelletuale Europeo, XXXV), 1985, pp. 183-4 (pp. 171-218), retomado em *L'imaginaire médiéval. Essais*, Paris: Gallimard, 1985, pp. 265-316.

(44) CONSTANCE DE LYON, *Vie de saint Germain d'Auxerre*, ed. R. BORIUS, Paris: Cerf, Sources chrétiennes, 112, 1965, § 10, pp. 138-43. É provável que esses mortos *insepulti* tenham sido massacrados por ocasião da revolta dos Bagaudes: cf. § 28, ibidem, pp. 174-5.

(45) SULPICE SEVÈRE, *Vie de saint Martin*, 11, 3-5, ed. J. FONTAINE, Paris: Cerf (Sources chrétiennes 133), 1967, p. 276.

(46) *Tripartite life of Patrick*, ed. e trad. ingl. Whitley Stokes, I, 1887 (reed. Nova York: Klaus Reprint, 1965), pp. 124-5. São Patrício tinha o costume de deter-se para orar diante de todas as cruzes com as quais marcara o território da nova fé; um dia, esquece de orar diante de uma delas porque fora fincada por engano sobre a sepultura de um pagão quando estava destinada à de um jovem cristão, à qual o santo a restitui imediatamente. Essa *Vie* em irlandês, com passagens em latim, data de cerca de 900. Agradeço a Michael Richter por ter me indicado esse texto.

(47) P. BROWN, "Sorcery, demons and the rise of Christianity from late Antiquity into the Middle Ages" (1970), reed. em *Religion and Society in the Age of Saint Augustin*, Londres: Faber and Faber, 1972, pp. 119-46 (p. 137, a respeito de João Crisóstomo, morto em 407).

(48) *Miracula Stephani*, 1, 6, em *PL*, vol. 41, col. 838.

(49) *Benedictio salis et aquae* (século X?), em *PL*, vol. 138, col. 1048.

(50) GRÉGOIRE DE TOURS, *Liber in gloriam confessorum*, 72, em *Miracula et opera minora*, ed. B. KRUSCH, MGH. Scrip. rer. merov., Hanôver, 1885, I, 2, pp. 340-1. Cf. P. BROWN, *La société et le sacré dans l'Antiquité tardive*, trad. fr. A. ROUSSELLE, Paris: Le Seuil, 1985 (ed. ingl. 1982, retomada de um texto de 1976), p. 135, sugere mesmo que Grégoire teria ficado "acabrunhado" pelo número muito pequeno das sepulturas de bem-aventurados nessa necrópole pagã.

(51) GRÉGOIRE DE TOURS, *Liber in gloriam confessorum*, 62, ed. H. L. BORDIER, Paris: Société de l'histoire de France, 1862, vol. 3.

(52) Comparar, entre outras, com as sagas, com a história de Aswid e de Asmund relatada por volta de 1200 por Saxo Grammaticus ou ainda com a *Chronique de Salerne*, no século X: o rei lombardo Arechis entrega um assassino ao cadáver de sua vítima, que é o marido de sua amante. Três dias mais tarde, descobre-se na sepultura seu corpo deitado sobre o de seu assassino, enquanto a boca e o nariz deste aparecem de todo roídos. Cf. H. TAVIANI, "L'image du souverain lombard de Paul Diacre à la Chronique de Salerne

(VIIIe siècle)", *Atti del 6º Congresso internazionale di Studi sull'alto Medioevo* (Milão, 21-25/10/1978), Spolète: Centro italiano di studi sull'alto medioevo, 1980, p. 685.

(53) F. GRAUS, *Volk, Herrscher und Heiliger im Reich der Merowinger. Studien zur Hagiographie der Merowingerzeit*, Praga, 1965.

(54) *Vita Amati abbatis Habendensis*, 13-5, ed. B. KRUSCH, MGH, Script. rer. merov. 4, Hanôver e Leipzig, 1902, p. 220. Cf. A. ANGENENDT, "Theologie und Liturgie", em *Memoria*, ed. K. SCHMID e J. WOLLASCH, op. cit., pp. 166-7.

(55) R. HERTZ, "Contribution à une étude sur la répresentation collective de la mort" (1907), reed. em *Sociologie religieuse et folklore*, Paris: PUF, 1970, pp. 1-83.

(56) GRÉGOIRE LE GRAND, *Dialogues*, IV, 57, 8-15, ed. A. de Vogüé, vol. 3, Paris: Cerf (Sources chrétiennes 265), 1980, p. 187.

(57) Ibidem, IV, 42, 3-4, p. 152.

(58) J. LE GOFF, *La naissance du purgatoire*, op. cit., pp. 121-31.

(59) GRÉGOIRE LE GRAND, *Dialogues*, IV, 57, 8-15, ed. cit., pp. 189-93.

(60) Jacques de SERUGH, *Poème sur la messe des défunts*, citado por C. VOGEL, "Le banquet funéraire paléochrétien", em B. PLONGERON e R. PANNET (dir.), *Le christianisme populaire. Les dossiers de l'histoire*, Paris: Le Centurion, 1976, pp. 61-78 (agradeço a Anca Bratu por ter me comunicado essa referência). Sobre as preces pelos mortos, ver também DHUODA, *Manuel pour mon fils*, ed. P. RICHÉ, B. de VREGILLE, Cl. MONDÉSERT, Paris: Cerf, Sources chrétiennes 225 bis, 1991, pp. 316-7.

(61) GRÉGOIRE DE TOURS, *Historia Francorum*, III, cap. XXXVI, ed. R. LATOUCHE, Classiques de l'Histoire de France au Moyen Âge 27, vol. 1, pp. 176-7.

(62) BÈDE LE VÉNÉRABLE, *Historia ecclesiastica*, IV, 8 e 9 (a. 664), e V, 9 (a. 690), ed. C. PLUMMER, Oxford, 1896: um monge falecido naquele ano anuncia a uma monja que ela morreria ao amanhecer; a abadessa Aedilburge, falecida três anos antes, previne sua irmã Torctgyd de que iria juntar-se a ela na morte no dia seguinte; o ex-prior do mosteiro de Mailrose, Boisil, pede a um irmão que dissuada um outro monge, Egbert, de ir pregar na Germânia. Cf. P. F. JONES, *A concordance to the historia ecclesiastica of Bede*, Cambridge, Mass.: The Mediaeval Academy of America, 1929, s.vv. "apparitio", "apparere", "spiritus". Cf. para alguns outros relatos de aparições de mortos, especialmente nas cartas de são Bonifácio: Fr. NEISKE, art. cit., pp. 148-52.

(63) J. NTEDIKA, *L'évocation de l'au-delà dans la prière pour les morts. Étude de patristique et de liturgie latine (IVe-VIIIe siècles)*, Louvain e Paris, 1971. Ver notadamente AMALAIRE DE METZ, *Liber officialis*, III, ed. J. M. HANSSENS, Roma: Studi et Testi 139, vol. 2, 1948, p. 535.

(64) *Vie de Raban Maur*, em *Acta Sanctorum*, fev. I, 1668, p. 532.

(65) *Annales Fuldenses*, III (auct. Meginhardo), MGHSS in usum scholarum, Hanôver, 1978, p. 82. Cf. Cl. CAROZZI, "Les Carolingiens dans l'au-delà", em *Haut Moyen Âge. Culture, éducation et société. Études offertes à Pierre Riché*, dir. de M. Sot, Nanterre, Université de Paris-X, 1990, p. 369. Pôde-se mostrar que esse relato coincidia em Fulda com o começo das listas dos mortos que os monges deviam comemorar: O.-G. OEXLE (dir.), *Die Überlieferung der Fuldischen Totennalen (Die Klostergemeinschaft von Fulda im früheren Mittelalter...)*, Munique: Münsters Mittelalter-Schriften 8/2.2, 1978, p. 461, e Fr. NEISKE, art. cit., p. 156 e n. 118.

2. *SONHAR COM MORTOS* (pp. 52-76)

(1) THIETMAR DE MERSEBURG, *Chronicon*, ed. R. HOLTZMANN, MGHSS, Nova Series 9, Berlim, 1955, I, pp. 11-4.

(2) H. LIPPELT, *Thietmar von Merseburg, Reichsbischof und Chronist*, Colônia e Viena: Böhlau Verlag, 1973, especialmente pp. 48 ss. e p. 193, "Der Character des Chronistes und die Memorial-Struktur seines Werkes". Sobre o contexto histórico, ver em último lugar H. MAYR-HARTING, "The church of Magdeburg. Its trade and its town in the tenth and early eleventh centuries", em *Church and Society, 1000-1500. Essays in Honour of Christopher Brooke*, ed. D. ABULAFIA, M. FRANKLIN e M. RUBIN, Cambridge University Press, 1992, pp. 129-50.

(3) THIETMAR DE MERSEBURG, *Chronicon*, I, 13, ed. cit., pp. 112-3.

(4) Ibidem, III, 15, ed. cit., pp. 114-7.

(5) Ibidem, VI, 76, ed. cit., pp. 364-7.

(6) THIETMAR DE MERSEBURG, *Chronicon*, I, 13, ed. cit., pp. 18-20.

(7) *Vita Karoli Quarti. Karl IV, Selbstbiographie*, Hanau: Verlag Werner Dausien, 1979, pp. 74-7. Cf. P. DINZELBACHER, "Der Traum Kaiser Karls IV", em A. PARAVICINI BAGLIANI e G. STABILE (eds.), *Träume im Mittelalter. Ikonologische Studien*, Stuttgart e Zurique: Belser Verlag, 1989, pp. 161-72 (especialmente pp. 167-8 e ill. pp. 202-3).

(8) Viena, Österreichische Nationalbibliothek, Cod. 2618, fº 18 vº (1472) e ibidem, Cod. 581 (1470-80). Agradeço ao sr. Gerhard Jaritz (Institut für Realienkunde des Mittelalters und der frühen Neuzeit, Krems) por ter me fornecido essas duas fotografias.

(9) Paul AMARGIER, *La parole rêvée. Essai sur la vie et l'oeuvre de Robert d'Uzès O. P. (1263-1296)*, Aix-en-Provence, Centre d'études des sociétés méditerranéennes, 1982, p. 96 (Visão 29). Ver também p. 86 (Visão 3), a aparição de um "espectro de homem" que é substituído pela Virgem com o Menino. Texto latino em Jeanne BIGNAMI-ODIER, "Les visions de Robert d'Uzès", *Archivum Fratrum Praedicatorum*, XXV, 1955, pp. 258-310. Ver também P. AMARGIER, "Robert d'Uzès revisité. Annexe: les testaments de Robert d'Uzès (1293)", em *Cahiers de Fanjeaux*, 27, 1992, "Fin du monde et signes des temps. Visionnaires et prophètes en France méridionale (fin XIIIe-début XVe siècle)", pp. 33-47, e, no mesmo volume, M. TOBIN, "Les visions et révélations de Marie Robine d'Avignon dans le contexte prophétique des années 1400", ibidem, pp. 309-29.

(10) Gertrude D'HELFTA, *Le Héraut*, V, em *Oeuvres spirituelles*, V, ed. e trad. J.-M. CLÉMENT, monjas de Wisques e B. de Vregille, Paris: Cerf, Sources chrétiennes 331, 1986, pp. 19 ss.

(11) J. ANCELET-HUSTACHE, "Les 'Vitae sororum' d'Unterlinden. Édition critique du Ms. 508 de la Bibliothèque municipale de Colmar", *Archives d'histoire doctrinale et littéraire du Moyen Âge*, 5, 1930, pp. 317-513, especialmente caps. XII, XXIII, XXVIII, XXXIV, XXXVI (aparição durante a prece da irmã), XL, XLIII (aparição no cemitério das irmãs).

(12) Ibidem, XXXVIII, p. 454.

(13) Ibidem, XLVIII, p. 480.

(14) Encontra-se a confirmação nos relatos referentes a outras mulheres místicas dessa época, como Liutgarde, segundo a *Vita Lutgardis* de THOMAS DE CANTIMPRÉ, *Acta Sanctorum*, jun. III, livros II e III, pp. 244 ss.

(15) J. LE GOFF, "Les rêves dans la culture et la psychologie collective de l'Occident médiéval" (1971), retomado em *Pour un autre Moyen Âge. Temps, travail et culture en Occident: 18 essais*, Paris: Gallimard, 1977, pp. 299-306. Idem, "Le christianisme et les rêves (IIe-VIIe siècle)" (1985), retomado em *L'imaginaire médiéval*, op. cit.

(16) EUSÈBE, *Histoire ecclésiastique*, V, 1, 20 ("Les martyrs de Lyon"), citado por P. BROWN, *Genèse de l'Antiquité tardive*, trad. fr. A. ROUSSELLE, Paris: Gallimard, 1983, p. 116.

(17) *La règle de saint Benoît*, ed. trad. H. ROCHAIS, Paris: Desclée de Brouwer, 1980, LVIII, 25, citado por J.-Cl. SCHMITT, *La raison des gestes dans l'Occident médiéval*, op. cit., p. 78.

(18) *Passio sanctarum Perpetuae et Felicitatis*, ed. C. VAN BEEK, Nijmegen, 1936. Sem dúvida escrita por Tertuliano, a *Passio*, cuja autenticidade, no entanto, não deixa dúvida, tem a forma de uma autobiografia. Cf., por sua contribuição à história dos lugares do além, J. LE GOFF, *La naissance du purgatoire*, op. cit., pp. 74-7.

(19) AMBROISE, *De excessu fratris sui Satyri*, I, 72, em *PL*, vol. 16, col. 1370, citado por M. DULAYE, *Le rêve dans la vie et la pensée de Saint Augustin*, op. cit., p. 66.

(20) AGIUS, *Dialogus de morte Hathumodae*, MGH Poetae III, ed. L. TRAUBE, Berlim, 1896, pp. 372-88. Sobre o lugar dessa obra na tradição literária, ver P. VON MOOS, *Consolatio. Studien zur mittelalterlichen Trosliteratur über den Tod und zum Problem der christlichem Trauer*, Munique: Münstersche Mittelalter Schriften, 1971-72, 4 vols. (vol. 1, pp. 169 ss.).

(21) O estudo mais completo é o de H. SCHAUWECKER, *Otloh von St. Emmeran. Ein Beitrag zur Bildung und Frömmigkeitsgeschichte des 11. Jahrbunderts*, Studien zur Mitteilungen des Benediktiner Ordens und seiner Zweige 74, 1963, Heft I-IV, Munique, 1964, pp. 1-240.

(22) K. HALLINGER, *Gorze-Cluny. Studien zu den monastischen Lebensformen und Gegensätzen im Hochmittelalter*, Graz, 1971, 2 vols. (vol. I, pp. 618-28); H. JAKOBS, *Die Hirsauer. Ihre Ausbreitung und Rechtstellung im Zeitalter des Investiturstreites*, Colônia e Graz: Böhlau Verlag, 1961, pp. 8-12.

(23) Sobre o aspecto autobiográfico e visionário: G. MISCH, *Studien zur Geschichte der Autobiographie*, I. *Otloh von Sankt-Emmeran. Bekehrungsgeschichte, Visionsgeschichte, Schriftstellers Autobiographie*, Nachrichten der Akademie der Wissenschaften in Göttingen, I. Phil.-Hist. Kl. 1954, 5, pp. 123-69; G. VINAY, "Otlone di Sant'Emmeran ovvero l'autobiografia di un nevrotico", em *La storiografia altomedievale*, Settimane di Studio del Centro italiano di studi sull'alto medioevo, XVIII, Spolete, 1970, I, pp. 13-37. Esses estudos geralmente levam em conta apenas as quatro primeiras visões do *Liber visionum*, como é também o caso, no essencial, de H. RÖCKELEIN, *Otloh, Gottschalk, Tnugdal: Individuelle und kollektive Visionsmuster des Hochmittlalters*, Frankfurt sobre o Main, Berna e Nova York: Peter Lang (Europäische Hochschulschriften III, 319), 1987.

(24) Da quinta à 18ª, assim como a 23ª e última, sobre a qual Otloh diz que se esquecera de relatar antes.

(25) Apenas quatro relatos provêm de fontes livrescas. Nenhum fantasma é mencionado aí: são visões das penas do além, a primeira tirada de uma carta de são Bonifácio a uma religiosa, as três outras da *História eclesiástica* de BEDA. Prova suplementar da relativa novidade dos fantasmas no século XI: os textos mais antigos quase não os

apresentam, os autores posteriores ao ano 1000 têm de recorrer seja a seus próprios sonhos, seja aos relatos orais que podem recolher à sua volta.

(26) *PL*, vol. 146, col. 359-61.

(27) Ex-bispo, Bruno de Toul está a esse título estreitamente ligado à reforma monástica de Gorze, que inspirou a de Saint-Emmeran.

(28) *PL*, vol. 146, col. 361-3.

(29) Ibidem, col. 366-8 e 371-3.

(30) Confiando na palavra de seu filho, que de fato lhe mentira, o pai jurara a seu senhor que o filho não matara um de seus cordeiros.

(31) GUIBERT DE NOGENT, *Autobiographie*, ed. cit., pp. 114-6.

(32) Ibidem, pp. 116-8.

(33) A menos que o banhista-fantasma, embora seja um condenado e não reclame nenhum sufrágio, seja em Guibert uma reminiscência literária dos *Diálogos* de Gregório, o Grande. As duas hipóteses não são inconciliáveis, podendo a lembrança de uma experiência vivida resvalar para o topos literário.

(34) Ibidem, pp. 148-58.

(35) "Nollite eam tangere": a reminiscência evangélica, a despeito da inversão do sujeito e do objeto, é clara e parece designar Cristo como aquele que fala, a mãe de Guibert como Madalena.

(36) A respeito desse relato, cf. J. LE GOFF, *La naissance du purgatoire*, op. cit., pp. 246-50.

(37) J.-Cl. SCHMITT, *Le saint lévrier. Saint Guinefort guérisseur d'enfants depuis le XIII*[e] *siècle*, Paris: Flammarion, 1979.

(38) THOMAS DE CANTIMPRÉ, *Bonum universale de apibus*, II, 53, 32, ed. Douai, 1627, pp. 513-4.

(39) PIERRE DE MORONE, *Autobiographie*, ed. A. FRUGONI, "Coelestiana", em *Studi Storici*, 6-7, Roma, 1954, p. 62. Ver também, p. 57, o relato da aparição de seu pai à sua comadre.

(40) M. ZINK, *La subjectivité littéraire. Autour du siècle de saint Louis*, Paris: PUF, 1985, p. 234 (e as pp. 219-39).

(41) J. LE GOFF, *Saint Louis*, Paris: Gallimard (no prelo).

(42) GIOVANNI DI PAGOLO MORELLI, *Ricordi*, ed. Vittore Branca, Florença, Felice Le Monnier, 1956, pp. 455-516. Ver a belíssima análise de Richard C. Trexler, *Public life in renaissance Florence*, Nova York: Academic Press, 1980, pp. 161-86.

(43) Ch. KLAPISCH-ZUBER, *La maison et le nom. Stratégies et rituels dans l'Italie de la Renaissance*, Paris: ÉHÉSS, 1990, especialmente pp. 249-62.

(44) R. C. TREXLER, *Public life*, op. cit., especialmente pp. 172-85.

(45) Ibidem, p. 174.

(46) R. C. TREXLER, pp. 174-5, fala de "comunicação" com a alma do filho, mas não de necromancia.

(47) No entanto, o filho tinha nove anos. Era aceito que a inocência das crianças batizadas tinha fim aos sete anos, a "idade da razão". Pode-se comparar sua sorte à do jovem irmão de Perpétua, Dinócrates (cf. supra, n. 18).

(48) Ibidem, p. 177.

(49) Op. cit., p. 182. Essa observação deve ser inscrita, evidentemente, no dossiê da "descoberta do sentimento da infância" aberto por Philippe Ariès.

3. *A INVASÃO DOS FANTASMAS* (pp. 77-97)

(1) GRÉGOIRE LE GRAND, *Dialogues*, IV, 43, 1-2, ed. cit., pp. 154-5.

(2) THIETMAR DE MERSEBURG, *Chronicon*, ed. cit., p. 16.

(3) GUIBERT DE NOGENT, *De pignoribus sanctorum*, IV, 1, *PL*, vol. 156, col. 668 A. Eles não lhe parecem inferiores aos de Gregório, o Grande, e de Beda.

(4) PIERRE LE VÉNÉRABLE, *De miraculis*, I, XXVII e XXVIII (pp. 87 e 94). Outra menção da atestação, nessa época, de "numerosos exemplos e revelações das almas": HUGUES DE SAINT-VICTOR, *Summa de sacramentis*, em *PL*, vol. 176, col. 586 CD.

(5) GUILLAUME DE NEWBURG, *Historia rerum anglicarum usque ad annum 1198*, V, cap. XXIV, ed. R. HOWLETT, *Chronicles of the Reign of Stephen, Henry II and Richard I*, vol. 1, Londres, 1884, p. 477. Cf. para uma tradução ligeiramente diferente: Cl. LECOUTEUX e Ph. MARCQ, *Les esprits et les morts*, op. cit., p. 171.

(6) Cf. P.-A. SIGAL, *L'homme et le miracle dans la France médiévale* (*XI*[e]*-XII*[e] *siècle*), Paris: Cerf, 1985.

(7) EKKEHARD DE SAINT-GALL, *Vita S. Wiboradae*, cap. XXIII, ed. W. Berschin (Mitteilungen zur vaterländischen Geschichte 51), St. Gallen, 1983, pp. 63-7. Cf. M. E. WITTMER-BUTSCH, *Zur Bedeutung von Schlaf und Traum im Mittelalter*, Krems, 1990, p. 287.

(8) R. RIGODON, "Vision de Robert, abbé de Mozat, au sujet de la basilique de la Mère de Dieu", *Bulletin historique et scientifique de l'Auvergne*, LXX, 1950, pp. 27-55, especialmente pp. 48-50. Sobre esse documento, cf. J.-Cl. SCHMITT, "L'Occident, Nicée II et les images du VIIIe au XIIIe siècle", em F. BOESPFLUG e N. LOSSKY, *Nicée II 787-1987. Douze siècles d'images religieuses*, Paris: Cerf, 1987, pp. 271-301.

(9) M. C. DIAZ Y DIAZ, *Visiones del Mas Alla en Galicia durante la alta Edad Media*, Santiago de Compostela, 1985, pp. 63-81, especialmente pp. 75-6.

(10) *Miraculi sancti Benedicti*, ed. E. de CERTAIN, Paris, 1858 (reed. Nova York e Londres, 1968). Aparições de são Bento: I, 20 e 40; IV, 7; VII, 12, 13, 15; IX, 10.

(11) *Chronica monasterii Casinensis*, ed. H. HOFFMANN, MGHSS XXXIV, Hanôver, 1980. Cf. IV, 99, p. 561 (para subtrair o tesouro da abadia à avidez do rei Rogério da Sicília) ; outras visões: II, 21; IV, 30, 102; aparições de são Bento: II, 22; III, 20; IV, 101. Em vida, são Bento realizara, segundo Gregório, o Grande, milagres referentes a mortos. Sobre a interpretação cassiniana dessa tradição sob o abadado de Didier (século XI), ver infra cap. IX, pp. 236-37.

(12) Fridolin DRESSLER, *Petrus Damiani. Leben und Werk*, Roma: Herder, Studia Anselmiana 34, 1954; Jean LECLERCQ, *Saint Pierre Damien. Ermite et homme d'Église*, Roma: Storia e Letteratura, Uomini e Dottrine 8, 1960.

(13) Pierre DAMIEN, *Epistolae*, VIII, 20, em *PL*, vol. 144, col. 403-4.

(14) Idem, *Opuscula*, XXXIII e XXXIV, em *PL*, vol. 144, col. 559-72 e 571-90. Sobre esses opúsculos, cf. J. LE GOFF, *La naissance du purgatoire*, op. cit., pp. 242-4.

(15) Fr. DRESSLER, *Petrus Damiani*, op. cit., p. 88, n. 372 (lista dos relatos que Hugues lhe transmitiu durante a viagem a Cluny, Saint-Martial de Limoges e Chalon, onde Pierre Damien conseguiu impor ao bispo Drogon de Mâcon o respeito pela independência de Cluny).

(16) Pierre DAMIEN, *Opuscula*, XXXIII, caps. V, VI, VII, e *Opuscula*, XXXIV, *Disputatio*, cap. V, em *PL*, vol. 145, col. 567-70 e col. 588-90.

(17) Pierre DAMIEN, *Opuscula*, XXXIV, *Disputatio*, cap. III, IV, V, em *PL*, vol. 145, col. 585-90.

(18) Cf., em último lugar, D. IOGNAT-PRAT, "Les morts dans la comptabilité céleste des clunisiens de l'an mil", em D. IOGNAT-PRAT e J.-Ch. PICARD, *Religion et culture autour de l'an mil*, op. cit., pp. 55-69.

(19) JOTSUALD, *Vie de saint Odilon*, em *PL*, vol. 142, col. 926-8, retomado por Pierre DAMIEN, *Vie de saint Odilon*, em *PL*, vol. 144, col. 933-8, e em seguida por numerosos autores (Sigebert de GEMBLOUX, Vincent de BEAUVAIS, Jacques de VORAGINE etc.).

(20) Pierre DAMIEN, *Epistolae*, VI, 2, col. 372C. Cf. Fr. DRESSLER, *Petrus Damiani*, op. cit., pp. 53 e 83.

(21) *De rebus gestis in Majori Monasterio saeculo XI* [sic], ed. Dom J. MABILLON, *Acta Sanctorum Ord. S. Ben.*, VI, 2, Veneza, 1733-45, p. 400, reed. em *PL*, vol. 149, col. 403-20. Cf. sobre essa coletânea: J. VAN DER STRAETEN, "Le recueil des miracles de saint Martin dans le ms. 117 de Charleville", *Analecta Bollandiana*, 94, 1-2, 1976, pp. 83-94 (especialmente pp. 89-92). Sobre a história da prestigiosa abadia, arruinada sob a Revolução: Ch. LELONG, *L'abbaye de Marmoutier*, Chambray, 1989 (rápido). Ver, antes de tudo, S. FARMER, "Personal Perceptions, Collective Behavior: Twelfth-Century Suffrages for the Dead", em R. C. TREXLER (ed.), *Persons in groups. Social behavior as identity formation in Medieval and Renaissance Europe*, Binghampton: Medieval and Renaissance Texts and Studies, 1985, pp. 231-9, e, depois, do mesmo autor: *Communities of Saint Martin. Legend and ritual in Medieval tours*, Ithaca e Londres: Cornell University Press, 1991, especialmente pp. 135-49, em que ela insiste com razão na identidade exclusivamente monástica dos mortos que aparecem.

(22) Ibidem, col. 415D e 417A ("nostris temporibus").

(23) Ibidem, col. 416D.

(24) Ibidem, col. 411D: "[...] sollicitos nos esse conveniat, ne defunctis fratribus debitum suum exsolvere negligamus".

(25) Ibidem, col. 412B.

(26) De fato quinze, se se excluir um relato ausente do manuscrito de Charleville. Cf. S. FARMER, *Communities*, op. cit., p. 135, n. 47.

(27) Relatos nºs 3, 5, 6, 7, 11, 14, 16.

(28) Relatos nºs 12, 13, 15: um dia de Pentecostes, o conde Foulques tem a visão da abadia abrasada pelo fogo do Espírito Santo; uma outra vez, o velho Hildebrand obriga as relíquias de são Corentino a participar da procissão contra a seca; enfim, são Martinho salva de um naufrágio no Loire uma carga de peixes destinada à alimentação dos monges.

(29) Relato nº 4: um irmão morto recentemente aparece em sonho, à meia-noite, a seu confessor Hildebrand para queixar-se de que sua confissão não lhe poupou todas as penas do além; o confessor assume suas faltas e ele é liberado. Relato nº 10: dois irmãos mortos aparecem três vezes ao intendente do priorado de Tavant, Urricus, para o censurar, depois o ameaçar e, enfim, bater nele severamente porque zomba de seu "direito". Relato nº 2: dois irmãos mortos aparecem ao abade Barthélemy para que ele repreenda privadamente os monges culpados de negligência em suas preces pelos mortos.

(30) Relato nº 8.

(31) Relato nº 9.

(32) Relato nº 17.

(33) S. FARMER tem razão de insistir no caráter exclusivamente monástico das personagens desses relatos. O mesmo não acontece em outras coleções (ver, infra, Pierre, o Venerável, Césaire de Heisterbach etc.).

(34) S. D. WHITE, *Custom, kinship and gifts to saints. The laudatio parentum in western France, 1050-1150*, Chapell Hill e Londres: University of North Carolina Press, 1988, p. 22: esses benfeitores leigos de Marmoutier são bem identificados: são os prebostes do castelo de Vendôme, os senhores de Lavardin, o conde Foulques, o Rico, que já encontramos em um dos relatos etc. Foram eles que permitiram que se constituísse, por todo o oeste da França, o "império eclesiástico" de Marmoutier. Cf. O. GANTIER, "Recherches sur les possessions et les prieurés de l'abbaye de Marmoutier du Xe au XIIIe siècle", *Revue Mabillon*, 53, 1963, pp. 93-110, 161-4; 54, 1964, pp. 15-24 e 56-67, 125-35; 55, 1965, pp. 32-44, 65-79. Ver agora o estudo, que negligencia nosso documento, de D. BARTHÉLEMY, *La société dans le comté de Vendôme de l'an mil au XIVe siècle*, Paris: Fayard, 1993.

(35) PIERRE LE VÉNÉRABLE, *De miraculis libri duo*, ed. D. Bouthillier, Corp. Christ. Cont. Med. LXXIII, Turnhout: Brepols, 1988. Essa edição substitui a da *PL*, vol. 189, col. 851-954. Trad. fr.: PIERRE LE VÉNÉRABLE, *Les merveilles de Dieu*, apresentação e trad. por J.-P. TORRELL e D. BOUTHILLIER, Paris: Cerf e Fribourg, Éditions universitaires, 1992. Dos mesmos autores: *Pierre le Vénérable et sa vision du monde. Sa vie, son oeuvre, l'homme et le démon*, Louvain: Spicilegium Sacrum Lovaniense, Études et Documents 42, 1986. Sobre as aparições dos mortos em Cluny: J.-Cl. SCHMITT, "Les revenants dans la société féodale", *Le temps de la réflexion*, III, 1982, pp. 285-306.

(36) J.-P. TORRELL e D. BOUTHILLIER, *Pierre le Vénérable*, op. cit., p. 138 e, mais em detalhe, idem, " 'Miraculum'. Une catégorie fondamental chez Pierre le Vénérable", *Revue thomiste*, 1980, LXXX, 4, pp. 549-66. Ponto de vista diferente em J.-P. VALÉRY PATIN e J. LE GOFF, "À propos de la typologie des miracles dans le *Liber de miraculis* de Pierre le Vénérable", em *Pierre Abélard, Pierre le Vénérable. Les courants philosophiques, littéraires et artistiques en Occident au milieu du XIIe siècle*, Paris: CNRS, 1975, pp. 181-7.

(37) As numerosas *Vitae* de santo Hugo relatam, todas, a aparição, os lábios intumescidos de Durannus, ex-bispo de Toulouse e abade de Moissac, a quem o abade de Cluny predissera que ele seria punido no além por ter, com suas tagarelices, incitado seus monges ao riso. Informado da aparição, Hugo ordena duas vezes sete dias de jejum, até que Durannus volte para dizer que está salvo. Cf. H. E. J. COWDREY, *Two studies in Vluniac history (1049-1126)*, Roma: Studi Gregoriani 11, 1978, pp. 43-110, e Fr. NEISKE, "Vision und Totengedenken", art. cit., p. 167.

(38) As investigações dos editores, acrescentando-se aos detalhes cronológicos fornecidos pelo próprio Pierre, permitem em quase todos os casos avaliar a distância temporal entre a data do falecimento, a suposta aparição do morto e a redação desses relatos por volta de 1135: I, 10: morte em 1105-6, trinta anos antes; I, 11, morte em 1070, aparição em 1076 ou 1080: cinqüenta anos; I, 24, morte em 1119, aparição depois de 1125: quinze anos; I, 26, morte em 1123, aparição depois de 1123: doze anos. Essa nova edição permite-me precisar e corrigir a análise provisória que eu propusera desses relatos a partir da edição Migne, em "Les revenants dans la société féodale", art. cit.

(39) Dois relatos escritos em 1142: I, 27, morte e aparição em 1141: um ano; I, 28: morte e aparição em 1114, 28 antes, mas coleta de informação em 1142.

(40) II, 25: morte e aparição em 1145; II, 26: morte em 1148-49, aparição em 1149-50; II, 27, morte em 1145, aparição em 1145?

(41) *De miraculis*, I, 26 (ed. cit., p. 81): é o caso da monja Adèle de Blois, a quem se confiara a beneficiária da aparição, irmã Albérée. Ela era filha de Guilherme, o Conquistador, e mãe do rei da Inglaterra, Estêvão: do melhor sangue.

(42) Ibidem, II, 26: no caso do monge Enguizo, ex-cavaleiro ao qual apareceu seu companheiro de armas, o cavaleiro Pierre de la Roche, morto na cruzada.

(43) Ibidem, I, 23: o padre Étienne, a quem o cavaleiro Guigo de Moras apareceu três vezes.

(44) Ibidem, II, 25.

(45) Em dez mortos, quatro são cavaleiros mortos no século e um outro é um ex-cavaleiro que se tornou monge. Dos cinco outros, quatro são monges e um o ex-bispo de Genebra.

(46) Ver I, 23 e 27.

(47) *Liber tramitis*, c. 33, ed. P. DINTER, em K. HALLINGER (ed.), *Corpus Consuetudinum Monasticarum*, t. X, Siegburg, 1980, p. 277, citado por M. LAUWERS, *La mémoire des ancêtres, le souci des morts*, op. cit., vol. 2, p. 469.

(48) Ibidem, I, 27, ed. cit., p. 86.

(49) Cf. J.-P. TORRELL e D. BOUTHILIER, *Pierre le Vénérable*, op. cit., p. 169.

(50) Ibidem, p. 169.

(51) *De miraculis*, I, 27, pp. 84 e 86: Geoffroy de Ion manda dizer a Humbert de Beauvais que ele morreu a seu serviço por uma causa injusta (*non satis iusta de causa cum eo veneram*) e que Deus desaprova sua guerra contra Amadeu III de Sabóia. Sobre esse tema, ver Fr. H. RUSSELL, *The just war in the Middle Ages*, Cambridge: Cambridge University Press, 1975 (reed. 1979).

(52) J.-P. TORRELL e D. BOUTHILLIER, *Pierre le Vénérable*, op. cit., pp. 66-7. Cf. J. M. LACARRA, "Una aparicion de ultratumba en Estella", *Principe de Viana*, 15, 1944, pp. 173-84. Sobre o contexto político e a viagem de Pierre, o Venerável, à Espanha: Ch. J. BISHKO, "Peter the venerable's journey to Spain", em G. CONSTABLE e J. KRITZECK (eds.), *Petrus Venerabilis, 1156-1956, studies and texts commemorating the eight century of his Death*, Roma: Herder, Studia Anselmiana 40, 1956, pp. 163-75; B. F. REILLY, *The kingdom of Leon-Castilla under king Alfonso VI (1065-1109)*, Princeton University Press, 1988, pp. 211 ss.; M. R. ASTRAY, *Alfonso VII Emperador. El imperio hispanico en el siglo XII*, Leon, 1979, pp. 161 ss.

4. *OS MORTOS MARAVILHOSOS* (pp. 98-112)

(1) GERVAIS DE TILBURY, *Otia imperialia*, III, Prólogo, ed. G. W. LEIBNIZ, Scriptores rerum Brunswicensium I, Hanôver, 1707, pp. 960-1. Trad. fr., *Le livre des merveilles*, ed. A. DUCHESNE, pref. de J. LE GOFF, Paris: Belles Lettres, 1992, p. 20. Um outro autor contemporâneo, muito próximo de Gervais de Tilbury, o galês Giraud de Cambrie ou de Barri, também reflete sobre a noção de maravilhoso no começo da segunda parte de sua descrição da Irlanda, ilha "afastada do centro da terra" cujas numerosas "maravilhas da natureza", distintas dos "milagres dos santos" ele louva. Ver, em último lugar, J.-M. BOIVIN, *L'Irlande au Moyen Âge. Giraud de Barri et la "Topographie Hibernica"* (1188),

Paris: H. Champion, 1993, pp. 84-8 e o texto de Giraud, p. 197. Cf. J. LE GOFF, "Le merveilleux dans l'Occident médiéval", reed. em *L'imaginaire médiéval*, op. cit., pp. 17-39, e idem, "Le merveilleux scientifique au Moyen Âge", em J. F. BERGER (ed.), *Zwischen Wahn, Glaube und Wissenschaft*, Zurique, 1988, pp. 87-113.

(2) Desse espírito "experimental", encontra-se um curioso exemplo no século XIII na Itália, relatado em um manuscrito do século seguinte: como um camponês jejuasse há quarenta dias, manda-se um barbeiro sangrá-lo para certificar-se de que tem sangue e não é, portanto, "um espírito, mas um homem". Cf. R. CREYTENS, "Le Manuel de Conversation de Philippe de Ferrare o.p. (morto em 1350)", *Archivum Fratrum Praedicatorum*, XVI, 1946, p. 116, n. 36.

(3) GUILLAUME DE NEWBURG, *Historia rerum anglicarum*, II, cap. XXVIII, ed. cit., vol. 2, pp. 84-7.

(4) J. MARX, *La légende arthurienne et le Graal*, Paris, 1952, pp. 281-4; F. DUBOST, *Aspects fantastiques de la littérature narrative médiévale (XIIe-XIIIe siècle). L'autre, l'ailleurs, l'autrefois*, Paris: H. Champion, 1991, vol. I, pp. 410-30. Sobre um tema particular que será reencontrado nos *exempla*, ver D. BOHLER, "Béances de la terre et du temps: la dette et le pacte dans le motif du Mort reconnaissant au Moyen Âge", *L'Homme*, 111-2, 1989, XXIX (3-4), pp. 161-78.

(5) A *Historia Regum Britanniae* e a *Vita Merlini* de GEOFFROY DE MONMOUTH são a primeira formalização literária da "matéria da Bretanha", quase imediatamente posta em francês por Wace e Robert de Boron.

(6) R. D. RAY, "Medieval historiographie through the twelfth century: Problems and progress of research", *Viator*, 5, 1974, pp. 33-59.

(7) R. THOMSON, *William of Malmesbury*, Woodbridge: The Boydell Press, 1987, pp. 22-3.

(8) GUILLAUME DE MALMESBURY, *De gestis regum Anglorum libri quinque*, ed. W. STUBBS, Londres, 1887, II, 204, pp. 253-6: "non superno miraculo, sed inferno praestigio".

(9) Ibidem, II, § 124, pp. 134-5: "has sane naenias sicut caeteras... Angli pene innata credulitate tenent".

(10) Ibidem, III, § 257. Outra aparição de defuntos: III, § 293.

(11) GUILLAUME DE NEWBURG, *Historia rerum anglicarum*, V, caps. XXII-XXIV, ed. cit., pp. 474-82: "His diebus in pago Bukingamensi prodigiosa res accidit [...] In aquilonalibus quoque Angliae partibus aliud non dissimile et aeque prodigiosum eodem tempore novimus accidisse [...] Item aliud non dissimile [...] His itaque expositis, ad historiae ordinem redeamus".

(12) No prefácio dos *Otia imperialia*, GERVAIS DE TILBURY diz ter escrito para o príncipe Henrique, o Jovem Rei, um *Liber facetiarum* que, a julgar pelo título, devia ser bem próximo do *De nugis curialium* de GAUTIER MAP (ed. G. W. LEIBNIZ, Hanôver, Scriptores rerum brunsvicensium, t. I, 1707, p. 883; cf. as observações de A. Duchesne, trad. cit., p. 2). Sobre os clérigos de corte, cf. E. TÜRK, "Nugae curialium", *Le règne d'Henri II Plantagenêt (1154-1189) et l'éthique politique*, Genebra, 1977.

(13) WALTER MAP, *De nugis curialium. Courtiers' trifles*, ed. e trad. M. R. JAMES, revista por C. N. L. Brooke e R. A. B. Mynors, Oxford, 1983 (1ª ed. 1914). Ver também a tradução francesa de M. PEREZ, *Contes de courtisans, Traduction du "De nugis curia-*

lium" de Gautier Map, Lille: Centre d'études médiévales et dialectales de l'université de Lille III, s. d. (tese de doutorado defendida em 1982).

(14) Ibidem, Introd., p. XXXIII, "para ocupar com brincadeiras o tempo livre dos cortesãos e diverti-los com relatos agradáveis", e os editores situam este entre o Espelho dos príncipes e a coletânea de *exempla*.

(15) Ibidem, dist. II, caps. XI-XVI e dist. VII, caps. IX-X.

(16) Cf. F. DUBOST, *Aspects fantastiques*, op. cit., especialmente vol. I, pp. 31-45. Ver também: S. AUROUX, J.-Cl. CHEVALIER, N. JACQUES-CHAQUIN, Ch. MARCHELLO-NIZIA (ed.), *La linguistique fantastique*, Paris: Denoël, 1985, e T. TODOROV, *Introduction à la littérature fantastique*, Paris: Le Seuil, 1970.

(17) R. BARTLETT, *Gerald of Wales 1146-1223*, Oxford: Clarendon Press, 1982. Sobre Giraud e o País de Gales, ver M. RICHTER, *Giraldus Cambrensis. The Growth of the Welsh Nation*, Aberystwyth: The National Library of Wales, 1976.

(18) GIRAUD DE CAMBRIE, *Expugnatio Hibernica*, I, XLII, ed. J. F. DIMOCK, *Opera*, V, Londres, 1867, p. 295. Reed. e trad. ingl.: *The Conquest of Ireland by Giraldus Cambrensis*, 42, ed. A. B. SCOTT e F. X. MARTIN, Dublin: Royal Irish Academy, 1978, pp. 116-9.

(19) Idem, *De invectionibus*, XV, 18, ed. J. S. BREWER, *Opera*, I, Londres, 1861, p. 170.

(20) Essa obra perdida é mencionada no prólogo dos *Otia imperialia*.

(21) GERVAIS DE TILBURY, *Otia imperialia*, III, cap. XC, "De coemeterio Elisii campi et illuc advectis", ed. cit., pp. 990-1.

(22) Ibidem, III, cap. XVII, "De Johanne episcopo et animabus mortuorum", ed. cit., pp. 965-6.

(23) Ibidem, III, cap. XCIX, "De mortuo que occidit uxorem quondam suam", ed. cit., pp. 993-4.

(24) "Mortuus mortario erecto": observar o jogo de palavras e o simbolismo sexual do instrumento associado ao pilão (fálico?).

(25) GERVAIS DE TILBURY, *Otia imperialia*, III, cap. CIII, "De mortuo qui apparet virgini, mira dicit et annunciat", ed. cit., pp. 994-1000. Tradução francesa desse relato e estudo preciso por H. BRESC, "Culture folklorique et théologie. Le revenant de Beaucaire (1211)", *Razo. Cahiers du centre d'études médiévales de Nice*, 8, 1988, pp. 65-74. Ver depois a tradução e o comentário citados de A. DUCHESNE, pp. 112-28.

(26) E. KANTOROWICZ, "Les mystères de l'État", em *Mourir pour la patrie et autres textes*, trad. fr. L. MAYALI e A. SHÜTZ, Paris: PUF, 1984, pp. 75 ss.

(27) H. BRESC, "Culture folklorique et théologie", art. cit., p. 70. Minha interpretação parece-me reforçada pelas últimas palavras do fantasma, não traduzidas por Henri Bresc, e que se referem ao "poder de obrigar" do padre na confissão (GERVAIS DE TILBURY, ed. cit., p. 999).

(28) A. DUCHESNE insiste na significação antialbigense do conjunto dos *Otia imperialia*.

5. *O BANDO HELLEQUIN* (pp. 113-42)

(1) H. WOLTER (*Ordericus Vitalis. Ein Beitrag zur Kluniazensischen Geschichtsschreibung*, Wiesbaden: Steiner, Verlag, 1955) insiste na influência clunisiana, que M.

CHIBNALL (*The world of orderic vitalis*, Oxford: Clarendon Press, 1984), ao contrário, pretende limitar, para acentuar mais a atenção que Orderic Vital dá à aristocracia anglo-normanda.

(2) Em todo caso, ela não gozou da mesma difusão. Da mesma maneira, diferentemente das *Gesta regum Anglorum* do cronista inglês contemporâneo GUILLAUME DE MALMESBURY, a *História* de ORDERIC permaneceu desconhecida até o século XVI.

(3) ORDERIC VITAL, III, 8-9 (ed. M. CHIBNALL, *The ecclesiastical history of Orderic Vitalis*, Oxford: Clarendon Press, 1969-80, 6 vols.), vol. IV, pp. 212-5.

(4) M. CHIBNALL, *The world of Orderic Vital*, op. cit., pp. 37-8: para surpreender-se de que um dia o raio tenha feito apenas vítimas de sexo feminino, humanas e animais, e para relembrar sua participação no capítulo de Cluny de 1132, em que não menos de 1212 monges estavam reunidos.

(5) Ibidem, Introd. vol. IV (p. XIX).

(6) Ibidem, VIII, 17 (ed. cit., IV, 1973, pp. 236-50).

(7) Essa precisão temporal tem, evidentemente, sua importância: ela significa que o morto ainda vai conhecer as provações da Quaresma antes de encontrar a esperança da salvação. Liga também o simbolismo da subida da alma liberta ao paraíso com a entrada em Jerusalém e com o início da Semana Santa.

(8) Ver em último lugar: C. GINZBURG, "Charivari, associations juvéniles, Chasse sauvage", em J. LE GOFF e J.-Cl. SCHMITT (eds.), *Le Charivari*, Paris, Haia, Nova York: ÉHÉSS e Mouton, 1981, pp. 134-6, e Brian STOCK, *The implications of literacy. Written language and models of interpretation in the eleventh and twelfth centuries*, Princeton: Princeton University Press, 1983, pp. 495-7.

(9) Vejo aí antes um tema folclórico ligado à morte que a inexplicável metáfora dos apóstolos considerada por Br. STOCK, op. cit., p. 497: "the four medlars, possibly representing the apostles, are balanced by the four condemned riders of the miniature apocalypse".

(10) G. DUBY, *Les trois ordres ou l'imaginaire du féodalisme*, Paris: Gallimard, 1978.

(11) Sobre os temas da paz de Deus e da guerra justa, a propósito da *História eclesiástica*, ver M. CHIBNALL, *The world of Orderic Vital*, op. cit., pp. 132-45. Ver em último lugar o estudo de J. FLORI, "L'Église et la Guerre Sainte: de la 'Paix de Dieu' à la 'croisade'", *Annales. E.S.C.*, 1992, 2, pp. 453-66.

(12) L. L. K. LITTLE, "La morphologie des malédictions monastiques", *Annales. E.S.C.*, 1979, 1, pp. 43-60, e P. GEARY, "L'humiliation des saints", ibidem, pp. 27-42.

(13) BERNARD DE CLAIRVAUX, *Éloge de la nouvelle chevalerie*, ed. e trad. P.-Y. EMERY, Paris: Cerf, Sources chrétiennes 367, 1990, pp. 58 ss.

(14) Os trabalhos da Volkskunde alemã dos anos 30 — na qual os preconceitos ideológicos são vizinhos da melhor erudição — permanecem referências obrigatórias, notadamente O. HÖFLER, *Kultische Gebeimbünde der Germanen*, Frankfurt, 1934. Encontra-se uma utilização ponderada, a respeito do bando Hellequin, nas obras mais recentes de J. H. GRISWARD, *Archéologie de l'épopée médiévale*, Paris: Payot, 1981, pp. 183-228, e de C. GINZBURG, *Le Sabbat des sorcières* (1989), trad. fr. M. AYMARD, Paris: Gallimard, 1992, pp. 313-4, nn. 46-8. Se não dou grande importância às pesquisas etimológicas — elas não devem substituir a interpretação sócio-histórica —, penso que há menos razão ainda para relacionar o bando Hellequin a um substrato céltico pré-cristão

(cf. Ph. WALTER, *La mythologie chrétienne*, Paris: Éditions Entente, 1992) antes que às tradições germânicas que o nome parece indicar de preferência.

(15) Não retomo as discussões sem fim sobre essa etimologia e antes remeto a H. FLASDIECK, "Harlekin. Germanischer Mythos in romanischer Wandlung", *Anglia*, 61, Heft fl, 1937, pp. 225-340 (especialmente pp. 270 e 312 ss.).

(16) *Vie d'Isidore d'Alexandrie*, citada por K. MEISEN, *Die Sagen vom Wütenden Heer und Wilden Jaeger*, Münster, 1935, pp. 22-3.

(17) AUGUSTIN, *Cité de Dieu*, II, 25, Paris: Bibliothèque augustinienne 33, 1959, p. 393: "Em uma vasta planície da Campânia, onde poucos dias depois cidadãos enfrentaram-se em um atroz combate, viram-se os espíritos maus [*maligni spiritus*] lutar entre si anteriormente. Primeiro se ouviu ali um grande fragor; logo muitas testemunhas declararam ter visto durante alguns dias o choque de dois exércitos. Depois de terminado o combate, encontraram-se também como que vestígios de homens e de cavalos, como semelhante choque pudera produzir". A descrição de Agostinho inspira-se no *Livro dos prodígios* de Julius OBSEQUENS.

(18) Paul DIACRE, *Historia langobardorum*, II, § 4 (anno 570), ed. G. WAITZ, M. G. H. Script. rer. Germ. in usum schol., Hanôver, 1878, pp. 86-7. Citado por K. MEISEN, *Die Sagen vom Wütenden Heer*, op. cit., pp. 23-4.

(19) Por exemplo, em PIERRE LE VÉNÉRABLE, *De miraculis*, I, 23, ed. cit., pp. 69-70, o fantasma diz ouvir "às suas costas o fragor de um exército imenso", e ibidem, I, 28, o fantasma Sanche diz que o espera fora da casa o "exército numeroso" dos mortos.

(20) Raoul GLABER, *Les cinq livres de ses histoires* (*900-1044*), ed. Maurice PROU, Paris, 1887. Ver doravante Rodolfo il GLABRO, *Cronache dell'anno Mille* (*Storie*), a cura di Guglielmo Cavallo e Giovanni Orlandi, Milão: Fondazione Lorenzo Valla e Arnaldo Mondadori, 1989.

(21) D. MILO, *Trahir le temps* (*histoire*), Paris: Belles Lettres, 1991.

(22) Br. STOCK, *The implication of literacy*, op. cit., comentando essa visão, insiste com razão nos termos que marcam a comunidade (*plebs*, *professio*, *vocatio*, *collegium*), mas afirma, a meu ver sem razão, que os *viri* que acompanham o bispo são "leigos". Em minha opinião, eles são, ao contrário, os *religiosi* que tiveram de tomar as armas contra os sarracenos, contra a vontade, e sofreram o martírio.

(23) Fr. CARDINI, *Alle radici della cavalleria medievale*, Florença: La Nuova Italia, 1981, e idem, *La culture de la guerre. Xe-XVIIIe siècle* (1ª ed. ital. 1982), trad. fr. A. LEVI, Paris: Gallimard, 1992.

(24) *Liber miraculorum sancte Fidis*, ed. A. BOUILLET, Paris (Coll. de textes pour servir à l'étude et à l'enseignement de l'histoire, 20), 1897, pp. 269-75 (a partir do manuscrito de Sélestat, século XII, no qual duas folhas que contam nosso relato foram acrescentadas no século XIII). Melhor edição, a partir do manuscrito de Saint-Gall (século XII): ed. O. HOLDER-EGGER, *De fundatione monasterii S. Fidis Sletstatensis*, MGHSS, XV-2, Hanôver, 1888, pp. 996-1000. As datas-limite são as da morte do abade Bégon, evocada no relato, e da elevação dos Hohenstaufen à realeza (Conrado III em 1138) ou mesmo ao império (Frederico Barba Ruiva, em 1155), de acordo com as previsões do relato.

(25) Pode-se notar um paralelo entre a renovação da peregrinação de Conques no começo do século XI, graças à muito nova estátua-relicário (*majestas*) da santa e a um

primeiro milagre de cura, e a renovação do mosteiro de Sélestat no fim do século, em conseqüência dessa aparição, também ela tida como miraculosa.

(26) Sabe-se, aliás, que o corpo de Conrado não fora sepultado em Sélestat; no século XIII pelo menos, sua presença é atestada na sepultura familiar da abadia de Lorch, outra fundação de Frédéric de Büren: *Historia Frederici*, ed. H. PERTZ, MGHSS, XXIII, Hanôver, 1874, pp. 384-5. Um morto pode aparecer longe do lugar de sua sepultura e, portanto, provocar uma surpresa muito maior. Esse texto inclui um resumo de nosso relato, com várias transformações: ele afirma, em particular, que Conrado apareceu diretamente a seu irmão, o bispo Otton, e não ao cavaleiro Walter.

(27) Quando Conrado e Otton foram a Conques, passaram o braço pelo *strevile*, ou estribo, de Carlos Magno. O braço largo de Conrado, o guerreiro, preenchera o espaço, diferentemente do braço mais frágil de seu irmão, o bispo. Esse estribo não é o A de Carlos Magno, sempre presente no tesouro de Conques? Por outro lado, os dois irmãos haviam pedido um dia hospitalidade em uma casa. E Otton fizera-se reconhecer mostrando seu anel episcopal.

(28) G. LIVET e F. RAPP, *Histoire de Strasbourg des origines à nos jours*, Estrasburgo, 1981, II, p. 24.

(29) "Cruciatus avernales", e não "Arvernales"(sic) como escreve A. Bouillet à página 274 de sua edição.

(30) "[...] usque Nivellam [...] in quodam monte tartareas flammas." As bocas montanhosas do inferno eram numerosas (lembrar-se-á mais adiante que essa reputação ligava-se ao Etna). De resto, seria preciso saber se essa tradição é confirmada.

(31) *Cartulaire de Conques*, nº 575, citado por A. Bouillet em sua edição citada do *Liber miraculorum sancte Fidis*, p. 275.

(32) GERVAIS DE TILBURY, *Otia imperialia*, III, cap. XLI, ed. cit., p. 974.

(33) *Vie de Bernard de Tiron*, II, 17, em *PL*, vol. 172, col. 1379 AB; B. STOCK, *The implications of literacy*, op. cit., p. 463, aproxima com razão essa passagem da aparição dos mortos eleitos em Vulcher, segundo Raoul Glaber. Mas ele subestima neste último a significação guerreira da procissão dos religiosos mortos.

(34) *De rebus gestis in majori monasterio saeculo* XI, nº 17, em *PL*, vol. 149, col. 417-20.

(35) GUILLAUME DE MALMESBURY, *De gestis regum Anglorum*, op. cit., I, pp. 256-8. Sobre a tradição desse conto: P. F. BAUM, "The young man bethrothed to a statue", *Publication of the Modern Language Association of America*, 34, 1919, pp. 523-79; J.-Cl. SCHMITT, "Écriture et image: les avatars médiévaux du modèle grégorien", *Littérales* 4 (*Théories et pratiques de l'écriture au Moyen Âge*), Université de Paris-X-Nanterre, Cahiers du Département de français, 1988, pp. 119-54.

(36) GIRAUD DE CAMBRIE, *Expugnatio Hibernica*, I, IV, ed. cit., p. 235.

(37) *The Anglo-Saxon Chronicle*, ed. e trad. D. WHITELOCK, D. C. DOUGLAS e S. I. TUCKER, Londres, 1961 (2ª ed. 1965). Texto original: *Two of the saxon chronicle. Parallel, with supplementary extracts from the others*, ed. Ch. Plummer e J. Earle, reed. D. Whitelock, Oxford: Clarendon Press, 1965 (1ª ed. 1892). (Agradeço a Michael Richter pela comunicação desses textos.) Cf. K. MEISEN, *Die Sagen vom Wütenden Heer*, op. cit., pp. 38-9. Uma primeira versão deve ter sido copiada por ordem do rei Alfredo por volta de 890; ela foi continuada em seguida por notícias anuais cada vez mais amplas, até a morte do rei Estêvão de Blois e a elevação do rei angevino Henrique II Plantageneta

em 1154. O manuscrito da crônica anglo-saxônica interrompe-se em 1154, o que não significa que a crônica não tenha prosseguido ainda depois dessa data. Nesse caso, é provável que a língua anglo-saxônica não deva ter continuado a ser empregada por muito tempo. Em todos os casos, a elevação do Plantageneta ao trono marcou realmente uma ruptura.

(38) *Actus Pontificum Cenomannis in urbe degentium* (cap. XXXVII: *Gesta Hugonis ep.*, ano 1135), ed. J. MABILLON, *Vetera Analecta*, Paris, 1723, p. 326. Trad. parcial e coment. em Cl. LECOUTEUX e Ph. MARCQ, *Les esprits et les morts*, op. cit., pp. 113-6, que vêem com razão em Garnier o tipo do *Poltergeist*, do "espírito zombeteiro".

(39) O mesmo acontece, por exemplo, no relato de PIERRE LE VÉNÉRABLE (*De miraculis*, I, 28) a propósito do *exercitus sociorum* que espera, fora da casa, o morto Sanche, que foi o único a aparecer.

(40) EKKEHARDI URAUGIENSIS, *Chronica*, ed. G. WAITZ, MGHSS VI, p. 256. Cf. Cl. LECOUTEUX e Ph. MARCQ, *Les esprits et les morts*, op. cit., p. 147, que confundem esse cronista com Ekkehard IV de Saint-Gall (morto c. 1060), mas notam o interesse de uma outra versão desse relato na *Crônica de Brunswick*, na data de 1125: o fantasma carrega um marco de pedra, sem dúvida o que ele mudara de lugar em vida.

(41) Ibidem, p. 261. Cf. K. MEISEN, *Die Sagen vom Wütenden Heer*, op. cit., p. 38.

(42) WALTER MAP, *De nugis curialium*, I, 11, e IV, 13, ed. ingl. cit., pp. 26-30 e 370-3.

(43) J.-Cl. SCHMITT, "Temps, folklore et politique au XIIe siècle. À propos de deux récits de Walter Map, *De nugis curialium*, I, 9 e IV, 13", em *Le temps chrétien de la fin de l'Antiquité au Moyen Âge, IIIe-XIIIe siècle*, Paris: CNRS, 1984, pp. 489-516.

(44) Cl. LECOUTEUX, "Zwerge und Verwandte", *Euphorion*, 75, 1981, pp. 366-78, e idem, *Les nains et les elfes au Moyen Âge*, Paris: Imago, 1988.

(45) G. GATTO, "La christianisation des traditions folkloriques: le voyage au paradis", *Annales, E.S.C.*, 1979, pp. 929-42.

(46) HÉLINAND DE FROIDMONT, *De cognitione sua*, caps. X-XIII, em *PL*, vol. 212, col. 721-36. Hélinand escreveu, além disso, um Espelho do príncipe (*De bono regimine principis*), um tratado moral (*De reparatione lapsi*), uma crônica universal (em que retoma a célebre *Visão de Tnugdal*) e, em francês antigo, os famosos *Vers de la mort* (cf. coment. e a trad. em francês moderno de M. BOYER e M. SANTUCCI, H. Champion, 1983). Os relatos de Hélinand foram retomados no século XIII por VINCENT DE BEAUVAIS, em seu *Tractatus consolatorius de morte amici* (carta dirigida a Luís IX em 15 de janeiro de 1260 para o consolar da morte de seu filho primogênito), publicado em *Opera*, Basiléia: J. Amerbach, 1481, em folio, cap. VII (sou grato por essa referência a M.-A. Polo de Beaulieu).

(47) Para ver neste o rei da França Carlos V (1364-80), K. MEISEN, *Die Sagen vom Wütenden Heer*, op. cit., p. 49, nº 1, é obrigado a imaginar que o texto original sofreu uma interpolação.

(48) HERBERT, *Libri de miraculis cisterciensium monachorum libri tres*, em *PL*, vol. 185, col. 1274. Cf. K. MEISEN, op. cit., p. 60. Outras aparições (individuais) de mortos, ibidem, col. 1335-7.

(49) O deslocamento aéreo do bando Hellequin é também mencionado no poema francês *Richard-sans-Peur*, no século XIV: ele ocorre em uma espécie de tapete voador, que permite ao herói transpor em alguns instantes toda a distância entre o mosteiro de Sainte-Catherine-du-mont-Sinaï e a Normandia. Cf. *Richard sans peur. Edited from le*

romant de Richart and from Gilles Corrozet's Richart sans paour, ed. Denis Joseph CONLON, Chapell Hill (North Carolina Studies in the Romances Languages and Literatures, 192), 1977, pp. 73-7.

(50) J.-Cl. BONNE, *L'art roman de face et de profil. Le tympan de Conques*, Paris: Le Sycomore, 1984, pp. 271-4.

(51) CÉSAIRE DE HEISTERBACH, *Dialogus miraculorum*, Dist. XII, cap. XVI, ed. cit., pp. 327-8.

(52) Ibidem, III, 58, p. 979.

(53) Ibidem, II, 12 (p. 921). O Etna desempenha, portanto, nesse relato, o papel atribuído habitualmente pela legenda arturiana à península de Avalon, onde Artur, ferido, goza de uma espécie de imortalidade. Cf. G. ASHE, *The quest for Arthur's Britain*, Londres, 1969, e A. GRAF, "Artù nel Etna", em *Miti, leggende e superstizioni del Medio Evo*, Milão Mondadori, 1984, pp. 321-38.

(54) A bibliografia é imensa. Ver especialmente: R. S. e L. H. LOOMIS, *Arthurian legends in medieval art*, Modern Language Association of America, Monograph Series IX, Nova York, 1938 (reed. 1966), notadamente p. 36.

(55) W. HAUG, *Das Mosaïk von Otranto. Darstellung, Deutung und Bilddokumentation*, Wiesbaden, L. Reichert, Verlag, 1977, pp. 87-91.

(56) Para uma apreciação muito mais prudente, depois de uma discussão minuciosa das diversas interpretações propostas, o estudo mais completo continua a ser o de Ch. SETTIS FRUGONI, "Per una lettura del mosaico pavimentale della cattedrale de Otranto", *Bolletino del'Istituto Storico Italiano per il Medio Evo e Archivio Muratoriano*, 80, 1968, pp. 213-56 (especialmente pp. 237-40) e 82, 1970, pp. 243-70 (especialmente pp. 249-50).

(57) CÉSAIRE DE HEISTERBACH, *Dialogus miraculorum*, Dist. XII, caps. XII-XIII, ed. cit., pp. 324-6. Nesse livro XII, terminado em 1223, Césaire diz que a elevação, relatada por dois abades, do *imperador* Frederico transcorreu "há três anos", portanto, em 1220, que é efetivamente a data da elevação de Frederico II ao Império.

(58) "*Inclitus rex Brittonum*", "ilustre rei dos bretões": é assim que Guillaume de Malmesbury designa Artur a propósito da igreja de Glastonbury, que reivindicava a posse da sepultura do rei legendário (*De Antiquitate Glastonie Ecclesie: The early history of Glastonbury*, ed. e trad. John SCOTT, Woodbridge: The Boydell Press, 1981, pp. 82-3). Isso não sustenta uma origem céltica da tradição do rei Herla e da *familia Herlethingi*: a etimologia, a referência por Gautier Map à invasão anglo-saxônica, a difusão do tema sublinham, ao contrário, sua origem germânica.

(59) ÉTIENNE DE BOURBON, *Tractatus de diversis materiis praedicalibus de septem donis Spiritus Sancti*, ed. A. Lecoy DE LA MARCHE, Paris, 1877, nº 365, p. 321.

(60) A literatura etnológica sobre o capuz é muito vasta, cf. G. WIDENGREN, "Harlekintracht und Mönchszkutte. Clownhut und Derwischmütze", *Orientalia Suecana*, vol. II, fasc. 2/4, Upsala, 1953, pp. 44-111.

(61) GUILLAUME D'AUVERGNE, *De universo*, III, cap. XII, em *Opera omnia*, Paris, 1674, I, pp. 593-1074 (trechos em K. MEISEN, *Die Sagen vom Wütenden Heer*, op. cit., p. 53).

(62) "[...] nec tamen certum est eos malignos spiritus esse."

(63) A respeito da aparição, na Espanha, de Sanche a Pierre Engelbert, PIERRE LE VÉNÉRABLE (*De miraculis*, I, 28), um século antes, anotava já a denominação *exercitus*

sociorum para a tropa de mortos esperando fora esse fantasma. Localmente, a denominação *huesta antigua* é atestada no século XV em ALFONSO DE SPINA, *Forsalitium fidei*, 1448 (ed. 1494, fº 281 vº), citado por Th. WRIGHT, *A contemporary narrative of the proceedings against dame Alice Kyteler prosecuted for sorcery in 1324, by Richard de Ledrede, Bishop of Ossory*, Londres: Camden Society 24, 1843, p. XL. Não deixa de ter interesse reencontrar a passagem de Guillaume d'Auvergne no manuscrito desse processo de feitiçaria irlandês datado de 1324. Sobre as relações entre bando Hellequin e feitiçaria, cf. C. GINZBURG, *Le sabbat des sorcières*, op. cit., pp. 113 ss.

6. *O IMAGINÁRIO DOMESTICADO?* (pp. 143-70)

(1) J. LE GOFF e J.-Cl. SCHMITT, "Au XIIIe siècle, une parole nouvelle", em J. DELUMEAU (dir.), *Histoire vécue du peuple chrétien*, Toulouse: Privat, t. I, 1979, pp. 257-79.

(2) Cl. BREMOND, J. LE GOFF, J.-Cl. SCHMITT, *L' "exemplum"*, Turnhout: Brepols, Typologie des sources du Moyen Âge occidental, fasc. 40, 1982, especialmente pp. 37-8, a seguinte definição do *exemplum* medieval: "um relato breve dado como verídico e destinado a ser inserido em um discurso (em geral um sermão) para convencer um auditório por uma lição salutar". Dois instrumentos de pesquisa indispensáveis: F. C. TUBACH, *Index exemplorum. A handbook of Medieval religious tales*, Helsinque, 1969 (FFC 204), e seu complemento: J. BERLIOZ e M.-A. POLO DE BEAULIEU (eds.), *Les exempla médiévaux. Introduction à la recherche, suivie des tables critiques de l'Index exemplorum de Frederic C. Tubach*, Carcassonne, Grae et Hésiode, 1992.

(3) J. LE GOFF, *La naissance du purgatoire*, op. cit., especialmente pp. 386 ss.

(4) BERNARD DE CLAIRVAUX, *Vie de saint Malachie*, V, 11, ed. P.-Y. EMERY, Paris: Cerf, Sources chrétiennes 367, 1990, pp. 210-3: tendo o santo negligenciado as preces por sua irmã, esta lhe aparece em sonho ao fim de trinta dias para reclamar seus sufrágios; depois disso, três outras aparições sucessivas testemunham a melhora progressiva de sua sorte, até sua salvação definitiva.

(5) Se as aparições do próprio são Bernardo multiplicam-se desde o dia de seu falecimento, as aparições de outros mortos estão ausentes da *Vita prima* do santo (escrita sucessivamente por Guillaume de Saint-Thierry, Arnaud de Bonneval, Geoffroy d'Auxerre), mas são encontradas na *Vita secunda* de Alain D'AUXERRE (cf. *PL*, vol. 185, col. 490-1: aparição a são Bernardo, à noite, do monge defunto Gaudry de Clairvaux, e ibidem, col. 699-704: *Defunctorum apparitiones*).

(6) CONRAD D'EBERBACH, *Exordium magnum cisterciense*, ed. Br. GRIESSER, Roma, Éditions cisterciensis (Series Script. Sacr. Ord. Cist. II), 1961. O autor escreveu os dois primeiros livros dessa obra em Clairvaux, onde era monge, entre 1186 e 1193, depois os dois seguintes em Eberbach, entre 1206 e sua morte em 1221. Dois outros livros foram acrescentados posteriormente e vêm da coletânea de Herbert de Clairvaux. Conto aí, ao todo, nove relatos de fantasmas: Dist. I, cap. XXII; Dist. II, caps. I, II e XXXIII; Dist. VI, caps. V, VI, VII, VIII, IX.

(7) HERBERT DE CLAIRVAUX, *De miraculis libri tres*, em *PL*, vol. 185, col. 1271-1384. Herbert foi monge de Clairvaux, abade de Mores, no Jura, depois bispo de Torres (Sassari) na Sardenha. Sua coletânea de 118 capítulos em três livros devia conter até 150 capítulos; ele influenciou fortemente as coletâneas cistercienses posteriores e foi

publicado parcialmente pelo dominicano Vincent de Beauvais. Forneceu um importante testemunho sobre o bando Hellequin (col. 1274) e outros relatos de aparições de mortos (col. 1335-7). Estudo fundamental sobre essa coletânea: Br. GRIESSER, "Herbert von Clairvaux und sein *Liber miraculorum*", *Cistercienser Chronik*, 54, NF 2, 1974, pp. 21-39, 118-48.

(8) Paris, BN lat. 15912, por volta de 1200. Especialmente o capítulo 79, *De memoria mortis*, fº 127 b-8, cuja transcrição devo a Marie-Anne Polo de Beaulieu: o jovem monge defunto Benoît, da abadia de Fontaine, aparece ao monge médico Herbert, que velava seu corpo. Todo o relato trata das relações entre a simultaneidade da presença do cadáver e da aparição do espírito do morto.

(9) O estudo de Br. GRIESSER, "Ein Himmeroder *Liber miraculorum* und seine Beziehungen zu Caesarius von Heisterbach", *Archiv für mittelrheinische Kirchengeschichte* 4, 1952, pp. 257-74, compreende uma introdução e a publicação dos 24 capítulos da coletânea, redigida entre 1213 e 1220, com a indicação dos relatos retomados por Césaire de Heisterbach, vários dos quais se referem às aparições de mortos.

(10) CÉSAIRE DE HEISTERBACH, *Dialogus miraculorum*, ed. cit., 2 vols. O próprio Césaire avaliou em 36 o número de seus escritos. Sobre as fontes, cf. B. P. MCGUIRE, "Written sources and cistercian inspiration in Caesarius of Heisterbach", *Analecta cisterciensa* 35, 1979, pp. 227-82. Sobre o autor, cf., em último lugar, H. HERLES, *Von Geheimnissen und Wundern des Caesarius von Heisterbach*, Bonn: Bouvier Verlag, 1990 (bibliografia pp. 300-1). Precedida de uma boa introdução, uma tradução francesa está em curso: CÉSAIRE DE HEISTERBACH, *Le dialogue des miracles*, livro I: *De la conversion*, trad. fr. A. BARBEAU, abadia cisterciense de Notre-Dame-du-Lac (Canadá), col. Voix monastiques 6, 1992. A questão dos fantasmas nos relatos de Césaire de Heisterbach foi abordada no estudo (em polonês, com um resumo em inglês) de Edward POTKOWSKI, *Dziedzictwo wierzen poganskich w sredniowiecznych Niemczech. Defuncti vivi* (The Heritage of Pagan Beliefs in Medieval Germany: Defuncti vivi), Varsóvia: Wydawnictwa Univwersytetu Warszawkiego, 1973.

(11) *Die Wundergeschichten des Caesarius von Heisterbach*, ed. A. HILKA, vol. 1: *Einleitung, Exempla und Auszüge aus den Predigten des C.v.H.*, Bonn, 1933, pp. 110 ss. para os nºs 121, 131, 218, 307, 310, e vol. 3: *Die beiden ersten Bücher der Libri VIII Miraculorum* [...], Bonn, 1937, pp. 61 ss. para os nºs I, 34, 44, 45, e II, 2, 4, 5, 49 (esse segundo volume compreende também a *Vida* do arcebispo de Colônia, Engelbert (morto em 1225), do qual Césaire queria suscitar o processo de canonização, e uma *Vita* de santa Elisabeth da Turíngia).

(12) *Dialogus miraculorum*, Dist. XII, cap. XXIV, vol. 2, p. 336.

(13) Ibidem, cap. XXXII, vol. 2, p. 342. O monge é filho de seu tempo: o século XIII não é o grande século do culto eucarístico?

(14) Ibidem, Dist. I, cap. XXXIII, vol. 1, p. 40: ele cita um *Liber visionum claraevallis*. Cf. B. P. MCGUIRE, "A lost exemplum collection found: *The liber visionum et miraculorum*, compiled under Prior John of Clairvaux (1171-1179)", *Analecta cisterciensis*, 39, 1983, pp. 27-62.

(15) *Dialogus miraculorum*, Dist. XII, cap. XXIX: Césaire deve esse relato da aparição de um jovem monge defunto do mosteiro de Preuilly (diocese de Sens) a "nossos abades que retornaram no ano passado do capítulo geral".

(16) Ibidem, Dist. III, cap. XXIV e XXV, vol. 1, pp. 141-2. Apenas sete aparições em cinqüenta são sonhos.

(17) Ibidem, Dist. XII, caps. XXV, XLIII, XLIV.

(18) Ibidem, Dist. XII, cap. XXXIII.

(19) Ibidem, Dist. XII, cap. XXVI.

(20) Ibidem, Dist. XII, cap. V.

(21) Ibidem, Dist. XII, cap. XIV.

(22) Ibidem, Dist. XII, cap. XVIII.

(23) Cf. sobre esse relato e a "pulsão de repetição": J.-Cl. SCHMITT, "Les revenants dans la société féodale", art. cit., especialmente p. 301.

(24) *Die Wundergeschichten...*, op. cit., vol. 3, pp. 61-3.

(25) *Dialogus miraculorum*, Dist. XII, cap. XVII (e, para um torneio de demônios, relatado pelo mesmo monge, cap. XVI).

(26) Dist., Dist. XII, cap. XXIV. Sobre esse relato, cf. J. LE GOFF, *La Bourse et la Vie*, Paris: Hachette, 1986, pp. 90 ss.

(27) Ibidem, Dist. XII, cap. L. Sobre as três preces necessárias e suficientes aos simples fiéis — Pai-Nosso, Credo, Ave-Maria — cf. J.-Cl. SCHMITT, "Du bon usage du Credo", em *Faire Croire* (apresent. A. VAUCHEZ), op. cit., pp. 337-61.

(28) Ver, por exemplo, na metade do século XIII, os numerosíssimos relatos de fantasmas na parte "Do dom de temor", sobretudo a respeito do temor da morte, do inferno, do purgatório, do julgamento, na coletânea de *exempla* do dominicano ÉTIENNE DE BOURBON, *Anecdotes historiques, légendes et apologues...*, ed. A. Lecoy DE LA MARCHE, Paris: Renouard, 1977, pp. 22 ss. De maneira mais geral: Barthélemy HAURÉAU, "Mémoires sur les récits d'apparitions dans les sermons du Moyen Âge", *Mémoires de l'Institut. Académie des inscriptions et belles lettres*, XXVIII, 2, 1876, pp. 239-63.

(29) *Liber exemplorum ad unum praedicantium* [...], ed. A. G. LITTLE, Aberdeen: Typis Academicis, British Society of Franciscan Studies, I, 1908, I, 43 e 44, pp. 25-8.

(30) Ibidem, II, 62, pp. 38-9, e II, 167, pp. 99-100. Outros relatos de fantasmas: II, 121, p. 171 (contra os que roubam os bens da Igreja); II, 157, pp. 95-6 (*De gula*: o beberrão defunto que aparece ao amigo avarento); II, 166.

(31) THOMAS DE CANTIMPRÉ, *Bonum universale de apibus*, op. cit.

(32) Ibidem, II, 53, caps. XI ss, pp. 498-515.

(33) *Liber exemplorum*, II, 166, ed. cit., pp. 98-9 (*De indulgenciis*).

(34) THOMAS DE CANTIMPRÉ, *Bonum universale de apibus*, II, cap. LIII, 27, ed. cit., p. 508.

(35) Cf. F. C. TUBACH, *Index exemplorum*, op. cit., n°s 3976, 2207. Entre outros: *Liber exemplorum*, op. cit., II, 157; Jean GOBI, *Scala Coeli*, ed. M.-A. POLO DE BEAULIEU, Paris: CNRS, 1991, n°s 320 (p. 300), 490 e 491 (pp. 368-9): o espírito do amigo de um padre aparece sob a forma de uma "sombra" que adeja em volta do tabernáculo durante a missa para dar testemunho dos benefícios que a hóstia proporciona às almas penadas.

(36) CÉSAIRE DE HEISTERBACH, *Dialogus miraculorum*, op. cit., Dist. I, cap. XXXIII; Dist. XII, caps. XXXI, XLI, XLIV.

(37) Coletânea de *exempla* anônima por ordem alfabética (Auxerre: Bibliothèque municipale, Ms. 35), s. v. "Elemosina" e "Penitentia".

(38) Cf. a maravilhosa história dos dois amantes, Cecilia e Radulf, pretensamente escrita por este último: Paul Gerhard SCHMIDT, "Die Erscheinung der toten Ge-

liebten", *Zeitschrift für deustsches Altertum und deutsche Literatur*, 105, 2, 1976, pp. 99-111.

(39) Erich KLEINSCHMIDT, "Die Colmarer Dominikaner-Geschichtsschreibung im 13. und 14. Jahrhundert. Neue Handschriftenfunde und Forschungen zur Überlieferungsgeschichte", *Deutschen Archiv*, 28, 1972, pp. 447-9. O morto o encarrega de uma missão perante o conde de Schwarzenburg: ele deve dizer-lhe que parta na cruzada. O conde rirá do mensageiro e será morto pouco depois. A história é citada entre outras profecias políticas que previram a Rodolfo de Habsburgo que ele se tornaria rei dos romanos.

(40) CONRAD D'EBERBACH, *Exordium magnum*, VI, 7, ed. cit., pp. 358-9, Paris: BN, Ms. lat. 14896, fº 174, e Ms. lat., 15971, fº 121. Ver também: J. KLAPPER, *Exempla aus Handschriften des Mittelalters*, Heidelberg, 1911, nº 38, p. 33.

(41) Por exemplo: CONRAD D'EBERBACH, *Exordium magnum*, VI, 6, ed. cit., pp. 356-8, citado a partir de Herbert de Clairvaux; CÉSAIRE DE HEISTERBACH, *Die Wundergeschichten*, II, 49, ed. cit., vol. 3, p. 140. Mesmo relato em ÉTIENNE DE BOURBON, no *Speculum Laicorum*, no *Alphabetum Narrationum*, s. v. "Sufragium", que dá como origem Pierre le Chantre (fim do século XII), em Jean GOBI (*Scala Coeli*), em um manuscrito do século XV editado por J. KLAPPER, *Exempla*, op. cit., nº 43, pp. 35-6.

(42) Já em PIERRE LE VÉNÉRABLE, *De miraculis*, I, 1 em *PL*, vol. 189, col. 851. No século XIII, encontramo-lo em CÉSAIRE DE HEISTERBACH (*Dialogus miraculorum*, VII, 4), Étienne de BOURBON, Humbert de ROMANS, THOMAS DE CANTIMPRÉ, Vincent de Beauvais (*Speculum historiale*, VII, 173), e JACQUES DE VORAGINE (*Légende dorée*, cap. CI, trad. fr. J.-B. ROZE, Paris: Garnier Flammarion, t. II, 327), depois no *Alphabetum narrationum*, s. v. "Sacerdos". Ver também J. A. HERBERT, *Catalogue of romances in the Department of Manuscripts in the British Museum*, t. III, Londres, 1910, nº 383, p. 158. J. KLAPPER, *Exempla*, op. cit., nº 36, p. 32.

(43) J. KLAPPER, *Exempla...*, op. cit., nº 46, "De ebrio qui defunctum invitavit", pp. 36-8. Sobre esse motivo narrativo, cf. F. C. TUBACH, *Index exemplorum*, op. cit., nºs 767, 797, 1013.

(44) Rudolf VON SCHLETISTADT, *Historiae memorabiles. Zur Dominikanerliteratur und Kulturgeschichte des 13. Jahrhunderts*, ed. E. Kleinschmidt, Viena e Colônia: Böhlau Verlag, 1974, nºs 20, 21, 32, 34, 45, 47.

(45) Ibidem, nº 20: "Wer ich da zw kurtzhaim, als ich bin zw langhaim, so wölt ich vor meinem ende gütz vil beywenden und für mich sendenn", o que se pode traduzir aproximadamente por: "Se eu tivesse conhecido brevemente na terra o que padeço longamente além-túmulo, teria me comportado melhor antes de minha morte, para meu benefício".

(46) "Nos qui sumus in aperto, vox clamantis in deserto, nos desertum, nos deserti, nos de penis sumus certi."

(47) *Zimmerische Chronik*, ed. K. A. BARACK, reed. P. Hermann, Meersburg e Leipzig, 1923, vol. 4, pp. 86, 119-20, 127. O autor é Wilhelm Werner von Zimmern (1485-1575), tio de Froben Christoph von Zimmern (morto em 1566), que copiou o Ms. Donaueschingen 704 do pregador Rudolf de Sélestat.

(48) *Le registre d'inquisition de Jacques Fournier, évêque de Pamiers (1318-1325)*, ed. J. DUVERNOY, Paris, Haia e Nova York: Mouton e ÉHÉSS, 1978, especialmente t. I, pp. 158-71 e II, pp. 439-99. Cf. E. LE ROY LADURIE, *Montaillou, village occitan de*

1294 à 1324, Paris: Gallimard, 1975, pp. 585 ss. Outra abordagem: Matthias BENAD, *Domus und religion in montaillou*, Tübingen, J. C. B. Mohr, Spätmittelalter und Reformation, Neue Reihe I, 1990. A questão dos fantasmas segundo o testemunho de Jacques FOURNIER é estudada em detalhe na tese de doutorado, inédita, de Michelle FOURNIÉ, *Le ciel peut-il attendre? Le culte du purgatoire dans le Midi de la France (vers 1320 - vers 1520)*, sob a orientação do professor B. Guillemain, Université de Bordeaux-III, 1993, t. II, pp. 375 ss.

(49) C. GINZBURG, *Le sabbat des sorcières*, op. cit.

(50) M. R. JAMES, "Twelve medieval ghost stories", *The English Historical Review*, 147, jul. 1992, pp. 413-9, segundo Londres, Ms. British Museum, Royal 15 A XX (manuscrito de 164 fólios do fim do século XII ou do começo do século XIII, com dois acréscimos datados de cerca de 1400, por vezes pouco legíveis, fº 140b-3a e 163b-4). Tive acesso ao microfilme disponível no IRHT, Paris. Descrição do manuscrito em sir G. F. WARNER e J. P. GILSON, *Catalogue of western Mss. in the old royal and kings collections*, Oxford: Oxford University Press, 1921, vol. II, p. 147.

(51) Relembremos que Montague Rhodes James, erudito e editor desses relatos, é também o autor de contos fantásticos (trad. fr.: *Histoire de fantômes complètes*, Paris: Néo, 1990). A Idade Média é aí representada geralmente pela figura de um medievalista erudito sujeito às aparições dos espíritos...

(52) Uma única vez, terminando o relato pela separação de dois esposos, ele estima que esse "divórcio" deve ter desagradado a Deus: relato nº XI, p. 421 (a numeração é a de M. R. James).

(53) O relato nº X é uma história de adivinhação, que afasto de minha análise.

(54) Relato nº V.

(55) Especialmente os relatos nºs II e XII.

(56) Relatos nºs VII e II.

(57) Relato nº XI, p. 421 n. 2: M. R. JAMES nota a freqüência das aparições do exército dos mortos e, em compensação, o caráter excepcional desses *mortuaria* que ele explica pela persistência de práticas funerárias pagãs.

(58) Relato nº I.

(59) Relato nº II.

(60) Relato nº III.

(61) Relato nº IV.

(62) Relato nº VIII.

(63) Relato nº XII.

(64) Relato nº IX.

(65) P. PARAVY, "Angoisse collective et miracle au seuil de la mort: résurrections et baptêmes d'enfants mort-nés en Dauphiné au XVe siècle", em *La mort au Moyen Âge* (colóquio da Association des Historiens Médiévistes Français, Estrasburgo, 1975), Publications de la Société savante d'Alsace et des régions de l'Est. Recherches et documents, XXV, Estrasburgo: Istra, 1977, pp. 87-102; J. GELIS, *L'arbre et le fruit. La naissance dans l'Occident moderne (XVIe-XIXe siècle)*, Paris: Fayard, 1984, especialmente pp. 490 ss.

(66) Relato nº V: "[...] unus retulit quod vidit manus mulieris demergentes in carne spiritus profunde, quasi caro eiusdem spiritus esset putrida et non solida sed fantastica".

(67) Relato nº III.

(68) Ibidem, p. 418: "[...] loquebatur in interioribus visceribus et non cum lingua, sed quasi in vacuo dolio".

(69) Relato nº II, p. 416: "[...] et conspexit per os eius sua interiora et formavit verba sua in intestinis et non loquebatur lingua".

(70) H. MARTIN, "À la recherche de la culture populaire bretonne à travers les manuscrits du bas Moyen Âge", *Annales de Bretagne et des pays de l'Ouest* (*Anjou, Maine, Touraine*), 86, 1979, 4, pp. 631-3. Sobre o papel dos pregadores na penetração da doutrina cristã na Bretanha, cf. idem, *Les Ordres mendiants en Bretagne* (*vers 1230 - vers 1530*), Paris: Klincksieck, 1975. Desde a época moderna, os comportamentos estão, no essencial, de acordo com as expectativas do clero: A. CROIX, *La Bretagne aux XVI*e*-XVII*e *siècles. La vie, la mort, la foi*, Paris: Maloine, 1981, t. II, pp. 1058-60.

7. *OS MORTOS E O PODER* (pp. 171-91)

(1) Ed., trad. fr. e coment. por M.-A. Polo de BEAULIEU, com base nos manuscritos e nas edições incunabulares. Agradeço ao autor por ter me comunicado todo o seu dossiê, que será publicado proximamente. Sobre J. Gobi, ver JOHANNES GOBI, *Scala Coeli*, op. cit., p. 13-77.

(2) J. CHIFFOLEAU, *La comptabilité de l'au-delà*, op. cit., p. 405, fala a esse respeito, com razão, do "exorcismo recuperador de Jean Gobi [que] consiste em fazer o fantasma discorrer, em transformá-lo em um espírito falador e discutidor", e compara o papel de intérprete e de mediador do dominicano ao do "mensageiro das almas" Arnaud Gélis em Montaillou.

(3) J. LE GOFF, *La naissance du purgatoire*, op. cit., pp. 344 ss. Cf. THOMAS D'AQUIN, *Summa theologica*, t. V, *Supplementum Tertiae Partis*, Ottawa, 1945, pp. 295a-329b: as *Questiones* 69, 70 e sobretudo 71, *De suffragiis mortuorum*, cujos artigos 12, 13, 14 (pp. 327a-329a) fazem perguntas que são reencontradas, palavra por palavra, no diálogo de Jean Gobi: os sufrágios destinados a um morto particular beneficiam os outros mortos? Inversamente, os sufrágios comuns beneficiam a cada morto individualmente? Inclusive aqueles a que não foram destinados sufrágios especiais?

(4) Malibu, J. Paul Getty Museum, Ms. 31, fº 7. Manuscrito de 1437 escrito em francês por David Aubert, miniatura atribuída a Simon Marmion, reproduzida em Th. KREN e R. S. WIECK, *The visions of Tondal from the Library of Margaret of York*, Malibu, Califórnia: The J. Paul Getty Museum, 1990, p. 32.

(5) W. SEELMANN, "Arndt Buschmann Mirakel", *Jahrbuch des Vereins für neider deutsche Sprachforschung. Niederdeutsches Jahrbuch*, VI, 1880, pp. 32-67. Agradeço a Peter Dinzelbacher por ter me indicado esse texto e a Matthias Grässlin por ter me ajudado a traduzi-lo.

(6) Ibidem, p. 41, cap. II, onde o texto passa subitamente, na mesma frase, de "Arndt" a "ick".

(7) Ibidem, p. 64, cap. XXXVIII.

(8) Cf. respectivamente os capítulos IX, XII, XXIX, pp. 45, 48, 59.

(9) Th. HOHMANN, *Heinrich von Langenstein "Untersuchung der Geister". Lateinisch und Deutsch*, Texte und Untersuchungen zur Übersetzungsliteratur aus der Wiener Schule, Zurique e Munique: Artemis, 1977. Mais geralmente: R. KIECKHEFER,

Magic in the Middle Ages, Cambridge: Cambridge University Press, 1989, pp. 151-75, o capítulo VII: "Necromancy in the Clerical Underworld".

(10) P. BOLAND, *The concepts of "Discretio spiritum" in John Gerson's "De probatione spiritum" and "De Distinctione verarum visionum a falsis"*, Washington DC: The Catholic University of America Press, 1959.

(11) Sobre a simbólica do jejum e sua relação com a mística visionária do fim da Idade Média, cf. C. W. BYNUM, *Holy feast and holy fast. The religious significance of food to medieval women*, Berkeley, Los Angeles e Londres: University of California Press, 1987.

(12) Como na edição incunabular de Colônia, 1496, em 4º (BN Rés. D 8204), onde está impressa também a *Visão de Tnugdal.*

(13) Faço minha essa sugestão oral do padre P.-M. Gy, o. p., crítica, nesse ponto, com relação ao grande livro de A. FRANZ, *Die kirchlichen Benediktionen im Mittelalter*, Fribourg-en-Brisgau, 1909.

(14) Como o imperador Carlos IV em Praga (cf. supra).

(15) Fr. NEISKE, "Vision und Totengedenken", art. cit., pp. 152 ss.

(16) P. DINZELBACHER, "Revelationes", op. cit., pp. 79-80.

(17) N. COHN, *Les fanatiques de l'Apocalypse. Courants millénaristes révolutionnaires du XIe au XVIe siècle* (1957), trad. fr. S. CLÉMENDOT, Paris: Julliard, 1962, pp. 104-5. Sobre os aspectos políticos do profetismo no fim da Idade Média, cf. A. VAUCHEZ, *Les laïcs au Moyen Âge. Pratiques et expériences religieuses*, Paris: Cerf, 1987, p. 237. Excelente enfoque sobre o "sebastianismo" português na época moderna em: Lucette VALENSI, *Fables de la mémoire. La glorieuse bataille des trois rois*, Paris: Le Seuil, 1992.

(18) C. BEAUNE, *Naissance de la nation France*, Paris: Gallimard, 1985, pp. 100-1 e J. W. BALDWIN, *Philippe Auguste et son gouvernement. Les fondations du pouvoir royal en France au Moyen Âge* (1986), trad. fr. B. BONNE, Paris: Fayard, 1991, pp. 492-3.

(19) ÉTIENNE DE BOURBON, *Anecdotes historiques, légendes et apologues*, ed. cit., nº 323, pp. 271-2.

(20) GERVAIS DE TILBURY, *Otia imperialia*, III, 103, trad. fr. cit., p. 123.

(21) Essa continuação do relato, que faz realmente parte do mesmo capítulo, não foi traduzida por H. BRESC, "Culture folklorique et théologie", art. cit., pp. 65-74.

(22) A *Épître* de PHILIPPE DE MÉZIÈRES foi publicada por Kervin de LETTENHOVE, *Oeuvres de Froissart, Chroniques*, t. XVI (*1397-1400*), Bruxelas: Académie royale de Belgique, 1872, pp. 444-523. Agradeço a Colette Beaune por ter me indicado esse texto. Sobre o autor e essa carta, cf. N. IORGA, *Philippe de Mézières* (*1327-1405*) *et la croisade au XIVe siècle*, Paris: 1896 (reed. Genebra, Slatkine, 1976), pp. 503-4.

(23) *Le roman de Fauvel* por GERVAIS DU BUS, ed. Arthur LANGFORS, Paris, 1914-9. A interpolação do manuscrito E que nos interessa é reproduzida nas páginas 164-7, sem as outras peças nem as imagens. Ver também a edição em fac-símile de Pierre AUBRY, Paris: P. Geuthner, 1907, e para o *lai das Hellequines*: É. DAHNK, *L'hérésie de Fauvel*, Leipzig, 1935, ffºs 35 ss.

(24) Sobre essa interpretação, ver notadamente H. REY-FLAUD, *Le charivari. Les rituels fondamentaux de la sexualité*, Paris: Payot, 1985. Os pequenos personagens calvos das imagens são igualmente interpretados como sendo crianças mortas sem batismo.

(25) Numerosos estudos desde P. FORTIER-BEAULIEU, "Le charivari dans le Roman de Fauvel", *Revue de folklore français et colonial*, XI, 1940, pp. 1-16.

(26) Nancy F. REGALADO, "Masques réels dans le monde de l'imaginaire. Le rite et l'écrit dans le charivari du *Roman de Fauvel*, Ms. BN. Fr. 146", em M.-L. OLIER (ed.), *Masques et déguisements dans la littérature médiévale*, Montreal: Presses de l'académie de Montréal et Paris, Vrin, 1988, pp. 111-26.

(27) C. GINZBURG, "Charivari, associations juvéniles, chasse sauvage", art. cit., pp. 131-40.

(28) Adam le Bossu, troveiro do Artois do século XIII, *Jeu de la feuillée*, ed. E. LANGLOIS, Paris: Classiques français du Moyen Âge, 6, 1923, vv. 590 ss.

(29) Ver, por exemplo, no volume coletivo citado *Le charivari*, a contribuição de Cl. KARNOOUH, "Le charivari ou l'hypothèse de la monogamie" (pp. 33-44).

(30) J.-Cl. SCHMITT, "Les masques, le diable, les morts dans l'Occident médiéval", art. cit., 6, 1986, pp. 87-119.

(31) Sou grato à sra. Elizabeth A. R. Brown por essas sugestões, apresentadas por ocasião de um seminário na ÉHÉSS.

(32) O filho de Luís X, João I, dito o Póstumo porque nasceu depois da morte de seu pai em 5 de junho de 1316, reinou formalmente apenas alguns meses, sob a regência de seu tio Filipe, até sua morte em 20 de novembro de 1317.

(33) Cf. A. W. LEWIS, *Le sang royal. La famille capétienne et l'Etat, France Xe-XIVe siècle*, trad. fr. J. CARLIER, Paris: Gallimard, 1986, p. 196.

8. *TEMPO, ESPAÇO E SOCIEDADE* (pp. 192-216)

(1) J.-Cl. SCHMITT, "Temps, folklore et politique au XIIe siècle. À propos de deux récits de Walter Map, *De nugis curialium*, I, 9 e IV, 13", em *Le temps chrétien de la fin de l'Antiquité au Moyen Âge. IIIe-XIIIe siècle*, Paris: CNRS, 1984, pp. 489-516.

(2) J. LE GOFF, "Le temps du purgatoire (IIIe-XIIIe siècle)", ibidem, pp. 517-30.

(3) A Festa de Todos os Santos é celebrada pela Igreja em 1º de novembro desde o século VIII. Os liturgistas dos séculos XII e XIII sublinham bem o elo entre as duas festas: Jean Beleth, *Summa de ecclesiasticis officiis*, ed. cit., pp. 243 e 306-19; Guillaume DURAND, *Rationale divinorum officiorum*, Lyon, 1672, pp. 451 ss.

(4) IOGNA-PRAT, "Les morts dans la comptabilité céleste", art. cit., p. 56.

(5) Idem, p. 64.

(6) L.-L. LEMAÎTRE, *L'Eglise et la mémoire des morts dans la France médiévale* (Communications de la table ronde du CNRS du 14 juin 1982), Paris: Études augustiniennes, 1986, pp. 14-7.

(7) A. VAN GENNEP, *Manuel de folklore français contemporain*, Paris: Picard, I, VII, 1958, p. 2860.

(8) Ibidem, pp. 3013 ss. Cf. M. MESLIN, *La fête des calendes de janvier dans l'Empire romain. Étude d'un rituel de Nouvel An*, Bruxelas: Latomus, 1970.

(9) Otloh de SAINT-EMMERAN, *Liber visionum*, 12, ed. P. G. SCHMIDT, M. G. H. Quellen zur Geitesgeschichte des Mittlelalters 13, Weimar, H. Böhlau, 1989, p. 80.

(10) Cl. GAIGNEBET e M. Cl. FLORENTIN, *Le Carnaval*, Paris: Payot, 1974, p. 138. Hipótese retomada por Ph. WALTER, *La Mythologie chrétienne*, op. cit.

(11) Raoul GLABER, *Les cinq livres de ses histoires*, II, 19 e 20, ed. cit., pp. 46-7. Cinco meses mais tarde, *em dezembro*, esclarece Raoul Glaber, como que chamado pelos mortos que vira, o monge entregou a alma.

(12) ISIDORE DE SÉVILLE, *Regula monachorum*, XXIV, 2, em *PL*, vol. 83, col. 894.

(13) E. MARTÈNE, *De antiquis ecclesiae ritibus*, IV, Antuérpia, 1764, pp. 164-6.

(14) M. BLOCH, *La société féodale* (1939), reed. 1968, Paris: Albin Michel, p. 436, para a comparação com a iniciação nas "sociedades primitivas".

(15) I. LEVI, "Le repos sabbatique des âmes damnées", *Revue des études juives*, 25, 1892, pp. 1-13, e "La commémoration des âmes dans le judaïsme", ibidem, 29, 1894, pp. 43-60.

(16) BENEDETT, *Le voyage de saint Brendan*, vv. 1309-22, ed. E. RUHE, Munique: Fink, 1977, pp. 110-1.

(17) GERVAIS DE TILBURY, *Otia imperialia*, II, 12, ed. cit., p. 921; trad. fr. cit., pp. 151-2, e ÉTIENNE DE BOURBON, *Anecdotes historiques*, ed. cit., p. 33. Cf. Arturo Graf, "Il riposo del dannati", reed. em *Miti, Leggende e Superstizioni del Medio Evo*, Milão: A. Mondadori, 1984, pp. 151-66.

(18) Raoul GLABER, *Les cinq livres de ses histoires*, V, 1, ed. cit., p. 118, fala de uma aparição de um morto um domingo.

(19) M.-A. POLO DE BEAULIEU, "Lundi jour des morts, de l'origine d'un rituel", em *Le récit des origines*, Actes des rencontres de Carcassonne (dez. 1988), Carcassonne, Garae-Hésiode (no prelo), e "Recueil d'*exempla* méridionaux et culte des âmes du purgatoire", em *La papauté d'Avignon et de Languedoc, 1316-1342*, *Cahiers de Fanjeaux*, 26, 1991, pp. 257-78.

(20) THOMAS DE CHOBHAM, *Summa confessorum*, ed. F. Broomfield, Louvain e Paris, 1968, p. 128. Cf. F. C. TUBACH, *Index exemplorum*, op. cit., nº 741, ed. cit., p. 483.

(21) THIETMAR DE MERSEBURG, *Chronicon*, I, 12, ed. cit., p. 16: "Ut dies vivis, sic nox et concessa defunctis".

(22) CÉSAIRE DE HEISTERBACH, *Dialogus miraculorum*, XII, 17 e 20, ed. cit., vol. II, pp. 328 e 330: "sacerdos quidam [...] dum in crepusculo noctis transiret de villa in villam, vidit [...]; "nocte sequenti longe ante lucem, luna splendente, miles quidam [...]".

(23) WALTER MAP, *De nugis curialium*, II, 30; trad. fr. cit., p. 132: "Um cavaleiro de Northumberland estava sentado sozinho em casa *por volta da décima hora* depois do almoço [...]". Rudolph VON SCHLETTSTADT, *Historiae memorabilis*, 20, ed. cit., p. 92: "Bene dormivit et, cum dulcem somnum perfecisset *usque ad horam undecimam, vigilavit* [...]".

(24) *Die Chronik des Klosters Petershausen*, III, 18, ed. Otto Feger, Lindau e Konstanz, 1956, p. 134: "Visio Bernardi. *Post medium noctis*, cum pulso torpore somnia sunt verissima, interim scilicet dum pulsabantur matutine, videbar [...]".

(25) M. R. JAMES, "Twelve medieval ghost stories", art. cit.: "et solebat egredi in noctibus usque Kereby et quadam nocte [...]". Ver também nº II, p. 415.

(26) THIETMAR DE MERSEBURG, *Chronicon*, I, 13, ed. cit., pp. 18-20.

(27) HELINAND DE FROIDMONT, *De cognitione sua*, cap. XII, em *PL*, vol. 212, col. 731-6: "Cum autem circa meridiem apud quoddam nemus appropinquassemus [...]".

(28) Rudolph VON SCHLETTSTADT, *Historiae memorabiles*, 20, ed. cit., p. 72.

(29) J. DELUMEAU, *La peur en Occident*, op. cit., e *Le péché et la peur. La culpabilisation en Occident (XIIIe-XVIIIe siècle)*, Paris: Fayard, 1983. Sobre a "polícia da

noite", ver o belo estudo de E. CROUZET-PAVAN, "Recherches sur la nuit vénitienne à la fin du Moyen Âge", *Journal of Medieval History*, VII, 1981, pp. 338-56, retomado em sua tese: "*Sopra le acque salse*". *Espaces, pouvoir et société à Venise à la fin du Moyen Âge*, Roma: École française de Rome, 1992, II, pp. 802 ss. Sobre o conjunto dos aspectos regulamentares e simbólicos, ver os estudos reunidos por M. SBRICCOLI (dir.), *La notte. Ordine, sicurrezza e disciplinamento in èta moderna*, Florença: Ponte alle Grazie, 1991.

(30) M. R. JAMES, art. cit., nº XI, p. 421. Ver também J. DELUMEAU, *La peur en Occident*, op. cit., pp. 75 ss.

(31) W. SEELMANN, "Arndt Buchmann Mirakel", 15, *Jahrbuch des Vereins für niederdeutsche Sprachforschung. Niederdeutsches Jahrbuch*, VI, 1880, p. 50.

(32) *De rebus gestis in Majori Monasterio saeculo* XI, op. cit., nº 8, em *PL*, vol. 149. Col. 410C.

(33) J. LE GOFF, *La naissance du purgatoire*, op. cit., pp. 70 ss.

(34) Por exemplo, em vários *exempla* de CÉSAIRE DE HEISTERBACH, *Dialogus miraculorum*, I, 33 (danação eterna de um necromante), II, 6 (um salteador homicida), II, 15 (um cônego impenitente), e XII, 5 (o conde de Juiliers), 14 a 20 (cavaleiros malditos, concubina de padre etc.). Como se viu, Césaire esforça-se em dizer que os mortos são induzidos pelo rigor de seus tormentos a confundir purgatório e inferno.

(35) PIERRE LE VÉNÉRABLE, *De miraculis*, I, 28, ed. cit., p. 89. Os próprios teólogos duvidam: HUGUES DE SAINT-VITOR (*De sacramentis*, II, XVI, 4, cit. por J. LE GOFF, *La naissance du purgatoire*, op. cit., pp. 195-6) admite que "o lugar onde [o morto] sofre essa pena [purgatório] não é absolutamente determinado, embora numerosos exemplos de aparições de almas sujeitas a essa pena façam pensar que ela é padecida neste mundo e provavelmente nos lugares em que se cometeu a falta, como o provaram numerosos testemunhos. Se essas penas são aplicadas em outros lugares, é difícil saber".

(36) *Die Chronik des Klosters Petershausen*, III, 20, ed. cit., p. 142: "nam eius judicio mihi pro pena concessum est, angulos huius claustri circuire et observare".

(37) Essa idéia poderia remeter à representação muito antiga segundo a qual os eleitos são chamados a substituir junto de Deus os anjos decaídos. Agradeço a Jérôme Baschet por ter me feito essa sugestão.

(38) W. SEELMANN, art. cit., p. 62, cap. XXXIII.

(39) Sobre o limbo dos patriarcas, esvaziado de seus ocupantes por Cristo e distinto do limbo das crianças não batizadas, cf. J. LE GOFF, "Les limbes", *Nouvelle revue de psychanalise*, XXXIV, 1986, pp. 151-73.

(40) Como o sublinha J. LE GOFF, *La naissance du purgatoire*, op. cit., p. 443.

(41) No começo do século XVI, o pregador de Estrasburgo Geiler de Kaisersberg sustenta em um sermão a impossibilidade de uma casa ser assombrada: as almas não fazem ruído; as que estão no inferno não saem de lá; as que estão no céu "não se ocupam dessas tolices" e as do purgatório "têm outra coisa a fazer": GEILER DE KAISERSBERG, *Die Emeis*, Estrasburgo: J. Grüninger, 1516, fº 44, citado por J. WIRTH, *La jeune fille et la mort. Recherches sur les thèmes macabres dans l'art germanique de la Renaissance*, Genebra, Dorz, 1979, p. 73.

(42) PIERRE LE VÉNÉRABLE, *De miraculis*, I, 28, ed. cit., p. 89.

(43) CÉSAIRE DE HEISTERBACH, ed. cit., XII, cap. XVIII.

(44) PIERRE LE VÉNÉRABLE, *De miraculis*, I, 27, ed. cit., p. 86: desde que uma outra pessoa transponha o *limen domus*, a aparição se desvanece, sinal de que estava reservada a um só. GERVAIS DE TILBURY, *Otia imperialia*, III, 103: quando os pais da jovem, alertados pelos ruídos de vozes, apresentam-se à soleira da porta do quarto, não ouvem nem vêem seu sobrinho defunto.

(45) Raoul GLABER, *Les cinq livres de ses histoires*, V, 1, 6, ed. cit., pp. 117-8.

(46) Rudolph VON SCHLETTSTADT, 20, op. cit., p. 72.

(47) Ibidem, p. 90: "in inferiori fenestre margine residentem".

(48) Jacques FOURNIER, *Le registre d'Inquisition*, trad. J. Duvernoy, Paris e Haia: Mouton-ÉHÉSS, vol. I, 1978, pp. 158-60.

(49) Ph. ARIÈS, *L'homme devant la mort*, op. cit.

(50) R. FOSSIER, *Enfance de l'Europe. Aspects économiques et sociaux*, vol. I: *L'homme et son espace*, Paris: PUF, 1982, p. 193, e J. CHAPELOT e R. FOSSIER, *Le village et la maison au Moyen Âge*, Paris: Hachette, 1980, pp. 46-7.

(51) P. DUPARC, "Le cimetière, séjour des vivants (XIe-XIIe siècle)", *Bulletin Philologique et Historique*, 1964 (Paris: CTHS, 1967), pp. 482-504.

(52) L. GOUGAUD, "La danse dans les églises", *Revue d'histoire ecclésiastique*, 15, 1914, pp. 5-22 e 229-45. Um caso notável: E. SCHRÖDER, "Die Tänzer von Kölbigk. Ein Mirakel des 11. Jahrhunderts", *Zeitschrift für Kirchengeschichte*, 17, 1897, pp. 94-164. Para uma interpretação mais antropológica: J.-Cl. SCHMITT, " 'Jeunes' et danse des chevaux de bois", *La religion populaire en Languedoc du XIIIe siècle à la moitié du XIVe siècle. Cahiers de Fanjeaux*, 11, 1976, pp. 127-58, e, mais amplamente, *La raison des gestes dans l'Occident médiéval*, op. cit., pp. 90-2.

(53) A. M. CADOT, "Le motif de l'aître périlleux", *Mélanges C. Foulon*, Rennes, 1980, II, pp. 27-35. Ver especialmente versos 1190-1220, *Amadas et Idoine* (ed. J. R. REINHARD, 1925, vv. 4662 ss.): uma tropa de cavaleiros fantásticos conduzidos pelo Diabo tenta violar o recinto do cemitério para raptar o corpo de Idoine, defendido por Amadas. Para um quadro sistemático, ver A. GUERREAU-JALABERT, *Index des motifs narratifs dans les romans arthuriens français en vers (XIIe-XIIIe siècle). — Motif-Index of French arthurian verse romances (XIIth-XIIIth Cent.)*, Genebra: Droz, 1992, p. 77: F 778. 1 (G) "Extraordinary Graveyard", com referências à *Première continuation de Perceval*, à *Continuation de Perceval* de Manessier, ao *Chevalier de la Charrette* de Chrétien de Troyes e às *Merveilles de Rigomer.*

(54) PIERRE LE VÉNÉRABLE, *De miraculis*, II, 27, em *PL*, vol. 189, col. 942 D. Essa seria a mais antiga menção à lanterna dos mortos: cf. J. de MAHUET, "Lanterne des morts", *Catholicisme. Hier, aujourd'hui, demain*, t. VI, Paris, 1967, col. 1811-12, e F. HULA, *Mittelalterliche Kultmale. Die Totenleuchten Europas. Karner, Schlenstein und Friedhofsoculus*, Viena (im Selbstverlag), 1970, p. 20. A luz teria uma função de proteção das almas dos mortos. Mas é preciso observar que o capítulo geral da ordem cirterciense proíbe, em 1218, o costume dos monges (considerado, sem dúvida, "supersticioso") de deixar lâmpadas ardendo sobre as sepulturas dos irmãos. Cf. J.-M. CANIVEZ, *Statuta capitulorum generalium Ordinis Cisterciensis*, 2 vols., Louvain, 1933 (nº 38, ano 1218).

(55) M. R. JAMES, "Twelve Medieval Ghost Stories", art. cit., nº VI, p. 419: o lugar da aparição explica-se, sem dúvida, pela profissão do beneficiário, que é "magister aratorum": esse chefe dos lavradores atravessava muito naturalmente um campo quando

um cônego defunto de Newburg lhe apareceu. Ver também, na Bretanha, a história do padeiro morto que evita os caminhos e acumula toda a lama dos campos.

(56) CÉSAIRE DE HEISTERBACH, *Dialogus miraculorum*, XII, 17, ed. cit., vol. II, p. 328.

(57) LE ROY LADURIE, *Montaillou*, op. cit., pp. 589 ss.

(58) WALTER MAP, *De nugis curialium*, I, 11; trad. fr. cit., pp. 30-1.

(59) J.-Cl. SCHMITT, "Le suicide au Moyen Âge", *Annales E.S.C.*, 1976, pp. 3-28.

(60) M. R. JAMES, art. cit., nº I, p. 414: ele se recusa a carregar mais longe o saco de favas — leguminosas cuja simbólica é funerária — do homem vivo que ele acompanha.

(61) Ibidem, nº II, p. 417.

(62) ORDERIC VITAL, *Historia ecclesiastica*, VIII, 17, ed. cit., vol. IV, 1973, pp. 237-8.

(63) Cl. LECOUTEUX, *Fantômes et revenants au Moyen Âge*, op. cit., pp. 24-5.

(64) ROGER DE WENDOVER, *Flores historiarum*, ed. H. O. COXE, Londres, 1841-45, IV, p. 206 (ano 1229).

(65) GUILLAUME D'AUVERGNE, *De universo*, II, cap. III, ed. cit., p. 1069, col. 1a.

(66) GERVAIS DE TILBURY, *Otia imperialia*, III, 17, trad. fr. cit., p. 35.

(67) ROBERT D'UZÈS, Vision 29; trad. fr. P. Amargier, *La Parole rêvée*, op. cit., p. 96.

(68) GUILLAUME DE NEWBURG, *Historia rerum anglicarum*, V, cap. XXII, ed. cit., pp. 474-5. Comparar com o demônio íncubo que, no início de sua viuvez, ataca a mãe de Guibert de Nogent: "Enquanto sua respiração achava-se cortada por essa compressão e ela estava totalmente privada do livre uso de seus membros, quando sua voz estava literalmente incapaz de emitir o menor som", ela implorou mentalmente à Virgem, que imediatamente a socorreu. Foi então que ela fez o voto de não se casar novamente (GUIBERT DE NOGENT, *Autobiographie*, ed. e trad. cits., pp. 90-1). Ver também CÉSAIRE DE HEISTERBACH, *Dialogus miraculorum*, XII, 19, ed. cit., vol. II, p. 329, para a história, "muito célebre na Baviera", do cavaleiro morto que entrou, impelido pelo diabo, no quarto de sua mulher. Mas esta, nem um pouco aterrorizada, o fez sentar-se em sua cama e lhe deu sua coberta para aquecê-lo.

(69) GUIBERT DE NOGENT, *Autobiographie*, ed. cit., pp. 94-7.

(70) CÉSAIRE DE HEISTERBACH, *Dialogus miraculorum*, XII, 24, ed. cit., vol. II, pp. 335-6. Sobre esse relato, ver J. LE GOFF, *La bourse et la vie*, op. cit., pp. 50 ss. À salvação final do usurário, é preciso opor a aparição do cavaleiro pecador que revela sua vagueação à sua mulher (ou sua concubina) e lhe anuncia que, depois do Juízo Final, ele irá para o inferno, ou a de um outro cavaleiro condenado por sua luxúria passada e que aparece a uma religiosa mas, paradoxalmente, lhe pede que não ore por ele, pois isso não seria de nenhuma utilidade: *Die Wundersgeschichten des Caesarius von Heisterbach*, vol. III, ed. A. HILKA, Bonn, 1937, pp. 73-5, nºs 44 e 45.

(71) GERVAIS DE TILBURY, *Otia imperialia*, III, 99; trad. fr. cit., pp. 109-10.

(72) Ch. KLAPISCH-ZUBER, "La 'mère cruelle'. Maternité, veuvage et dot", em *La maison et le nom*, op. cit., pp. 249-62.

(73) M. R. JAMES, art, cit., nº XII, p. 422.

(74) *Polychronicon Ranulphi Higden monachi Cestrensis* (*morto antes de 1364*), ed. J. Rawson LUMBY (Script. Rer. Brit.), vol. 8, Londres, 1882, pp. 220-2. Ver também, sobre as mães fantasmas: CÉSAIRE DE HEISTERBACH, *Dialogus miraculorum*, XI, 34, ed.

cit. (vol. II, pp. 296-7), e também GIRAUD DE CAMBRIE, *Expugnatio Hibernica*, 42, reed. ingl. cit., pp. 116-9.

(75) CÉSAIRE DE HEISTERBACH, *Dialogus miraculorum*, XII, 15 e 41; ed. cit., vol. II, pp. 327 e 349-50.

(76) Ibidem, XII, 18, ed. cit., vol. II, p. 328.

(77) PIERRE LE VÉNÉRABLE, *De miraculis*, I, 26, ed. cit., pp. 80-2.

(78) Ibidem, I, 27, ed. cit., pp. 82-7.

(79) CÉSAIRE DE HEISTERBACH, *Dialogus miraculorum*, XII, 50, ed. cit., vol. II, p. 355.

(80) Ibidem, XII, 26, ed. cit., vol. II, pp. 337-8.

(81) A. GUERREAU-JALABERT evidenciou muito bem essa noção de *caritas* no centro do parentesco espiritual específico da cultura cristã medieval. Cf. especialmente "La parenté dans l'Europe médiévale et moderne: à propos d'une synthèse récente", *L'Homme*, nº 110, 1989, pp. 69-93; "Inceste et sainteté. La vie de saint Grégoire en français", *Annales. E.S.C.*, 1988, 6, pp. 1291-1329; "Aliments symboliques et symbolique de la table dans les romans arthurians (XIIe-XIIIe siècle)", ibidem, 1992, 3, pp. 560-94.

(82) J.-Cl. KAHN, *Les moines messagers. La religion, le pouvoir et la science saisis par les rouleaux des morts, XIe-XIIe siècle*, Paris: J.-Cl. Lattès, 1987.

(83) *De rebus gestis in Majori Monasterio*, XI, nº 9, op. cit., col. 410 B.

(84) Ibidem, col. 411.

(85) CÉSAIRE DE HEISTERBACH, *Dialogus miraculorum*, XII, 35, ed. cit., vol. II, pp. 343-4.

(86) PIERRE LE VÉNÉRABLE, *De miraculis*, II, 27, em *PL*, vol. 189, col. 941-5.

(87) J. H. LYNCH, *Godparents and kindship in early medieval Europe*, Princeton, 1986; Ch. KLAPISCH-ZUBER, "Parrains et filleuls. Étude comparative" e "Compérage et clientélisme", em *La maison et le nom*, op. cit., pp. 109 ss.; B. JUSSEN, *Patenschaft und adoption im frühen Mittelalter*, Göttingen: Vandenshoeck & Ruprecht, 1991 (Veröffentlichungen des Max-Planck-Instituts für Geschichte 98). A Igreja proibia as relações sexuais entre compadre e comadre. A novela VII, 10 do *Decamerão* de BOCCACCIO relativiza o alcance dessa proibição, já que o fantasma Tingoccio diz a seu amigo Meuccio que não sofre nenhuma pena suplementar no além por ter se deitado com sua comadre.

(88) F. ZONABEND, "La parenté baptismale à Minot (Côte d'Or), *Annales. E.S.C.*, 1978, pp. 656-76, e A. FINE, "Le parrain, son filleul et l'au-delà", *Études rurales*, 105-6, 1987, pp. 123-46.

(89) Da mesma maneira que os relatos de fantasmas são pouco numerosos antes do século XI, essa implicação do compadrio além da morte deve ser nova na época de Pierre Damien. Cf. B. JUSSEN, *Patenschaft*, op. cit., p. 300.

(90) Pierre DAMIEN, *Disputatio*, 3 e 4, em *PL*, vol. 145, col. 584.

(91) *De rebus gestis in Majori Monasterio* XI, nº 8, op. cit., col. 410. As expressões empregadas para designar seu pacto são: "osculo sancto pacis et fidei", "jusjurandi sacramentum".

(92) PIERRE DE MORONE, *Autobiografia*, ed. cit., p. 57.

(93) J. LE GOFF, "Le rituel symbolique de la vassalité", reed. em *Pour un autre Moyen Âge*, op. cit., pp. 348-420, especialmente pp. 374-5.

(94) *Liber miraculorum sancte Fidis*, ed. cit., p. 272: "per fidei sacramentum, quo te mibi conjunxisti, per beneficia plurima que tibi contuli".

(95) Ch. KLAPISCH-ZUBER, *La maison et le nom*, op. cit.

(96) PIERRE LE VÉNÉRABLE, *De miraculis*, I, XVIII; ed. cit., p. 91: Sanche é qualificado de "unum ex mercennariis mercede mibi servientibus".

(97) M. R. JAMES, "Twelve Medieval ghost stories", art. cit., nº VII, p. 419: "mercennarius cuiusdam patris familias".

(98) C. VINCENT, *Des charités bien ordonnées. Les confréries normandes de la fin du XIIIe siècle au début du XVIe siècle*, Paris: École normale supérieure, 1988, pp. 143 ss.

9. *FIGURAR OS FANTASMAS* (pp. 217-42)

(1) Cl. LECOUTEUX, *Fées, sorcières et loups-garous*, op. cit.

(2) J. BASCHET, s. v. "Anima", *Enciclopedia dell'arte medievale*, vol. I. Roma, 1991, pp. 804-15.

(3) GUIBERT DE NOGENT, *De pignoribus sanctorum*, IV, 4, em *PL*, vol. 156, col. 675-8.

(4) Cl. CAROZZI, "Structure et fonction de la Vision de Tnugdal", em *Faire croire* (apresentado por A. VAUCHEZ), op. cit., pp. 223-34. O autor estabelece uma distinção entre duas correntes teológicas, "espiritualista" e "corporeísta". A primeira, oriunda do ensinamento dos Pais gregos, entre os quais Orígenes, e também da tradição agostiniana, desemboca, no século IX, em João Scoto Erígena e, no século XII, em Honorius Augustodunensis (*Scala coeli*), Guibert de Nogent, Abelardo ou Richard de Saint-Victor, na afirmação de que as penas do além são apenas "espirituais", de que não têm nada de material. A outra corrente, "corporeísta", tira seus argumentos de Gregório, o Grande, que afirmava que as almas, no além, padecem um "fogo corporal". Ela é representada no século XII pela *Visão de Tnugdal* do monge Marc, pelo *Elucidarium* de Honorius (que teria adotado portanto, de uma obra a outra, pontos de vista sensivelmente diferentes) e por outros teólogos importantes, como HUGUES DE SAINT-VICTOR (*De sacramentis*) ou GUILLAUME DE SAINT-THIERRY (*De la nature du corps et de l'âme*). Segundo esses autores, a alma conserva depois da morte certa "passibilidade" nos tormentos de que padece (temporária ou duradouramente) em razão dos pecados cometidos. J. LE GOFF (*La naissance du purgatoire*, op. cit., p. 185, n. 1) critica o caráter demasiadamente marcado da oposição entre essas duas correntes e defende uma concepção mais nuançada da noção de "espiritual": "espiritual", observa ele com razão, não significa "desencarnado".

(5) ALCHER DE CLAIRVAUX, *Liber de spiritu et anima*, em *PL*, vol. 40, col. 797: "Spiritu autem corporum similitudines intuentur. Quidquid enim corpus non est et tamen *aliquid est*, recte jam *spiritus* dicitur" (grifos meus).

(6) OTLOH DE SAINT-EMMERAN, *Liber visionum* (Visio 4a), em *PL*, vol. 146, col. 348, edição substituída pela de P. G. SCHMIDT, cit., pp. 54 ss.

(7) GUIBERT DE NOGENT, *Autobiographie*, ed. cit., pp. 194-6.

(8) Pode-se ver no "Museu do purgatório" da igreja de Prati, em Roma, uma série de toalhinhas, missais e criados-mudos, datados do século XIII ao começo do século XX e trazendo as marcas, sob a forma de queimaduras, de mortos que visitaram um parente para implorar seus sufrágios. Cf. *La chiesa del S. Cuore del Suffragio e il "Museo del Purgatorio"*, Arciconfraternita del S. Cuore del Suffragio, Roma, s. d.

(9) Essa história é reencontrada na maior parte das coletâneas de *exempla* e na *Lenda áurea* de JACQUES DE VORAGINE.

(10) GUILLAUME DE NEWBURG, *Historia rerum anglicarum*, V, caps. XXII-XXIV, ed. cit., vol. 2, pp. 474-82.

(11) GERVAIS DE TILBURY, *Otia imperialia*, cap. CIII, *De mortuo qui apparuit virgini*, ed. cit., p. 997: "Interrogatus, respondit corporis effigiem, quam praetendit, corpus non est nisi aereum, ipsum asserens non posse pati, sed tantum spiritum, neque posse onus quamvis levissimum sustinere".

(12) AUGUSTIN, *De divinatione daemonum c.* (ed. CSEL, 41, p. 603). No *Exordium magnum cisterciense* I, 22 (ed. cit., p. 81), o cisterciense Conrad d'Eberbach diz, a propósito de um irmão defunto que apareceu ao abade Étienne: "Ele mais parecia ser transportado no ar do que repousar na terra" (*ita tamen magis in aere ferri quam in terra consistere videretur*).

(13) JACQUES FOURNIER, *Le registre d'Inquisition*, ed. cit., vol. II, p. 444.

(14) M. R. JAMES, "Twelve Medieval ghost stories", art. cit., nº V: "[...] unus retulit quod vidit manus mulieris demergentes in carne spiritus profundis, quasi caro eiusdem spiritus esset putrida et non solida sed fantastica".

(15) CÉSAIRE DE HEISTERBACH, *Dialogus miraculorum* XII, 15, ed. cit., vol. II, p. 327: "talem ex se sonum emittens, ac si mollis lectus percuteretur".

(16) CÉSAIRE DE HEISTERBACH, ibidem, XII, 20.

(17) BURCHARD DE WORMS, *Decret*, X, 13 e 14, em *PL*, vol. 140, col. 1066; trad. Cl. LECOUTEUX e Ph. MARCQ, *Les esprits et les morts*, op. cit., p. 17.

(18) GUIBERT DE NOGENT, *Autobiographie*, ed. cit., p. 117.

(19) *Vie de Raban Maur*, op. cit., p. 532: fantasmas moem de pancadas o monge "horribili vocis imagine consonantes".

(20) CÉSAIRE DE HEISTERBACH, *Dialogus miraculorum*, XII, 26.

(21) Sobre a glossolalia e o fantástico, ver diversas contribuições a S. AUROUX, J.-Cl. CHEVALIER, N. JACQUES-CHAQUIN, Ch. MARCHELLO-NIZIA (dir.), *Linguistique fantastique*, op. cit.

(22) Lembremos algumas exceções: *Liber exemplorum ad usum praedicantium*, II, 62, ed. cit., pp. 38-9, em que uma defunta fala em inglês com sua irmã. Rudolph VON SCHLETTSTADT, *Historiae memorabiles*, ed. cit., nºs 19, 20, 21, pp. 70-3: os mortos no cemitério cantam em alemão.

(23) PIERRE LE VÉNÉRABLE, *De miraculis*, II, 25, ed. cit., p. 145.

(24) P. G. SCHMIDT, "Die Erscheinung der toten Geliebten", pp. 99-111.

(25) Jean GOBI, *Disputatio*, Qu. 21. O mesmo raciocínio é sustentado pelo espírito do velho Heinrich Buschmann, ed. W. SEELMANN, cap. XII, p. 48. Essa é uma das passagens que parecem atestar uma influência do texto de Jean Gobi sobre o texto alemão.

(26) M. R. JAMES, art. cit., nº II, p. 416; ver pp. 172 e 282, nn. 68-9.

(27) Ibidem, nº III, p. 418; ver pp. 172 e 282, nn. 68-9.

(28) Em sua tese da ÉHÉSS (1994) consagrada à simbólica indumentária, Pierre Bureau insiste no paralelo entre pele e vestimenta.

(29) À morte de Carlos VIII, a rainha da Bretanha usou luto preto, como na Bretanha, e não branco, como no reino da França, o que foi interpretado como um gesto político. Cf. a contribuição de Ph. BRAUNSTEIN a Ph. ARIÈS e G. DUBY (eds.), *Histoire de la vie privée*, Paris: Le Seuil, 1985, t. II, pp. 570-1. Ver a importância do preto nas ilustrações

do ofício dos mortos dos livros de horas do século XV. Cf. R. S. WIECK, *Time sanctified. The book of hours in Medieval art and life*, Nova York: G. Braziller, 1988, pp. 124 ss.

(30) GUILLAUME DURAND, *Rationale divinorum officiorum*, VII: *De officio mortuorum*, § 43: "Quaeritur etiam utrum homines erunt nudi post diem iudicii an vestiti, et videtur quod vestiti [...]." Quanto à iconografia, ver as observações, no entanto sistemáticas demais, de J. WIRTH, "L'apparition du surnaturel dans l'art du Moyen Âge", em F. DUNAND, J.-M. SPIESER, J. WIRTH, *L'image et la production du sacré*, Paris: Méridiens Klincksieck, 1991, pp. 139-64.

(31) PIERRE LE VÉNÉRABLE, I, 27, op. cit., p. 85: "[...] ei mane iam clara die in lecto iacenti ac vigilanti, sese visibilem demonstravit. Nam lecto eius assidens et *formam quam habuerat vestitum quo usus fuerat*, letale vulnus quod die mortis susceperat velut ahuc recens pectore ac dorso pretendens [...]" (grifos meus).

(32) CÉSAIRE DE HEISTERBACH, *Die Wundergeschichten*, III, 43, ed. cit., p. 73.

(33) Idem, *Dialogus miraculorum*, XII, 15; ed. cit., II, p. 327.

(34) Ibidem, XI, 33; ed. cit., II, p. 296.

(35) Ibidem, XI, 36 e XII, 39; ed. cit., II, pp. 298 e 348; e também XII, 25; ed. cit., II, p. 336.

(36) Ibidem, II, 2 e 3, e XII, 21 (op. cit., I, pp. 61-3 e II, p. 331).

(37) Em Montaillou, o mensageiro das almas Arnaud Gélis vê os mortos revestidos de linho branco, com a cabeça descoberta, com exceção dos religiosos que usam o hábito de sua ordem e têm a cabeça coberta (Jacques FOURNIER, *Le registre d'Inquisition*, trad. cit., vol. I, p. 163).

(38) H. WOLF, "Das Predigtexempel im frühen Protestantismus", *Hessische Blätter für Volkskunde*, 51-2, 1960, p. 353 (a propósito do que diz sobre isso Martinho Lutero).

(39) N. BELMONT, *Les signes de la naissance. Étude des représentations symboliques associées aux naissances singulières*, Paris: Plon, 1971.

(40) GUILLAUME DURAND, *Rationale divinorum officiorum:* citado por K. Stüber, *Commendatio animae. Sterben im Mittelalter*, Berna e Frankfurt (Geist und Werk der Zeiten, 48), 1976, p. 140: "Nec debent indui vestibus communibus prout in Italia. Etiam, ut quidam dicunt, debent habere caligas circa tibias et sotulares in pedibus, ut per hoc ipsos esse paratos ad judicium repraesentetur".

(41) J. CHIFFOLEAU, *La comptabilité de l'au-delà*, op. cit., pp. 120-1.

(42) E. ASSMANN, *Godeschalcus und Visio Godeschalci*, Neumünster (Quellen und Forschungen zur Geschichte Schlesswig-Holsteins 74) e W. LAMMERS, "Gottschalks Wanderung im Jenseits. Zur Volksfrömmigkeit im 12. Jahrhunder nördlich der Elbe", *Sitzungsberichte der Wissenschaftlichen Gesellschaft an der Johann Wolfgang Goethe Universität Francfurt am Main*, 2, 1982, n. 2, pp. 139-62. Sobre o motivo dos sapatos do morto nas tradições germânicas, especialmente na *Saga de Gisli Sursson*, cf. Cl. LECOUTEUX, *Fantômes et revenants au Moyen Âge*, op. cit., p. 39.

(43) CÉSAIRE DE HEISTERBACH, *Dialogus miraculorum* XII, 20; ed. cit., II, p. 330.

(44) Ibidem, II, 2, ed. cit., I, p. 61: o ex-monge que se tornou cavaleiro salteador é tirado do purgatório pelos sufrágios de um bispo. Por ocasião de sua primeira aparição, um ano depois de sua morte, suas vestimentas são escuras. Ao fim de doze anos, reaparece com a cogula branca do monge que ele fora.

(45) M. PASTOUREAU, "Du rouge au bleu: étoffes et colorants", em *Couleurs, images, symboles. Études d'histoire et d'anthropologie*, Paris: Le Léopard d'or, 1989, pp. 20-30.

(46) CÉSAIRE DE HEISTERBACH, *Dialogus miraculorum* XII, 14; ed. cit., II, p. 326. O cavaleiro traz também um torrão de terra nos ombros, porque usurpara um campo.

(47) GERVAIS DE TILBURY, *Otia imperialia*, III, 103, trad. fr. cit., pp. 112 ss.

(48) Manuel C. DIAZ Y DIAZ, *Visiones del Mas Alla en Galicia*, op. cit., pp. 63-81.

(49) Sobre a iconografia medieval do sonho, cf. A. PARAVICINI BAGLIANI e G. STABILE, *Träume im Mittelalter*, op. cit., 1989.

(50) GRÉGOIRE LE GRAND, *Dialogues* II, 23 e 24. Ed. cit., vol. II, pp. 206 ss.

(51) Biblioteca Vaticana, Ms. Vat. Lat. 1202, ffᵒˢ 57 rº-vº. Ed. fac-similada: *Lektionar zu den Festen der heiligen Benedikt, Maurus und Scholastika, Vat. Lat. 1202*, Zurique: Belser Verlag, Codices e Vaticanis selecti L., 2 vol., 1981. Cf. B. BRENK, "Il significato storico del Lezionario di Desiderio Vat. Lat. 1202", em *L'Età dell'Abate desiderio, II. La decorazione libraria*, Atti della Tavloa rotonda (Montecassino, 17-18 maio 1987), Miscellanea Cassinese 60, Montecassino, 1989, pp. 25-39.

(52) Reprodução em *Val de Loire roman*, La Pierre-Qui-Vire, 2ª ed., 1965, fig. 8.

(53) "D'un moigne qui ne seoit mie as heures Nostre Dame", *Les Miracles de Nostre Dame par Gautier de Coincy*, ed. V. F. KOENIG, Genebra e Paris: Droz e Minard, 1970, pp. 255-60.

(54) Paris, BN, Ms. N.a.f. 24541. Cf. H. FOCILLON, *Le Peintre des Miracles Notre Dame*, Paris: Paul Hartmann, 1950, Prancha XV (pintada por Jean Pucelle, 1330-34).

(55) Paris, BN, Ms. fr. 22920, fº 105.

(56) Cf. F. GARNIER, *Le langage de l'image au Moyen Âge. Signification et symbolique*, Paris: Le Léopard d'or, 1982, p. 216.

(57) Escorial, Ms. T I 1. Esse manuscrito de 212 fólios contém 1262 miniaturas, mas representa apenas dois terços do manuscrito original. O terceiro terço é conservado em Florença, Biblioteca Nazionale, Ms. BR 20, que comporta 131 fólios e 91páginas cheias iluminadas. Depois de nove milagres, vem sempre uma *cantiga de Lor* ou louvor da Virgem, não narrativo. Entre duas *cantigas de Lor*, o quinto milagre estende sempre suas miniaturas sobre duas páginas cheias, o que lhe duplica o número (12 em vez do 6 habitual).

(58) Ibidem, fº 174, *Cantiga* nº CXXIII.

(59) Ibidem, fº 106 vº nº LXXII.

(60) Sou grato a Jérôme Baschet por ter me permitido enriquecer, ao longo de nossas discussões, minha interpretação dessa imagem.

(61) Oxford, Bodleian Library, Ms. Douce 300, fº 115 (o texto da *Pèlerinage* foi editado por J. J. Stürzinger, Londres, 1893).

(62) Paris, BN, Ms. fr. 823, fº 89. Devo a indicação dessa miniatura e da seguinte a Anca Bratu, que as estudou com uma outra perspectiva em sua tese *Images d'un nouveau lieu de l'au-delà: le purgatoire. Emergence et développement* (*vers 1350 - vers 1500*), Paris: ÉHÉSS, 1992, vol. I, pp. 228 ss. e vol. III, figs. 63 e 65.

(63) Paris, BN, Ms. fr. 376, fº 83.

(64) Em particular nas edições ilustradas du *Roman de Mélusine*, para as quais Danièle Alexandre-Bidon amavelmente atraiu minha atenção.

(65) Paris, Bibliothèque de l'Arsenal, Ms. 5071, fº 80 vº

(66) Ver, por exemplo, uma miniatura do *Chemin de Paradis* de Jean MALLIARD (Inglaterra, primeira metade do século XVI), Oxford: Bodleian Library, Ms. Bodl. 883, fº 10 vº. em que o poeta tomado pela melancolia adormece num caminho e sonha que sua alma, incapaz de ganhar o paraíso, vagueia entre as sepulturas do cemitério. O sonho antecipa a morte e a vagueação do fantasma coberto por uma mortalha branca. Encontra-se também um testemunho indireto em uma imagem do manuscrito, datado de cerca de 1330, do *Miroir des saxons* (*Sachsenspiegel*) de Eike von Repkow, reproduzida em W. KOSCHORRECK, *Der Sachenspiegel in Bildern*, Frankfurt: Insel Verlag, 1976, p. 97, a partir do Ms. Heidelberg Cod. Pal. Germ. 164. Esse direito costumeiro remonta ao primeiro terço do século XIII. As compensações (*Wergeld*) eram tanto menos elevadas quanto a condição social da vítima era mais baixa: assim, os filhos ilegítimos, os filhos de padres, os jograis de condição servil, a quem se dá como compensação apenas "a sombra do homem" por quem foram ofendidos. Eles podem metaforicamente culpar a sombra, mas não realmente o culpado... A imagem correspondente mostra, na frente do jogral que carrega sua viela, não, como se poderia esperar, uma sombra projetada horizontalmente no solo, mas uma sombra erguida como um fantasma. Lembramo-nos de que as palavras *umbra* ou *umbraticus* designam muito comumente os fantasmas. Da mesma maneira aqui, a sombra figurada em pé significa a imagem incorporal que faz as vezes do culpado ausente, mesmo que esteja vivo. Sobre a sombra nas tradições germânicas, cf. J. VON NEGELEIN, "Bild, Spiegel und Schatten im Volksglauben", *Archiv für Religionswissenschaft*, 5/1, 1902, pp. 1-37.

(67) Em uma bibliografia imensa, ver, especialmente: A. TENENTI, *La vie et la mort à travers l'art du XVᵉ siècle*, Paris: A. Colin, 1952. Para uma perspectiva de longa duração: Ph. ARIÈS, *Images de l'homme devant la mort*, Paris: Le Seuil, 1983. Belíssimo exemplo nas *Heures de Louis de Laval* (por volta de 1480), Paris, BN, Ms. Lat. 920, fº 190: o encontro aí ocorre diante de uma pedra tumular em que está figurada uma estátua jacente de mãos juntas. Cf. V. LEROQUAIS, *Les livres d'heures manuscrits de la Bibliothèque Nationale*, Paris, 1927, Prancha LXXIX. E também: *Livres d'heures. Manuscrits enluminés français du XVᵉ siècle*, Leningrado: Aurora, 1991: nº 6, Musée historique, Ms. 3688, fº 17 (Tours, 1460).

(68) *Heures à l'usage de Rouen*, século XV, Paris, BN, Ms. lat. 1178, fº 105 vº e 124. Outras margens "macabras": ffºˢ 106 e 119 (caveiras), 108 (coveiro), 109 e 109 vº (caixões), 112 vº (cadáver). Análise do ms.: V. LEROQUAIS, *Les livres d'heures manuscrits*, op. cit., t. I, Paris, 1927, nº 43, pp. 117-8.

(69) Nova York, Metropolitan Museum. The Cloisters, *Belles Heures de Jean de France, duc de Berry*, fº 94 vº (Frères Limbourg, c. 1410) (cf. ed. fac-similada J. Porcher, Paris, 1953). Imagem comparável das obséquias de Diocrès nas *Très Riches Heures* (fº 86 vº), realizadas para o mesmo príncipe e pelos mesmos artistas, cf. M. MEISS, *French painting in the time of Jean de Berry. The Boucicaut Master*, Londres: Phaidon Press, 1968, nºˢ 146 e 578.

(70) Mâcon, Bibliothèque municipale, Ms. 3, fº 25 vº. Sobre os problemas codicológicos complexos levantados por esse manuscrito (cuja maior parte encontra-se hoje na Piermont Morgan Library de Nova York), ver J.-M. CASWELL, "A double signing system in the Morgan-Mâcon *Golden Legend*", *Quaerendo. A Quarterly Journal from the Low Countries devoted to Manuscripts and Printed Books*, X, 2, 1980, pp. 97-112. O manuscrito traz as armas de Jean d'Auxi, cavaleiro do Velocino de ouro, camareiro

do conde de Charolais, o futuro Carlos, o Temerário. Para o texto, cf. JACQUES DE VORAGINE, *La légende dorée*, trad. fr. cit., vol. II, pp. 328 e 333.

(71) HARTMANN SCHEDEL, *Liber chronicarum*, Nurenberg: A. Koberger, 1493, em fº 264 (Paris, BN, Rés. G. 500).

(72) Essas hesitações são claras nas numerosas vinhetas do manuscrito de BERNARD GUI, *Les fleurs des chroniques*, Besançon: Bibliothèque municipale, Ms. 677 (trad. anônima, fim do século XIV-começo do século XV), especialmente fº 48 vº (de uma irmã porteira, defunta, que sai de sua sepultura para devolver à abadessa as chaves de que estava encarregada: tipo do morto-vivo), e várias imagens de tipo macabro: fº 57 (de um rei da Germânia que aparece a seu filho), fº 53 vº (da caveira que apareceu fora de seu túmulo), fº 65 vº (de um padre que apareceu a seu companheiro).

(73) Paris, Bibliothèque de l'Arsenal, Ms. 5070, fº 273 (Pergaminho, 395 folhas de 402 x 285mm, cem miniaturas). Reprodução em BOCCACE, *Le Décameron. Manuscrit enluminé du XV*[e] *siècle*, Textes d'E. Pognon, Paris: Seghers, 1978, p. 89. Tradução moderna apresentada e anotada por V. BRANCA (Paris: Le Club français du livre, 1962, pp. 636-43), com uma gravura, também dupla, mas bem diferente da miniatura: de um lado, Tingoccio enlaça sua comadre em um banco; do outro, morto, ele aparece, mas desta vez *sob a forma de um esqueleto*, a Meuccio sentado em seu leito. Agradeço a Danièle Alexandre-Bidon por ter me posto na pista desse dossiê.

(74) Ver o mesmo procedimento, mas muito mais tarde (século XVIII), em uma ilustração do episódio de En Dor. Cf. J.-Cl. SCHMITT, "Le spectre de Samuel et la sorcière de En Dor", art. cit., fig. 10.

(75) Paris, Bibliothèque de l'Arsenal, Ms. 5193, fº 76 vº. *Cas des nobles hommes et femmes*. Esse volumoso manuscrito (405 folhas de pergaminho, 402 x 298 mm) contém 150 miniaturas. Estava destinado ao duque Jean de Berry ou ao duque Jean sans Peur de Bourgogne. Comparar com o Ms. 5192 do Arsenal, de mesma procedência e de mesma amplitude mas que, para o capítulo II, 19, apresenta uma cena muito diferente: o autor (?) acolhe dois outros personagens em seu gabinete (fº 62 vº).

(76) J. WIRTH, *La jeune fille et la mort*, op. cit., pp. 61 ss. e figs. 55 e 64-9.

(77) Ibidem, figs. 33-4.

(78) A análise histórica mais perspicaz continua sendo a de Ph. ARIÈS, *L'homme devant la mort*, op. cit., pp. 202 ss. Os trabalhos dos historiadores da arte são mais úteis por suas descrições arqueológicas: E. PANOFSKY, *Tomb sculpture. Four lectures on its changing aspects from ancient Egypt to Bernini*, Nova York: H. N. Abrams Inc., 1964; A. ERLANDE-BRANDENBURG, *Le roi est mort. Étude sur les funérailles, les sépultures et les tombeaux des rois de France jusqu'à la fin du XIII*[e] *siècle*, Paris: Arts et métiers graphiques, 1975. O melhor trabalho é incontestavelmente o de K. BAUCH, *Das mittelalterliche Grabbild Figürliche Grabmäler des 11. Bis 15. Jahrhunderts in Europa*, Berlim e Nova York: W. de Gruyter, 1976. Observações interessantes em *La figuration des morts dans la chrétienté médiévale jusqu'à la fin du premier quart du XIV*[e] *siècle*, Abbaye Royale de Fontevraud: Centre Culturel de l'Ouest (Cahiers de Fontevraud, I), 1988.

(79) Os primeiros casos são, de um lado, o tampo de sarcófago, muito "à maneira antiga", do abade Isarn de Saint-Victor de Marselha, morto em 1048 (ver sua reprodução em Ph. ARIÈS, *Images de l'homme devant la mort*, op. cit., p. 44, fig. 61) e, de outro lado, na igreja de Merseburg, a placa funerária de bronze do rei Rodolfo da Suábia, morto pelas tropas do imperador da Alemanha na batalha de Elster em 1080 (ver K. BAUCH,

op. cit., pp. 12-3 e fig. 4). A morte violenta do rei aproxima sua situação no além da que caracteriza muitos fantasmas... A faustosa sepultura na catedral explica-se, segundo os termos do epitáfio, pelo fato de que ele morreu "pela Igreja" em sua luta contra o imperador Henrique IV.

(80) Uma gravura do *Roman de Mélusine* de Jean d'Arras talvez permita ir mais longe ainda na comparação do fantasma e da estátua jacente. Ainda que restem obscuridades, sou grato a Danièle Alexandre-Bidon e a Véronique Frandon por me terem posto nessa pista. O filho da fada Mélusine, Geoffroy do Dente Grande, tendo vencido o gigante Grimolt, penetra em uma montanha onde descobre o túmulo de seu avô Elinas d'Albanie, recoberto pela estátua jacente, em ouro, do rei, de braços cruzados sobre o ventre. Ele encontra também a estátua de alabastro da rainha, que traz uma prancheta contando toda a aventura. Ao contrário da edição de 1474, a de 1478 representa junto da estátua jacente, de um lado, a estátua da rainha, de braços cruzados sobre o peito, e, do outro lado, com postura idêntica e os mesmos olhos vazios, um velho que o texto não menciona, mas que poderia ser o duplo do rei defunto. Nesse caso, a imagem operaria explicitamente a aproximação da estátua jacente e do espectro. Texto em *Mélusine. Roman du XVe siècle, par Jean d'Arras*, ed. L. STOUFF, Paris e Dijon, 1932, p. 265. Gravuras dos incunábulos: *The Illustrated Bartsch. German book illustration before 1500, Part II: Anonymous artists (1475-1480)*, ed. W. L. STRAUSS, vol. 82, Nova York: Abaris Book, 1981, p. 106 (19. 353), a opor a ibidem, vol. 80. P. 220 (3. 197). Outra versão, ligeiramente diferente: Genebra, A. Steinschaber, 1478, em fº 1 (p. 164) (Paris, BN, Rés. Y2, 400).

(81) No Ms. fr. 22920 dos *Miracles de Notre Dame* de Gautier de Coincy, citado acima, n. 54. Ver também a nota precedente.

(82) M. PASTOUREAU, "Le bestiaire des morts: présence animale sur les monuments funéraires (X^e^-XIXe siècle)", em *La Figuration des morts*, op. cit., pp. 124-37 (p. 132).

(83) Ver o caso do túmulo de um cavaleiro sepultado na igreja de Dorchester (Oxfordshire). Reprod. em E. PANOFSKY, *Tomb sculpture*, op. cit., p. 56, fig. 219. Sobre as pernas cruzadas das estátuas jacentes inglesas, ver, além disso, M. CLAYTON, *Catalogue of rubbings of brasses and incised slabs*, Londres: Victoria and Albert Museum, 1968.

(84) Wurtzbourg, Marienkappelle. Pedra tumular do cavaleiro Konrad von Schaumberg, 1499.

CONCLUSÃO (pp. 243-9)

(1) J. KRYNEN, "'Le mort saisit le vif'. Genèse médiévale du principe d'instantanéité de la sucession royale française", *Journal des savants*, jul.-dez. 1984, pp. 187-221. O autor mostra como esse adágio do direito costumeiro foi retomado a partir do século XIV para firmar a idéia de uma sucessão real desde a morte do soberano, sem esperar a sagração de seu herdeiro ("O rei está morto, viva o rei").

(2) Entre os numerosos testemunhos sobre os fantasmas na época moderna, ver a *Chronique de Lucerne*, em alemão, de R. CYSAT, *Collectanea Chronica und Denkwürdige Sachen pro Chronica Lucernensi et Helvetiae*, ed. Joseph SCHMID, Lucerna: Diebold

Schilling Verlag, 1969 (Quellen und Forschungen zur Kulturgeschichte von Luzern und der Innerschweiz, 4, 2), pp. 591-609 (agradeço ao sr. Norbert Schindler, da Universidade de Konstanz, por ter me indicado essa preciosa referência). Embora muito alusivo, ver R. C. FINUCANE, *Appearances of the dead*, op. cit.

(3) N. Z. DAVIS: "Ghosts, kin and progeny: some features of family life in Early Modern France", *Daedalus*, 106, 2, 1977, pp. 87-114. Lutero assimilava de preferência os fantasmas a manifestações demoníacas.

(4) D. FABRE (dir.), "Le retour des morts", art. cit., p. 11. A muito londrina Society for Psychical Research, fundada em 1882, impôs-se a tarefa de montar um corpus de todos os fenômenos desse tipo e conduzir experiências para as quais a fotografia nascente devia fornecer a caução da técnica moderna: as chapas do pretenso fantasma de Kathie, feitas por William Crookes a partir de 1874, ficaram célebres. Cf. W. CROOKES, *Recherches sur les phénomènes du spiritualisme. Nouvelles expériences sur la force psychique*, Paris: Bibliothèque de philosophie spiritualiste, 1923 (1ª ed. ingl., 1878). Cf. G. PARETI, *La tentazione dell'occulto. Scienza ed esoterismo nell'età vittoriana*, Turim: Borringhieri, 1990, pp. 183 ss. e ilustração fora do texto.

(5) Pensemos nos espectros no teatro de Shakespeare, *Hamlet*, I, 5, v. 91 (últimas palavras do espectro) e 110-2 (quando elas são postas por escrito por Hamlet para seu próprio uso): "So, uncle, there you are. Now to my word. It is 'Adieu, adieu! Remember me'. I have sworn't".

(6) J. DELUMEAU, *La peur en Occident*, op. cit., pp. 76 ss.

(7) Dom Augustin CALMET, *Dissertation sur les revenants en corps, les excommuniés, les oupires ou vampires, brucolaques, etc.*, 1751, reed. com um prefácio de R. Villeneuve, Paris: Jérôme Millon, 1986, pp. 341-2.

(8) DIDEROT et D'ALEMBERT, *L'Encyclopédie*, Paris, 1752, s. v. "espectro", com as referências aos artigos "sombras", "fantasmas" e "aparições". As cinco opiniões sobre os espectros são apresentadas de uma maneira que lembra estranhamente a discussão escolástica sobre a aparição de Samuel: "Uns acreditaram que eram as almas dos defuntos que voltam e mostram-se na terra; outros, que era uma terceira parte de que o homem é composto; outros atribuíram as aparições aos espíritos elementares; alguns consideraram os espectros como o efeito das exalações dos corpos que apodrecem; enfim, a quinta opinião dá como causa dos espectros operações diabólicas".

(9) Sobre essa evolução da sociedade, assim como das mentalidades, ver a síntese de M. VOVELLE, *La mort et l'Occident*, op. cit.

(10) Arnold Van Gennep pretendia propor uma "teoria geral dos fantasmas e das assombrações", que não realizou. Cf. A. VAN GENNEP, *Manuel de folklore français contemporain*, op. cit., I, vol. 2, p. 791. Cf. D. FABRE, "Le retour des morts", art. cit., p. 13. Para a abordagem antropológica geral, remeter-se-á sempre a E. MORIN, *L'homme et la mort*, Paris: Le Seuil, 1970.

(11) Sobre a consideração das novas formas do religioso por uma sociologia das religiões, obrigadas a reformular seus passos, ver D. HERVIEU-LEGER, *La religion pour mémoire*, Paris: Cerf, 1993.

(12) S. FREUD, "Analyse d'une phobie d'un petit garçon de cinq ans: le petit Hans", em *Cinq psychanalyses*, trad. fr., Paris: PUF, 1954, p. 180.

CRÉDITOS DAS ILUSTRAÇÕES

1. O espectro de Samuel: a interpretação diabólica. *Bible historiale* de Guyart des Moulins (Paris, primeiro quarto do século XV). Nova York: Pierpont Morgan Library, ms. 394, fº 127 vº. Foto da Biblioteca.

2. O espectro de Samuel: o tipo do ressuscitado. *Gumbertsbibel* (Alemanha, antes de 1195). Erlangen: Universitätsbibliothek, ms. 1, fº 82 vº. Foto da Biblioteca.

3. O espectro de Samuel: o morto à imagem de um vivo. *Bible historiale* de Guyart des Moulins (França, por volta de 1291-94). Londres: British Library, ms. Harley 4381, fº 127. Foto do Museu.

4. O espectro de Samuel: o tipo do espectro. *Kayserchronik* (Baviera, por volta de 1375-80). Nova York: Pierpont Morgan Library, ms. M 769, fº 172. Foto da Biblioteca.

5, 6. O espectro de Samuel: o morto-vivo. *Tickill Psalter* (Inglaterra, começo do século XIV). Nova York: Public Library, Spencer Coll., ms. 26, fº 43 vº. Foto da Biblioteca.

7. O sonho do imperador Carlos IV: o espírito à imagem de um vivo (Alemanha, por volta de 1470-80). Viena: Österreichische Nationalbibliothek, ms. 581, fº 21 vº. Foto da Biblioteca.

8. O sonho do imperador Carlos IV: o tipo da alma (Alemanha, por volta de 1470-80). Viena: Österreichische Nationalbibliothek, ms. Ser. N. 2618, fº 18 vº. Foto da Biblioteca.

9. O espírito invisível de Gui de Corvo (Simon Marmion?, Flandres, 1474). Malibu, J. Paul Getty Museum, ms. 31, fº 7. Foto do Museu.

10. O rei Artur diabolizado. Otranto, mosaico, por volta de 1175. Foto © Scala.

11. O charivari du *Roman de Fauvel* (Paris, 1316). Paris: BN, ms. Fr. 146, fº 34. Foto © Biblioteca Nacional.

12. Hellequin a cavalo e os caixões. Ibidem, fº 34 vº. Foto © Biblioteca Nacional.

13. Hellequin e o carro dos mortos. Ibidem, fº 34 vº. Foto© Biblioteca Nacional.

14. O charivari do *Roman de Fauvel*. Ibidem, fº 36 vº. Foto © Biblioteca Nacional.

15. Um milagre de são Bento: o jovem monge defunto (1071). Vaticano: Biblioteca apostólica, Ms. Vat. Lat. 1202, fº 57 rº. Foto da Biblioteca.

16. Segundo milagre de são Bento: as duas religiosas defuntas (1071). Vaticano: Biblioteca apostólica, Ms. Vat. Lat. 1202, fº 57 rº. Foto da Biblioteca.

17. Segundo milagre de são Bento: as duas religiosas defuntas (século XI). Abadia de Saint-Benoît-sur-Loire, capitel. Foto Swiechowski, CM. 135, CESCM Poitiers.

18. A aparição do prior defunto ao sacristão Hubert. Gautier de Coincy, *Miracles de Notre Dame* (Paris, 1330-34). Paris, BN, ms. Nouv. acq. fr. 24541, fº 60 vº. Foto © Biblioteca Nacional.

19. A aparição do prior defunto ao sacristão Hubert. Gautier de Coincy, *Miracles de Notre Dame* (França, começo do século XIV). Paris, BN, ms. Fr. 22 920, fº 105. Foto © Biblioteca Nacional.

20. O peregrino e os mortos: o tipo da alma nua. Guillaume de Diguilleville, *Pèlerinage de vie humaine* (século XV). Paris: Biblioteca do Arsenal, ms. 5071, fº 80 vº. Foto da Biblioteca.

21. O peregrino e os mortos: o tipo do espectro. Ibidem (século XIV). Oxford: Bodleian Library, ms. Douce 300, fº 115. Foto da Biblioteca.

22. O peregrino e os mortos: o tipo do espectro. Ibidem, Paris: BN, ms. Fr. 823, fº 89. Foto © Biblioteca Nacional.

23. O peregrino e os mortos: o tipo macabro. Ibidem, Paris: BN, ms. Fr. 376, fº 83. Foto © Biblioteca Nacional.

24. A aparição do irmão menor defunto a seus irmãos. Alfonso X, o Sábio, *Cantigas de Santa Maria* (por volta de 1272), *Cantiga* CXXIII. Escorial, ms. T I 1, fº 136. Fotografia cedida e autorizada pelo Patrimônio Nacional, Madri.

25. Um espectro anuncia a um pai a morte de seu filho. Ibidem, *Cantiga* LXXII. Escorial, ms. T I 1, fº 80. Fotografia cedida e autorizada pelo Patrimônio Nacional, Madri.

26. O espectro de um condenado? *Livre d'heures à l'usage de Rouen* (século XV). Paris, BN, ms. Lat, 1178, fº 107 vº. Foto © Biblioteca Nacional.

27. Tingoccio aparece a seu amigo Meuccio: o tipo macabro. Boccaccio, *Décameron*, VII, 10 (século XV). Paris: Biblioteca do Arsenal, ms. 5070, fº 273. Foto da Biblioteca.

28. O afogado aparece ao poeta Simônides. Boccaccio, *Cas des nobles hommes et femmes* (século XV). Paris, Biblioteca do Arsenal, Ms. 5193, fº 76 vº. Foto da Biblioteca.

29. Os mortos no cemitério e a aparição do amigo defunto. Jacques de Voragine, *Légende dorée* (século XV). Mâcon, Biblioteca Municipal, Ms. 3, fº 25 vº. Foto da Biblioteca.

30. A estátua jacente: um fantasma de pedra? Wurtzbourg, Marienkapelle. Pedra tumular do cavaleiro Konrad von Schaumberg, 1499. Bildarchiv Foto, Marburg. Foto dos Arquivos.

ÍNDICE REMISSIVO

Abelardo, 134
Adam de la Halle, 189
afogados, 17, 64-5, 104, 134-5, 155, 239
Agius de Corvey, 61
Agostinho, 24, 31, 33-4, 36-8, 40-5, 48, 51-2, 65-7, 99, 121, 181, 219, 221, 254n23
Alberto, o Grande, 173
Alcher de Clairvaux, 44, 219
Alfonso VI de Castilla y Léon, 94-5, 183
Alfonso X, o Sábio, 204, 233
Alfredo, rei, 101
alma, *anima*, 41-2, 44, 57-8, 61, 66, 108, 131, 135-6, 140, 160, 164-5, 169, 179-81, 201-2, 206-8, 218-21, 223-4, 233, 235-7, 249
alucinação, 40-1
Amadas et Idoine, 100, 282n53
Ambrósio, 33, 61
Anais de Fulda, 50
anão, 114, 132-3, 138
aniversário, 47, 73, 76, 84, 89, 194, 196, 231, 246
anjo, 30, 34-5, 38, 42-5, 54, 91, 99, 108-9, 111, 173, 183, 186, 202, 223-4
Ariès, Philippe, 18, 68, 108, 247, 260n49
Aristóteles, 39, 180, 186
"artes mecânicas", 137
Artur, 137-40, 142, 271n53
assassinato, 17, 49, 68, 92, 105, 107, 114-5, 119-20, 123, 138, 141, 155, 159, 164-5, 248
assombrada, casa, 16, 21, 45, 57, 130, 172, 203, 281n41

Bacon, Roger, 39
batismo, 67-9, 85, 164, 166, 204, 212-3, 224, 248, 252n5
Beaupré, 147
Beda, 49, 100, 114, 259n25
Beleth, Jean, 198
benandanti, 162
Bento, são, 47, 60, 74, 82, 87, 175, 229-31, 261n11
Bernard de Clairvaux, *ver* Bernardo, são
Bernard de Tiron, 128
Bernardo, são, 119, 134, 147, 153
Bíblia historial, 32
Boccaccio, 238
bodes, cabras, 130, 138, 165
Boécio, 61
Bonifácio, 257n62, 259n25
Bouthillier, Denise, 90
Bresc, Henri, 111
Bretanha, 99, 132-3, 139, 161, 169, 200, 286n29
Brigitte da Suécia, 178, 182
Brown, Elizabeth A., 190
Brown, Peter, 16
Bruno, são, 237

Buckinghamshire, 101, 209
Burchard de Worms, 222
Buschmann, Arndt, 174-7, 184-5, 193, 199, 202
Byland, 163, 169, 175, 180, 198-9, 218, 220-3

Caça selvagem, 120, 130, 165; *ver também* Hellequin
Calmet, Augustin, 247
Canon Episcopi, 42, 177
cão, 99, 101, 121, 130, 132-3, 137-40, 165-6, 175-6, 181, 185, 206, 218, 241
Carlos IV, 56, 190-1, 217, 229, 232
Carozzi, Claude, 251n1, 285n4
Cassiano, 60, 62
Catarina de Alexandria, 74-5
Catarina de Siena, 182
cavalo, 29, 115, 118, 121, 124-5, 131-5, 137-40, 152, 156, 158-9, 164-5, 187, 206
cemitério, 18-20, 46, 49, 53-4, 64, 94, 100, 102, 146, 153, 157-8, 160, 165, 167-8, 195, 197-200, 203-5, 209, 221, 237, 282n53, 289n66; "perigoso", 100, 205
Césaire de Heisterbach, 137-9, 144, 147, 149-50, 153, 157, 159, 167, 193, 203, 209, 211, 221, 225-7
Chalcidius, 39
charivari, 106, 142, 186-91, 210
Chiffoleau, Jacques, 146
Chrétien de Troyes, 282n53
Chronique de Salerne, 256n52
Cícero, 37, 163
Cluny, 81, 83, 86, 90-5, 113, 121, 194, 197
Concílio de Latrão, IV, 69, 142, 161
Conques, 117, 123-4, 127, 137
Conrad de Eberbach, 147
Constance de Lyon, 45, 203
criança, 17, 64-9, 72-6, 87, 165-6, 177, 210-2, 219, 226, 248
Crônica de Brunswick, 270n40
Crônica de Iria, 82, 182, 227
Crônica de Petershausen, 201
Crônica de Zimmern, 160
Crônica do dominicano de Colmar, 158
cuculla, capuz, 70, 140, 225-6, 230, 232

Damaskios de Damasco, 121
Dança Macabra, 160, 203, 205, 237, 240
Dante, 15, 252n3
Delumeau, Jean, 199
demônio, 27, 33, 44-6, 101, 115, 121-2, 135, 138, 177, 179, 190, 199, 220, 226; *ver também* diabo, Satã
diabo, Satã, 31-2, 42, 46, 59-61, 68, 74-5, 80, 87, 91-2, 107, 111, 120, 131, 135, 140, 142, 152-3, 158-9, 174, 180, 188, 199, 233, 241; *ver também* demônio
Didier do Monte Cassino, 82, 230
Diocrès, 237, 289n69
discretio spiritum, 43, 178, 244
draugr, 29, 253n5
duplo, 17, 28, 69, 169, 236, 239
Durand, Guillaume, 198, 226, 255n30

Edda, 17, 29
efígies, 28, 41, 109; *ver também* imagem, *imago*
Ekkehard de Aura, 131
Ekkehard de Saint-Gall, 81
espectro, 30, 32, 42, 121, 228-9, 233-6, 239, 247
espiritismo, 246, 248
espírito, *spiritus*, 30, 37-8, 40-1, 43, 48, 66, 75, 80, 98-9, 107, 110, 140-1, 155-6, 163-8, 172, 175, 199-200, 219-21, 223, 265n2, 285n4; *ver também* maus espíritos
Étienne de Bourbon, 139-40, 183, 198
Etna, 86, 98, 137-40, 198
exército dos mortos, *exercitus mortuorum*, *exercitus antiquus*, 63, 119, 140, 145; *ver também* Hellequin
exorcismo, 33, 46, 73, 78, 174, 178, 180, 248

fantasia, fantasma, *fantasmata*, *fantasticus*, 31, 33-4, 40, 103-4, 124-5, 131, 140, 145-6, 149, 154, 167, 221, 243-4

fantasma, fantástico (no sentido moderno), 103, 131-2, 159, 205, 209-10, 237-8, 243-4
favas, 28, 165
Fayum, 240
feitiçaria, 31-2, 101, 162, 170, 176-8, 181, 247, 272n63
figura, 40
Filipe Augusto, 182
Filipe IV, o Belo, 70-1, 142, 190-1
forma, 38-41
Fossier, Robert, 204
Fournier, Jacques, 161
Francisco de Assis, 74, 213
Frederico I Barba Ruiva, 126, 182, 184
Frederico II, 138, 182
Freud, Sigmund, 249, 253n12
Fulda, 50, 62, 64, 131, 257n65

Gaignebet, Claude, 196
Galiano, 40
Gautier de Coincy, 231-2, 238
Gautier Map, 102-3, 105, 132-3, 135, 138-9, 141, 159, 184, 206
Geiler de Kaisersberg, 203, 281n41
Gélis, Arnaud, 161-3, 195, 204, 277n2, 287n37
Geoffroy de Monmouth, 100
Germano de Auxerre, são, 45, 203
Gertrude de Helfta, 58
Gervais de Tilbury, 98-9, 102, 105-6, 108, 111-2, 133, 137-9, 141, 171, 173, 178, 184, 198, 200, 208-9, 211, 227
gigante, 114, 187-8, 218
Gilles de Roma, 186
Ginzburg, Carlo, 189-90
Giraud de Cambrie, 102-5, 129, 264n1
glossolalia, 223
Gobi, Jean, 171-5, 179-80, 184-5, 196, 198, 217, 221, 223, 229
Graciano, 44
Grégoire de Tours, 46, 49
Gregório, o Grande, 40, 47-9, 54, 63, 79, 96, 101, 108-9, 111, 134, 138, 144, 179, 217, 219, 229-30, 260n33, 261n11
Guibert de Nogent, 65, 67, 79, 84, 147, 164, 209, 211, 219-20, 222
Guillaume de Auvergne, 140-1, 177, 206
Guillaume de Conches, 39
Guillaume de Diguilleville, 235
Guillaume de Malmesbury, 100, 129
Guillaume de Volpiano, 113
Guillaume le Breton, 183
Guilllaume de Newburg, 79, 99, 101-2, 165, 168, 209, 220

hamr, 17
Hartmann Schebel, 238
Hélinand de Froidmont, 134, 135, 136, 141
Hellequin, bando, *familia Herlechini, Herlequini, Allequini, Herlethingi, Herlevini, Karlequini, Arturi*, 100, 113-42, 184, 189, 206, 226, 245-6, 249; *ver também* Artur, Herla
Henri de Friemar, 178
Henri de Langenstein, 178
Henrique II Plantageneta, 102, 104, 132-3, 184, 269n37
Herbert de Clairvaux, 136, 147
Herla, 132-3, 136, 139, 159, 184, 206, 271n58
Himmerod, 147-8
Holde, 176, 177
Homero, 28
Honorius Augustodunensis, 44, 163, 285n4
Horácio, 103
Hughes de Saint-Vitor, 219, 281n35, 285n4
Hugues de Cluny, 83, 86, 90, 197, 263n37
Hugues de Lincoln, 102

imagem, *imago*, 28-9, 32-3, 37-8, 40-3, 56, 61, 72-4, 121, 153, 200, 219-21, 228-42
inferno, 18, 66-8, 83, 87, 109, 111, 126, 132, 138, 142, 148-9, 161, 163, 173, 176-7, 198-202, 211, 219, 224
insepulti, 28
Isidoro de Sevilha, 197

Jacques de Jüterborg (ou de Paradis), 179-80
Jacques de Serugh, 49
Jacques de Voragine, 84, 237
James, Montague R., 276n51
Jean de Essen, 175
Jean de Salisbury, 186
Jean Gerson, 178
Jerônimo, 62
João Scoto Erígena, 285n4
Joinville, 70-1, 183
Juliano de Toledo, 43

Klapisch-Zuber, Christiane, 215
Konstanz, concílio de, 178

Lactâncio, 33
larva, 27, 42, 66
Laurent de Premierfait, 238
Lázaro: parábola de, 30, 37; ressurreição de, 32, 74, 98, 229, 231
Le Goff, Jacques, 145, 246, 285n4
Le Loyer, Pierre, 247
Le Roy Ladurie, Emmanuel, 163
Lecouteux, Claude, 17
lemuria, 28
Lévy-Bruhl, Lucien, 22
Liber exemplorum, 154
liber memorialis, obituário, necrológico, 19, 89, 213, 257n65
Liber visionum claraevallis, 273n14
limbo: das crianças, 69, 204; dos patriarcas, 202, 281n39
Lucrécio, 28
Luís IX, santo, 70-1, 183
Luís, o Piedoso, 50

macabro, 108, 159-60, 229, 236-7, 239-40
Macróbio, 40, 44
manes, 28, 101
Manessier, 282n53
Mans, crônica dos bispos do, 130
Marmoutier, 86, 88-9, 96, 128, 150-1, 194, 200, 207, 213-4
Martin, Hervé, 169
máscara, 27, 42, 142, 187-8, 190, 195, 240; *ver também* larva
mau-olhado, 39-40
maus espíritos, *maligni spiritus*, 45, 121, 135, 169, 173, 176-7, 179, 181, 203, 205, 222, 268n17; *ver também* demônio
medo, terror, 19, 46, 56, 65, 107, 125, 134, 142, 145, 158-60, 164-6, 169, 173, 179, 181, 189, 199, 242
melancolia, 40, 289n66
Melusina, 103, 291n80
memória, *memoria*, 19-21, 47, 49, 52-3, 71, 82, 84, 89, 91, 116, 183, 240-2, 248-9
Mérimée, Prosper, 129
Merveilles de Rigomer, 282n53
Miguel, são, 107, 109, 195
Milagres do protomártir Estêvão, 45
Misch, Georg, 52
Montaillou, 108, 161-3, 195, 201, 207, 221
Monte Cassino, 82, 230
Morelli, Giovanni, 71-6, 249
morte, alegoria da, 108, 236-7, 239
mortos: lanterna dos, 205, 282n54; rolo dos, 194, 213
mortuaria, 164
Mouskès, Philippe, 183

Natal, 64, 195-6, 198
necromancia, 27-8, 31, 66, 73, 126, 129, 180-1, 183, 277n9, 281n34
Nicolas de Dinkelsbühl, 178
Nicolau V, 174, 185
nuntius, *internuntius*, 88-9, 93, 150, 152, 207

Odilon de Cluny, 86, 138, 194, 197
Orderic Vital, 113-4, 117-9, 121, 128-9, 131-3, 137, 164, 189, 195, 206
Orígenes, 254n21, 285n4
Otloh de Saint-Emmeran, 62-5, 147, 195, 220
Oto IV de Brunswick, 105-6, 171, 184
Otranto, 138-9

Ovídio, 103

paraíso, 18, 148, 172-3, 193, 200, 202
parentalia, 28, 194
pássaro, 74-5, 84, 87, 165, 181, 218
Pastoureau, Michel, 9, 241
Patrício, são, 45, 256n46; *ver também* *Purgatório de são Patrício*
Paul Diacre, 121
Paulino de Nola, 34, 36-7
Paulo, são, 38, 40, 43, 178, 195
Pentecostes, 122, 195-8
Perlesvaus, 100
Perpétua, santa, 61
persona, 42, 89, 131
Peterborough, crônica de, 129, 141, 184
Philippe de Mézières, 185
Pierre Damien, 83-6, 198, 214, 230
Pierre de Blois, 132, 141, 184
Pierre de Bruys, 94
Pierre de Morone, 70, 214
Pierre de Tarentaise, 180
Pierre le Mangeur, 31
Pierre Lombard, 32
Pierre, o Venerável, 79, 84, 89-96, 100-1, 113, 124, 130, 145, 147, 149-52, 183, 193, 200-1, 203, 205, 207, 211, 214-5, 223, 225, 227
Platão, 39
pobres, 48-50, 84, 94, 130, 136, 152, 156, 180, 197, 212, 225-7, 246
Première continuation de Perceval, 282n53
Pucelle, Jean, 288n54
purgatório, 18-20, 41, 48, 57, 67, 105, 108-11, 115, 127, 136, 138, 141, 145-6, 148-50, 156-7, 161-3, 165, 169, 172-7, 179, 181, 192-3, 196, 200-2, 209, 219, 222, 224, 246-7
Purgatório de são Patrício, 15, 201

Raban Maur, 50, 223
Ranulph Higden, 210
Raoul Glaber, 121-3, 127, 196, 198
refrigerium, 73, 200, 227
Regalado, Nancy F., 189-90
réptil (serpente, sapo etc.), 28, 99, 181, 218
ressuscitado, ressurreição, 15, 30-2, 63, 80, 166, 229, 230-1, 239; *ver também* Lázaro
retrato, 239-40
Richard-sans-Peur, 270n49
Robert de Mozat, 81
Robert de Uzès, 57-8, 208
Rodolphe de Sélestat, 159-60
Roman de Fauvel, 142, 186-91
Roman de la rose, 235

Sachsenspiegel, 289n66
sagas, 17, 29, 101, 168, 220, 256n52
Saint-Benoît-sur-Loire (Fleury-sur-Loire), 82, 229, 231
Samuel, 31-3, 38, 182, 200, 229
santo, 15-6, 19, 27, 30, 34, 36, 38, 42, 45-8, 60, 74-5, 77, 80-5, 96-7, 108-9, 111, 127-8, 150-1, 222
"santuários de trégua", 166; *ver também* batismo
sapatos, 226
Saxo Grammaticus, 29, 256n52
sebastianismo, 278 n17
Seio de Abraão, 31, 109
Sélestat, 121, 123-4, 141, 183, 206, 214, 226; *ver também* Rodolphe de
Serlo, 220
Sicard de Cremona, 198
similitudo, 37, 39, 41, 44, 140
Simon Marmion, 174, 229
Simônides, 104, 239
simulacrum, 28, 39
sinal, signo, *signum*, 35, 48, 56, 100, 107, 116, 125-7, 131, 157, 181, 218, 224-6, 232-3
sombra, *umbra*, *umbratica*, 39-41, 45-6, 50, 68, 121, 130, 135, 181, 274n35, 289n66
species, 39-41, 68, 181, 220
sufrágios pelos mortos, 19-20, 36, 50, 57, 79, 81, 84, 86-7, 93-6, 101, 110, 119, 130, 140-1, 146, 149, 151-2, 155-6,

161, 165-6, 168-9, 173, 176, 180, 194-5, 197, 201, 212-3, 220, 228, 232, 241
suicídio, 17, 28, 46, 64, 204, 206, 248, 252n5
Sulpício Severo, 45, 227

Tácito, 121
Taillepied, Nicolas, 247
Tertuliano, 33, 201, 254 n18, 259n18
Thietmar de Merseburg, 53, 55, 79, 196, 198, 217
Thomas de Cantimpré, 69, 155-6
Thomas de Chobham, 198
Tomás de Aquino, 173, 180, 186
torneio, 103, 137, 140, 152-3, 197, 206-7, 218, 225
Torrell, Jean-Pierre, 90
"trabalho do luto", 20, 24, 52, 76, 210, 249
transfiguração, 30, 38
"três funções", 118, 137
Três Vivos e os Três Mortos, 236

Unterlinden, 59

Valério Máximo, 103-4
vampiro, sanguessuga, 16, 102, 292n7
Vernant, Jean-Pierre, 28
Vesúvio, 105
Viagem de são Brendan, 198
Vida de Raban Maur, 50
Vida de santa Tecla, 254 n18
Vida de santo Amato, 46
Virgem, 16, 58, 66, 72-5, 81, 83-4, 91, 98, 108, 110, 122, 147, 154, 202, 211, 214, 231-4
Virgílio, 15, 134
Visão Beatífica, 109, 111, 172, 185
Visão de Gottschalk, 226
Visão de Tnugdal, 201, 219, 270n46, 278n12, 285n4
Visão de Wetti, 182, 252n3
visão, *visio*, *visitatio*, 15, 35-6, 38-40, 62-3, 110, 112, 131, 149-50, 179, 199-200, 273n14
Visio Pauli, 198
Visio Rotcharii, 182
Visiones Philippi, 182
Voltaire, 247

Wiborade, santa, 81
Wirth, Jean, 239

Yorkshire, 101, 161, 163-8, 169, 199-200, 206, 210, 215, 218, 220-2

Zink, Michel, 52, 70-1

ESTA OBRA FOI COMPOSTA PELA HELVÉTICA EDITORIAL EM TIMES E IMPRESSA PELA HAMBURG GRÁFICA EDITORA EM OFF-SET SOBRE PAPEL PÓLEN SOFT DA COMPANHIA SUZANO PARA A EDITORA SCHWARCZ EM MAIO DE 1999.